权威·前沿·原创

皮书系列为
"十二五""十三五"国家重点图书出版规划项目

建筑装饰蓝皮书

BLUE BOOK OF
BUILDING DECORATION

中国建筑装饰行业发展报告
（2017）

ANNUAL REPORT ON THE DEVELOPMENT OF CHINESE
BUILDING DECORATION INDUSTRY (2017)

主　　编／葛道顺　刘晓一
执行主编／张玉峰

社会科学文献出版社
SOCIAL SCIENCES ACADEMIC PRESS（CHINA）

图书在版编目（CIP）数据

中国建筑装饰行业发展报告 . 2017 / 葛道顺，刘晓
一主编 . -- 北京：社会科学文献出版社，2017.10
（建筑装饰蓝皮书）
ISBN 978 - 7 - 5201 - 1528 - 5

Ⅰ. ①中… Ⅱ. ①葛… ②刘… Ⅲ. ①建筑装饰 – 建
筑业 – 研究报告 – 中国 – 2017 Ⅳ. ①F426.9

中国版本图书馆 CIP 数据核字（2017）第 244496 号

建筑装饰蓝皮书

中国建筑装饰行业发展报告（2017）

主　　编／葛道顺　刘晓一
执行主编／张玉峰

出 版 人／谢寿光
项目统筹／邓泳红　吴　敏
责任编辑／张　超

出　　版／社会科学文献出版社 · 皮书出版分社（010）59367127
　　　　　地址：北京市北三环中路甲 29 号院华龙大厦　邮编：100029
　　　　　网址：www. ssap. com. cn
发　　行／市场营销中心（010）59367081　59367018
印　　装／三河市尚艺印装有限公司

规　　格／开　本：787mm × 1092mm　1/16
　　　　　印　张：20.75　字　数：311 千字
版　　次／2017 年 10 月第 1 版　2017 年 10 月第 1 次印刷
书　　号／ISBN 978 - 7 - 5201 - 1528 - 5
定　　价／198.00 元

皮书序列号／PSN B - 2016 - 553 - 1/1

建筑装饰蓝皮书编委会

《中国建筑装饰行业发展报告（2017）》
编写组

主　　　　编　　葛道顺　　刘晓一

执 行 主 编　　张玉峰

课题核心组成员　　刘晓一　　张玉峰　　葛道顺　　陈晓东

　　　　　　　　　戴　翔　　卢　娟　　朱晓岚　　林锦权

编 写 人 员　　葛道顺　　陈晓东　　戴　翔　　卢　娟

　　　　　　　　　胡　伟　　吴陈锐　　刘　芳　　胡婕婷

　　　　　　　　　张旖旎　　任羽菲　　林锦权　　孙承平

主要编撰者简介

刘晓一　教授级高级工程师。曾任中建总公司约旦经理部项目经理和中建二局国外工程管理办公室主任，中国建筑装饰工程公司党委书记、董事长、总经理，现任中国建筑装饰协会副会长兼秘书长。

张玉峰　曾任广州市社会科学院软科学研究所助理研究员、广州市社会公益事业发展中心拓展部长，参与广州市多项经济社会发展课题研究。现任广东省照明电器协会秘书长、中国建筑装饰协会建筑电气委员会秘书长、中国建筑装饰研究会执行会长。

葛道顺　中国社会科学院社会发展战略研究院研究员、博士生导师、工业心理学和工业社会学专业方向学者、中国注册会计师、亚洲开发银行项目顾问；多年担任国家统计局监测中心客座研究员，从事行业调查与消费者分析、投资与资产管理及各类经济发展指数研究，为国民经济统计、行业发展和企业规划提供数据服务，撰写过100多部区域、行业及企业发展研究报告。

陈晓东　管理学博士，应用经济学博士后。现为中国社会科学院工业经济研究所研究员，北京大学国家竞争力研究院特聘研究员，兼任中国区域经济学会副秘书长。主要研究领域为产业经济学、区域经济学、管理经济学等。曾获中国政府出版工程奖、中国政府第三届"三个一百"奖、中国社会科学院优秀对策研究奖等多项荣誉。

戴　翔　南京大学经济学博士，中国社会科学院工业经济研究所博士后，南京审计大学政府审计学院教授，江苏省"333 工程"中青年领军人物。在《经济研究》《管理世界》《世界经济》《中国工业经济》《经济学季刊》等期刊发表论文 100 余篇。主持并完成国家社科基金项目、教育部人文社科项目等多项国际级和省部级科研项目。

卢 娟 中央文化管理学院副研究员，科研处处长。主要研究方向为文化经济学、产业经济学；承担多项国家、省部级课题研究；主持或参与多地文化产业和公共文化发展规划编制工作。

主编单位简介

中国建筑装饰协会 研究分会 2015年4月28日，中国建筑装饰协会研究分会于广东深圳正式宣布成立。研究分会是由全国从事建筑装饰行业管理、设计、施工、材料生产、产品营销、中介服务、科研、教育等相关事业单位、企业、高等院校、科研机构、中介咨询、检测、监理单位和个人自愿结成的、非营利性的全国性行业社会团体组织机构。按《中国建筑装饰协会章程》要求，提供行业深度研究服务，反映建筑装饰市场诉求，规范行为，推动我国建筑装饰行业可持续发展。

研究分会承载着进行行业环境、行业结构、行业市场、行业组织机构、行业成长性等方面的科学分析的职能，为进行建筑装饰产业结构分析、研究产业发展方向、引导装饰企业快速转型升级提供科学依据，致力于打造建筑装饰行业"智库"，做建筑装饰行业大数据供应商。

微信公众号：中装研究

摘　要

2016 年 5 月出台的《国家创新驱动发展战略纲要》指出，创新已经成为引领发展的第一动力。对于须借助科技发展实现转型升级的建筑装饰行业而言，企业创新机制培育和能力发展是关键。建筑装饰蓝皮书课题组在行业调查的基础上，以创新发展为主题，编写了《中国建筑装饰行业发展报告（2017）》。

本报告以国家实施创新驱动发展战略为背景，对我国建筑装饰行业创新发展现状和问题展开分析和讨论。总报告利用企业调查资料分析了建筑装饰行业创新发展的进展和特征，探讨了建筑装饰企业经营模式、管理模式创新的现状和趋势，以及技术创新的发生机制和效应；专门讨论了基于 BIM 的总体创新以及随着技术卷入而产生的链式创新、整合创新和系统集成创新；报告还分析了企业技术和体制创新驱动机制，提出了具有行业特色的痛点理论。

市场篇包括 3 篇报告，分别阐述了 2016 年我国公共建筑装饰市场发展情况、住宅装饰市场发展现状，以及软装市场的发展与创新；设计和材料篇分为 3 个主题，分别对建筑装饰设计市场发展、建筑装饰材料市场发展，以及照明市场的发展与创新进行了探讨和分析；企业篇讨论了建筑装饰行业企业文化创新状况，以及企业社会责任创新路径；发展篇由 4 篇报告组成，分别讨论了建筑装饰设计人才发展现状、装配式装饰对行业发展的影响，以及行业发展的技术创新路线与体制创新路线。

总体看来，我国建筑装饰行业的企业创新方兴未艾。骨干企业已经初步形成具有自主知识产权的核心技术。龙头企业已经在向创新企业转型，在创新决策、研发投入、科研组织和成果应用方面掌握了主动权，并培育出促进企业创新的体制机制。可以期待，我国建筑装饰行业可以在网络系统集成这一第五代创新技术阶段实现弯道超车，从而带动行业快速、高效转型升级，整体提高行业在全球的竞争力。

关键词：建筑装饰行业　创新发展　技术创新　体制创新　BIM 总体创新　痛点理论

序

　　2016 年对建筑装饰行业来说是山重水复的一年。一方面，我国经济供给侧结构性改革全面推进，房地产市场受调控变化全年大幅波动，给行业发展预期带来很大不确定性；另一方面，城镇化进程的加快和房地产市场交易活跃推动了建筑装饰行业发展的回暖。全年建筑装修装饰全行业完成工程总产值 3.66 万亿元，比 2015 年增加了 2550 亿元，增长率达到 7.5%，比 2015 年加快了 0.5 个百分点，高于全国 GDP 增长率 0.8 个百分点。这是总量的指标，带给我们一丝欣慰。

　　我们更要看到结构特征，一是公装的增长速度比家装快近 0.8 个百分点，所占的比例在扩大。公共建筑装饰全年完成工程总产值 1.88 万亿元，比 2015 年增加了 1400 亿元，增长率为 8% 左右，占行业总产值的比例为 51.4%；住宅装饰全年完成工程总产值 1.78 万亿元，比 2015 年增加了 1200 亿元，增长率为 7.2%，占行业总产值的 48.6%。二是公共建筑装饰市场的新增点初步显现，就是"外在"的幕墙市场和"走出去"的境外市场。建筑幕墙全年产值为 3500 亿元，比上一年增加 300 亿元，增长率达到 9.4%；公共建筑装饰全年境外工程产值实现 550 亿元，比 2015 年增加 230 亿元，增长率达到惊人的 71.9%。单个企业境外产值最大达 20 亿美元。三是住宅装饰市场的结构性转化趋于明确，精装修成品房装饰产值、新建住宅毛坯房装饰产值和改造性住宅装饰产值分别达到 0.7 万亿元、0.55 万亿元和 0.53 万亿元，占住宅装饰市场产值的比例分别为 39.3%、30.9% 和 29.8%，其中，精装修成品房产值比上年增加了 600 亿元，增长幅度为 9.38%；改造性住宅装修装饰产值比上年增加了 800 亿元，增长率达到 17.78%。可见，精装修和二次装饰成为住宅装饰的主要业务，市场份额还会继续扩大。

2016 年，在国家"创新、协调、绿色、开放、共享"发展理念指导下，行业转型升级速度加快。广大建筑装修装饰企业，尤其是一些龙头企业、百强企业加大了技术创新力度，技术创新和体制机制创新的双轮驱动战略得到普遍认可并落实。建筑装饰企业创新发展路径扩展到各个方面，比如，创新产业与资本融合的途径和方式、创新"互联网＋"及生产要素控制模式、更新升级技术装备、创建国际市场经营价值等。创新产出的一个综合效果指标是，2016 年，全行业人均劳动生产率提高了 1.46 万元，达到 22.45 万元/人，比 2015 年提高了 6.96%。

行业标准工作取得很大进展。建筑装饰业骨干企业积极参与各类行业标准编制工作。截至 2016 年底，《建筑装饰装修工程 BIM 实施标准》《环氧磨石地坪装饰装修技术规范》两项行业标准完成编制并发布实施；《绿色建筑装饰装修工程评价标准》通过审核，即将颁布实施。这些标准的出台，丰富了行业发展的规范性要求，为行业持续、高效发展奠定了坚实基础。

加强行业发展研究也是广大行业企业的共同期盼。中国建筑装饰协会研究分会委托中国社会科学院社会发展战略研究院课题组编写的"建筑装饰蓝皮书"就是其中的一项重要成果。蓝皮书 2016 年的创始本全面梳理了建筑装饰行业发展基本状况，为广大企业和政府部门准确把握行业发展总体状况提供了权威工具。2017 年的蓝皮书聚焦行业创新发展。课题组收集了相关数据，走访了部分行业领先企业，做到论之有据、言之有理。总报告对其中诸多创新案例进行了研究，从中我们可以领悟到技术创新和体制机制创新的过程和真谛。

我国建筑装饰行业企业创新方兴未艾，并走过了模仿、改进、创新三个阶段，根据对领先企业创新案例的分析，可以期待，我国建筑装饰行业的创新发展在网络系统集成这一第五代技术创新阶段实现弯道超车，从而快速、高效推动行业转型升级，整体提高行业在全球的竞争力。由世界知识产权组织等机构联合发布的全球创新指数表明，中国 2016 年首次跻身世界最具创

新力的经济体前 25 强。这对我们是莫大的鞭策，建筑装饰行业的创新发展
任重道远。

中国建筑装饰协会副会长兼秘书长：刘晓

2017 年 8 月 20 日

目 录

Ⅰ 总报告

Ⅱ 市场篇

Ⅲ 设计和材料篇

Ⅳ 企业篇

Ⅴ 发展篇

皮书数据库阅读**使用指南**

总 报 告

General Report

B.1

中国建筑装饰行业创新发展报告

葛道顺　卢娟

摘　要：　本报告以国家实施创新驱动发展战略为背景，利用企业调查资料分析了建筑装饰行业创新发展进展和特征；通过案例研究，探讨了建筑装饰企业经营模式、管理模式创新现状和趋势，以及技术创新的发生机制和效应；报告专门讨论了基于BIM的总体创新，以及随着技术卷入而产生的链式创新、整合创新和系统集成创新；报告以案例分析为依据，分析了企业技术和体制机制创新的驱动机制，提出了具有行业特色的痛点理论。

关键词：　建筑装饰行业　创新发展　第五代创新模式　BIM技术　痛点理论

继党的第十八次全国代表大会确立实施创新驱动的发展战略后，2016 年 5 月出台的《国家创新驱动发展战略纲要》指出，创新已经成为引领发展的第一动力。作为亟须借助科技发展实现转型升级的建筑装饰行业而言，企业创新驱动的机制培育和能力发展是关键之举。为此，中国建筑装饰协会研究分会组织了业内调查，通过调查表和访谈收集了部分代表性企业的两轮创新驱动现状。

一 行业创新发展分析

美籍奥地利经济学家熊彼特阐述其创新理论时指出：创新是在新的体系里引入"新的组合"，是"生产函数的变动"，包括引进新产品、引入新的生产方法、开辟新市场、获得原材料新来源、实现工业新组织。[①] 可见，创新是一种投入—产出的结构性变化过程，始于投入生产要素的变化。

（一）建筑装饰行业企业的创新投入

《国务院办公厅关于强化企业技术创新主体地位 全面提升企业创新能力的意见》（国办发〔2013〕8 号）指出："到 2015 年，基本形成以企业为主体、市场为导向、产学研相结合的技术创新体系"，其中，"大中型工业企业平均研发投入占主营业务收入比例提高到 1.5%"，并提出了至 2020 年的重点任务，包括完善引导企业加大技术创新投入的机制、支持企业建立研发机构、支持企业推进重大科技成果产业化等。

表 1 列出的企业虽然不能完全代表行业整体结果，但也包含了就业人数从 77 人到 4250 人的不同规模企业，从中依然可以做出一些直观的判断。调查企业平均创新投入占主营收入的比例达到了 2.28%，远远超出国务院对工业企业提出的到 2015 年末研发投入比例达到 1.5% 的标准。该数据说明，调查企业对落实创新驱动战略足够重视，提供了充实的资金保障。下文结合企业调查其他数据对两个案例企业做具体分析。

---

① 约瑟夫·熊彼特：《资本主义、社会主义和民主主义》，商务印书馆，1985。

表1　部分调查企业2016年创新投入

企业调查编码	就业总数 （人）	发明专利申请量 （件）	创新投入占主营收入比例 （%）
AH001	77	10	3.60
AH002	1600	2	2.91
BJ001	600	10	2.67
BJ002	187	—	0.10
JS001	4250	3	1.22
JS002	200	4	1.05
SD001	191	1	3.31
SZ001	988	1	0.07
SZ002	346	3	3.19
SZ003	410	9	3.29
SZ004	278	14	2.99
SZ001	838	25	3.68
XZ001	1080	—	0.09
合计	11045	82	2.28

资料来源：根据企业调查数据整理。

山东万得福装饰工程有限公司（企业调查编码：SD001）2016年末就业人员总数191人，其中研发人员22人。企业2014年至2016年创新经费投入呈现稳步增长态势，2016年创新投入占主营收入的比例达到3.31%；企业的新产品销售收入占主营业务收入的比重也从2014年的30%上升到2016年的60%。在组织机构方面，企业成立了专门科研开发机构，即万得福技术研发中心，共有人员22名，主要任务是产品研发和工艺研发，2016会计年度研发中心投入经费共7520万元，其中开发新产品投入6252万元。2016年，企业发明专利申请量1件。企业期待今后几年有更多的创新成果推出。

深圳市特艺达装饰设计工程有限公司是私人控股公司，2016年末就业人员总数278人，其中研发人员35人。企业2016年创新投入占主营收入的比例为2.99%；企业2014年至2016年的新产品销售收入占当年企业主营业务收入的比例稳定在60%以上。在组织机构方面，企业成立了科研开发机构，主要任务是进行产品研发和工艺研究，在研的重点项目是工厂化生产和装配式建筑，该项目列入了政府计划。2016年，企业发明专利申请量达到14件，是创新成果大丰收的一年。

按照国务院2013年8号文件规定，到2020年要对重点任务进行衡量。第一项是完善创新投入机制，两家企业近三年的创新投入保持在稳定的较高水平，2016年创新投入占主营收入的比例分别达到了3.31%和2.99%；第二项是支持企业成立研究机构，两家企业都已完成建制；第三项是推进企业重大技术成果产业化，两家企业2016年新产品销售收入占主营业务收入的比例都超过了60%，反映了较高的创新投入—产出效率。

（二）企业技术储备和研发机构产出

企业汇总统计表明，调查企业正在研发并将在短期实现应用的技术和工法储备，代表了企业创新的技术方向，主要集中在以下方面：项目施工应用BIM技术，BIM技术在室内设计中的应用，健康建筑设计技术，"互联网＋"精装定制创新模式，节能幕墙、木制品工厂化加工、安装结构创新，陶土板幕墙安装结构设计研究，地砖上墙粘贴施工工艺设计研究，通用性标准化研究，球形网架结构屋面的吊顶转换层结构设计研究，室内墙砖干挂施工工艺研究，厨卫隐藏式固液分离装置，简易放线架，内饰墙面安装结构，门套防护底座、分体式门套，数字化自动扫描测量＋数字化自动放样放线集成技术，机械化高效绿色装配施工技术，构配件工厂化绿色生产，技术工厂化应用，风能幕墙技术的应用，单元幕墙内平开窗上的防水技术的应用，分体式水槽结构的施工技术的应用等。

企业研发机构在企业创新发展体系中处于核心地位，是企业创新服务和创新产出的集成者。建筑装饰行业最大企业苏州金螳螂建筑装饰股份有限公司（简称"金螳螂"）在《财富》中国2017年500强排行榜中，名列309位。公司2016年营业收入19600.66百万元，利润1683.39百万元，利润率

8.59%，略高于 500 强企业的平均利润率 8.35%。^① 通过分析金螳螂 2016 年科技创新简要内涵，可以从中领略行业龙头研发机构的创新服务体能。

金螳螂公司研发中心 2016 年完成高新研发课题 104 项、专利稿件 96 项（取得发明专利 84 项、实用新型专利 51 项）、科技查新 41 项、省级工法 8 项、项目技术服务 52 次，完成 BIM 平台规划及技术路线。

项目技术服务和实验测试方面。研发中心为 17 个分公司开展了项目技术服务共 52 项；为 46 个项目提供人造石粘结剂粘结强度、水泥压力板干挂、热膨胀系数等实验检测服务。

技术课题研发方面。全年完成"泳池防水专业化施工工艺""石材空鼓灌浆治理工艺"等 20 项专项课题研发，并通过公司内部平台和对外科技展厅进行相应推广。

BIM 系统平台研发方面。与鲁班、广联达、ITWO、AUTODESK、比目云、译筑等多家 BIM 技术有关软件公司交流，编制《金螳螂 BIM 中心建设可行性报告》《BIM 平台建设实施具体措施》《基于装饰行业应用 BIM 的调研情况及建议》《金螳螂 BIM 研究院规划建议》等十余份专项工作报告；策划了金螳螂 BIM 中心技术推广落地，研发金螳螂 BIM 系统并为子公司、相关部门进行 BIM 系列培训；为重点项目提供 BIM 服务业务定位的组织架构、工作职能、技术路径等方案，为"舟山观音圣坛项目""北京美瑞泰富"等 24 个项目提供 BIM 技术服务；参与 BIM 标准编制工作，如中装协 BIM 标准（编写应用标准部分，已出版）、住建部《BIM 交付标准》、《BIM 表达标准》（正在进行）。

（三）行业创新发展的双轮驱动路径

党的十八届五中全会提出"创新、协调、绿色、开放、共享"的发展理念，将创新摆在国家发展全局的核心位置，并指出走双轮驱动的路径，即科技创新和体制机制创新两个轮子同时转动，相互促进、相互平衡，为经济

---

① 财富中文网，http://www.fortunechina.com/fortune500/c/2017-07/31/content_287415.htm。

社会健康稳定发展提供持续动力。

长期以来，建筑装饰企业一直沿用土建公司的体制机制进行管理和运营，与建筑装饰业务点多面广、工期短和艺术含量高等特点在很多方面并不相适应。所以，在技术进步的同时，推动行业体制机制创新、更好地落实国家提出的双轮驱动战略对行业的发展尤其重要。

对行业领先企业而言，虽然企业规模和创新能力与其他行业企业相比并不占优，但已经初步形成具有自主知识产权的核心技术。龙头企业已经向创新企业转型，在创新决策、研发投入、科研组织和成果应用方面掌握了主动权，并培育出促进企业创新的体制机制。但当今世界，技术一日千里，一日不创新就一日被落后，只有建构起有效的创新投入机制，培育主导性的创新文化，才能同时驱动体制机制创新和科技创新双轮，从而立于全球竞争的不败之地。

二 行业创新发展的案例类型

弗里曼（Freeman C.）1982 年将"技术创新"定义为包括与新产品的销售或新工艺、新设备的第一次商业性应用有关的技术、设计、制造、管理以及商业活动，主要内涵包括产品创新、过程创新和创新扩散。[①] 本研究从调查企业的具体实践出发，以案例分析的方式展示行业在体制机制（包括经营模式和管理模式），以及技术及工艺两轮驱动创新发展的动向，以期达到管中窥豹的功效。

（一）经营模式创新

流程再造和整体经营模式创新是企业转型升级的必要路径，在企业技术积累和市场占有足够支撑企业变革时，需要及时推动企业的流程再造和经营模式创新。

---

① Freeman C., *The economics of industrial innovation*, The MIT Press, 1982.

1. 以创新为核心进行整体流程再造

江苏南通三建装饰装潢有限公司背靠江苏南通三建集团股份有限公司强大市场实力，在传统的住宅、酒店、办公等公装领域做出了不少业绩，在特色商业街装饰领域得到市场青睐，在比如世界、童梦世界、天颐湖儿童体验中心等业务中形成了战略合作伙伴，实现了从单纯施工到设计施工全委托业务形式的转变，企业也同步成长，实践了经营模式创新和整体流程再造。

（1）企业内控模式变革创新

集团公司以"标准化、信息化、精细化"三化融合为目的，聚力发展，聚力创新，积极推行预算式管理、实名制管理、筑集采应用等，运用互联网思维，提升企业管理效率，降低企业运营、采购成本。"筑集采"平台的使用，消除了采购环节中的灰色地带，实现了供应产业链的深度优化，凝聚了行业内最强、最优的供应商，达成合作伙伴，保证了集团内所有项目的材料供应及时、高质、价廉。

（2）以产学研合作为基础的创新模式

为践行国家"十三五"规划的"创新、协调、绿色、开放、共享"理念，集团公司和清华大学、南通大学、南通职大等高等学府及高职高专院校开启校企合作，成立"现代学徒制试点班"；集团公司在市开发区投资开发了占地近500亩的"建筑科技产业城"，规划进行智能机器人、木结构CLT技术、新型建材、国家"千人计划"研究院、先进制造业加速器中心、建筑科技产业集成，以及商业城、酒店、住宅、沿江风光带开发等，打造"科技引领创新升级"发展的综合载体。

（3）产业创造实验：被动式超低能耗绿色建筑产业园

2015年11月10日，住房和城乡建设部发布了《被动式超低能耗绿色建筑技术导则（试行）（居住建筑)》，为产业创造实验打开了政策之门。

公司以打造被动式超低能耗建筑全产业链综合集成服务商为目标，开发了总建筑面积达20万平方米的产业创造实验基地，集被动式超低能耗建筑研发、设计、生产、施工、运营维护、咨询服务于一体流程，形成自主设计、材料设备和研发、部品配件生产，以及施工建造体系，旨在为被动式超低能耗建筑提供全方位、全寿命周期服务保障。被动式超低能耗绿色建筑技术指自行适应气候变化特征和自然条件转换，通过设计保温性能更强和气密性能更高的围护结构，并采用高效新风热回收技术，从而最大限度降低建筑物供暖供冷需求的解决方案。经过研发攻关，公司生产出了一种被动式超低能耗建筑外墙保温材料 EPS 模数聚苯板，获得市场成功，并被住建部科技与产业化发展中心列入被动式超低能耗建筑产品目录。公司也设计并建造出了成套被动式超低能耗绿色建筑——南通三建技术研发中心大楼，被列入住建部 2016 年科学技术项目计划。同时，为推进产业链延伸，公司以被动式超低能耗建筑技术为核心，研究开发了装配式与被动式集成技术体系，在技术整合中融入整体卫浴、整体厨房等住宅工业化元素，实现公共建筑和住宅被动式超低能耗全装修。

（4）用 BIM 模型打造参与式管理

集团公司在 2012 年组建了 BIM 中心，2015 年与鲁班软件达成签约 BIM 战略合作。2017 年公司首度在北京首城珑玺高端住宅项目上实施了装饰 BIM 的应用。装饰 BIM 模型的建立，能够形成项目管理过程中各专业的碰撞报告并及时调整，杜绝返工；能够直观表现施工工艺和流程，并随时剖切任意节点；能够通过策划将现场线盒等进行调整，实现准确定位；能够在后期运行维护过程中查阅隐蔽管线位置。BIM 的应用得到了建设方、监理方的高度认可。

按照集团公司统一部署，装饰工程项目同步实施了"预算式管理""筑集采平台采购""总部管理驾驶舱控制""财务集中办公""加强绩效考核制度"等管控手段。

（5）设计流程再造

集团公司以下属北京中筑天和建筑设计院为技术核心，走创新发展之路。设计院在承接外部设计业务的同时，服务于企业内部开发、装饰工程项目的设计工作。2016 年集团公司又与南京长江都市建筑设计院形成战略合作，双方将在建筑与住宅工业化、预制装配式建筑与被动式建筑技术集成等前沿创新领域开展合作，加快推动符合未来市场潮流的设计流程再造，为公司转型升级提供强大的技术支撑。

（6）施工流程再造

进入2017年，集团公司同时在建项目超过800个。集团公司采用泛微工作平台及总部管理驾驶舱，对项目施工流程进行全控制管理。如在施工质量管理方面，经过多年经验积累，形成了一套适合企业自身的质量检查体系，细化到每道施工工序，把质量通病、重难点形成表格化检查；同时通过定期组织标准化观摩、学习、研讨等方式，不断取其精华、去其糟粕，形成了全方位高质量施工的科学流程，保证了工程的高品质。

（7）企业的整体形象塑造

创新发展加快了企业的转型升级，也为企业整体形象塑造提供了契机。借助信息化、智能化、绿色化、装配化潮流的力量，集团公司以创新文化和创意人才为依托，打造美化（装饰装潢）、绿化（园林绿化）、亮化（智能化）、建筑施工、基础设施化（铁路水利等）、国际化全面发展的格局，努力建立金融投资、房产开发、建筑施工、运营管理、海外经营的全方位业务布局体系。通过跨境开辟市场、跨界多种经营、跨代永续拓展，实现跨越发展；围绕建立大平台商业生态系统的战略思维，做好资本化运作、全产业链经营的定位，致力打造"建筑综合集成服务商"的整体形象，由承包商向服务商转变，早日实现由"中国500强"迈入"世界500强"。

创新发展给公司带来了密集的技术进步和技术储备，截至2017年6月，企业获得国家级QC小组成果15项，省、市级QC小组成果150项，省级新技术应用示范工程20项，创省级工法12项，共拥有专利技术78项。其中，装饰工程主要QC有："降低轻钢龙骨纸面石膏板吊顶转角开裂率""降低玻化砖墙面施工质量不合格率""提高室内地面砖施工质量合格率"等。

2. 以"互联网＋"为潮流，创新定制整装新业务

社会互联网化在不断改变市场交易模式，也在重新塑造市场主体的组织结构和行动逻辑。广东星艺装饰集团股份有限公司于1991年创立，是我国家装行业的领导企业，其"星艺装饰"商标具有极大的市场影响力。近年来，在"互联网＋"潮流推动下，集团公司审时度势，打造"星居易"整体家装新品牌，引领公司业务模式全面转型升级。

（1）创新背景

公司领导层的专项研究报告认为，家装市场经营常用的半包业务竞争激烈，前景堪忧，表现在四个方面：一是随着经营模式的成熟和细分市场差异的减弱，市场半包模式将逐步透明化、标准化，利润空间进一步受到挤压；二是近年来网络撮合平台的介入、抢工长等白热化竞争行为不断削弱领先者的优势；三是国家政策逐步提高商品房精装修率，对半包业务形成极大威胁；四是用户快速年轻化且在变"懒"，所有工序一站式解决的需求增强。

同时，家装市场出现白热化的竞争格局：生活家、实创等老牌传统装饰公司已经全面触网；爱空间、齐家网、蘑菇家、有住网等互联网家装新秀更是凭借创业资本力量快速分食市场；万科、恒大、碧桂园等房产巨鳄依托天生的渠道优势，成立了自己的家装机构，从源头上抢占市场。

（2）创新条件

"星居易"整体家装创新具有传承优势，包括品牌优势、渠道优势和团队优势。星艺装饰25年专业家装品牌价值和影响沉淀，对市场推广、供应链整合等有较大促进作用；星艺装饰分布在全国的近500家线下门店构成了渠道优势；星艺装饰全国团队网络拥有成熟的销售、设计、工程、运营管理团队，可保证产品快速上线服务客户。

（3）模式定位

整体家装定位包括市场定位和市场建构两个部分。

市场判断与定位包括三个方面：一是提供高度整体化、标准化的硬装服务；二是家居软装解决方案成为家装平台新的业务和利润增长点；三是智能家居设备和软装市场更加成熟，逐步成为家装的主流内涵。

市场建构的任务主要包括：整体家装家居产品的研究与开发；家装建材及家居、软装、家电、智能家居的供应链设计及整合；对集团各分公司在整装业务方向的销售及市场支持，包括线上引流及转化、线下销售培训、销售工具制作、体验中心建设指导等。

（4）供应链设计

供应链由由近及远的三级安全库存体系构成，即分公司仓库、总仓/中转仓和厂家仓库，按照时间进程顺序落实各阶段供应任务。

第一阶段：满足主材包落地，初步搭建主材从工厂到用户的运输和仓库体系，以工厂直发为主、第三方送装为辅的多种仓储配送方式，建构主材采购、选材、供应、安装、结算体系。

第二阶段：完善主材供应体系，筹备若干中心仓，保证供应链运行能力可以满足整装在全国 50 个子公司落地；完善工厂直发和第三方送装体系，对部分主材备足安全库存；建立供应链信息系统。

第三阶段：主材全品类覆盖，实现供应自动化；主材多样化，满足客户个性化需求，以强大的主材供应链推动营销业绩迅速提升；筹建一批自管的中转仓，打造强大而成熟的自有主材集中配送入户体系；建成供应链大数据系统，包括用户偏好数据、供应商评估数据、成本利润数据等；探索信息自动化技术，促使供应链高效面对全国巨量的材料订单信息流，通过扫码生成VR 效果，结合需求导入，直达材料需求预测模块；重塑供应流程，经过需求确认、订单形成、供货、收货、对账等模块，项目经理利用移动设备，执行实时下达或者调整材料订单数量和时效。

（5）盈利模式

近期执行有限全包模式（包设计＋包人工＋包辅材＋包主材），利润主要来自硬装业务；长期过渡到无限全包模式（包设计＋包人工＋包辅材＋包主材＋包家居软装＋包家电＋包智能家居＋其他），通过整合家居软装、家电、智能家电等后家装产业链获取利润，并通过用户营销形成社群，将家政、金融等高频长期消费作为稳定利润获取点。

产值及利润增长空间扩大：主材一般占到整装产品结构一半以上，所以整装可以大幅增加目前以半包为主要经营模式的集团产值；另外还可以通过家居软装和家电智能家居的导入，进一步增加产值，提高利润率。

（6）流程再造逻辑和企业增能

以用户价值最大化为目标逻辑，软硬装一体化设计、AR/VR 体验系统、智能家居设备接入都以用户良好体验为目的。实现整体家装转型路径，需要全面提升各项管理及综合运营能力，主要包括四个方面的能力。

供应链建设能力：对整装业务模式而言，供应链从零到一、材料全国统一采购和建立全国的物流配送系统是极大的挑战。

产品落地运营能力：整装业务的运营流程与传统半包业务有较大的区别，涉及产品标准化、工程标准化、材料精准配送等，对运营的能力要求更高。

渠道综合管理能力：500 家落地门店既是优势，在统一管理上也是难点，需要极高的综合管理能力，才能服务好每一个具体用户。

网络管理与实体服务能力：包括线上线下一体化运营能力，通过线上引流、线下转化，实现服务一体化、管理一体化，达到线下营造口碑、线上口碑营销的效果。

（7）组织和主体再造

整装业务的全面成功最终取决于企业组织的改变及各个服务主体的再造，企业通过改变自身组织形态，使企业结构全面嵌入互联网和整装业务，方能带给用户完整体验。各服务主体也需要实现华丽转身，实现自身增值并提供给用户优质服务，如通过导入主材体系，增加分公司产值，提升分公司产值净利润率；提高设计师的提成比例，通过优质客户增量提高设计师收入；通过用户评价—奖励体系，提升项目经理收入，以期提高工地施工质量。

"星居易"整体家装业务已在福州、扬州、秦皇岛等地落地并有良好业绩输出，其他各地的业务正在筹备中，即将开始装修上样。

"星居易"整体家装新模式的成功实践，为家装经营模式的创新提供了先锋样本。

（二）管理模式创新

企业经营模式确立或者转变之后，管理模式创新紧随其后，管理创新是指企业重新设计并整合管理要素的过程。根据罗宾斯（Stephen P. Robins）在《管理学》中的观点，现代企业需要面对全球化，更加强调变革、责任和创新，并需要完成适应性的组织设计。[①]

1. 管理创新"三部曲"

推动企业管理创新，是企业可持续发展的必由之路。建筑装饰行业总体上处于业态发展的初级阶段，随着产业的转型升级，管理创新之路其实是顺应时代潮流的一场自我革命，上海新丽装饰工程有限公司（简称"上海新丽"）的管理创新之路就是一个很好的样本。

（1）企业管理创新：从破除陋习开始

上海新丽自1997年起着力于企业管理创新和升级，为破除建筑业传统陋习，在建筑装饰行业率先推行 ISO 管理体系标准，并经过三次转版逐步完善了质量、环境和职业健康三合一管理体系，包括摒弃建筑业复杂的内外部传统陋习和弊端、追求装饰行业由数量型增长向质量型发展转型、由粗放野战式形态向集约型精细化转型，从根本上改变建筑装饰能耗和排放居高不下的现状。

（2）突破传统管理边界：信息化

为解决人工管理的边界短板，上海新丽从2003年起将企业信息化建设列为管理创新，并纳入企业发展战略研究，以增强企业核心竞争力的举措突破传统管理格局。信息化平台包括市场开发与投标决策的管理系统、采购与物资管理系统、工程项目远程控制管理系统等。经过十余年的不断实践和对流程数据的反复演算修正，信息化体系多次升级改造、标准不断提炼完善，最终真正建成了高效简捷、全程覆盖、数据共享的信息化系统。信息化为引领企业准确决策和全方位掌控提供了强有力的支撑，也为企业高效率运行带来可观的经济效益和良好的社会效益。

（3）权变是策略：紧贴企业自身实际是根本

权变理论指出，组织发展应当顺应时代潮流才能不辱使命。围绕"创

---

① 斯蒂芬·罗宾斯、玛丽·库尔特：《管理学》（第十一版），清华大学出版社，2013。

新、协调、绿色、开放、共享"的时代发展理念，企业就能不断找到有效手段，实现当下时代赋予一个建筑装饰企业的重任。

近两年，企业信息化的管理创新融入新内容、新科技，特别是包括 BIM 技术和云计算平台的嵌入并初具规模，创新管理真正实现了合理的资源配置。精确的物料核算、透明的数据共享、快速的应急响应、有效的远程监控、即时的红线预警，使每项工程都全方位纳入信息化管理，没有孤岛和盲区，并通过数据共享形成强大合力和动力。例如，在上海迪士尼乐园工程中，企业不仅能对项目总体进度进行有重点的控制，而且对工程预算及材料加工进场、劳务用工配置等做到提前储备和预控，哪怕是一块砖、一片瓦都计量清晰到位，上海新丽的管理受到中外专家高度肯定，该工程已通过2017 年鲁班奖评审。再如，企业承担的中化国际商办楼工程，实现设计与施工的集成管理，设计应用智能化、可视化、模型设计、协同等技术与工程施工协同，建立了施工方案与深化设计各自独立又可共享的工程设计数据库和工艺技术数据库，为打造精品工程提供了保障，该工程极具视觉冲击力的艺术空间，荣获 2016 年度上海白玉兰奖。

当然，企业管理创新需要企业文化建设相支撑，这是企业的性格和内在精神，只有紧贴企业自身实际才是真正意义上的创新。上海新丽将人文管理的企业文化建设和管理系统创新建设视为企业发展两大支柱，彼此有机融合，思想与技术交集，相辅相成，两者互补，这是上海新丽企业管理的创意和特色。因为企业管理只有和企业文化相融合，才能改变单纯制度约束捆绑式管理，转变为崇尚"以人为本"的服务式人性化管理。

2. 建筑装饰行业 ERP 系统创新

企业资源计划系统即 ERP（Enterprise Resource Planning），由美国高德纳公司（Gartner Group Inc.）于 1990 年提出，是一套依靠软件和信息技术对企业所有资源进行整合集成管理的系统平台，为全球企业广泛采用。但是，并没有通用版的 ERP，只有量体打造的系统才能真正有效运转。深圳瑞和建筑装饰股份有限公司（以下简称"瑞和"）正是走了自主研发之路，才真正掌控了企业资源计划系统。

（1）企业思想主导研发立项

瑞和有多年凝聚下来的项目实战想法，希望借助 ERP 软件的核心功能实现这些管理思想，进一步促进公司的发展。瑞和曾经购买过两家行业内软件厂商的 ERP 软件，但均因功能不适应公司特性而被淘汰。

成功的路只有一条，那就是自主研发。公司业务模块扩展之后，迫切需要强化集中管理。瑞和吸取了两次购买失败的教训，决定走自主研发之路：由公司高层讨论制定系统框架，召集中层项目经理和施工督导人员形成各项规章制度流程，达成管理共识后交付信息中心研发人员自主设计研发。公司投入近 200 万元，开发出高效适用的瑞和 ERP 系统。

（2）建筑装饰行业 ERP 系统的八大应用集成

按照装饰行业业务和管理特性，瑞和研发的行业性 ERP 系统融合了八个方面应用集成。

设计与施工信息集成：设计院借助智能化、可视化、模型设计等技术，在新型智能二维和三维设计系统应用基础上，与工程部协同，建立施工方案与深化设计集成，并建立既独立又共享的工程设计数据库和工艺技术数据库。

市场开发与投标决策信息集成：市场部进行数据挖掘，逐步建立业主信用风险管控、立项预审等数据模块，并与相关行业资源和商务平台对接，会同经营、法务部门形成投标和合同管理系统，各类评估数据经细化梳理后自动生成报告，上传提交公司高层作为最终决策依据。

采购与管理信息集成：采购中心建立合格供应商名录、供应商的基本信息数据库，根据材料供给与采购程序，借助互联网形成竞争采购模块，为公司各业务部门和施工项目管理部提供各类主材指导性价格及比对信息；同时与经营、预结算部门以及施工现场反馈数据相对接，形成采购和材料管理信息集成，对采购数量、单价、品质、使用等实施一体化过程控制。

财务与资金管理信息集成：财务部门建立资金、费用以及成本管理三大模块，与项目管理、材料管理、工程预算、成本管理、产值管理等部门形成网络对接，实现系统财务报表、会计账务及项目进程实时协调互动。第一手财务数据即时呈现，为企业生产经营整体资金的掌握和调度提供保证。

工程项目远程控制信息集成：职能部门与施工项目部依照各自权限和相关程序，形成各条项目线的全过程对接信息集成，实施施工项目产值、成本、进度、质量、技术等综合管理。根据信息数据反馈，公司决策层可以调阅和审视每个工程项目即时工程进度、成本消耗、人力资源和设备配置等所有信息，并根据需要调整设计、预算、材料供应、质量安全保障等指令。信息系统集成帮助企业对分布在全球各地的几十个工程项目实现了远程控制，既为企业高效率运行带来可观的经济效益，也为企业通盘准确的决策和掌控提供了强有力的支撑。

固定资产管理信息集成：家大业大之后，固定资产管理成为重要核心任务。固定资产管理模块使公司的固定资产存在变得有序，在用资产和闲置资产名录和分布一目了然，为高层和职能部门快速便捷地调动和安排固定资产提供了可能，有效降低了人力、物力和时间成本。

劳务准入与用工成本信息集成：劳务部门联合成本控制、质量安全等部门协同建立劳务动态、劳动力单价、技术等级和实际操作能力等维度的数据集成，实时联动，实现了对公司所有施工项目的用工配置、成本和质量的有效规划和管理。

企业高层智能决策信息集成：各项核心业务集成自动生成汇总数据，形成企业高层智能决策信息集成，实现企业层面统筹、协同、分级管理、资源优化配置和远程全过程控制。决策信息集成亦可以工程项目为核心，与相关企业、商业的工作数据信息对接，形成区域协同工作平台，提升企业经营决策、风险规避和可持续发展的能力。

从2016年1月1日开始，公司所有新开工项目合同管理内容都纳入瑞和ERP，其成本编制、采购/劳务计划、各类请款等，都在瑞和ERP系统中运作。

3. 研发管理创新系统

为建立"工厂加工现场拼装的规模化、标准化、科技化"的工程先进配套服务能力，实现"设计、施工、工厂深加工一条龙服务，工程、工厂、实业一体化发展"的战略格局，深圳市特艺达装饰设计工程有限公司（以下简称"特艺达"）根据公司实际情况，运用管理创新的理论与方法，研发了特艺达装饰管理创新系统，从体制上提高管理创新和技术创新能力，增强企业的核心竞争力。

（1）管理创新系统的特点

特艺达装饰管理创新系统针对行业性质特点开发，以技术演进为依据，强调计划、资源、技术和政策的整合，高度代表了高层的管理思想和经验。

第一，强化体制变革和创新计划制订。特艺达认为，只有从体制上变革，才能使创新真正成为企业自觉行为。企业创新计划包括创新总目标、内外环境分析、具体目标体系设定、创新方案论证、计划实施控制等内容。创新计划重点内容为外部环境的市场、顾客和竞争对手的分析研究，以及内部的创新资源、现状、激励机制和优势的分析研究，还包括内外综合环境中的创新突破条件分析，以及计划实施控制制度的确立研究。

第二，强化技术积累和信息沟通推动创新。特艺达认为，技术积累包括知识积累和技术能力积累两个方面。技术积累既包括个人知识技能的积累，又包括企业组织层次的技术积累。因此，重点做好个人、企业两层次的资料集成，可将企业无序低效资源转变成有序高效资源，从而实现技术积累，并为信息沟通奠定渠道和内容两方面基本资料。企业的技术积累及时完成并通过信息沟通即时传播，能激活创新体系最大活力和效力，更有力支撑企业转型升级，适应市场竞争，加速向现代化、国际化发展。

（2）创新系统的保障体系

创新是向未知领域索取效益的过程，而且，没有一项创新是一蹴而就的，强有力的保障体系才能确保企业创新动力的持之以恒。特艺达的经验是，创新系统需要建构资金、政策和文化的三重保障。

资金保障体系：从风控视角看，创新过程是投入生产资源以换取不确定回报的过程。为了确保技术创新项目得到源源不断的资金供应，公司明确规定已完成技术创新项目所产生的经济收益必须有一定比例用于新项目开发。只有如此，企业才能不断用新技术、新产品取代趋于过时的旧技术、旧产品，确保技术领先优势和市场竞争力。

政策保障体系：由于企业创新的集体协作性，个人贡献难以正确评估，创新人员面临专有知识、技能大幅度贬值风险。为了调动科技创新人员的积极性，将其聪明才智贡献给企业，公司实行允许科研创新人员以其技术入股的政策。公司还对技术人员参加在职培训采取特殊待遇，如培训技能属企业专有性质，公司不仅负担全部费用，而且还给予受培训人员一定数额的经济补偿。

文化保障体系：创新是企业的一种性格和气质，需要专门的文化土壤才能孕育，文化保障体系是企业的核心竞争力。特艺达践行优质、高效、环保、科技的装饰文化理念，形成包括行政、营销、工程、采购、投资、财务等管理中心及设计研究院的"六心一院"扁平化组织管理架构，正是通过不断创新才成为现代建筑装饰领域的引领者。特艺达建设完工的境内外超过130个国际五星级酒店工程，其中多项工程荣获的鲁班奖和全国建筑工程装饰奖，以及2012年被联合国工业发展组织和深圳工业总会授予"国际五星级酒店装饰领军企业"的品牌殊荣，都更加激发了企业创新文化建设的动力，也进一步强化了企业创新系统的文化保障体系。

伦德沃尔（Lundvall）指出，创新系统是指由生产、扩散、知识的使用等元素与相互关系交互影响所组成的系统。[1] 结合建筑装饰行业企业管理创新的案例经验可以得出结论，管理系统的创新实质是采用最新科技手段，以企业特色文化为基础，对各类资源和知识进行重新整合，从而不断提高企业运行效率的过程。

（三）技术创新

技术创新（technological innovation）就是技术制品的创始、演进和开发

---

[1] Lundvall B. , *National Systems of Innovation: Towards A Theory of Innovation and Interactive Learning*, London: Pinter Publishers, 1992.

过程。缪尔塞（R. Mueser）将"技术创新"定义为以其构思新颖性和成功实现为特征的有意义的非连续性事件。[1] 对建筑装饰行业而言，纯粹的技术创新类似工艺创新，包括工程项目中的施工管理和工法创新以及材料及部件的创新。一般情况下，技术创新可区分为渐进创新（incremental innovation）和重大创新（radical innovation），前者指对原有技术的改良或改进，后者则是根本性创新。

1. 从一线施工中创新技术

山东万得福装饰工程有限公司组织研发人员根据一线施工的经验，开发了一种实用新型建筑吊顶技术，可以实现灵活开启暗架吊顶，吊顶结构独立受力不和集成灯带连接，矿棉板能自由开启。

创新特性：新型吊顶结构安装方便，实用性强，美观牢固，所使用的矿棉板只需前、后两端设置凹槽，制作工艺简单，使用方便。

创新过程及具体做法，如图1所示，该自由开启暗架吊顶结构包括多个主龙骨1和副龙骨的龙骨系统、集成灯带2和矿棉板3；所述主龙骨1由吊杆固定，所述副龙骨包括T型龙骨7和C型龙骨8，在主龙骨1上挂接有双钩挂件5，双钩挂件5的上端通过穿心栓6固定挂接在主龙骨1上，双钩挂件5的下端设有与T型龙骨7上端相配合的挂钩，T型龙骨7的上端固定挂接在双钩挂件5的下端，所述T型龙骨7与主龙骨1垂直交叉设置，在C型龙骨8的两端设有开槽，所述C型龙骨8通过开槽搭接在T型龙骨7上；所述集成灯带2设于主龙骨1下方并吊挂在混凝土板底，在集成灯带2左、右两侧沿矿棉板3长度方向分别设有折边，所述T型龙骨7下端隐藏在集成灯带2的折边内；所述矿棉板3的左、右两端搭接固定在T型龙骨7的下端面上，在矿棉板3前、后两端的中部沿矿棉板长度方向设有与C型龙骨8底部形状相配合的凹槽9[2]，所述C型龙骨8的下端与矿棉板3上的凹槽9插接固定。

---

① Mueser R. , "Identifying technical innovations", *IEEE Trans on EngManagement*, 1985, (11): 98 – 101.
② 凹槽9在矿棉板3的上部，因为是凹槽，平面图中未标出。

所述吊杆为全丝吊杆4，全丝吊杆4上部通过膨胀栓与混凝土板底锚固，全丝吊杆4下部通过吊件与主龙骨1固连。

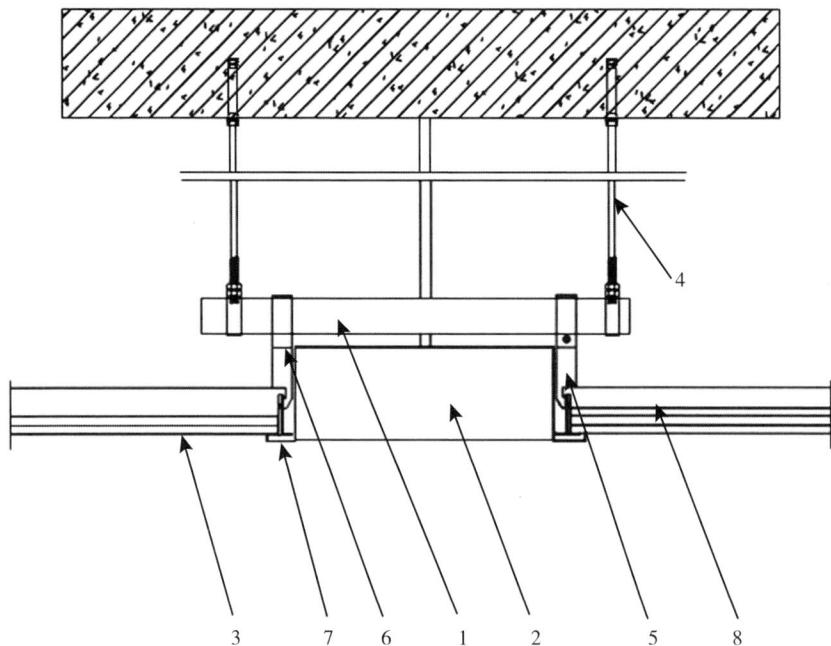

图1 山东万得福装饰工程有限公司实用新型建筑吊顶技术示意

本实用新型涉及建筑吊顶技术已获得专利，可谓从实践中来，开发成功后又回到实践中去，虽然只是对原有吊顶技术做了局部改进，是一种渐进技术创新，却显著优化了工艺，提高了公司相关业务的技术含量，也为用户创造了新的使用体验和价值。

2.技术创新的规模效应

山东德才装饰股份有限公司（以下简称"德才装饰"）涵盖了从城市规划设计、建筑设计、建筑总包到装饰设计、装饰、幕墙、智能化、园林古建、展陈以及高科等全产业链服务。德才装饰借助拥有的12项一级资质的优势，在装饰、幕墙、设计、智能化、园林古建、展陈等领域积极布局，积累了强大的技术优势。德才装饰的技术积累走出了先"引进"后"溢出"

的规模效应。当企业缺乏技术创新或者仅有少量零散技术发明时，产生的效益是局部的、有限的。只有当相关产品或工艺普遍实现技术创新时，形成创新技术的集束爆发，才能有效提高工程的整体品质。在创业初期，德才装饰通过模仿、改进和改良、独立研发等方式，一步步将装饰行业的必要技术"引进"到了企业内部，并支撑起企业的快速发展和在国内初始市场的竞争优势。但是，随着企业转型升级压力的增大，按部就班的技术渐进模式变得不能满足企业业务的规模化拓展要求。

2012年，德才装饰在世界创意之都——英国伦敦成立了DC+HD设计院，整合了包括百多位优秀国际设计师的团队，其中多位是英国皇家建筑设计师。通过设计机构及其设计技术的"溢出"，德才装饰成功走出国门，将业务拓展到欧洲、中东、加勒比地区等国际市场，在城市规划、景观设计、大型场馆及酒店以及住宅装饰市场崭露头角。伦敦国王十字车站、伦敦希斯罗机场、伦敦希尔顿酒店、伦敦南安普顿酒店、西班牙马德里机场、西班牙卡都甘酒店、卡塔尔多哈艾美酒店、阿联酋阿布扎比酒店等诸多项目见证了DC+HD设计院的建筑设计实力。作为欧洲地标性建筑的波黑军港（伯特洛瓦港湾城）也由DC+HD设计院参与设计。同时，公司在加勒比海圣卢西亚国承接了城市规划以及500套别墅的房屋建设、土建开发等工作，积极在全世界范围进行市场布局。

技术创新的规模效应在黄果树湿地公园项目竞争和施工中发挥了决定性作用。贵州安顺黄果树大瀑布景区世界闻名，黄果树植物园位于黄果树景区北侧、黄果树瀑布上游，占地面积1880余亩。英国DC+HD设计院针对项目特点，提出前期建议和设计方法来指导整个设计过程，吸取世界经典景区项目的优势并把它们引入黄果树项目，例如英国的伊甸园系列景点或景点集群技术，制定具体规划和发展设计指南，制定土地使用和建筑遗产的设计保护指南，为该地块旅游可持续发展制定战略框架。其中新鲜景点集群规划可以有效分流游客，从而提升了整个黄果树国家公园的效率。

2016年，DC+HD设计院组织英国皇家注册建筑师、高级建筑结构师和景观设计师前往黄果树石头寨景区实地考察，建议黄果树未来的发展方向应该包括：打造一个世界级的旅游度假目的地，增加、吸引长期游客/削减淡旺季分差，尊重当地人文、地理、自然、传统，采纳高端创新的设计理念以及可持续发展利用的新科技，倡导保护和加强生物多样性发展以及历史遗产、古迹的保护性修复，加大国内外的投资力度/提升资产价值。

3.从技术到标准：形成创新标杆

技术研发是企业创新的第一要素，建筑装饰企业都有这样的认知，德才装饰更是如此。公司自创建以来，一直致力于技术开发以强自身，至今共获得鲁班奖、国优奖、全国建筑工程装饰奖、全国科技创新成果奖、全国科技示范工程奖等国家级奖项220余项，以及山东省建筑工程质量"泰山杯""青岛杯"及省市级工法奖260余项，发明及实用新型专利300余项。

规模的不断扩展给行业带来了规范意识，也给技术产权人带来了话语权。德才装饰在坚实的技术体系支撑下，同时主持编写了住建部《寺庙建筑装饰装修工程施工技术规程》《建筑装饰工程木质部品（产品标准）》《中国古建筑营造技术导则》《住宅建筑室内污染控制》等行业标准，成为建筑装饰行业的技术标杆。

在主导制定行业标准的同时，德才装饰园林古建公司充分发挥产学研的优势，以寺庙建筑装饰装修标准等为主体，制定与园林古建行业标准相匹配的专利、工法及专项技术成果，在古建筑材料、装饰技术等方面发表了多篇研究论文，例如根据施工中碰到的技术难题进行课题攻关，成功完成了重庆白云观修缮工程中对古建筑大架整体进行提升修复的技术论述与施工工作，受到行业的高度认可。

德才装饰园林古建公司成立以来，在古建园林、古建修缮、寺庙道观、亭台楼阁、水榭长廊、园林小品、仿古建筑等领域勤奋耕耘，积沙成塔。公司遵循"修旧如旧、保持原貌"的文物修缮保护原则，秉承"诚信依德，质量藉才"的企业理念，先后完成了诸多的国家、省、市级各项园林及古建保护、修缮项目，并逐渐形成了传统工艺与现代化科技相结合的施工体系，将中国风的理念完美地融入项目之中，在保证园林古建原貌和中国理念的基础上，运用现代元素去重新阐述传统建筑文化。十年来，公司承接了重庆市缙云山寺、镇江金山寺、云峰山摩崖石刻等全国重点文物保护单位的修缮、装饰或抢救性工程，以及众多省市级文物保护、装饰工作。

公司也成长为专业化园林古建装饰机构，拥有设计团队、技术研发团队、营销团队和施工团队等共计100余人，其中技术研发团队以其突出的技术实力主持编写中国建筑装饰行业《寺庙建筑装饰装修工程施工技术规程》行业标准，并参加了住建部《中国古建筑营造技术导则》等行业标准的编写，孕育了深厚的技术实力和丰富的园林古建项目经验，成为行业发展的标杆。

尽管大多数技术创新属于渐进创新，即一种渐进的、连续的小创新，但学者的研究表明，渐进创新对组织的经济意义和影响重大。研究发现，技术渐进创新对生产率的提高具有累积效应，渐进创新对企业经济绩效具有重要的作用。[①] 所以，建装装饰全行业都应该十分重视技术和工艺的改进和优化。

（四）企业文化创新

企业文化创新是企业最深厚、最宽广、最持久的行动体系，也是每个建筑装饰企业梦寐以求和毕生所依赖的终极价值。下面以深圳市建艺装饰集团有限公司（以下简称"建艺集团"）的文化创新案例进行分析。

1. 企业文化的潜在特质：战略中的战略

建艺集团践行以"提升价值，构建美好"为核心价值观的企业文化，认为企业文化不仅仅是企业的具体可见的物件，而是融化在企业成长历史中的潜在特质追求，包括企业目标、企业品格、企业理念、企业精神、企业责任等。建艺集团提倡"以德为先，诚信为本，构筑精品为目标"的企业宗旨，在企业不断发展壮大的过程中，建艺集团不忘初心，着眼长远，把思想文化的融合、创新与再造视为整合和优化企业资源的核心竞争力。集团上市

---

① M. L. Tushman and P. Anderson, "Technological discontinuties and organizational environments", *Administrative Science Quarterly* 31 (1986).

前提出了"营销、品牌、技术、人才和资本市场"发展五大战略的规划，并将企业文化潜在特质表述为：企业文化是战略中的战略。

2. 企业文化内涵发展

建艺集团作为连续多年的全国建筑装饰百强企业前十名、建筑装饰行业第一方阵佼佼者，其品牌知名度和美誉度在行业内有目共睹。但是企业文化建设是长久之策，建艺集团利用上市契机，将"提升价值，构建美好"的核心价值和"以德为先，诚信为本，构筑精品为目标"的集团宗旨更为广泛地推广，从而更好地传播品牌形象，塑造了建艺企业文化内涵。建艺集团采取的主要措施包括以下几个方面。

（1）丰富和改善传统渠道品牌建设的内容。集团对企业自有品牌推广平台的重新策划和改善提升，如内刊由 8P 报纸改为 60P 彩色内刊，网站由传统布局和技术支持全面改版，画册在旧有企业画册基础上重新策划、设计和印刷，重点提炼了能够代表建艺工程项目的"十大经典案例""国际品牌五星级酒店""经典设计案例"等，以及在传统媒体宣传上更多地体现策划性和独特定位，如《时代商家》"封面人物 + 专访"通过采访董事长本人，从企业成长和企业家成长两个方面相互映照，反映建艺集团所取得的发展成就。尤其值得一提的是，2016 年着重拓宽和强化了品牌培育重点渠道的建设，在装饰领域的宣传平台上进行大手笔的投入，如《中华建筑报》、中装新网、《中国建筑装饰装修》、《深圳装饰》等行业媒体。

（2）强化新媒体和自媒体品牌推广力度。建艺集团 2016 年进一步完善了微信公众号"建艺集团"的功能，提升了新闻推送的质量，提高了与受众沟通互动的效率，同时在微博、一站式推送、易企秀、兔展、短信群发等方面也逐步完善，并形成了稳定的受众群体，且其主要部分与建艺集团的客户、上下游合作伙伴有较大的重合度，成为传播建艺理念、提升建艺集团品牌的有效途径。

（3）主动参与经济社会重大活动。集团重点策划并积极参与一系列装饰行业或深圳市有重要影响的活动，如冠名"2017 企业家与市领导新春联谊晚会暨颁奖盛典"、协办"深圳首届'一带一路'企业家高峰论坛",以及参加深圳市政府部门代表和知名企业家代表赴马来西亚访问团并签署战略合作协议、协办广东省企联/企业家协会与会员企业交流会等,同时积极参与深圳市装饰协会"2016年深圳技能大赛暨首届深圳市建筑装饰职业技能竞赛",在决赛中取得优异成绩。

(4)关注行业发展焦点问题,引领行业标准。建艺集团参编了中国建筑装饰协会主编的"建筑装饰蓝皮书"、主编了CBDA标准《室内装饰装修末端装置综合布置技术规程》、积极参与并协办了深装协"2016装饰标准设计创新大赛"(获多项大奖)并首批入驻装饰行业诚信联盟、参编了《深圳市住宅室内装饰装修标准》等。

(5)引领行业"构筑精品"理念。建艺集团大力塑造具有重要影响的优秀工程项目,以形成行业领先文化内涵。2016年,建艺集团又有一批工程获得中国建筑装饰行业的最高荣誉——中国建筑工程装饰奖。这批项目被评为"优秀品牌建设奖"工程,包括南通市图书馆项目、厦门高崎国际机场T4航站楼项目、河南电力规划检测试验基地1号楼项目、湖北东湖翠柳村客舍改造项目、水厂科研综合办公楼和职工活动中心项目、中广核大厦展厅项目、深圳实验承翰学校项目、北欧知识城·3G创智广场二期裙楼幕墙项目等。这些努力带给了企业各项国家和社会荣誉,如"国家高新技术企业"认证、"中国品牌企业500强"、广东省优秀企业、广东省诚信示范企业、深圳知名品牌"风采奖"、2016年"履行社会责任杰出企业"及"深圳工匠培育示范单位"称号等,也为企业文化发展注入了丰富的内涵。

(6)履行社会责任创新:从守法公民到公益践行者。建艺集团的管理体系对设计施工过程中所需要遵守的法律法规、环境要求、职业健康安全、行业规定等相关要求都进行了充分识别,同时对发现的重大危险和环境因素编制了相应的预案,准备了现场纠正技术和力量,保证企业工程和服务的全过程不偏离法律规范,全面履行职工发展、环境保护、用户保护等各方面社会责任。多年来,集团始终把企业发展体现在促进国家、民族与社会的繁荣进步之中，参与社会公益活动。2008 年以来，集团在董事长的带领下，企业和职工累计捐资千万元，援助汶川等地抗震救灾、广东省多地的基础设施恢复重建、扶贫救困、义务教育发展、乡村建设等，成为越来越活跃的公益行动者。刘海云董事长 2016 年个人捐资 332.6 万元，在 "2016 年度深圳慈善捐赠个人榜" 上名列第 5 位。

3. 企业文化创新机制：深层次动力说

建艺集团秉承 "专业—创新—卓越" 的技术研发宗旨，通过技术创新为用户和社会提供人性、周到、优质的产品创造和技术服务。公司技术开发成果遍布装饰装修各专业施工领域，形成一批自主知识产权和技术创新成果，并在装饰装修施工的项目中得到广泛应用。这是企业发展的物质技术基础。另外，建艺集团认为，企业文化建设是实现产值百亿、千亿战略目标的重要保障，同时也是上市后集团优质、快速发展的深层次动力来源。

这种深层次动力来源于高层领导的表率作用，强调公司发展精品的核心价值；强调公司顾客为上、奉献社会的核心价值；强调公司学习引进新技术、新工艺、新管理理念的核心价值。企业文化创新能够塑造强大的品牌效应，帮助企业在提升市场竞争能力和回报社会之间形成良性循环的发展态势。

三 基于 BIM 技术的总体创新

（一）BIM 将助推中国成为全球建筑第一强国

1. BIM 已经成为全球建筑业的信息之门

基于对北美、中国和英国房地产生命周期多个不同阶段的洞察与经验积累，英国皇家特许测量师学会（RICS）于 2015 年发布系列研究报告表明，建筑信息模型（BIM）与国际建筑测量标准（ICMS）相辅相成，"提高施工交付的确定性"。协作与整合是项目绩效改善的基石，也将进一步提高工程施工的确定性。而 BIM 恰好是驱动这一改变的工具。同时，ICMS 的出台，也将统一建筑标准与造价规范，为提高确定性再增砝码。综上所述，BIM 将与 ICMS 平行应用，因为只有更好的标准才能提高全球市场对 BIM 工具的充分利用。英国政府要求从 2016 年开始，所有相关工程都必须使用 3D BIM；美国联邦物业公司和联邦行政管理总署（GSA）强制要求建筑工程在设计阶段就必须使用 BIM；加拿大的 BIM 委员会（CanBIM）等非政府组织形成联合，促进 BIM 在建筑行业的应用。[①]

2. BIM 将助推中国成为全球建筑第一强国

根据 ARCADIS 全球建筑资产财富指数（Arcadis Global Built Asset Wealth Index）研究，2014 年，中国建筑资产规模达到47.6 万亿美元，超过美国成为全球建筑资产规模最大的国家。不过，中国人均建筑资产仅为 3.41 万美元，略超全球平均水平，在世界上排第 24 位。有理由认为，按目前投资趋势维持下去，到 2025 年，中国建筑资产规模将比 2014 年翻一番，达到 97 万亿美元，高于美国、日本、印度和德国四个国家的总和。[②]

中国开始进入互联网社会，信息化是任何行业转型升级的基础要务，不可或缺。可以说，没有信息化，就不可能有产业的转型升级。2011 年 5 月，住房和城乡建设部（以下简称"住建部"）发布了《2011～2015 年建筑业信息化发展纲要》，将 BIM 纳入信息化标准建设的重要内容；并于 2013 年推出《关于推进建筑信息模型应用的指导意见》，明确了 BIM 的具体推进目标；2016 年 8 月，住建部发布《2016～2020 年建筑业信息化发展纲要》，BIM 被列为"十三五"建筑业重点推广的五大信息技术之首，一批示范应用性工程得到实施；2016 年 12 月，住建部发布《建筑信息模型应用统一标准》（GB/T 51212－2016），自 2017 年 7 月 1 日起实施。随后，全国各地也相继出台了相应的 BIM 应用指导意见。

BIM 已经成为建筑业的一个象征。建筑装饰行业的转型升级，对设计、造价、施工、维护等流程工序及各类信息的可视化要求越来越高，BIM 技术

---

① BIM 中国网，http://www.cnbim.com/2015/1105/3791.html，2015 年 11 月 5 日。

② 新浪财经，http://finance.sina.com.cn/china/20151020/173423526890.shtm，2015 年 10 月 20 日。

拥有广阔的应用空间。据不完全统计，截至 2015 年底，在 BIM 指导文件和示范工程的带动下，全国 1658 个建筑工程项目中应用了 BIM 技术。2017 年 5 月 4 日，住建部发布公告，批准《建筑信息模型施工应用标准》（简称《标准》）为国家标准，自 2018 年 1 月 1 日起实施。标准从 BIM 的创建、使用和管理三个维度出发，对建筑工程的深化设计、施工模拟、预制加工、进度管理、预算与成本管理、质量与安全管理、施工监理、竣工验收等方面提出了指导性规范。[①]

《标准》的推出和施行将极大刺激我国建筑业的发展张力，助推我国成为全球第一建筑强国。

（二）BIM 全方位开发应用：来自金螳螂的经验

苏州金螳螂建筑装饰股份有限公司（简称"金螳螂"）是我国建筑装饰行业最大企业，在 2016 年中国 500 强企业中位列第 285 位。公司以"致力于改善人居环境"为使命，具有十分远大的公司愿景。

1. 全生命周期 BIM 开发应用状况

苏州慧筑信息科技有限公司是金螳螂集团的全资子公司，自 2017 年 1 月正式成立，同年 6 月底团队成员已达 20 余人，公司分为建模平台研发部、云平台研发部及产品部三个部门，已开发上线了桌面端装饰快速建模系统和慧筑云项目管理云平台系统，在南京青奥中心、上海中心、上海迪士尼乐园、上海养云安缦酒店、江苏大剧院、普陀山观音圣坛等 50 余项国内重大项目中得到了应用，极大地提升了项目品质和质量以及项目协同能力，有效控制了造价和投资。

金螳螂拥有完善的公司级总体性全生命周期 BIM 实施流程和协同平台，专职 BIM 深化设计团队超过 100 人，主持和参编 5 项国家 BIM 标准和 1 项国家"十二五"规划重点 BIM 教材；是国际 BIM 标准组织 Building SMART 成员。

---

① 中国 BIM 联盟：《国家标准〈建筑信息模型施工应用标准〉正式发布》，http：//www.cnbim.com/2017/0601/4527.html。

2. 成熟的 BIM 施工体系

金螳螂从实践中总结出一套成熟的 BIM 施工体系，包括全面模拟的施工策划、平行建造的后场生产和构建精确定位组装的现场施工三个阶段（见图 2）。

（1）施工策划

施工策划包括在 BIM 系统中完成 7 个部件内容，第一是设计优化，做到展示施工细节、提升设计深度，并且实现全景手控漫游、无死角展示设计细节。基于 BIM 技术模型分析的设计更加智能，可以全面提升工程质量，在上海中心多功能前厅墙面造型参数化设计、江苏大剧院 GRG 受力分析、天津武清剧院模型 3D 打印等工程中得到应用。

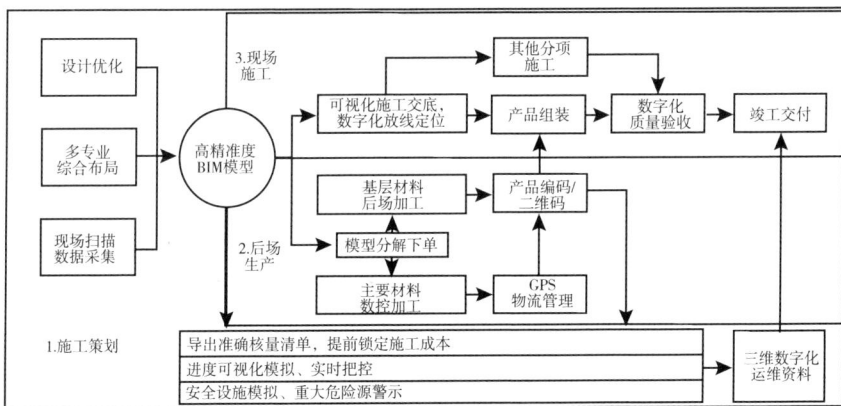

图 2　装饰 BIM 施工思路

第二是多专业综合布局，将地暖、强弱电、给排水、结构、暖通、消防、建筑等系列作业，通过 BIM 模型进行专业综合调整，协调布局，有效指导施工，避免冲突返工，节约工期和成本（应用于上海养云安缦酒店）。

第三是现场扫描数据采集，通过三维扫描的现场数据与模型复合，得到现场高度一致的 BIM 模型（如西安中西部商品交易中心模型与点云数据进行碰撞检测）。

第四是导出准确核量清单，利用精准的 BIM 模型导出工程量化清单，用以控制施工成本，降低后期投资追加风险。

第五是进度可视化模拟，通过对工期和资源的模拟，优化工种与序间的搭接配合，实现对项目的精细化把控（如南京东郊国宾馆样板间进度模拟）。

第六是安全设施模拟，借助 BIM 布置逃生路线、重大危险源直观警示。

第七是三维数字化运维资料，将 BIM 应用的过程资料交付业主，方便项目后期的运营维护。

（2）后场生产

后场生产是装饰材料模块化、部件化的工厂化加工生产过程，是实现装配化作业、提高行业生产率的核心生产流程。后场生产主要包括三大工序。

第一是模型构件分解下单，利用 BIM 模型精确下单代替传统现场测量，极大提高材料后场加工预制率和产品质量。将整体模型分解，可以生成钢架件、玻璃件、GRG、地砖、龙骨、电气管线等不同部件的材质及尺寸清单，交付不同生产厂家，实现后场批量加工，或者主要构件直接经 BIM 模型导入数控加工机床，实现数字化生产。

第二是物流管理，在材料出厂到达工地之前，通过 GPS 对下单主材进行定位，实时显示在 BIM 平台上。

第三是产品编码，对 BIM 模型下单的材料进行编码，上传平台进行施工、质检、核算、仓储等统一管理，如青奥中心 GRG 产品二维码详细记录生产厂家、安装位置、质检状态等材料信息。

（3）现场施工

现场施工是将 BIM 模型物体化的过程，其中的关键技术包括实体化的精确度、关键部位操作的精细程度、部件组合的严密性等，关键工序包括以下五个部分。

第一是数字化放线，即利用三维定点技术将 BIM 模型与现场位置的误差控制在 3mm/50mm 以内，保证模型实体化的精确度。

第二是可视化施工交底，即利用 BIM 模型交底施工，指令清晰易懂，消除操作盲区、提升沟通效率。

第三是重点部位施工预演，对重难点部位操作过程预先模拟，为施工做好充分准备。

第四是产品组装，现场借助数字化设备对半成品进行精确、快速组装，如南京青奥中心对 GRG 现场挂装。

第五是数字化质量验收，利用三维扫描仪将现场完工部位与 BIM 模型进行比对，找出施工偏差。检测过程有序快捷，结果客观全面。

（4）BIM 平台实施效果

金螳螂利用 BIM 技术实现全面规划、深度优化和精确管理，达到了缩短工期、降低成本等功效，即公司员工所称的"省心、省时、省钱"。

全面策划、综合管理实现了省心。BIM 系统将项目纳入全面信息化管理，达到了以下效果：一是施工全过程可视化管理，并且精准预控施工精度可提高到 0.1mm；二是增强了装饰总包管理能力，无限扩大了管理边界；三是实现了工业级施工品质控，使全面质量管理变得容易；四是现场管理轻量化，作业环境全面改善。

工业化生产使现场平行施工变得可能，大幅度缩减了作业周期，实现了省时，表现在三个方面：一是通过前期精准策划、多专业综合布局，消除了绝大部分施工隐患，变更、返工隐患大幅减少；二是在策划阶段即可进行主材或要区域的下单工作，前场后场同时开工，节约工期；三是通过完善准确的 BIM 信息制订客观的施工计划，将模型构件与进度计划行逐一关联，施工精度准确模拟，优化了施工资源，过程变得有条不紊。杜绝方案变更并且可以做到工程提前交付，实现了省钱。第一，BIM 系统提供了最佳方案，杜绝工程现场作业过程中的拆改浪费；第二，项目前期通过 BIM 模型获得准确的工程投资数据，有效控制了过程中产生的损耗和浪费，降低了成本意外超支的概率；第三，提前锁定了工程投资回报，基于 BIM 技术的精细化管理，将额外风险最小化，按时完成项目既定的建设周期及早实现投资回报。

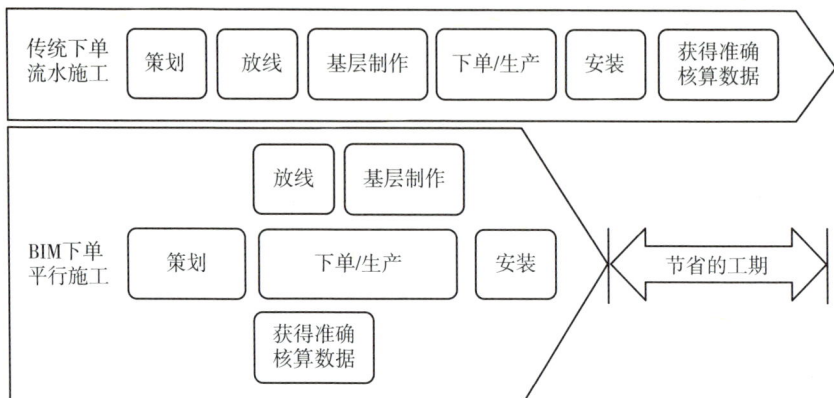

图3 现场平行施工示意

四 技术卷入创新

"创新性"是一项新发明，是影响公司市场营销资源、技术资源、技能、知识、能力或战略的能力。[①] 在工程实务中，很多创新不是直接面对需要解决的具体问题，而是在解决问题过程中先后被动卷入的。

（一）技术卷入

卷入（entrainment）在海洋学中指海洋跃层中的水进入混合层中并与之交换的过程。卷入（Involvement）也可以指源自关联性而引发的吸入或者合并。[②] 如基于BIM技平台，其他专业因为关联性而被行业发展所卷入，或者与BIM业务交流和技术碰撞而产生的创新成为卷入性创新，具体包括垂直性卷入、平行性卷入和行业性卷入三种基本形式。

垂直性卷入创新多见于装配式建筑装饰垂直细分市场，如开发装配式建

---

① Rosanna Garcia, Roger Calantone, "A critical look at technological innovation typology and innovativeness terminology: a literature review", *The Journal of Product Innovation Management* 19, 2002.

② 马歇尔·麦克卢汉：《理解媒介——论人的延伸》，商务印书馆，2000。

筑 BIM 软件过程中，需要打通装饰工程的流程和产业链，从设计开始，要一步步卷入材料、施工、水电作业甚至是土木工程其他专业的技术嵌入和改进。垂直性卷入创新解决的是纵向价值链的创新衔接。

平行性卷入创新多见于平行技术功能模块的整合，如 BIM 技术与物联网结合，可将智能设备并入装饰系统集成，实现装饰从三维空间向多维空间的转化，极大丰富了装饰业态的科技内涵；BIM 技术并行卷入物联网和 GIS 系统，就可以承接智慧城市建设、城市维护、园区建设等领域的装饰工程，促进更多的技术融合创新和管理模式创新的产生。

行业性卷入创新是指行业性整体行动，以打通重大技术或者基础性技术标准的普及，如通过不断碰撞、磨合与创新，推动全行业 BIM 软件开发与厂商之间的合作，或者以事实应用为依据，推动形成 BIM 数据的基础行业标准，帮助建筑装饰行业提升整体水平。

在总体性 BIM 技术创新平台上，各类关联技术创新呼之欲出，金螳螂公司的实践给行业提供了技术卷入创新的新路径。

（二）技术链式创新

链式创新是技术创新的基本范式之一，以产业价值链成长为本。20 世纪 80 年代以来，国际文献大量探讨以价值活动之间的链接关系为基础，平衡科技与市场驱力，且考虑"成本"效益的创新模式。[1] 其中，Porter 提出的价值链理论被奉为"链接"模式的经典，他认为价值活动之间应透过链接建立双向的反馈机制，使技术与市场获得平等互动的机会。[2]

1. 技术链式创新的基本形式

金螳螂的"家装 BIM + VR"表述可以为理解技术链式创新提供思路。金螳螂三维软件公司是金螳螂集团旗下的一家新兴的云设计平台公司，2015 年成立，以金螳螂大平台为依托，目前已经初步打造出符合行业实际应用的

---

① 温肇东、陈明辉：《创新价值链：政府创新政策的新思维——以台湾创新政策为例》，《管理评论》2007 年第 8 期。

② Porter M. , *Competitive Advantage*, New York：Free Press, 1985.

趣加（Qu+）3D 云设计品牌，产品涵盖云设计平台、720°全景云展示解决方案及 VR 系统开发。趣加致力于向用户传递专业性、趣味性、便捷性，旨在通过高品质和高效率的设计理念，利用最新的科技呈现，带给用户独一无二的体验和价值。

（1）家装 BIM 系统

趣加云设计平台（家装 BIM）是一款基于最新互联网 HTML5 技术开发的真三维场景在线设计云平台。在设计的过程中，用户可以随意切换 2D/3D 视角，边设计边漫游。平台包含 6 种基础功能：快速创建户型、套餐产品自动布局、定制品精准下单、所见即所得渲染、一键导出施工图、快速算量报价下单。熟练使用后可以在 30 分钟内完成设计方案，5 分钟渲染出 360°全景效果图，完成方案的同时即可导出施工图、报价清单。

其中的橱柜定制功能，可使多种规格样式按实际尺寸摆放，选择更加灵活，满足不同户型的个性化需求，并可直接导出施工图和物料清单，找工厂加工，数据精准，避免物料浪费。一次到位，避免返工返厂，节约时间，高效便捷。

为辅助云设计平台而单独开发的趣量房 APP 系统则是"移动端"与"云端"共享账户，方便快捷；与市场上带有蓝牙功能的红外线量房仪兼容，更加高效。量房数据可快速同步至云端生成趣加设计户型图，数据更加精准，减轻设计师工作量。上传后可通过趣加云设计现场进行布局，生成设计方案，快速渲染出图，与客户沟通无障碍。一键生成参考报价清单，生成 CAD 施工图，加快进度，并且通过社交软件及时分享，与异地亲友沟通方案无障碍。

（2）VR 系统开发

VR（Virtual Reality）即虚拟现实系统，是利用计算机图形系统和各种现实接口及控制设备，在计算机上生成可交互的三维环境中提供沉浸感觉的技术。其中计算机生成的、可交互的三维环境称为虚拟环境。

"趣加 VR"目前专注于建筑装饰、地产、家居等商业领域的应用，提供从内容开发、应用、展示、采购等一站式解决方案。"VR 样板间"的应用可以让业主提前感受到未来建筑、装饰完成之后的效果。同时为了便于展示还开发了 VR – PC 版和 IPAD 版，使其操作更轻松，硬件携带更方便，随时随地操作展示，内容传播更迅速、范围更广。

VR 虚拟系统现已在北京新地标中国尊、普陀山观音圣坛、厦门金砖五国会议场所、中建八局周家渡办公楼、顺丰大楼、北京御河一号四合院、青岛西海岸医疗中心等众多项目中得到了应用。

（3）720°全景云展示解决方案

"趣加 720°云"在传统的 720°展示系统基础上，增加了换材的功能，还可以实现一键切换整体风格，实现样板房多样化。风格、材质、场景随意切换，720°无死角观看效果图，丰富了客户的购买体验。除了可以帮助开发商售房，"趣加 720°云"也是装饰企业的促单利器。

该技术链式创新已在北京新地标中国尊、普陀山观音圣坛、厦门金砖五国会议场所、中建八局周家渡办公楼、顺丰大楼、北京御河一号四合院、青岛西海岸医疗中等众多项目得到了应用。

据行业专业人士估计，家装设计云平台 2016 年行业规模已达 20 亿元，未来五年行业规模将过百亿元；家装云设计平台未来也将逐渐延伸到上游的房地产及下游的建材家居等行业，规模将达到装饰行业的 3 倍以上。

2. 技术链式创新的关键点分析

链式创新的实质是技术之间的链接，所以创新质量不仅取决于技术本身的科技含量，更取决于技术之间链接的有机性和紧密性。乔利（Jolly）曾从产品生命周期的角度分析创新价值链，提出从设计开始到商品化结束的五个阶段，包括想象、培育、实体展示、推广和维持；其中，每个阶段之间存在一个需要跨越的鸿沟，依次分别是兴趣鸿沟、技术转移鸿沟、市场转移鸿沟和扩散鸿沟，也就是创新进展到不同阶段时需要做好鸿沟的衔接（见图 4），最终才能实现商品化，完成创新的整个过程。

波特（Porter）的研究发现，通过链接实现价值活动的双向反馈机制是创新系统的重要组成部分，更是科技创新能否成功的关键，[①] 可以得出的结论是，双向反馈机制有助于克服乔利所称的五个阶段之间的鸿沟。

---

① Porter M., *Competitive Advantage*, New York: Free Press, 1985.

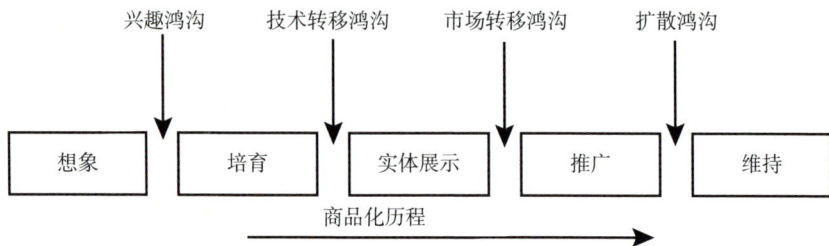

图4 商品化概念图示

资料来源：Jolly V.，*Commercializing New Technologies*：*Getting from Mind to Market*，Boston：Harvard Business School Press，1997。

（三）技术整合创新

技术整合创新模式是指不同种类、彼此原本没有关联的技术有机组合在一起，以实现产品或服务的创新。整合模式在整个创新过程中拥有较高层次的功能交错，模式的核心特征不仅是并行的，而且是在协作活动中的高层次的功能集成，在项目中以并行方式同时入场，而不是按照先后顺序依次进行。

1. 整合创新的诉求

深圳每年产生的建筑垃圾总量都维持在1000万吨左右，其中，建筑装修产生的垃圾占13%～15%。面对如此严重的资源浪费和环境污染现状，在建筑装饰领域引入绿色环保节能技术显得非常必要和紧迫。深圳瑞和建筑装饰股份有限公司经过研究发现，装饰环节产生大量垃圾的原因主要有以下几个方面：一是装修浮夸烦琐，费工费料；二是装饰成品不能拆卸重组，不仅维修困难，也难以回收再利用，只能毁损成垃圾；三是部件和材料尺寸与实际施工需求误差大，造成材料浪费增加垃圾等。瑞和响应国家绿色发展的号召，为了克服现有工程生产模式的不足，对基于BIM的装修工程施工方法进行立项研究，将绿色制造和绿色施工技术和BIM技术相整合，开发出基于BIM的绿色制造技术，以期解决设计烦琐、材料浪费大以及工程部件不能拆卸维修和回收的痼疾。

2. 整合创新的路线

基于 BIM 的绿色制造技术综合应用，主要创新技术路线特点见图 5。第一，根据装修工程进行 BIM 设计，具体内容包括：一是通过三维激光扫描技术对装修工程现场进行扫描，得到毛坯数据，通过所述毛坯数据生成用于转换成 BIM 三维建模的建筑点云模型，结合 BIM 建模技术与点云模型进行误差校核、修正，得到与现场实际完全一致的 BIM 虚拟空间，通过 BIM 虚拟空间进行图纸深化，制定用于设计测量设备、位置和尺寸的测量方案以及材料加工图；二是通过 BIM 虚拟空间建立模数化 BIM 模型库；三是利用数字化测量技术和所述的测量方案，将 BIM 模型库中的数字数据，通过数字化测量放样放线机器人，在装修工程现场进行自动化数字测量，得到测量数据。

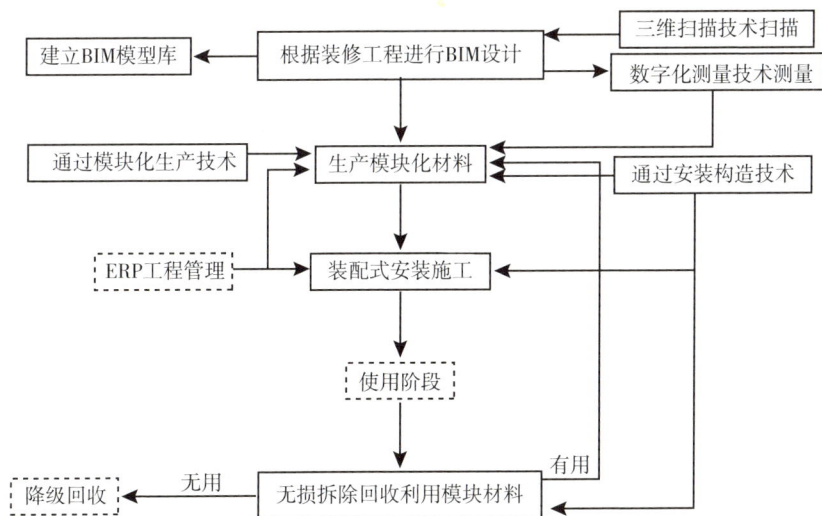

图 5　基于 BIM 的绿色技术综合利用路线

第二，通过 BIM 虚拟空间和测量数据生产装修材料，具体作业包括：一是通过 BIM 模型库，设计材料可重复安装拆卸的安装构造技术方案；二是通过安装构造技术方案、生产材料加工图和测量数据，统筹装修材料集成化生产的加工数据，根据加工数据通过加工机械设备生产出装配化安装装修材料。

第三，通过装配化安装装修材料来对装修工程进行安装施工，即根据安装构造技术方案设计施工机具、辅助工具、控制污染物的产生和排放的措施、现场存储和施工统筹方案，以及文明施工管理方案，再对装修工程进行装配式安装施工。

第四，对装配化安装装修材料进行无损拆除回收利用，即通过安装构造技术方案和装修材料的性质，设计装修材料的拆卸、分类、清理包装、回收和翻新再利用的流程，根据流程对装修材料进行无损拆除回收利用。

3. 整合创新的效率

基于 BIM 的绿色制造技术综合应用施工模式，为企业带来良好的社会效益和经济效益，主要体现在以下几方面：一是通过设计标准化、模数化，施工过程最大可降低 80% 的材料损耗；二是模数化设计内在存在的规律性，给施工带来方便，使工人更加容易理解设计的本意，从而提高工程质量水平；三是模数化的设计在施工时能够实现规模集中开料，节省施工时间；四是数据库可作为建筑装饰绿色设计的标准设计模数，提高公司的设计效率，并促进企业设计和生产的标准化进程；五是无损拆除重复利用安装构造技术规避了传统粗放式装修大量现场加工的弊端，从而实现工厂化标准加工和批量生产，预计单一工程项目 90% 采用该安装构造施工时，可节约工期 30%~40%，节约人工成本 20%~25%；六是模块化生产材料的高效回收利用。模块化生产材料具有更高的耐久性和可塑性，通过无损拆卸技术，可实现 80% 以上直接回收利用。相比现有装修废弃物降级回收处理技术，回收创造的价值显著提高。

基于 BIM 的绿色制造技术综合应用，整合了 BIM 和绿色生产两大主流技术，创造了整合性的技术优势、资源优势和管理优势，是一种创新性的工程设计和施工模式。

（四）系统集成创新

对多项常规技术进行整合并形成新的技术系统，就是系统集成创新。集成可以是原创性技术与常规技术的融合，也可以是传统技术与现代技术的沟通，但现实中，一般集合网络和信息技术实现集成是主要方向，因为人类已经进入了信息时代，经济社会发展范式决定了企业创新的总体方向。系统集成可以归入第五代创新模式，前文所介绍的金螳螂总体性 BIM 技术和瑞和的基于 BIM 的绿色制造技术综合都是系统集成创新的一部分。在此，本研究以深圳市洪涛装饰股份有限公司（简称"洪涛装饰"）为例，简要分析系统集成创新的过程。

1. 创新目标和集成设计思路

洪涛装饰力求打通设计、施工、工厂加工现场装配、运维服务产业链信息传递与共享，以形成公司强大的 BIM 系统集成生产力，帮助公司由粗放式管理逐步步入精益化管理模式。

系统集成的设计思路可以概括为三点，即移动终端操作、平行专业整合、垂直流程优化。具体说明如下：一是利用移动端（Pad 或手机）实现业主、总包、监理、设计顾问、供应商等参与方的可视化交流、审核、施工等协同工作；二是在 BIM 平台虚拟建造中提前协调解决各个专业之间的碰撞，如暖通专业风管与室内专业服务台造型发生碰撞，提前与机电设计方沟通调整方案提前解决问题；三是在模型建造过程中，对平面功能、空间、施工工艺、节能等进行优化，使其更趋合理，如消防专业与室内专业发生碰撞，可对消防专业管道进行优化。

2. 协同创新过程

各个专业的工程师在唯一的项目 BIM 系统集成模型中进行结构—建筑—机电—装饰—二次设计等多专业协同虚拟建造，在建造中实时协同，发现并解决影响施工的由传统二维 CAD 设计所造成的"错、漏、碰、缺"问题；虚拟建造中各专业工程师结合分部分项工程模型采集工艺等非几何信息；把完成虚拟建造施工模型输入工程系统管理平台，协助指导施工；不断完善与运维有关的信息采集整理，使竣工模型完成结算后直接对接项目物业管理系统。

3. 系统集成创新产出分析

系统集成创新投入包括硬件设备和软件价值，其中硬件设备价值 200 万元，包含放样机器人及三维扫描仪、BIM 工作服务器、BIM 工作站等设备；

BIM 工作软件价格 96 万元，包括 BIM 室内设计软件、MagiCAD 机电、SU、CATIA 软件等；另外，就是直接的人工投入，该系统集成的维护需要职业BIM 工程师十余人。

创新产出方面，洪涛装饰通过 BIM 系统集成模型指导施工的数据表明：机电专业根据碰撞报告施工实现最低返工率；对钢结构二次转换层建模施工实现钢材最低浪费率；施工前检测出建筑、机电、幕墙各单位图纸错误，避免工地大面积返工现象；GRG 生产安装浪费率仅为 0.05%。通过 BIM 系统集成技术应用，长沙梅溪湖大剧院施工单项周期从 30 天缩减为 10 天，公司在项目十多家施工单位中拔得头筹，获得业主高度评价。系统集成创新助力企业打造洪涛装饰精品工程。

克莱因（S. Kline）和罗森伯格（N. Roserberg）在 1986 年提出了技术创新过程的链环 - 回路模型（Chain-Linked Model）。[①] 该模型认为，知识和创新之间不是简单的线性关系，而是同时涉及研究开发（R&D）、原型开发、制造、营销等因素的并行过程的改变。链环 - 回路模型突破简单从技术或者市场或者二者交互作用出发的路径，是一种整合的创新模型，对大型工程以及整体创新分析具有重要价值。但是，即使链环 - 回路模型也基本上没有涉及企业技术创新的管理过程，尤其是没有引入整个经济社会变迁的技术系统。也就是说，被称为第五代创新模式的网络系统集成创新只有在信息技术出现之后才可能产生，因为技术创新的综合模型需要将企业的内部环境和外部环境融入过程创新中，这就是 BIM 系统为什么能够成为当代建筑装饰行业创新的主导平台，金螳螂、洪涛装饰、瑞和股份、建艺集团等领导企业都深谙其中真谛，并在行动上抢得了先机。

五　企业创新的驱动机制

企业创新是在复杂的现实环境中启动并完成，其内在的驱动机制也随着

---

① Kline S. J., "Innovation is not a Linear Process", *Research Management* 28 (2), 1985.

时空环境和技术条件的变化而不断演化。西方学者先后推出了技术推动模型（Technology-Push Model）、市场拉动模型（Demand-Pull Model）、技术和市场交互模型（Interactive model & Integration Model）、链环模型、系统集成和网络模型来解释企业创新的发展模式。这些知识为促进理解建筑装饰行业的企业创新提供了理论工具，在上文的案例分析中有不同范围的涉及。除此之外，本研究另辟蹊径，对我国建筑装饰行业的特色经验和"痛点"驱动概念进行分析。

（一）痛点理论内涵

课题组在 2017 年行业调查中发现，调查企业在表述创新发生机制时频频提到"解决痛点"的思维。对调查材料进行分析可以发现，许多技术创新和发明是由装饰作业过程中遇到的"痛点"触发的。所谓"痛点"，是指既有技术或者产品的"不尽如人意"之处，妨碍了用户的完美体验，或者阻碍了生产技术效能的整体发挥。期权交易中存在最痛点位（Max pain）之说，在这个价位期权买方最痛苦，亏损最大，损失所有权利金，而期权卖方（机构居多）则会最大获利。也就是说，既有技术和方案造成用户期望效用的损失，就出现了"痛点"。

在商业方案中，痛点理论（pain point theory）是具有特殊效果的一种营销理论，旨在通过帮助解人之痛而获得消费者。在建筑装饰行业，痛点理论的内涵是指企业因为装饰工程存在用户体验"痛点"而触发技术创新，以求消除痛点或者减弱痛苦体验。其基本逻辑路径是：装饰产品中的"痛点"激发用户特殊抱怨，希望有解决其痛点的某种方案；设计师基于消除用户痛点进行研究或者组织攻关，提出设计或者技术创新方案，并向工程师提出产品开发需求；工程师按照设计或者技术创新方案生产新产品，从而达到"解决痛点"的目标，完成技术创新过程。

用"痛点理论"解释建筑装饰企技术创新的驱动机制，具有发生学意义，同时需要注意以下特征：第一，"痛点"是"不尽如人意"之处，可以是技术缺失，也可以是技术冗余；第二，"痛点"可能是用户的体验，也可能是生产者的感受；第三，"痛点"是需求的特例，因此痛点理论也就是一种特殊的需求理论，和西方提出的诸多技术创新解释理论并不相悖。

对装饰企业而言，痛点就是技术发展点，技术进步和企业发展就是要找到用户的"痛点"。

（二）"痛点"作为创新驱动机制：案例分析

解释行业创新驱动机制的痛点理论来源于众多建筑装饰企业的实践，本报告进行了初步总结和提炼，提出了其内涵和初步特征。下面本报告结合案例进一步分析。

1. 水磨石废浆料综合利用技术研究开发

痛点：现浇水磨石地坪在磨光过程中，需要消耗大量的自来水，产生大量的自然排放或被深埋的废浆污染物。

为解决现浇水模式痛点，江苏嘉洋华联建筑装饰股份有限公司组织进行了技术创新，以求找到解决痛点的方法与对策，将打磨产生的废浆料进行有效、彻底收集与利用，做到施工文明、资源节约、环境保护。研发的主要内容包括平面与立面废浆料收集系统策划与研究、废浆料处理系统的策划与研究、组装式沉淀池的策划与研究、废浆料变废为宝的策划与研究。技术创新路线和结果如下。

第一，研发了现浇水磨石地坪打磨废浆料回收方法，即通过有组织的平、立面导排收集系统，装配式的滤挡沉淀原理对废浆料进行收集与处理；通过自动控制供水系统使废水回用；通过大量实验与研发，将分离出的不同细度的浆料，全部或部分替代石灰膏等建筑材料，拌制建筑砂浆或装饰腻子。既解决了施工现场污水横流，使土壤、水体和空气污染的环境问题，又做到了节水、节地、节材、节能和环境保护的绿色施工。该现浇水磨石地坪打磨废浆料的回收方法获得了国家发明专利授权。

第二，研制了现浇水磨石地坪打磨废浆料回收装置，即研制了利用轻质材料制作的成品沉淀池，各池子之间根据需要设置不同密目的滤挡板。成品池轻便、牢固、运输方便，其与滤挡板可以根据现场需要，进行随时组装与拆卸，且能多次周转利用，避免了现场砌筑砖池，节约资源，降低成本。现浇水磨石地坪打磨废浆料回收装置获得了国家发明专利授权。

第三，找到了废浆料调制装饰腻子的方法，即利用细度小于 0.15mm 的废浆料代替石灰膏、双飞粉等建筑材料，调制装饰用底腻子。该创新可以减少石灰石的开采及煅烧，进而减少了对山体环境的破坏及二氧化碳的排放，保护了环境，做到了绿色施工。该腻子及其制备方法获得了国家发明专利授权。

第四，研制了现浇水磨石磨抛地坪清洁用的装置，即一种清洁楼地面水磨石地坪磨抛废浆料的工具，其可以灵活地从门洞口等较小的空间转换至另一空间。该装置使废浆料清洁更彻底、操作便捷且较轻便，减小操作者的劳动强度。该磨抛地坪清洁用的装置获得了国家实用新型专利授权。

第五，研制了积木式废浆液回收装置，即在收集池中设置沟槽式的拦截箱，箱内设置多个大小一样的小沉淀物提取篮，各拦截箱和提取篮如积木般拼组，形成废浆料沉淀过滤路径。根据浆料回用需要，可方便即时提取浆料，做到随用随取，最大限度地满足就地消化利用，避免了二次运输的污染。该积木式现浇水磨石地坪打磨废浆液回收装置获得了国家实用新型专利授权。

技术创新总体投入共 64 万元，包括人工费、设备费、材料费、基础设施费、实验外协费、知识产权费、差旅费、会务费及其他费用。技术创新产出十分显著：该技术运用于工程中，能使现浇水磨石地坪打磨产生的废水利用率达到 75%；50% 的废浆料能就地消化利用；单位面积的水磨石地坪成本可节约近 5 元。

创新技术易于扩散，可广泛用于水磨石、大理石打磨等材质作业，经济效益将十分可观；社会效益突出，可极大减少环境破坏。

2. 新型石材幕墙干挂技术开发

痛点：短槽式石材幕墙的干挂技术需要现场开槽与安装挂钩，安装费时费工，劳动成本相对较高。

徐州市建装装饰集团有限公司感觉到了自身的"痛"，组织技术人员和设计人员一道研发攻关，以求降低石材安装的人工费，缩短脚手架上安装作业的时间。

研发团队经过探索，设计了一种铝合金挂钩，表面涂有阳极氧化膜，代替原来的不锈钢挂钩。测量全部技术指标表明，设计的铝合金挂钩在本工程中的使用符合相关规划要求。

采用铝合金挂钩安装石材，实现了石材安装组件的工厂化加工，保证了挂钩与石材的胶结质量，具体包含以下方面：石材的开槽加工与挂钩安装都在工厂进行，保证了开槽质量和注胶及养护的质量；安装人工时减少，采用铝合金挂钩整体减少了作业时间，经应用工程现场测算可节约人工费25%，节约人工费每平方米17.5元；节省了脚手架使用时间，应用工程采用铝合金件挂钩减少石材在脚手架上的作业时间45%，吊篮使用时间减少了25天，节约脚手费60000元。扣除每平方米铝合金部件增加费用0.35元，采用铝合金件挂钩，应用工程每平方米石材幕墙节约成本合计19.93元，可谓既保证了施工质量，又降低了施工成本。

3. 异形 GRG 构件安装系统施工技术创新

痛点：异形吊顶施工费时费工。传统的 GRG 吊顶施工工艺，内部结构钢骨架采用焊接固定不可调节，而且随着设计造型越来越独特，异形 GRG 装饰板的板面多为曲面造型，异形 GRG 板需要由人工预先拼接好造型和角度后，才与钢骨架结构锁紧固定，安装灵活性低，造成施工难度大，安装费时费工。

2009 年，深圳瑞和建筑装饰股份有限公司承接了天津港国际邮轮母港装饰工程项目，该工程大量采用 GRG 造型吊顶装饰，为了解决传统 GRG 施工工艺的痛点，瑞和技术研发中心针对 GRG 吊顶施工技术进行创新，研制出结构简单、安装定位调节灵活性高、便于维护维修的新型 GRG 吊顶安装构造。

瑞和技术研发中心派出技术人员进驻施工现场，对传统的 GRG 吊顶施工工艺进行分析，总结出存在的主要问题。随后，由技术研发中心牵头成立技术研究小组，通过讨论，确定了主要研究方向：第一，结合传统安装技术，适当简化安装结构；第二，安装结构各部件之间的连接尽量科学灵活；

第三，安装结构必须满足日后维护维修便利的要求。技术研究小组邀请经验丰富的施工技术人员参与讨论，结合 GRG 材料自身的特性及传统的安装技术特点，对 GRG 板的连接装置进行重点技术攻关，经过反复的设计、修改和多次安装试验，最终研制出"GRG 组合连接件 + U 形箍件"安装技术。

瑞和研制的新型 GRG 吊顶安装施工技术核心是"GRG 组合连接件 + U 形箍件"技术，相比传统施工技术，该技术具有如下创新特性：第一，各连接件之间可自由调节方位角度，灵活性高，GRG 拼装定位更加快捷准确，显著提高施工效率；第二，采用标准化构配件，实现"工厂化生产，现场拼装化施工"，不但保护施工环境，而且施工质量更可控；GRG 安装单元可独立拆卸，降低维修成本。

瑞和研制的"GRG 组合连接件 + U 形箍件"GRG 吊顶安装技术，于2013 年申请了国家知识产权局认定的实用新型专利，2014 年被评定为深圳市市级施工工法。

创新投入：异形 GRG 构件安装系统施工技术研发投入，直接研发费用约 230 万元，间接研发费用约 35.8 万元，研发总投入 265.8 万元。

异形 GRG 构件安装系统施工技术可广泛运用于各类公共场馆、机场客运站、办公楼大堂、大型商场等公共建筑天花 GRG 装饰面板干挂工程，尤其适用于超大跨度 GRG 吊顶施工，在众多工程项目中得到推广应用，取得了良好的经济效益。以面积 7000 平方米的 GRG 吊顶施工为例，采用本施工技术施工，节约材料成本 50 元/平方米，项目提前 10 天完工，节约了人工费用和机械费，合计节约资金 42.3 万元。

4. 双层轻钢龙骨隔音墙的施工方法

痛点：隔音墙效果差。在公共建筑的装修中，隔音墙要求不断提高，但传统的轻钢龙骨隔墙无法满足结构受力、强度、变形、隔音等要求。传统隔墙为单层轻钢龙骨、双面单层石膏板，高度一般为 3.0m 左右，隔音量较低（一般为 40dB）。深圳市建艺装饰集团股份有限公司施工的酒店项目要求墙体厚度为 200mm，隔音量要求在 55 dB 以上，墙体高度 6.20 米，隔音成为工程的技术难题和痛点。

为解除隔音痛点，研发团队通过样板隔墙及工程实例，进行了一系列设计、施工、试验等研究工作，最终采用双层轻钢龙骨解决了适用于高层建筑的大面积高层距隔音墙设计及施工技术，也解决了该类墙体的结构与施工方法等技术难题。双层轻钢龙骨隔音墙性能优越，隔音量达到55dB，与传统做法相比强度、高度、结构稳定性、结构安全性能等大幅提高；因无须采用方钢龙骨加固，每平方米造价节约100元左右；施工方法简单快捷，无须对工人进行特殊培训；工艺先进、工序衔接紧密，质量大幅提高；可以和水电、门窗等专业同期施工，有利于项目整体工期的控制。

双层轻钢龙骨隔音墙研究成果获得2013年度广东省和全国建筑装饰行业科技成果奖，获得国家知识产权局授权的发明专利，已经被评为省级工法并制定成了建艺集团企业标准，取得显著的经济效益和社会效益。

5. 建筑幕墙抗震系统研究

痛点：幕墙抗震性能弱。中国是地震多发国家，近来的历次地震都对不少建筑尤其是其内外装饰物带来毁灭性破坏。建筑幕墙的抗震性一直是行业最难言表的"痛点"。

江苏鸿升通过研发，发明出一种建筑隐框玻璃幕墙抗震缝系统。该发明结构简单、便于安装，变形时不会损坏幕墙本身框架，从根本上解决了目前幕墙系统遇震变形损坏的弱点。

技术创新集中在建筑隐框玻璃幕墙抗震缝结构设计。幕墙结构中预留有抗震缝，抗震缝的两侧为幕墙的两立柱，与立柱固连的横梁抵住立柱的内侧面，两个立柱前侧面的中部自上而下均布有压板，压板内、外两侧与立柱之间留有的间隙内分别插接固定有第一、第二副框，螺栓穿过所述压板与所述立柱型腔内预设的螺帽紧固连接，第一副框通过结构胶与幕墙最边缘的玻璃面板粘接固定，所述抗震缝两侧的第二副框之间至少固定有一道弹性密封带。结构简单，在幕墙的防震缝上设弹性密封带，密封带本身易于变形，不仅能够满足震中发生的变形扭曲，而且弹性材质的变形不会对两侧的幕墙结构产生损坏。

目前公司幕墙系统设计部门已经完成对相关设备的开发，治具已经调试，幕墙板块系统加工部门经过小批量的生产，效率和良率基本达到预期目标，而且外形美观，坚固耐用，耐久性好。采用新技术后，提升85%的效率。

该生产工艺及设备前景广阔，同时具有普遍性的特点，减少了人力，提高了产能和良率，从而降低了生产成本，因此可以在未来的市场竞争中占据有利地位。

（三）住宅装饰中的"痛点"解决

以上公装领域技术案例的分析表明，所谓"痛点"，多是技术固有落后之处，用户或者生产者能够明确发掘并直接从中预期到利益或者权益损失。但是在其他一些模糊状态下，尤其在家装工程中，由于信息不对称，用户的痛点并不总是直接指向具体的技术，还可表现为对每个装饰设计、材料、施工每个环节的担忧。广东星艺装饰集团（简称"星艺集团"）集20余年的家装经验和感悟绘制了家装中的"痛点"及其解决之道（见表2）。

表2　家装中的痛点及其解决之道

痛点	设计水平	省心环保	施工质量	价格
解决之道	空间的合理布局，整体的设计能力，设计方案的体验方式更人性、更直观、更全面	家装一站搞定，无须东奔西走；材料安全环保，保证居住时的家人身体健康	专业施工人员，标准施工程序，严格的工地管理，高水准的施工质量	符合装修预算，一口价，无增项；价格透明，物有所值

资料来源：广东星艺装饰集团。

就目前家装行业来说，什么才是用户的痛点？星艺集团认为，家装用户可能质疑装饰工程的所有方面，表现出泛化倾向。用户可能担忧生产者的设计水平、担心材料的安全性和环保性能、担心施工质量。而且，用户所有的"痛点"都会聚焦到"价格"上，他们怀疑是否物有所值。

实际上，这些"痛点"的实质是"不确定性"，隐含着用户对信息公开透明的需求。解决用户"痛点"就是满足用户需求，企业产能长远立足。所以，星艺集团研发了星居易整体家装新品牌，认为基于"互联网＋"的整体家装服务模式才能消除信息不对称，有效解决用户痛点，从而更能满足用户需求。

针对家装中的痛点，星居易整体家装的解决之道值得期待。对于设计水平痛点，星居易强调设计空间的合理布局，增强整体的设计能力以及用户的现场参与，并采取更人性、更直观、更全面的方式实现用户体验；对于材料省心环保痛点，星居易强调家装一站搞定，无须为选材东奔西走，承诺用户在平台自主选择安全环保材料；对于施工质量痛点，星居易承诺施工人员的专业性和经验、施工的程序化和标准性，以及严格的现场管理，确保施工质量高水准；对于装饰价格，星居易强化一口价方式，材料和各项服务预算清单透明、施工无增项、符合协议预算，全面强化用户物有所值的体验。

总体看来，我国建筑装饰行业的企业创新方兴未艾，并走过了模仿（Imitation）、改进（Improvement）、创新（Innovation）三个阶段，根据对领先企业创新案例的分析，可以期待我国建筑装饰的行业创新可以在网络系统集成这一第五代技术创新阶段实现弯道超车，从而快速、高效推动行业转型升级，整体提高行业在全球的竞争力。

为实现行业的整体改变，建筑装饰行业的企业创新迫切需要强化两个发展策略，一是走集群创新之路，这需要行业领先企业的相互合作与共享。熊皮特（J. A. Schumpeter）是最早提出"创新群集"（innovation cluster）概念的经济学家，他认为，创新不是孤立事件，并且不在时间和空间平均分布，而是相反趋于成簇地发生；[1] 二是走开放创新之路，这需要企业整合更多的外部资源以适应日益激烈的创新竞争。切萨布鲁夫在提出"开放式创新"（open innovation）这一知识时代主导创新模式时指出，企业内部资源已经难以适应以大数据为背景的高成本的创新活动，企业技术创新的商业化路径可以更多地通过外部途径实现。[2]

---

[1] G. Silverberg, B. Verspagen, "Breaking the waves: a Poisson regression approach to Schumpeterian clustering of basic innovations", *Cambridge Journal of Economics* 27 (5), 2003.

[2] 切萨布鲁夫：《开放式创新：进行技术创新并从中赢利的新规则》，金马译，清华大学出版社，2005。

可喜的是，中国创新性国家的发展战略已经初见成效，由世界知识产权组织、美国康奈尔大学、英士国际商学院共同发布的 2016 年全球创新指数表明，中国较前一年上升 4 位，位列世界最具创新力经济体第 25 位，标志着中等收入国家首次加入了高度发达经济体创新行列，这必将给我国建筑装饰行业创新发展提供坚实的基础和强大的推动力。

市 场 篇

Market Reports

B.2
公共建筑装饰市场发展报告

吴陈锐

摘　要：　2016年公共建筑装饰行业发展稳中向好，全年完成总产值
　　　　　1.84万亿元，同比增长5.7%。尽管宏观经济形势严峻复杂，
　　　　　新建建筑装饰项目有所减少，但是依托于存量建筑的装饰，
　　　　　公共建筑装饰行业依然保持平稳较快增长。其中，上市公司
　　　　　企业发展分化严重，优秀企业集群式发展，主要集中在东部
　　　　　沿海较发达省份。行业集中度仍然较低，中小企业的数量庞
　　　　　大，龙头企业产值占行业总产值的比重较低。2016年，"一
　　　　　带一路"深入推进，公装企业"走出去"积极性明显增强，
　　　　　企业科技含量和信息化水平不断提高。伴随着"一带一路"
　　　　　倡议的稳步推进、供给侧结构性改革的深入实施、特色旅游
　　　　　业的不断推广，公共建筑装饰行业将会迎来新的发展动能。
　　　　　面对复杂严峻的经济形势，以及房地产业和自身行业的发展

1997~2017

皮书品牌20年
YEAR BOOKS

皮书系列

2017年

智库成果出版与传播平台

社会科学文献出版社
SOCIAL SCIENCES ACADEMIC PRESS (CHINA)

伴随着今冬的第一场雪，2017年很快就要到了。世界每天都在发生着让人眼花缭乱的变化，而唯一不变的，是面向未来无数的可能性。作为个体，如何获取专业信息以备不时之需？作为行政主体或企事业主体，如何提高决策的科学性让这个世界变得更好而不是更糟？原创、实证、专业、前沿、及时、持续，这是1997年"皮书系列"品牌创立的初衷。

1997～2017，从最初一个出版社的学术产品名称到媒体和公众使用频率极高的热点词语，从专业术语到大众话语，从官方文件到独特的出版型态，作为重要的智库成果，"皮书"始终致力于成为海量信息时代的信息过滤器，成为经济社会发展的记录仪，成为政策制定、评估、调整的智力源，社会科学研究的资料集成库。"皮书"的概念不断延展，"皮书"的种类更加丰富，"皮书"的功能日渐完善。

1997～2017，皮书及皮书数据库已成为中国新型智库建设不可或缺的抓手与平台，成为政府、企业和各类社会组织决策的利器，成为人文社科研究最基本的资料库，成为世界系统完整及时认知当代中国的窗口和通道！"皮书"所具有的凝聚力正在形成一种无形的力量，吸引着社会各界关注中国的发展，参与中国的发展。

二十年的"皮书"正值青春，愿每一位皮书人付出的年华与智慧不辜负这个时代！

社会科学文献出版社社长
中国社会学会秘书长

2016年11月

社会科学文献出版社简介

社会科学文献出版社成立于1985年，是直属于中国社会科学院的人文社会科学专业学术出版机构。

成立以来，社科文献依托于中国社会科学院丰厚的学术出版和专家学者资源，坚持"创社科经典，出传世文献"的出版理念和"权威、前沿、原创"的产品定位，逐步走上了智库产品与专业学术成果系列化、规模化、数字化、国际化、市场化发展的经营道路，取得了令人瞩目的成绩。

学术出版　社科文献先后策划出版了"皮书"系列、"列国志"、"社科文献精品译库"、"全球化译丛"、"全面深化改革研究书系"、"近世中国"、"甲骨文"、"中国史话"等一大批既有学术影响又有市场价值的图书品牌和学术品牌，形成了较强的学术出版能力和资源整合能力。2016年社科文献发稿5.5亿字，出版图书2000余种，承印发行中国社会科学院院属期刊72种。

数字出版　凭借着雄厚的出版资源整合能力，社科文献长期以来一直致力于从内容资源和数字平台两个方面实现传统出版的再造，并先后推出了皮书数据库、列国志数据库、中国田野调查数据库等一系列数字产品。2016年数字化加工图书近4000种，文字处理量达10亿字。数字出版已经初步形成了产品设计、内容开发、编辑标引、产品运营、技术支持、营销推广等全流程体系。

国际出版　社科文献通过学术交流和国际书展等方式积极参与国际学术和国际出版的交流合作，努力将中国优秀的人文社会科学研究成果推向世界，从构建国际话语体系的角度推动学术出版国际化。目前已与英、荷、法、德、美、日、韩等国及港澳台地区近40家出版和学术文化机构建立了长期稳定的合作关系。

融合发展　紧紧围绕融合发展战略，社科文献全面布局融合发展和数字化转型升级，成效显著。以核心资源和重点项目为主的社科文献数据库产品群和数字出版体系日臻成熟，"一带一路"系列研究成果与专题数据库、阿拉伯问题研究国别基础库及中阿文化交流数据库平台等项目开启了社科文献向专业知识服务商转型的新篇章，成为行业领先。

此外，社科文献充分利用网络媒体平台，积极与各类媒体合作，并联合大型书店、学术书店、机场书店、网络书店、图书馆，构建起强大的学术图书内容传播平台，学术图书的媒体曝光率居全国之首，图书馆藏率居于全国出版机构前十位。

有温度，有情怀，有视野，更有梦想。未来社科文献将继续坚持专业化学术出版之路不动摇，着力搭建最具影响力的智库产品整合及传播平台、学术资源共享平台，为实现"社科文献梦"奠定坚实基础。

经 济 类

经济类皮书涵盖宏观经济、城市经济、大区域经济，
提供权威、前沿的分析与预测

经济蓝皮书

2017 年中国经济形势分析与预测

李扬 / 主编　2016 年 12 月出版　定价：89.00 元

◆　本书为总理基金项目，由著名经济学家李扬领衔，联合中
国社会科学院等数十家科研机构、国家部委和高等院校的专家
共同撰写，系统分析了 2016 年的中国经济形势并预测 2017 年
我国经济运行情况。

中国省域竞争力蓝皮书

中国省域经济综合竞争力发展报告（2015 ~ 2016）

李建平　李闽榕　高燕京 / 主编　2017 年 2 月出版　估价：198.00 元

◆　本书融多学科的理论为一体，深入追踪研究了省域经济发
展与中国国家竞争力的内在关系，为提升中国省域经济综合竞
争力提供有价值的决策依据。

城市蓝皮书

中国城市发展报告 No.10

潘家华　单菁菁 / 主编　2017 年 9 月出版　估价：89.00 元

◆　本书是由中国社会科学院城市发展与环境研究中心编著
的，多角度、全方位地立体展示了中国城市的发展状况，并对
中国城市的未来发展提出了许多建议。该书有强烈的时代感，
对中国城市发展实践有重要的参考价值。

人口与劳动绿皮书

中国人口与劳动问题报告 No.18

蔡昉　张车伟/主编　2017 年 10 月出版　估价：89.00 元

◆　本书为中国社科院人口与劳动经济研究所主编的年度报告，对当前中国人口与劳动形势做了比较全面和系统的深入讨论，为研究我国人口与劳动问题提供了一个专业性的视角。

世界经济黄皮书

2017 年世界经济形势分析与预测

张宇燕/主编　2016 年 12 月出版　定价：89.00 元

◆　本书由中国社会科学院世界经济与政治研究所的研究团队撰写，2016 年世界经济增速进一步放缓，就业增长放慢。世界经济面临许多重大挑战同时，地缘政治风险、难民危机、大国政治周期、恐怖主义等问题也仍然在影响世界经济的稳定与发展。预计 2017 年按 PPP 计算的世界 GDP 增长率约为 3.0%。

国际城市蓝皮书

国际城市发展报告（2017）

屠启宇/主编　2017 年 2 月出版　估价：89.00 元

◆　本书作者以上海社会科学院从事国际城市研究的学者团队为核心，汇集同济大学、华东师范大学、复旦大学、上海交通大学、南京大学、浙江大学相关城市研究专业学者。立足动态跟踪介绍国际城市发展时间中，最新出现的重大战略、重大理念、重大项目、重大报告和最佳案例。

金融蓝皮书

中国金融发展报告（2017）

李扬　王国刚/主编　2017 年 1 月出版　估价：89.00 元

◆　本书由中国社会科学院金融研究所组织编写，概括和分析了 2016 年中国金融发展和运行中的各方面情况，研讨和评论了 2016 年发生的主要金融事件，有利于读者了解掌握 2016 年中国的金融状况，把握 2017 年中国金融的走势。

农村绿皮书

中国农村经济形势分析与预测（2016～2017）

魏后凯　杜志雄　黄秉信／著　2017年4月出版　估价：89.00元

◆　本书描述了2016年中国农业农村经济发展的一些主要指标和变化，并对2017年中国农业农村经济形势的一些展望和预测，提出相应的政策建议。

西部蓝皮书

中国西部发展报告（2017）

姚慧琴　徐璋勇／主编　2017年9月出版　估价：89.00元

◆　本书由西北大学中国西部经济发展研究中心主编，汇集了源自西部本土以及国内研究西部问题的权威专家的第一手资料，对国家实施西部大开发战略进行年度动态跟踪，并对2017年西部经济、社会发展态势进行预测和展望。

经济蓝皮书·夏季号

中国经济增长报告（2016～2017）

李扬／主编　2017年9月出版　估价：98.00元

◆　中国经济增长报告主要探讨2016~2017年中国经济增长问题，以专业视角解读中国经济增长，力求将其打造成一个研究中国经济增长、服务宏微观各级决策的周期性、权威性读物。

就业蓝皮书

2017年中国本科生就业报告

麦可思研究院／编著　2017年6月出版　估价：98.00元

◆　本书基于大量的数据和调研，内容翔实，调查独到，分析到位，用数据说话，对我国大学生教育与发展起到了很好的建言献策作用。

社 会 政 法 类

社会政法类皮书聚焦社会发展领域的热点、难点问题，
提供权威、原创的资讯与视点

社会蓝皮书

2017年中国社会形势分析与预测

李培林　陈光金　张翼 / 主编　2016年12月出版　定价：89.00元

◆　本书由中国社会科学院社会学研究所组织研究机构专家、高校学者和政府研究人员撰写，聚焦当下社会热点，对2016年中国社会发展的各个方面内容进行了权威解读，同时对2017年社会形势发展趋势进行了预测。

法治蓝皮书

中国法治发展报告No.15（2017）

李林　田禾 / 主编　2017年3月出版　估价：118.00元

◆　本年度法治蓝皮书回顾总结了2016年度中国法治发展取得的成就和存在的不足，并对2017年中国法治发展形势进行了预测和展望。

社会体制蓝皮书

中国社会体制改革报告No.5（2017）

龚维斌 / 主编　2017年4月出版　估价：89.00元

◆　本书由国家行政学院社会治理研究中心和北京师范大学中国社会管理研究院共同组织编写，主要对2016年社会体制改革情况进行回顾和总结，对2017年的改革走向进行分析，提出相关政策建议。

社会心态蓝皮书

中国社会心态研究报告（2017）

王俊秀 杨宜音／主编 2017 年 12 月出版 估价：89.00 元

◆ 本书是中国社会科学院社会学研究所社会心理研究中心
"社会心态蓝皮书课题组"的年度研究成果，运用社会心理学、
社会学、经济学、传播学等多种学科的方法进行了调查和研究，
对于目前我国社会心态状况有较广泛和深入的揭示。

生态城市绿皮书

中国生态城市建设发展报告（2017）

刘举科 孙伟平 胡文臻／主编 2017 年 7 月出版 估价：118.00 元

◆ 报告以绿色发展、循环经济、低碳生活、民生宜居为理念，
以更新民众观念、提供决策咨询、指导工程实践、引领绿色
发展为宗旨，试图探索一条具有中国特色的城市生态文明建
设新路。

城市生活质量蓝皮书

中国城市生活质量报告（2017）

中国经济实验研究院／主编 2017 年 7 月出版 估价：89.00 元

◆ 本书对全国 35 个城市居民的生活质量主观满意度进行了
电话调查，同时对 35 个城市居民的客观生活质量指数进行了
计算，为我国城市居民生活质量的提升，提出了针对性的政策
建议。

公共服务蓝皮书

中国城市基本公共服务力评价（2017）

钟君 吴正杲／主编 2017 年 12 月出版 估价：89.00 元

◆ 中国社会科学院经济与社会建设研究室与华图政信调查组
成联合课题组，从 2010 年开始对基本公共服务力进行研究，
研创了基本公共服务力评价指标体系，为政府考核公共服务与
社会管理工作提供了理论工具。

行业报告类

行业报告类皮书立足重点行业、新兴行业领域，
提供及时、前瞻的数据与信息

企业社会责任蓝皮书

中国企业社会责任研究报告（2017）

黄群慧　钟宏武　张蒽　翟利峰／著　2017年10月出版　估价：89.00元

◆　本书剖析了中国企业社会责任在2016～2017年度的最新
发展特征，详细解读了省域国有企业在社会责任方面的阶段性
特征，生动呈现了国内外优秀企业的社会责任实践。对了解
中国企业社会责任履行现状、未来发展，以及推动社会责任建
设有重要的参考价值。

新能源汽车蓝皮书

中国新能源汽车产业发展报告（2017）

黄中国汽车技术研究中心　　日产（中国）投资有限公司

东风汽车有限公司／编著　　2017年7月出版　　估价：98.00元

◆　本书对我国2016年新能源汽车产业发展进行了全面系统
的分析，并介绍了国外的发展经验。有助于相关机构、行业和
社会公众等了解中国新能源汽车产业发展的最新动态，为政府
部门出台新能源汽车产业相关政策法规、企业制定相关战略规
划，提供必要的借鉴和参考。

杜仲产业绿皮书

中国杜仲橡胶资源与产业发展报告（2016～2017）

杜红岩　胡文臻　俞锐／主编　　2017年1月出版　估价：85.00元

◆　本书对2016年来的杜仲产业的发展情况、研究团队在杜
仲研究方面取得的重要成果、部分地区杜仲产业发展的具体情
况、杜仲新标准的制定情况等进行了较为详细的分析与介绍，
使广大关心杜仲产业发展的读者能够及时跟踪产业最新进展。

企业蓝皮书

中国企业绿色发展报告 No.2（2017）

李红玉　朱光辉 / 主编　　2017 年 8 月出版　　估价：89.00 元

◆　本书深入分析中国企业能源消费、资源利用、绿色金融、绿色产品、绿色管理、信息化、绿色发展政策及绿色文化方面的现状，并对目前存在的问题进行研究，剖析因果，谋划对策。为企业绿色发展提供借鉴，为我国生态文明建设提供支撑。

中国上市公司蓝皮书

中国上市公司发展报告（2017）

张平　王宏淼 / 主编　　2017 年 10 月出版　　估价：98.00 元

◆　本书由中国社会科学院上市公司研究中心组织编写的，着力于全面、真实、客观反映当前中国上市公司财务状况和价值评估的综合性年度报告。本书详尽分析了 2016 年中国上市公司情况，特别是现实中暴露出的制度性、基础性问题，并对资本市场改革进行了探讨。

资产管理蓝皮书

中国资产管理行业发展报告（2017）

智信资产管理研究院 / 编著　　2017 年 6 月出版　　估价：89.00 元

◆　中国资产管理行业刚刚兴起，未来将中国金融市场最有看点的行业。本书主要分析了 2016 年度资产管理行业的发展情况，同时对资产管理行业的未来发展做出科学的预测。

体育蓝皮书

中国体育产业发展报告（2017）

阮伟　钟秉枢 / 主编　　2017 年 12 月出版　　估价：89.00 元

◆　本书运用多种研究方法，在对于体育竞赛业、体育用品业、体育场馆业、体育传媒业等传统产业研究的基础上，紧紧围绕2016 年体育领域内的各种热点事件进行研究和梳理，进一步拓宽了研究的广度、提升了研究的高度、挖掘了研究的深度。

国别与地区类

国别与地区类皮书关注全球重点国家与地区，
提供全面、独特的解读与研究

美国蓝皮书

美国研究报告（2017）

郑秉文　黄平／主编　2017年6月出版　估价：89.00元

◆　本书是由中国社会科学院美国所主持完成的研究成果，它
回顾了美国2016年的经济、政治形势与外交战略，对2017年
以来美国内政外交发生的重大事件及重要政策进行了较为全面
的回顾和梳理。

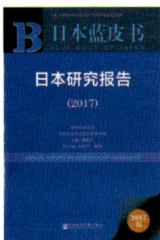

日本蓝皮书

日本研究报告（2017）

杨伯江／主编　2017年5月出版　估价：89.00元

◆　本书对2016年拉丁美洲和加勒比地区诸国的政治、经济、
社会、外交等方面的发展情况做了系统介绍，对该地区相关国
家的热点及焦点问题进行了总结和分析，并在此基础上对该地
区各国2017年的发展前景做出预测。

亚太蓝皮书

亚太地区发展报告（2017）

李向阳／主编　2017年3月出版　估价：89.00元

◆　本书是中国社会科学院亚太与全球战略研究院的集体研究
成果。2016年的"亚太蓝皮书"继续关注中国周边环境的变化。
该书盘点了2016年亚太地区的焦点和热点问题，为深入了解
2016年及未来中国与周边环境的复杂形势提供了重要参考。

德国蓝皮书

德国发展报告（2017）

郑春荣 / 主编　2017年6月出版　估价：89.00元

◆　本报告由同济大学德国研究所组织编撰，由该领域的专家学者对德国的政治、经济、社会文化、外交等方面的形势发展情况，进行全面的阐述与分析。

日本经济蓝皮书

日本经济与中日经贸关系研究报告（2017）

王洛林　张季风 / 编著　　2017年5月出版　　估价：89.00元

◆　本书系统、详细地介绍了2016年日本经济以及中日经贸关系发展情况，在进行了大量数据分析的基础上，对2017年日本经济以及中日经贸关系的大致发展趋势进行了分析与预测。

俄罗斯黄皮书

俄罗斯发展报告（2017）

李永全 / 编著　2017年7月出版　估价：89.00元

◆　本书系统介绍了2016年俄罗斯经济政治情况，并对2016年该地区发生的焦点、热点问题进行了分析与回顾；在此基础上，对该地区2017年的发展前景进行了预测。

非洲黄皮书

非洲发展报告No.19（2016～2017）

张宏明 / 主编　2017年8月出版　估价：89.00元

◆　本书是由中国社会科学院西亚非洲研究所组织编撰的非洲形势年度报告，比较全面、系统地分析了2016年非洲政治形势和热点问题，探讨了非洲经济形势和市场走向，剖析了大国对非洲关系的新动向；此外，还介绍了国内非洲研究的新成果。

地方发展类

地方发展类皮书关注中国各省份、经济区域，
提供科学、多元的预判与资政信息

北京蓝皮书

北京公共服务发展报告（2016~2017）

施昌奎/主编　2017年2月出版　估价：89.00元

◆　本书是由北京市政府职能部门的领导、首都著名高校的教授、知名研究机构的专家共同完成的关于北京市公共服务发展与创新的研究成果。

河南蓝皮书

河南经济发展报告（2017）

张占仓/编著　2017年3月出版　估价：89.00元

◆　本书以国内外经济发展环境和走向为背景，主要分析当前河南经济形势，预测未来发展趋势，全面反映河南经济发展的最新动态、热点和问题，为地方经济发展和领导决策提供参考。

广州蓝皮书

2017年中国广州经济形势分析与预测

庾建设　陈浩钿　谢博能/主编　2017年7月出版　估价：85.00元

◆　本书由广州大学与广州市委政策研究室、广州市统计局联合主编，汇集了广州科研团体、高等院校和政府部门诸多经济问题研究专家、学者和实际部门工作者的最新研究成果，是关于广州经济运行情况和相关专题分析、预测的重要参考资料。

文 化 传 媒 类

文化传媒类皮书透视文化领域、文化产业，
探索文化大繁荣、大发展的路径

新媒体蓝皮书

中国新媒体发展报告 No.8（2017）

唐绪军 / 主编　2017 年 6 月出版　估价：89.00 元

◆　本书是由中国社会科学院新闻与传播研究所组织编写的关于新媒体发展的最新年度报告，旨在全面分析中国新媒体的发展现状，解读新媒体的发展趋势，探析新媒体的深刻影响。

移动互联网蓝皮书

中国移动互联网发展报告（2017）

官建文 / 编著　　2017 年 6 月出版　　估价：89.00 元

◆　本书着眼于对中国移动互联网 2016 年度的发展情况做深入解析，对未来发展趋势进行预测，力求从不同视角、不同层面全面剖析中国移动互联网发展的现状、年度突破及热点趋势等。

传媒蓝皮书

中国传媒产业发展报告（2017）

崔保国 / 主编　2017 年 5 月出版　估价：98.00 元

◆　"传媒蓝皮书"连续十多年跟踪观察和系统研究中国传媒产业发展。本报告在对传媒产业总体以及各细分行业发展状况与趋势进行深入分析基础上，对年度发展热点进行跟踪，剖析新技术引领下的商业模式，对传媒各领域发展趋势、内体经营、传媒投资进行解析，为中国传媒产业正在发生的变革提供前瞻行参考。

经济类

"三农"互联网金融蓝皮书
中国"三农"互联网金融发展报告（2017）
著(编)者：李勇坚 王弢　2017年8月出版 / 估价：98.00元
PSN B-2016-561-1/1

G20国家创新竞争力黄皮书
二十国集团（G20）国家创新竞争力发展报告（2016~2017）
著(编)者：李建平 李闽榕 赵新力　周天勇
2017年8月出版 / 估价：158.00元
PSN Y-2011-229-1/1

产业蓝皮书
中国产业竞争力报告（2017）No.7
著(编)者：张其仔　2017年12月出版 / 估价：98.00元
PSN B-2010-175-1/1

城市创新蓝皮书
中国城市创新报告（2017）
著(编)者：周天勇 旷建伟　2017年11月出版 / 估价：89.00元
PSN B-2013-340-1/1

城市蓝皮书
中国城市发展报告 No.10
著(编)者：潘家华 单菁菁　2017年9月出版 / 估价：89.00元
PSN B-2007-091-1/1

城乡一体化蓝皮书
中国城乡一体化发展报告（2016~2017）
著(编)者：汝信 付崇兰　2017年7月出版 / 估价：85.00元
PSN B-2011-226-1/2

城镇化蓝皮书
中国新型城镇化健康发展报告（2017）
著(编)者：张占斌　2017年8月出版 / 估价：89.00元
PSN B-2014-396-1/1

创新蓝皮书
创新型国家建设报告（2016~2017）
著(编)者：詹正茂　2017年12月出版 / 估价：89.00元
PSN B-2009-140-1/1

创业蓝皮书
中国创业发展报告（2016~2017）
著(编)者：黄群慧 赵卫星 钟宏武等
2017年11月出版 / 估价：89.00元
PSN B-2016-578-1/1

低碳发展蓝皮书
中国低碳发展报告（2016~2017）
著(编)者：齐晔 张希良　2017年3月出版 / 估价：98.00元
PSN B-2011-223-1/1

低碳经济蓝皮书
中国低碳经济发展报告（2017）
著(编)者：薛进军 赵忠秀　2017年6月出版 / 估价：85.00元
PSN B-2011-194-1/1

东北蓝皮书
中国东北地区发展报告（2017）
著(编)者：朱宇 张新颖　2017年12月出版 / 估价：89.00元
PSN B-2006-067-1/1

发展与改革蓝皮书
中国经济发展和体制改革报告No.8
著(编)者：邹东涛 王再文　2017年1月出版 / 估价：98.00元
PSN B-2008-122-1/1

工业化蓝皮书
中国工业化进程报告（2017）
著(编)者：黄群慧　2017年12月出版 / 估价：158.00元
PSN B-2007-095-1/1

管理蓝皮书
中国管理发展报告（2017）
著(编)者：张晓东　2017年10月出版 / 估价：98.00元
PSN B-2014-416-1/1

国际城市蓝皮书
国际城市发展报告（2017）
著(编)者：屠启宇　2017年2月出版 / 估价：89.00元
PSN B-2012-260-1/1

国家创新蓝皮书
中国创新发展报告（2017）
著(编)者：陈劲　2017年12月出版 / 估价：89.00元
PSN B-2014-370-1/1

金融蓝皮书
中国金融发展报告（2017）
著(编)者：李杨 王国刚　2017年12月出版 / 估价：89.00元
PSN B-2004-031-1/6

京津冀金融蓝皮书
京津冀金融发展报告（2017）
著(编)者：王爱俭 李向前
2017年3月出版 / 估价：89.00元
PSN B-2016-528-1/1

京津冀蓝皮书
京津冀发展报告（2017）
著(编)者：文魁 祝尔娟　2017年4月出版 / 估价：89.00元
PSN B-2012-262-1/1

经济蓝皮书
2017年中国经济形势分析与预测
著(编)者：李杨　2016年12月出版 / 定价：89.00元
PSN B-1996-001-1/1

经济蓝皮书·春季号
2017年中国经济前景分析
著(编)者：李杨　2017年6月出版 / 估价：89.00元
PSN B-1999-008-1/1

经济蓝皮书·夏季号
中国经济增长报告（2016~2017）
著(编)者：李杨　2017年9月出版 / 估价：98.00元
PSN B-2010-176-1/1

经济信息绿皮书
中国与世界经济发展报告（2017）
著(编)者：杜平　2017年12月出版 / 估价：89.00元
PSN G-2003-023-1/1

就业蓝皮书
2017年中国本科生就业报告
著(编)者：麦可思研究院　2017年6月出版 / 估价：98.00元
PSN B-2009-146-1/2

就业蓝皮书
2017年中国高职高专生就业报告
著(编)者: 麦可思研究院　2017年6月出版 / 估价: 98.00元
PSN B-2015-472-2/2

科普能力蓝皮书
中国科普能力评价报告 (2017)
著(编)者: 李富 强李群　2017年8月出版 / 估价: 89.00元
PSN B-2016-556-1/1

临空经济蓝皮书
中国临空经济发展报告 (2017)
著(编)者: 连玉明　2017年9月出版 / 估价: 89.00元
PSN B-2014-421-1/1

农村绿皮书
中国农村经济形势分析与预测 (2016~2017)
著(编)者: 魏后凯 杜志雄 黄秉信
2017年4月出版 / 估价: 89.00元
PSN G-1998-003-1/1

农业应对气候变化蓝皮书
气候变化对中国农业影响评估报告 No.3
著(编)者: 矫梅燕　2017年8月出版 / 估价: 98.00元
PSN B-2014-413-1/1

气候变化绿皮书
应对气候变化报告 (2017)
著(编)者: 王伟光 郑国光　2017年6月出版 / 估价: 89.00元
PSN G-2009-144-1/1

区域蓝皮书
中国区域经济发展报告 (2016~2017)
著(编)者: 赵弘　2017年6月出版 / 估价: 89.00元
PSN B-2004-034-1/1

全球环境竞争力绿皮书
全球环境竞争力报告 (2017)
著(编)者: 李建平 李闽榕 王金南
2017年12月出版 / 估价: 198.00元
PSN G-2013-363-1/1

人口与劳动绿皮书
中国人口与劳动问题报告 No.18
著(编)者: 蔡昉 张车伟　2017年11月出版 / 估价: 89.00元
PSN G-2000-012-1/1

商务中心区蓝皮书
中国商务中心区发展报告 No.3 (2016)
著(编)者: 李国红 单菁菁　2017年1月出版 / 估价: 89.00元
PSN B-2015-444-1/1

世界经济黄皮书
2017年世界经济形势分析与预测
著(编)者: 张宇燕　2016年12月出版 / 定价: 89.00元
PSN Y-1999-006-1/1

世界旅游城市绿皮书
世界旅游城市发展报告 (2017)
著(编)者: 宋宇　2017年1月出版 / 估价: 128.00元
PSN G-2014-400-1/1

土地市场蓝皮书
中国农村土地市场发展报告 (2016~2017)
著(编)者: 李光荣　2017年3月出版 / 估价: 89.00元
PSN B-2016-527-1/1

西北蓝皮书
中国西北发展报告 (2017)
著(编)者: 高建龙　2017年3月出版 / 估价: 89.00元
PSN B-2012-261-1/1

西部蓝皮书
中国西部发展报告 (2017)
著(编)者: 姚慧琴 徐璋勇　2017年9月出版 / 估价: 89.00元
PSN B-2005-039-1/1

新型城镇化蓝皮书
新型城镇化发展报告 (2017)
著(编)者: 李伟 宋敏 沈体雁　2017年3月出版 / 估价: 98.00元
PSN B-2014-431-1/1

新兴经济体蓝皮书
金砖国家发展报告 (2017)
著(编)者: 林跃勤 周文　2017年12月出版 / 估价: 89.00元
PSN B-2011-195-1/1

长三角蓝皮书
2017年新常态下深化一体化的长三角
著(编)者: 王庆五　2017年12月出版 / 估价: 88.00元
PSN B-2005-038-1/1

中部竞争力蓝皮书
中国中部经济社会竞争力报告 (2017)
著(编)者: 教育部人文社会科学重点研究基地
　　　　　南昌大学中国中部经济社会发展研究中心
2017年12月出版 / 估价: 89.00元
PSN B-2012-276-1/1

中部蓝皮书
中国中部地区发展报告 (2017)
著(编)者: 宋亚平　2017年12月出版 / 估价: 88.00元
PSN B-2007-089-1/1

中国省域竞争力蓝皮书
中国省域经济综合竞争力发展报告 (2017)
著(编)者: 李建平 李闽榕 高燕京
2017年2月出版 / 估价: 198.00元
PSN B-2007-088-1/1

中三角蓝皮书
长江中游城市群发展报告 (2017)
著(编)者: 秦尊文　2017年9月出版 / 估价: 89.00元
PSN B-2014-417-1/1

中小城市绿皮书
中国中小城市发展报告 (2017)
著(编)者: 中国城市经济学会中小城市经济发展委员会
　　　　　中国城镇化促进会中小城市发展委员会
　　　　　《中国中小城市发展报告》编纂委员会
　　　　　中小城市发展战略研究院
2017年11月出版 / 估价: 128.00元
PSN G-2010-161-1/1

中原蓝皮书
中原经济区发展报告 (2017)
著(编)者: 李英杰　2017年6月出版 / 估价: 88.00元
PSN B-2011-192-1/1

自贸区蓝皮书
中国自贸区发展报告 (2017)
著(编)者: 王力　2017年7月出版 / 估价: 89.00元
PSN B-2016-559-1/1

社会政法类

北京蓝皮书
中国社区发展报告（2017）
著(编)者：于燕燕　2017年2月出版 / 估价：89.00元
PSN B－2007－083－5/8

殡葬绿皮书
中国殡葬事业发展报告（2017）
著(编)者：李伯森　2017年4月出版 / 估价：158.00元
PSN G－2010－180－1/1

城市管理蓝皮书
中国城市管理报告（2016~2017）
著(编)者：刘林　刘承水　2017年5月出版 / 估价：158.00元
PSN B－2013－336－1/1

城市生活质量蓝皮书
中国城市生活质量报告（2017）
著(编)者：中国经济实验研究院
2017年7月出版 / 估价：89.00元
PSN B－2013－326－1/1

城市政府能力蓝皮书
中国城市政府公共服务能力评估报告（2017）
著(编)者：何艳玲　2017年4月出版 / 估价：89.00元
PSN B－2013－338－1/1

慈善蓝皮书
中国慈善发展报告（2017）
著(编)者：杨团　2017年6月出版 / 估价：89.00元
PSN B－2009－142－1/1

党建蓝皮书
党的建设研究报告 No.2（2017）
著(编)者：崔建民　陈东平　2017年2月出版 / 估价：89.00元
PSN B－2016－524－1/1

地方法治蓝皮书
中国地方法治发展报告 No.3（2017）
著(编)者：李林　田禾　2017年3出版 / 估价：108.00元
PSN B－2015－442－1/1

法治蓝皮书
中国法治发展报告 No.15（2017）
著(编)者：李林　田禾　2017年3月出版 / 估价：118.00元
PSN B－2004－027－1/1

法治政府蓝皮书
中国法治政府发展报告（2017）
著(编)者：中国政法大学法治政府研究院
2017年2月出版 / 估价：98.00元
PSN B－2015－502－1/2

法治政府蓝皮书
中国法治政府评估报告（2017）
著(编)者：中国政法大学法治政府研究院
2016年11月出版 / 估价：98.00元
PSN B－2016－577－2/2

反腐倡廉蓝皮书
中国反腐倡廉建设报告 No.7
著(编)者：张英伟　2017年12月出版 / 估价：89.00元
PSN B－2012－259－1/1

非传统安全蓝皮书
中国非传统安全研究报告（2016~2017）
著(编)者：余潇枫　魏志江　2017年6月出版 / 估价：89.00元
PSN B－2012－273－1/1

妇女发展蓝皮书
中国妇女发展报告 No.7
著(编)者：王金玲　2017年9月出版 / 估价：148.00元
PSN B－2006－069－1/1

妇女教育蓝皮书
中国妇女教育发展报告 No.4
著(编)者：张李玺　2017年10月出版 / 估价：78.00元
PSN B－2008－121－1/1

妇女绿皮书
中国性别平等与妇女发展报告（2017）
著(编)者：谭琳　2017年12月出版 / 估价：99.00元
PSN G－2006－073－1/1

公共服务蓝皮书
中国城市基本公共服务力评价（2017）
著(编)者：钟君　吴正杲　2017年12月出版 / 估价：89.00元
PSN B－2011－214－1/1

公民科学素质蓝皮书
中国公民科学素质报告（2016~2017）
著(编)者：李群　陈雄　马宗文
2017年1月出版 / 估价：89.00元
PSN B－2014－379－1/1

公共关系蓝皮书
中国公共关系发展报告（2017）
著(编)者：柳斌杰　2017年11月出版 / 估价：89.00元
PSN B－2016－580－1/1

公益蓝皮书
中国公益慈善发展报告（2017）
著(编)者：朱健刚　2017年4月出版 / 估价：118.00元
PSN B－2012－283－1/1

国际人才蓝皮书
海外华侨华人专业人士报告（2017）
著(编)者：王辉耀　苗绿　2017年8月出版 / 估价：89.00元
PSN B－2014－409－4/4

国际人才蓝皮书
中国国际移民报告（2017）
著(编)者：王辉耀　2017年2月出版 / 估价：89.00元
PSN B－2012－304－3/4

国际人才蓝皮书
中国留学发展报告（2017）No.5
著(编)者：王辉耀　苗绿　2017年10月出版 / 估价：89.00元
PSN B－2012－244－2/4

海洋社会蓝皮书
中国海洋社会发展报告（2017）
著(编)者：崔凤　宋宁而　2017年7月出版 / 估价：89.00元
PSN B－2015－478－1/1

行政改革蓝皮书
中国行政体制改革报告（2017）No.6
著(编)者：魏礼群　2017年5月出版 / 估价：98.00元
PSN B-2011-231-1/1

华侨华人蓝皮书
华侨华人研究报告（2017）
著(编)者：贾益民　2017年12月出版 / 估价：128.00元
PSN B-2011-204-1/1

环境竞争力绿皮书
中国省域环境竞争力发展报告（2017）
著(编)者：李建平 李闽榕 王金南
2017年11月出版 / 估价：198.00元
PSN G-2010-165-1/1

环境绿皮书
中国环境发展报告（2017）
著(编)者：刘鉴强　2017年11月出版 / 估价：89.00元
PSN G-2006-048-1/1

基金会蓝皮书
中国基金会发展报告（2016~2017）
著(编)者：中国基金会发展报告课题组
2017年4月出版 / 估价：85.00元
PSN B-2013-368-1/1

基金会绿皮书
中国基金会发展独立研究报告（2017）
著(编)者：基金会中心网 中央民族大学基金会研究中心
2017年6月出版 / 估价：88.00元
PSN B-2011-213-1/1

基金会透明度蓝皮书
中国基金会透明度发展研究报告（2017）
著(编)者：基金会中心网 清华大学廉政与治理研究中心
2017年12月出版 / 估价：89.00元
PSN B-2015-509-1/1

家庭蓝皮书
中国"创建幸福家庭活动"评估报告（2017）
国务院发展研究中心"创建幸福家庭活动评估"课题组著
2017年8月出版 / 估价：89.00元
PSN B-2012-261-1/1

健康城市蓝皮书
中国健康城市建设研究报告（2017）
著(编)者：王鸿春 解树江 盛继洪
2017年9月出版 / 估价：89.00元
PSN B-2016-565-2/2

教师蓝皮书
中国中小学教师发展报告（2017）
著(编)者：曾晓东 鱼霞　2017年6月出版 / 估价：89.00元
PSN B-2012-289-1/1

教育蓝皮书
中国教育发展报告（2017）
著(编)者：杨东平　2017年4月出版 / 估价：89.00元
PSN B-2006-047-1/1

科普蓝皮书
中国基层科普发展报告（2016~2017）
著(编)者：赵立 新陈玲　2017年9月出版 / 估价：89.00元
PSN B-2016-569-3/3

科普蓝皮书
中国科普基础设施发展报告（2017）
著(编)者：任福君　2017年6月出版 / 估价：89.00元
PSN B-2010-174-1/3

科普蓝皮书
中国科普人才发展报告（2017）
著(编)者：郑念 任嵘嵘　2017年4月出版 / 估价：98.00元
PSN B-2015-513-2/3

科学教育蓝皮书
中国科学教育发展报告（2017）
著(编)者：罗晖 王康友　2017年10月出版 / 估价：89.00元
PSN B-2015-487-1/1

劳动保障蓝皮书
中国劳动保障发展报告（2017）
著(编)者：刘燕斌　2017年9月出版 / 估价：188.00元
PSN B-2014-415-1/1

老龄蓝皮书
中国老年宜居环境发展报告（2017）
著(编)者：党俊武 周燕珉　2017年1月出版 / 估价：89.00元
PSN B-2013-320-1/1

连片特困区蓝皮书
中国连片特困区发展报告（2017）
著(编)者：游俊 冷志明 丁建军
2017年3月出版 / 估价：98.00元
PSN B-2013-321-1/1

民间组织蓝皮书
中国民间组织报告（2017）
著(编)者：黄晓勇　2017年12月出版 / 估价：89.00元
PSN B-2008-118-1/1

民调蓝皮书
中国民生调查报告（2017）
著(编)者：谢耘耕　2017年12月出版 / 估价：98.00元
PSN B-2014-398-1/1

民族发展蓝皮书
中国民族发展报告（2017）
著(编)者：郝时远 王延中 王希恩
2017年4月出版 / 估价：98.00元
PSN B-2006-070-1/1

女性生活蓝皮书
中国女性生活状况报告 No.11（2017）
著(编)者：韩湘景　2017年10月出版 / 估价：98.00元
PSN B-2006-071-1/1

汽车社会蓝皮书
中国汽车社会发展报告（2017）
著(编)者：王俊秀　2017年1月出版 / 估价：89.00元
PSN B-2011-224-1/1

青年蓝皮书
中国青年发展报告（2017）No.3
著(编)者：廉思 等　2017年4月出版 / 估价：89.00元
PSN B-2013-333-1/1

青少年蓝皮书
中国未成年人互联网运用报告（2017）
著(编)者：李文革 沈杰 季为民
2017年11月出版 / 估价：89.00元
PSN B-2010-156-1/1

青少年体育蓝皮书
中国青少年体育发展报告（2017）
著(编)者：郭建军 杨桦　2017年9月出版 / 估价：89.00元
PSN B-2015-482-1/1

群众体育蓝皮书
中国群众体育发展报告（2017）
著(编)者：刘国永 杨桦　2017年12月出版 / 估价：89.00元
PSN B-2016-519-2/3

人权蓝皮书
中国人权事业发展报告 No.7（2017）
著(编)者：李君如　2017年9月出版 / 估价：98.00元
PSN B-2011-215-1/1

社会保障绿皮书
中国社会保障发展报告（2017）No.9
著(编)者：王延中　2017年4月出版 / 估价：89.00元
PSN G-2001-014-1/1

社会风险评估蓝皮书
风险评估与危机预警评估报告（2017）
著(编)者：唐钧　2017年8月出版 / 估价：85.00元
PSN B-2016-521-1/1

社会工作蓝皮书
中国社会工作发展报告（2017）
著(编)者：民政部社会工作研究中心
2017年8月出版 / 估价：89.00元
PSN B-2009-141-1/1

社会管理蓝皮书
中国社会管理创新报告 No.5
著(编)者：连玉明　2017年11月出版 / 估价：89.00元
PSN B-2012-300-1/1

社会蓝皮书
2017年中国社会形势分析与预测
著(编)者：李培林 陈光金 张翼
2016年12月出版 / 定价：89.00元
PSN B-1998-002-1/1

社会体制蓝皮书
中国社会体制改革报告No.5（2017）
著(编)者：龚维斌　2017年4月出版 / 估价：89.00元
PSN B-2013-330-1/1

社会心态蓝皮书
中国社会心态研究报告（2017）
著(编)者：王俊秀 杨宜音　2017年12月出版 / 估价：89.00元
PSN B-2011-199-1/1

社会组织蓝皮书
中国社会组织评估发展报告（2017）
著(编)者：徐家良 廖鸿　2017年12月出版 / 估价：89.00元
PSN B-2013-366-1/1

生态城市绿皮书
中国生态城市建设发展报告（2017）
著(编)者：刘举科 孙伟平 胡文臻
2017年9月出版 / 估价：118.00元
PSN G-2012-269-1/1

生态文明绿皮书
中国省域生态文明建设评价报告（ECI 2017）
著(编)者：严耕　2017年12月出版 / 估价：98.00元
PSN B-2010-170-1/1

体育蓝皮书
中国公共体育服务发展报告（2017）
著(编)者：戴健　2017年12月出版 / 估价：89.00元
PSN B-2013-367-2/4

土地整治蓝皮书
中国土地整治发展研究报告 No.4
著(编)者：国土资源部土地整治中心
2017年7月出版 / 估价：89.00元
PSN B-2014-401-1/1

土地政策蓝皮书
中国土地政策研究报告（2017）
著(编)者：高延利 李宪文
2017年12月出版 / 估价：89.00元
PSN B-2015-506-1/1

医改蓝皮书
中国医药卫生体制改革报告（2017）
著(编)者：文学国 房志武　2017年11月出版 / 估价：98.00元
PSN B-2014-432-1/1

医疗卫生绿皮书
中国医疗卫生发展报告 No.7（2017）
著(编)者：申宝忠 韩玉珍　2017年4月出版 / 估价：85.00元
PSN G-2004-033-1/1

应急管理蓝皮书
中国应急管理报告（2017）
著(编)者：宋英华　2017年9月出版 / 估价：98.00元
PSN B-2016-563-1/1

政治参与蓝皮书
中国政治参与报告（2017）
著(编)者：房宁　2017年9月出版 / 估价：118.00元
PSN B-2011-200-1/1

中国农村妇女发展蓝皮书
农村流动女性城市生活发展报告（2017）
著(编)者：谢丽华　2017年12月出版 / 估价：89.00元
PSN B-2014-434-1/1

宗教蓝皮书
中国宗教报告（2017）
著(编)者：邱永辉　2017年4月出版 / 估价：89.00元
PSN B-2008-117-1/1

行业报告类

SUV蓝皮书
中国SUV市场发展报告（2016~2017）
著（编）者：靳军　2017年9月出版 / 估价：89.00元
PSN B-2016-572-1/1

保健蓝皮书
中国保健服务产业发展报告 No.2
著（编）者：中国保健协会 中共中央党校
2017年7月出版 / 估价：198.00元
PSN B-2012-272-3/3

保健蓝皮书
中国保健食品产业发展报告 No.2
著（编）者：中国保健协会
　　　　　中国社会科学院食品药品产业发展与监管研究中心
2017年7月出版 / 估价：198.00元
PSN B-2012-271-2/3

保健蓝皮书
中国保健用品产业发展报告 No.2
著（编）者：中国保健协会
　　　　　国务院国有资产监督管理委员会研究中心
2017年3月出版 / 估价：198.00元
PSN B-2012-270-1/3

保险蓝皮书
中国保险业竞争力报告（2017）
著（编）者：项俊波　2017年12月出版 / 估价：99.00元
PSN B-2013-311-1/1

冰雪蓝皮书
中国滑雪产业发展报告（2017）
著（编）者：孙承华 伍斌 魏庆华 张鸿俊
2017年8月出版 / 估价：89.00元
PSN B-2016-560-1/1

彩票蓝皮书
中国彩票发展报告（2017）
著（编）者：益彩基金　2017年4月出版 / 估价：98.00元
PSN B-2015-462-1/1

餐饮产业蓝皮书
中国餐饮产业发展报告（2017）
著（编）者：邢颖　2017年6月出版 / 估价：98.00元
PSN B-2009-151-1/1

测绘地理信息蓝皮书
新常态下的测绘地理信息研究报告（2017）
著（编）者：库热西·买合苏提
2017年12月出版 / 估价：118.00元
PSN B-2009-145-1/1

茶业蓝皮书
中国茶产业发展报告（2017）
著（编）者：杨江帆 李闽榕　2017年10月出版 / 估价：88.00元
PSN B-2010-164-1/1

产权市场蓝皮书
中国产权市场发展报告（2016~2017）
著（编）者：曹和平　2017年5月出版 / 估价：89.00元
PSN B-2009-147-1/1

产业安全蓝皮书
中国出版传媒产业安全报告（2016~2017）
著（编）者：北京印刷学院文化产业安全研究院
2017年3月出版 / 估价：89.00元
PSN B-2014-384-13/14

产业安全蓝皮书
中国文化产业安全报告（2017）
著（编）者：北京印刷学院文化产业安全研究院
2017年12月出版 / 估价：89.00元
PSN B-2014-378-12/14

产业安全蓝皮书
中国新媒体产业安全报告（2017）
著（编）者：北京印刷学院文化产业安全研究院
2017年12月出版 / 估价：89.00元
PSN B-2015-500-14/14

城投蓝皮书
中国城投行业发展报告（2017）
著（编）者：王晨艳 丁伯康　2017年11月出版 / 估价：300.00元
PSN B-2016-514-1/1

电子政务蓝皮书
中国电子政务发展报告（2016~2017）
著（编）者：李季 杜平　2017年7月出版 / 估价：89.00元
PSN B-2003-022-1/1

杜仲产业绿皮书
中国杜仲橡胶资源与产业发展报告（2016~2017）
著（编）者：杜红岩 胡文臻 俞锐
2017年1月出版 / 估价：85.00元
PSN G-2013-350-1/1

房地产蓝皮书
中国房地产发展报告 No.14（2017）
著（编）者：李春华 工业强　2017年5月出版 / 估价：89.00元
PSN B-2004-028-1/1

服务外包蓝皮书
中国服务外包产业发展报告（2017）
著（编）者：王晓红 刘德军
2017年6月出版 / 估价：89.00元
PSN B-2013-331-2/2

服务外包蓝皮书
中国服务外包竞争力报告（2017）
著（编）者：王力 刘春生 黄育华
2017年11月出版 / 估价：85.00元
PSN B-2011-216-1/2

工业和信息化蓝皮书
世界网络安全发展报告（2016~2017）
著（编）者：洪京一　2017年4月出版 / 估价：89.00元
PSN B-2015-452-5/5

工业和信息化蓝皮书
世界信息化发展报告（2016~2017）
著（编）者：洪京一　2017年4月出版 / 估价：89.00元
PSN B-2015-451-4/5

工业和信息化蓝皮书
世界信息技术产业发展报告（2016~2017）
著(编)者: 洪京一　2017年4月出版 / 估价: 89.00元
PSN B-2015-449-2/5

工业和信息化蓝皮书
移动互联网产业发展报告（2016~2017）
著(编)者: 洪京一　2017年4月出版 / 估价: 89.00元
PSN B-2015-448-1/5

工业和信息化蓝皮书
战略性新兴产业发展报告（2016~2017）
著(编)者: 洪京一　2017年4月出版 / 估价: 89.00元
PSN B-2015-450-3/5

工业设计蓝皮书
中国工业设计发展报告（2017）
著(编)者: 王晓红 于炜 张立群
2017年9月出版 / 估价: 138.00元
PSN B-2014-420-1/1

黄金市场蓝皮书
中国商业银行黄金业务发展报告（2016~2017）
著(编)者: 平安银行　2017年3月出版 / 估价: 98.00元
PSN B-2016-525-1/1

互联网金融蓝皮书
中国互联网金融发展报告（2017）
著(编)者: 李东荣　2017年9月出版 / 估价: 128.00元
PSN B-2014-374-1/1

互联网医疗蓝皮书
中国互联网医疗发展报告（2017）
著(编)者: 宫晓东　2017年9月出版 / 估价: 89.00元
PSN B-2016-568-1/1

会展蓝皮书
中外会展业动态评估年度报告（2017）
著(编)者: 张敏　2017年1月出版 / 估价: 88.00元
PSN B-2013-327-1/1

金融监管蓝皮书
中国金融监管报告（2017）
著(编)者: 胡滨　2017年6月出版 / 估价: 89.00元
PSN B-2012-281-1/1

金融蓝皮书
中国金融中心发展报告（2017）
著(编)者: 王力 黄育华　2017年11月出版 / 估价: 85.00元
PSN B-2011-186-6/6

建筑装饰蓝皮书
中国建筑装饰行业发展报告（2017）
著(编)者: 刘晓一 葛顺道　2017年7月出版 / 估价: 198.00元
PSN B-2016-554-1/1

客车蓝皮书
中国客车产业发展报告（2016~2017）
著(编)者: 姚蔚　2017年10月出版 / 估价: 85.00元
PSN B-2013-361-1/1

旅游安全蓝皮书
中国旅游安全报告（2017）
著(编)者: 郑向敏 谢朝武　2017年5月出版 / 估价: 128.00元
PSN B-2012-280-1/1

旅游绿皮书
2016~2017年中国旅游发展分析与预测
著(编)者: 张广瑞 刘德谦　2017年4月出版 / 估价: 89.00元
PSN G-2002-018-1/1

煤炭蓝皮书
中国煤炭工业发展报告（2017）
著(编)者: 岳福斌　2017年12月出版 / 估价: 85.00元
PSN B-2008-123-1/1

民营企业社会责任蓝皮书
中国民营企业社会责任报告（2017）
著(编)者: 中华全国工商业联合会
2017年12月出版 / 估价: 89.00元
PSN B-2015-511-1/1

民营医院蓝皮书
中国民营医院发展报告（2017）
著(编)者: 庄一强　2017年10月出版 / 估价: 85.00元
PSN B-2012-299-1/1

闽商蓝皮书
闽商发展报告（2017）
著(编)者: 李闽榕 王日根 林琛
2017年12月出版 / 估价: 89.00元
PSN B-2012-298-1/1

能源蓝皮书
中国能源发展报告（2017）
著(编)者: 崔民选 王军生 陈义和
2017年10月出版 / 估价: 98.00元
PSN B-2006-049-1/1

农产品流通蓝皮书
中国农产品流通产业发展报告（2017）
著(编)者: 贾敬敦 张东科 张玉玺 张鹏毅 周伟
2017年1月出版 / 估价: 89.00元
PSN B-2012-288-1/1

企业公益蓝皮书
中国企业公益研究报告（2017）
著(编)者: 钟宏武 汪杰 顾一 黄晓娟 等
2017年12月出版 / 估价: 89.00元
PSN B-2015-501-1/1

企业国际化蓝皮书
中国企业国际化报告（2017）
著(编)者: 王辉耀　2017年11月出版 / 估价: 98.00元
PSN B-2014-427-1/1

企业蓝皮书
中国企业绿色发展报告 No.2（2017）
著(编)者: 李红玉 朱光辉　2017年8月出版 / 估价: 89.00元
PSN B-2015-481-2/2

企业社会责任蓝皮书
中国企业社会责任研究报告（2017）
著(编)者: 黄群慧 钟宏武 张蒽 翟利峰
2017年11月出版 / 估价: 89.00元
PSN B-2009-149-1/1

汽车安全蓝皮书
中国汽车安全发展报告（2017）
著(编)者: 中国汽车技术研究中心
2017年7月出版 / 估价: 89.00元
PSN B-2014-385-1/1

汽车电子商务蓝皮书
中国汽车电子商务发展报告（2017）
著（编）者：中华全国工商业联合会汽车经销商商会
　　　　　　北京易观智库网络科技有限公司
2017年10月出版 / 估价：128.00元
PSN B-2015-485-1/1

汽车工业蓝皮书
中国汽车工业发展年度报告（2017）
著（编）者：中国汽车工业协会 中国汽车技术研究中心
　　　　　　丰田汽车（中国）投资有限公司
2017年4月出版 / 估价：128.00元
PSN B-2015-463-1/2

汽车工业蓝皮书
中国汽车零部件产业发展报告（2017）
著（编）者：中国汽车工业协会 中国汽车工程研究院
2017年10月出版 / 估价：98.00元
PSN B-2016-515-2/2

汽车蓝皮书
中国汽车产业发展报告（2017）
著（编）者：国务院发展研究中心产业经济研究部
　　　　　　中国汽车工程学会 大众汽车集团（中国）
2017年8月出版 / 估价：98.00元
PSN B-2008-124-1/1

人力资源蓝皮书
中国人力资源发展报告（2017）
著（编）者：余兴安　2017年11月出版 / 估价：89.00元
PSN B-2012-287-1/1

融资租赁蓝皮书
中国融资租赁业发展报告（2016～2017）
著（编）者：李光荣 王力　2017年8月出版 / 估价：89.00元
PSN B-2015-443-1/1

商会蓝皮书
中国商会发展报告No.5（2017）
著（编）者：王钦敏　2017年7月出版 / 估价：89.00元
PSN B-2008-125-1/1

输血服务蓝皮书
中国输血行业发展报告（2017）
著（编）者：朱永明 耿鸿武　2016年8月出版 / 估价：89.00元
PSN B-2016-583-1/1

上市公司蓝皮书
中国上市公司社会责任信息披露报告（2017）
著（编）者：张旺 张杨　2017年11月出版 / 估价：89.00元
PSN B-2011-234-1/2

社会责任管理蓝皮书
中国上市公司社会责任能力成熟度报告（2017）No.2
著（编）者：肖红军 王晓光 李伟阳
2017年12月出版 / 估价：98.00元
PSN B-2015-507-2/2

社会责任管理蓝皮书
中国企业公众透明度报告(2017)No.3
著（编）者：黄速建 熊梦 王晓光 肖红军
2017年1月出版 / 估价：98.00元
PSN B-2015-440-1/2

食品药品蓝皮书
食品药品安全与监管政策研究报告（2016～2017）
著（编）者：唐民皓　2017年6月出版 / 估价：89.00元
PSN B-2009-129-1/1

世界能源蓝皮书
世界能源发展报告（2017）
著（编）者：黄晓勇　2017年6月出版 / 估价：99.00元
PSN B-2013-349-1/1

水利风景区蓝皮书
中国水利风景区发展报告（2017）
著（编）者：谢婵才 兰思仁　2017年5月出版 / 估价：89.00元
PSN B-2015-480-1/1

私募市场蓝皮书
中国私募股权市场发展报告（2017）
著（编）者：曹和平　2017年12月出版 / 估价：89.00元
PSN B-2010-162-1/1

碳市场蓝皮书
中国碳市场报告（2017）
著（编）者：定金彪　2017年11月出版 / 估价：89.00元
PSN B-2014-430-1/1

体育蓝皮书
中国体育产业发展报告（2017）
著（编）者：阮伟 钟秉枢　2017年12月出版 / 估价：89.00元
PSN B-2010-179-1/4

网络空间安全蓝皮书
中国网络空间安全发展报告（2017）
著（编）者：惠志斌 唐涛　2017年4月出版 / 估价：89.00元
PSN B-2015-466-1/1

西部金融蓝皮书
中国西部金融发展报告（2017）
著（编）者：李忠民　2017年8月出版 / 估价：85.00元
PSN B-2010-160-1/1

协会商会蓝皮书
中国行业协会商会发展报告（2017）
著（编）者：景朝阳 李勇　2017年4月出版 / 估价：99.00元
PSN B-2015-461-1/1

新能源汽车蓝皮书
中国新能源汽车产业发展报告（2017）
著（编）者：中国汽车技术研究中心
　　　　　　日产（中国）投资有限公司 东风汽车有限公司
2017年7月出版 / 估价：98.00元
PSN B-2013-347-1/1

新三板蓝皮书
中国新三板市场发展报告（2017）
著（编）者：王力　2017年6月出版 / 估价：89.00元
PSN B-2016-534-1/1

信托市场蓝皮书
中国信托业市场报告（2016～2017）
著（编）者：用益信托工作室
2017年1月出版 / 估价：198.00元
PSN B-2014-371-1/1

信息化蓝皮书
中国信息化形势分析与预测（2016~2017）
著(编)者：周宏仁　2017年8月出版 / 估价：98.00元
PSN B-2010-168-1/1

信用蓝皮书
中国信用发展报告（2017）
著(编)者：章政 田侃　2017年4月出版 / 估价：99.00元
PSN B-2013-328-1/1

休闲绿皮书
2017年中国休闲发展报告
著(编)者：宋瑞　2017年10月出版 / 估价：89.00元
PSN G-2010-158-1/1

休闲体育蓝皮书
中国休闲体育发展报告（2016~2017）
著(编)者：李相如 钟炳枢　2017年10月出版 / 估价：89.00元
PSN G-2016-516-1/1

养老金融蓝皮书
中国养老金融发展报告（2017）
著(编)者：董克用 姚余栋
2017年6月出版 / 估价：89.00元
PSN B-2016-584-1/1

药品流通蓝皮书
中国药品流通行业发展报告（2017）
著(编)者：佘鲁林 温再兴　2017年8月出版 / 估价：158.00元
PSN B-2014-429-1/1

医院蓝皮书
中国医院竞争力报告（2017）
著(编)者：庄一强 曾益新　2017年3月出版 / 估价：128.00元
PSN B-2016-529-1/1

医药蓝皮书
中国中医药产业园战略发展报告（2017）
著(编)者：裴长洪 房书亭 吴滁心
2017年8月出版 / 估价：89.00元
PSN B-2012-305-1/1

邮轮绿皮书
中国邮轮产业发展报告（2017）
著(编)者：汪泓　2017年10月出版 / 估价：89.00元
PSN G-2014-419-1/1

智能养老蓝皮书
中国智能养老产业发展报告（2017）
著(编)者：朱勇　2017年10月出版 / 估价：89.00元
PSN B-2015 488-1/1

债券市场蓝皮书
中国债券市场发展报告（2016~2017）
著(编)者：杨农　2017年10月出版 / 估价：89.00元
PSN B-2016-573-1/1

中国节能汽车蓝皮书
中国节能汽车发展报告（2016~2017）
著(编)者：中国汽车工程研究院股份有限公司
2017年9月出版 / 估价：98.00元
PSN B-2016-566-1/1

中国上市公司蓝皮书
中国上市公司发展报告（2017）
著(编)者：张平 王宏淼
2017年10月出版 / 估价：98.00元
PSN B-2014-414-1/1

中国陶瓷产业蓝皮书
中国陶瓷产业发展报告（2017）
著(编)者：左和平 黄速建　2017年10月出版 / 估价：98.00元
PSN B-2016-574-1/1

中国总部经济蓝皮书
中国总部经济发展报告（2016~2017）
著(编)者：赵弘　2017年9月出版 / 估价：89.00元
PSN B-2005-036-1/1

中医文化蓝皮书
中国中医药文化传播发展报告（2017）
著(编)者：毛嘉陵　2017年7月出版 / 估价：89.00元
PSN B-2015-468-1/1

装备制造业蓝皮书
中国装备制造业发展报告（2017）
著(编)者：徐东华　2017年12月出版 / 估价：148.00元
PSN B-2015-505-1/1

资本市场蓝皮书
中国场外交易市场发展报告（2016~2017）
著(编)者：高峦　2017年3月出版 / 估价：89.00元
PSN B-2009-153-1/1

资产管理蓝皮书
中国资产管理行业发展报告（2017）
著(编)者：智信资产管理研究院
2017年6月出版 / 估价：89.00元
PSN B-2014-407-2/2

文化传媒类

传媒竞争力蓝皮书
中国传媒国际竞争力研究报告（2017）
著(编)者：李本乾 刘强
2017年11月出版 / 估价：148.00元
PSN B-2013-356-1/1

传媒蓝皮书
中国传媒产业发展报告（2017）
著(编)者：崔保国　2017年5月出版 / 估价：98.00元
PSN B-2005-035-1/1

传媒投资蓝皮书
中国传媒投资发展报告（2017）
著(编)者：张向东 谭云明
2017年6月出版 / 估价：128.00元
PSN B-2015-474-1/1

动漫蓝皮书
中国动漫产业发展报告（2017）
著(编)者：卢斌 郑玉明 牛兴侦
2017年9月出版 / 估价：89.00元
PSN B-2011-198-1/1

非物质文化遗产蓝皮书
中国非物质文化遗产发展报告（2017）
著(编)者：陈平　2017年5月出版 / 估价：98.00元
PSN B-2015-469-1/1

广电蓝皮书
中国广播电影电视发展报告（2017）
著(编)者：国家新闻出版广电总局发展研究中心
2017年7月出版 / 估价：98.00元
PSN B-2006-072-1/1

广告主蓝皮书
中国广告主营销传播趋势报告 No.9
著(编)者：黄升民 杜国清 邵华冬 等
2017年10月出版 / 估价：148.00元
PSN B-2005-041-1/1

国际传播蓝皮书
中国国际传播发展报告（2017）
著(编)者：胡正荣 李继东 姬德强
2017年11月出版 / 估价：89.00元
PSN B-2014-408-1/1

纪录片蓝皮书
中国纪录片发展报告（2017）
著(编)者：何苏六　2017年9月出版 / 估价：89.00元
PSN B-2011-222-1/1

科学传播蓝皮书
中国科学传播报告（2017）
著(编)者：詹正茂　2017年7月出版 / 估价：89.00元
PSN B-2008-120-1/1

两岸创意经济蓝皮书
两岸创意经济研究报告（2017）
著(编)者：罗昌智 林咏能
2017年10月出版 / 估价：98.00元
PSN B-2014-437-1/1

两岸文化蓝皮书
两岸文化产业合作发展报告（2017）
著(编)者：胡惠林 李保宗　2017年7月出版 / 估价：89.00元
PSN B-2012-285-1/1

媒介与女性蓝皮书
中国媒介与女性发展报告(2016~2017)
著(编)者：刘利群　2017年9月出版 / 估价：118.00元
PSN B-2013-345-1/1

媒体融合蓝皮书
中国媒体融合发展报告（2017）
著(编)者：梅宁华 宋建武　2017年7月出版 / 估价：89.00元
PSN B-2015-479-1/1

全球传媒蓝皮书
全球传媒发展报告（2017）
著(编)者：胡正荣 李继东 唐晓芬
2017年11月出版 / 估价：89.00元
PSN B-2012-237-1/1

少数民族非遗蓝皮书
中国少数民族非物质文化遗产发展报告（2017）
著(编)者：肖远平（彝） 柴立（满）
2017年8月出版 / 估价：98.00元
PSN B-2015-467-1/1

视听新媒体蓝皮书
中国视听新媒体发展报告（2017）
著(编)者：国家新闻出版广电总局发展研究中心
2017年7月出版 / 估价：98.00元
PSN B-2011-184-1/1

文化创新蓝皮书
中国文化创新报告（2017）No.7
著(编)者：于平 傅才武　2017年7月出版 / 估价：98.00元
PSN B-2009-143-1/1

文化建设蓝皮书
中国文化发展报告（2016~2017）
著(编)者：江畅 孙伟平 戴茂堂
2017年6月出版 / 估价：116.00元
PSN B-2014-392-1/1

文化科技蓝皮书
文化科技创新发展报告（2017）
著(编)者：于平 李凤亮　2017年11月出版 / 估价：89.00元
PSN B-2013-342-1/1

文化蓝皮书
中国公共文化服务发展报告（2017）
著(编)者：刘新成 张永新 张旭
2017年12月出版 / 估价：98.00元
PSN B-2007-093-2/10

文化蓝皮书
中国公共文化投入增长测评报告（2017）
著(编)者：王亚南　2017年4月出版 / 估价：89.00元
PSN B-2014-435-10/10

文化蓝皮书
中国少数民族文化发展报告（2016~2017）
著(编)者：武翠英 张晓明 任乌晶
2017年9月出版 / 估价：89.00元
PSN B-2013-369-9/10

文化蓝皮书
中国文化产业发展报告（2016~2017）
著(编)者：张晓明 王家新 章建刚
2017年2月出版 / PSN B-2002-019-1/10

文化蓝皮书
中国文化产业供需协调检测报告（2017）
著(编)者：王亚南 2017年2月出版 / 估价：89.00元
PSN B-2013-323-8/10

文化蓝皮书
中国文化消费需求景气评价报告（2017）
著(编)者：王亚南 2017年4月出版 / 估价：89.00元
PSN B-2011-236-4/10

文化品牌蓝皮书
中国文化品牌发展报告（2017）
著(编)者：欧阳友权 2017年5月出版 / 估价：98.00元
PSN B-2012-277-1/1

文化遗产蓝皮书
中国文化遗产事业发展报告（2017）
著(编)者：苏杨 张颖岚 王宇飞
2017年8月出版 / 估价：98.00元
PSN B-2008-119-1/1

文学蓝皮书
中国文情报告（2016~2017）
著(编)者：白烨 2017年5月出版 / 估价：49.00元
PSN B-2011-221-1/1

新媒体蓝皮书
中国新媒体发展报告No.8（2017）
著(编)者：唐绪军 2017年6月出版 / 估价：89.00元
PSN B-2010-169-1/1

新媒体社会责任蓝皮书
中国新媒体社会责任研究报告（2017）
著(编)者：钟瑛 2017年11月出版 / 估价：89.00元
PSN B-2014-423-1/1

移动互联网蓝皮书
中国移动互联网发展报告（2017）
著(编)者：官建文 2017年6月出版 / 估价：89.00元
PSN B-2012-282-1/1

舆情蓝皮书
中国社会舆情与危机管理报告（2017）
著(编)者：谢耘耕 2017年9月出版 / 估价：128.00元
PSN B-2011-235-1/1

影视风控蓝皮书
中国影视舆情与风控报告 （2017）
著(编)者：司若 2017年4月出版 / 估价：138.00元
PSN B-2016-530-1/1

地方发展类

安徽经济蓝皮书
合芜蚌国家自主创新综合示范区研究报告（2016~2017）
著(编)者：王开玉 2017年11月出版 / 估价：89.00元
PSN B-2014-383-1/1

安徽蓝皮书
安徽社会发展报告（2017）
著(编)者：程桦 2017年4月出版 / 估价：89.00元
PSN B-2013-325-1/1

安徽社会建设蓝皮书
安徽社会建设分析报告（2016~2017）
著(编)者：黄家海 王开玉 蔡宪
2016年4月出版 / PSN B-2013-322-1/1

澳门蓝皮书
澳门经济社会发展报告（2016~2017）
著(编)者：吴志良 郝雨凡 2017年6月出版 / 估价：98.00元
PSN B-2009-138-1/1

北京蓝皮书
北京公共服务发展报告（2016~2017）
著(编)者：施昌奎 2017年2月出版 / 估价：89.00元
PSN B-2008-103-7/8

北京蓝皮书
北京经济发展报告（2016~2017）
著(编)者：杨松 2017年6月出版 / 估价：89.00元
PSN B-2006-054-2/8

北京蓝皮书
北京社会发展报告（2016~2017）
著(编)者：李伟东 2017年6月出版 / 估价：89.00元
PSN B-2006-055-3/8

北京蓝皮书
北京社会治理发展报告（2016~2017）
著(编)者：殷星辰 2017年5月出版 / 估价：89.00元
PSN B-2014-391-8/8

北京蓝皮书
北京文化发展报告（2016~2017）
著(编)者：李建盛 2017年4月出版 / 估价：89.00元
PSN B-2007-082-4/8

北京律师绿皮书
北京律师发展报告No.3（2017）
著(编)者：王隽 2017年7月出版 / 估价：88.00元
PSN G-2012-301-1/1

北京旅游蓝皮书
北京旅游发展报告（2017）
著(编)者：北京旅游学会　2017年1月出版 / 估价：88.00元
PSN B-2011-217-1/1

北京人才蓝皮书
北京人才发展报告（2017）
著(编)者：于淼　2017年12月出版 / 估价：128.00元
PSN B-2011-201-1/1

北京社会心态蓝皮书
北京社会心态分析报告（2016～2017）
著(编)者：北京社会心理研究所
2017年8月出版 / 估价：89.00元
PSN B-2014-422-1/1

北京社会组织管理蓝皮书
北京社会组织发展与管理（2016～2017）
著(编)者：黄江松　2017年4月出版 / 估价：88.00元
PSN B-2015-446-1/1

北京体育蓝皮书
北京体育产业发展报告（2016～2017）
著(编)者：钟秉枢 陈杰 杨铁黎
2017年9月出版 / 估价：89.00元
PSN B-2015-475-1/1

北京养老产业蓝皮书
北京养老产业发展报告（2017）
著(编)者：周明明 冯喜良　2017年8月出版 / 估价：89.00元
PSN B-2015-465-1/1

滨海金融蓝皮书
滨海新区金融发展报告（2017）
著(编)者：王爱俭 张锐钢　2017年12月出版 / 估价：89.00元
PSN B-2014-424-1/1

城乡一体化蓝皮书
中国城乡一体化发展报告·北京卷（2016～2017）
著(编)者：张宝秀 黄序　2017年5月出版 / 估价：89.00元
PSN B-2012-258-2/2

创意城市蓝皮书
北京文化创意产业发展报告（2017）
著(编)者：张京成 王国华　2017年10月出版 / 估价：89.00元
PSN B-2012-263-1/7

创意城市蓝皮书
青岛文化创意发展报告（2017）
著(编)者：马达 张丹妮　2017年8月出版 / 估价：89.00元
PSN B-2011-235-1/1

创意城市蓝皮书
天津文化创意产业发展报告（2016～2017）
著(编)者：谢思全　2017年6月出版 / 估价：89.00元
PSN B-2016-537-7/7

创意城市蓝皮书
无锡文化创意产业发展报告（2017）
著(编)者：谭军 张鸣年　2017年10月出版 / 估价：89.00元
PSN B-2013-346-3/7

创意城市蓝皮书
武汉文化创意产业发展报告（2017）
著(编)者：黄永林 陈汉桥　2017年9月出版 / 估价：99.00元
PSN B-2013-354-4/7

创意上海蓝皮书
上海文化创意产业发展报告（2016～2017）
著(编)者：王慧敏 王兴全　2017年8月出版 / 估价：89.00元
PSN B-2016-562-1/1

福建妇女发展蓝皮书
福建省妇女发展报告（2017）
著(编)者：刘群英　2017年11月出版 / 估价：88.00元
PSN B-2011-220-1/1

福建自贸区蓝皮书
中国（福建）自由贸易实验区发展报告（2016～2017）
著(编)者：黄茂兴　2017年4月出版 / 估价：108.00元
PSN B-2017-532-1/1

甘肃蓝皮书
甘肃经济发展分析与预测（2017）
著(编)者：朱智文 罗哲　2017年1月出版 / 估价：89.00元
PSN B-2013-312-1/6

甘肃蓝皮书
甘肃社会发展分析与预测（2017）
著(编)者：安文华 包晓霞 谢增虎
2017年1月出版 / 估价：89.00元
PSN B-2013-313-2/6

甘肃蓝皮书
甘肃文化发展分析与预测（2017）
著(编)者：安文华 周小华　2017年1月出版 / 估价：89.00元
PSN B-2013-314-3/6

甘肃蓝皮书
甘肃县域和农村发展报告（2017）
著(编)者：刘进军 柳民 王建兵
2017年1月出版 / 估价：89.00元
PSN B-2013-316-5/6

甘肃蓝皮书
甘肃舆情分析与预测（2017）
著(编)者：陈双梅 郝树声　2017年1月出版 / 估价：89.00元
PSN B-2013-315-4/6

甘肃蓝皮书
甘肃商贸流通发展报告（2017）
著(编)者：杨志武 王福生 王晓芳
2017年1月出版 / 估价：89.00元
PSN B-2016-523-6/6

广东蓝皮书
广东全面深化改革发展报告（2017）
著(编)者：周林生 涂成林　2017年12月出版 / 估价：89.00元
PSN B-2015-504-3/3

广东蓝皮书
广东社会工作发展报告（2017）
著(编)者：罗观翠　2017年6月出版 / 估价：89.00元
PSN B-2014-402-2/3

广东蓝皮书
广东省电子商务发展报告（2017）
著(编)者：程晓 邓顺国　2017年7月出版 / 估价：89.00元
PSN B-2013-360-1/3

广东社会建设蓝皮书
广东省社会建设发展报告（2017）
著(编)者：广东省社会工作委员会
2017年12月出版 / 估价：99.00元
PSN B-2014-436-1/1

广东外经贸蓝皮书
广东对外经济贸易发展研究报告（2016~2017）
著(编)者：陈万灵　2017年8月出版 / 估价：98.00元
PSN B-2012-286-1/1

广西北部湾经济区蓝皮书
广西北部湾经济区开放开发报告（2017）
著(编)者：广西北部湾经济区规划建设管理委员会办公室
广西社会科学院广西北部湾发展研究院
2017年2月出版 / 估价：89.00元
PSN B-2010-181-1/1

巩义蓝皮书
巩义经济社会发展报告（2017）
著(编)者：丁同民 朱军　2017年4月出版 / 估价：58.00元
PSN B-2016-533-1/1

广州蓝皮书
2017年中国广州经济形势分析与预测
著(编)者：庾建设 陈浩钿 谢博能
2017年7月出版 / 估价：85.00元
PSN B-2011-185-9/14

广州蓝皮书
2017年中国广州社会形势分析与预测
著(编)者：张强 陈怡霓 杨秦　2017年6月出版 / 估价：85.00元
PSN B-2008-110-5/14

广州蓝皮书
广州城市国际化发展报告（2017）
著(编)者：朱名宏　2017年8月出版 / 估价：79.00元
PSN B-2012-246-11/14

广州蓝皮书
广州创新型城市发展报告（2017）
著(编)者：尹涛　2017年7月出版 / 估价：79.00元
PSN B-2012-247-12/14

广州蓝皮书
广州经济发展报告（2017）
著(编)者：朱名宏　2017年7月出版 / 估价：79.00元
PSN B-2005-040-1/14

广州蓝皮书
广州农村发展报告（2017）
著(编)者：朱名宏　2017年8月出版 / 估价：79.00元
PSN B-2010-167-8/14

广州蓝皮书
广州汽车产业发展报告（2017）
著(编)者：杨再高 冯兴亚　2017年7月出版 / 估价：79.00元
PSN B-2006-066-3/14

广州蓝皮书
广州青年年发展报告（2016~2017）
著(编)者：徐柳 张强　2017年9月出版 / 估价：79.00元
PSN B-2013-352-13/14

广州蓝皮书
广州商贸业发展报告（2017）
著(编)者：李江涛 肖振宇 荀振英
2017年7月出版 / 估价：79.00元
PSN B-2012-245-10/14

广州蓝皮书
广州社会保障发展报告（2017）
著(编)者：蔡国萱　2017年8月出版 / 估价：79.00元
PSN B-2014-425-14/14

广州蓝皮书
广州文化创意产业发展报告（2017）
著(编)者：徐咏虹　2017年7月出版 / 估价：79.00元
PSN B-2008-111-6/14

广州蓝皮书
中国广州城市建设与管理发展报告（2017）
著(编)者：董皞 陈小钢 李江涛
2017年7月出版 / 估价：85.00元
PSN B-2007-087-4/14

广州蓝皮书
中国广州科技创新发展报告（2017）
著(编)者：邹采菜 马正勇 陈爽
2017年7月出版 / 估价：79.00元
PSN B-2006-065-2/14

广州蓝皮书
中国广州文化发展报告（2017）
著(编)者：徐俊忠 陆志强 顾涧清
2017年7月出版 / 估价：79.00元
PSN B-2009-134-7/14

贵阳蓝皮书
贵阳城市创新发展报告No.2（白云篇）
著(编)者：连玉明　2017年10月出版 / 估价：89.00元
PSN B-2015-491-3/10

贵阳蓝皮书
贵阳城市创新发展报告No.2（观山湖篇）
著(编)者：连玉明　2017年10月出版 / 估价：89.00元
PSN B-2011-235-1/1

贵阳蓝皮书
贵阳城市创新发展报告No.2（花溪篇）
著(编)者：连玉明　2017年10月出版 / 估价：89.00元
PSN B-2015-490-2/10

贵阳蓝皮书
贵阳城市创新发展报告No.2（开阳篇）
著(编)者：连玉明　2017年10月出版 / 估价：89.00元
PSN B-2015-492-4/10

贵阳蓝皮书
贵阳城市创新发展报告No.2（南明篇）
著(编)者：连玉明　2017年10月出版 / 估价：89.00元
PSN B-2015-496-8/10

贵阳蓝皮书
贵阳城市创新发展报告No.2（清镇篇）
著(编)者：连玉明　2017年10月出版 / 估价：89.00元
PSN B-2015-489-1/10

贵阳蓝皮书
贵阳城市创新发展报告No.2（乌当篇）
著(编)者：连玉明　2017年10月出版 / 估价：89.00元
PSN B-2015-495-7/10

贵阳蓝皮书
贵阳城市创新发展报告No.2（息烽篇）
著(编)者：连玉明　2017年10月出版 / 估价：89.00元
PSN B-2015-493-5/10

贵阳蓝皮书
贵阳城市创新发展报告No.2（修文篇）
著(编)者：连玉明　2017年10月出版 / 估价：89.00元
PSN B-2015-494-6/10

贵阳蓝皮书
贵阳城市创新发展报告No.2（云岩篇）
著(编)者：连玉明　2017年10月出版 / 估价：89.00元
PSN B-2015-498-10/10

贵州房地产蓝皮书
贵州房地产发展报告No.4（2017）
著(编)者：武廷方　2017年7月出版 / 估价：89.00元
PSN B-2014-426-1/1

贵州蓝皮书
贵州册亨经济社会发展报告（2017）
著(编)者：黄德林　2017年3月出版 / 估价：89.00元
PSN B-2016-526-8/9

贵州蓝皮书
贵安新区发展报告（2016~2017）
著(编)者：马长青 吴大华　2017年6月出版 / 估价：89.00元
PSN B-2015-459-4/9

贵州蓝皮书
贵州法治发展报告（2017）
著(编)者：吴大华　2017年5月出版 / 估价：89.00元
PSN B-2012-254-2/9

贵州蓝皮书
贵州国有企业社会责任发展报告（2016～2017）
著(编)者：郭丽 周航 万强
2017年12月出版 / 估价：89.00元
PSN B-2015-512-6/9

贵州蓝皮书
贵州民航业发展报告（2017）
著(编)者：申振东 吴大华　2017年10月出版 / 估价：89.00元
PSN B-2015-471-5/9

贵州蓝皮书
贵州民营经济发展报告（2017）
著(编)者：杨静 吴大华　2017年3月出版 / 估价：89.00元
PSN B-2016-531-9/9

贵州蓝皮书
贵州人才发展报告（2017）
著(编)者：于杰 吴大华　2017年9月出版 / 估价：89.00元
PSN B-2014-382-3/9

贵州蓝皮书
贵州社会发展报告（2017）
著(编)者：王兴骥　2017年6月出版 / 估价：89.00元
PSN B-2010-166-1/9

贵州蓝皮书
贵州国家级开放创新平台发展报告（2017）
著(编)者：申晓庆　吴大华　李泓
2017年6月出版 / 估价：89.00元
PSN B-2016-518-1/9

海淀蓝皮书
海淀区文化和科技融合发展报告（2017）
著(编)者：陈名杰 孟景伟　2017年5月出版 / 估价：85.00元
PSN B-2013-329-1/1

杭州都市圈蓝皮书
杭州都市圈发展报告（2017）
著(编)者：沈翔 戚建国　2017年5月出版 / 估价：128.00元
PSN B-2012-302-1/1

杭州蓝皮书
杭州妇女发展报告（2017）
著(编)者：魏颖　2017年6月出版 / 估价：89.00元
PSN B-2014-403-1/1

河北经济蓝皮书
河北省经济发展报告（2017）
著(编)者：马树强 金浩 张贵
2017年4月出版 / 估价：89.00元
PSN B-2014-380-1/1

河北蓝皮书
河北经济社会发展报告（2017）
著(编)者：郭金平　2017年1月出版 / 估价：89.00元
PSN B-2014-372-1/1

河北食品药品安全蓝皮书
河北食品药品安全研究报告（2017）
著(编)者：丁锦霞　2017年6月出版 / 估价：89.00元
PSN B-2015-473-1/1

河南经济蓝皮书
2017年河南经济形势分析与预测
著(编)者：胡五岳　2017年2月出版 / 估价：89.00元
PSN B-2007-086-1/1

河南蓝皮书
2017年河南社会形势分析与预测
著(编)者：刘道兴 牛苏林　2017年4月出版 / 估价89.00元
PSN B-2005-043-1/8

河南蓝皮书
河南城市发展报告（2017）
著(编)者：张占仓 王建国　2017年5月出版 / 估价：89.00元
PSN B-2009-131-3/8

河南蓝皮书
河南法治发展报告（2017）
著(编)者：丁同民 张林海　2017年5月出版 / 估价：89.00元
PSN B-2014-376-6/8

河南蓝皮书
河南工业发展报告（2017）
著(编)者：张占仓 丁同民　2017年5月出版 / 估价：89.00元
PSN B-2013-317-5/8

河南蓝皮书
河南金融发展报告（2017）
著(编)者：河南省社会科学院
2017年6月出版 / 估价：89.00元
PSN B-2014-390-7/8

河南蓝皮书
河南经济发展报告（2017）
著(编)者：张占仓   2017年3月出版 / 估价：89.00元
PSN B-2010-157-4/8

河南蓝皮书
河南农业农村发展报告（2017）
著(编)者：吴海峰   2017年4月出版 / 估价：89.00元
PSN B-2015-445-8/8

河南蓝皮书
河南文化发展报告（2017）
著(编)者：卫绍生   2017年3月出版 / 估价：88.00元
PSN B-2008-106-2/8

河南商务蓝皮书
河南商务发展报告（2017）
著(编)者：焦锦淼 穆荣国   2017年6月出版 / 估价：88.00元
PSN B-2014-399-1/1

黑龙江蓝皮书
黑龙江经济发展报告（2017）
著(编)者：朱宇   2017年1月出版 / 估价：89.00元
PSN B-2011-190-2/2

黑龙江蓝皮书
黑龙江社会发展报告（2017）
著(编)者：谢宝禄   2017年1月出版 / 估价：89.00元
PSN B-2011-189-1/2

湖北文化蓝皮书
湖北文化发展报告（2017）
著(编)者：吴成国   2017年10月出版 / 估价：95.00元
PSN B-2016-567-1/1

湖南城市蓝皮书
区域城市群整合
著(编)者：童中贤 韩未名
2017年12月出版 / 估价：89.00元
PSN B-2006-064-1/1

湖南蓝皮书
2017年湖南产业发展报告
著(编)者：梁志峰   2017年5月出版 / 估价：128.00元
PSN B-2011-207-2/8

湖南蓝皮书
2017年湖南电子政务发展报告
著(编)者：梁志峰   2017年5月出版 / 估价：128.00元
PSN B-2014-394-6/8

湖南蓝皮书
2017年湖南经济展望
著(编)者：梁志峰   2017年5月出版 / 估价：128.00元
PSN B-2011-206-1/8

湖南蓝皮书
2017年湖南两型社会与生态文明发展报告
著(编)者：梁志峰   2017年5月出版 / 估价：128.00元
PSN B-2011-208-3/8

湖南蓝皮书
2017年湖南社会发展报告
著(编)者：梁志峰   2017年5月出版 / 估价：128.00元
PSN B-2014-393-5/8

湖南蓝皮书
2017年湖南县域经济社会发展报告
著(编)者：梁志峰   2017年5月出版 / 估价：128.00元
PSN B-2014-395-7/8

湖南蓝皮书
湖南城乡一体化发展报告（2017）
著(编)者：陈文胜 王文强 陆福兴 邝奕轩
2017年6月出版 / 估价：89.00元
PSN B-2015-477-8/8

湖南县域绿皮书
湖南县域发展报告 No.3
著(编)者：袁准 周小毛   2017年9月出版 / 估价：89.00元
PSN G-2012-274-1/1

沪港蓝皮书
沪港发展报告（2017）
著(编)者：尤安山   2017年9月出版 / 估价：89.00元
PSN B-2013-362-1/1

吉林蓝皮书
2017年吉林经济社会形势分析与预测
著(编)者：马克   2015年12月出版 / 估价：89.00元
PSN B-2013-319-1/1

吉林省城市竞争力蓝皮书
吉林省城市竞争力报告（2017）
著(编)者：崔岳春 张磊   2017年3月出版 / 估价：89.00元
PSN B-2015-508-1/1

济源蓝皮书
济源经济社会发展报告（2017）
著(编)者：喻新安   2017年4月出版 / 估价：89.00元
PSN B-2014-387-1/1

健康城市蓝皮书
北京健康城市建设研究报告（2017）
著(编)者：王鸿春   2017年8月出版 / 估价：89.00元
PSN B-2015-460-1/2

江苏法治蓝皮书
江苏法治发展报告 No.6（2017）
著(编)者：蔡道通 龚廷泰   2017年8月出版 / 估价：98.00元
PSN B-2012-290-1/1

江西蓝皮书
江西经济社会发展报告（2017）
著(编)者：张勇 姜玮 梁勇   2017年10月出版 / 估价：89.00元
PSN B-2015-484-1/2

江西蓝皮书
江西设区市发展报告（2017）
著(编)者：姜玮 梁勇   2017年10月出版 / 估价：79.00元
PSN B-2016-517-2/2

江西文化蓝皮书
江西文化产业发展报告（2017）
著(编)者：张圣才 汪春翔
2017年10月出版 / 估价：128.00元
PSN B-2015-499-1/1

街道蓝皮书
北京街道发展报告No.2（白纸坊篇）
著(编)者：连玉明　2017年8月出版 / 估价：98.00元
PSN B-2016-544-7/15

街道蓝皮书
北京街道发展报告No.2（椿树篇）
著(编)者：连玉明　2017年8月出版 / 估价：98.00元
PSN B-2016-548-11/15

街道蓝皮书
北京街道发展报告No.2（大栅栏篇）
著(编)者：连玉明　2017年8月出版 / 估价：98.00元
PSN B-2016-552-15/15

街道蓝皮书
北京街道发展报告No.2（德胜篇）
著(编)者：连玉明　2017年8月出版 / 估价：98.00元
PSN B-2016-551-14/15

街道蓝皮书
北京街道发展报告No.2（广安门内篇）
著(编)者：连玉明　2017年8月出版 / 估价：98.00元
PSN B-2016-540-3/15

街道蓝皮书
北京街道发展报告No.2（广安门外篇）
著(编)者：连玉明　2017年8月出版 / 估价：98.00元
PSN B-2016-547-10/15

街道蓝皮书
北京街道发展报告No.2（金融街篇）
著(编)者：连玉明　2017年8月出版 / 估价：98.00元
PSN B-2016-538-1/15

街道蓝皮书
北京街道发展报告No.2（牛街篇）
著(编)者：连玉明　2017年8月出版 / 估价：98.00元
PSN B-2016-545-8/15

街道蓝皮书
北京街道发展报告No.2（什刹海篇）
著(编)者：连玉明　2017年8月出版 / 估价：98.00元
PSN B-2016-546-9/15

街道蓝皮书
北京街道发展报告No.2（陶然亭篇）
著(编)者：连玉明　2017年8月出版 / 估价：98.00元
PSN B-2016-542-5/15

街道蓝皮书
北京街道发展报告No.2（天桥篇）
著(编)者：连玉明　2017年8月出版 / 估价：98.00元
PSN B-2016-549-12/15

街道蓝皮书
北京街道发展报告No.2（西长安街篇）
著(编)者：连玉明　2017年8月出版 / 估价：98.00元
PSN B-2016-543-6/15

街道蓝皮书
北京街道发展报告No.2（新街口篇）
著(编)者：连玉明　2017年8月出版 / 估价：98.00元
PSN B-2016-541-4/15

街道蓝皮书
北京街道发展报告No.2（月坛篇）
著(编)者：连玉明　2017年8月出版 / 估价：98.00元
PSN B-2016-539-2/15

街道蓝皮书
北京街道发展报告No.2（展览路篇）
著(编)者：连玉明　2017年8月出版 / 估价：98.00元
PSN B-2016-550-13/15

经济特区蓝皮书
中国经济特区发展报告（2017）
著(编)者：陶一桃　2017年12月出版 / 估价：98.00元
PSN B-2009-139-1/1

辽宁蓝皮书
2017年辽宁经济社会形势分析与预测
著(编)者：曹晓峰　梁启东
2017年1月出版 / 估价：79.00元
PSN B-2006-053-1/1

洛阳蓝皮书
洛阳文化发展报告（2017）
著(编)者：刘福兴　陈启明　2017年7月出版 / 估价：89.00元
PSN B-2015-476-1/1

南京蓝皮书
南京文化发展报告（2017）
著(编)者：徐宁　2017年10月出版 / 估价：89.00元
PSN B-2014-439-1/1

南宁蓝皮书
南宁经济发展报告（2017）
著(编)者：胡建华　2017年9月出版 / 估价：79.00元
PSN B-2016-570-2/3

南宁蓝皮书
南宁社会发展报告（2017）
著(编)者：胡建华　2017年9月出版 / 估价：79.00元
PSN B-2016-571-3/3

内蒙古蓝皮书
内蒙古反腐倡廉建设报告 No.2
著(编)者：张志华　无极　2017年12月出版 / 估价：79.00元
PSN B-2013-365-1/1

浦东新区蓝皮书
上海浦东经济发展报告（2017）
著(编)者：沈开艳　周奇　2017年1月出版 / 估价：89.00元
PSN B-2011-225-1/1

青海蓝皮书
2017年青海经济社会形势分析与预测
著(编)者：陈玮　2015年12月出版 / 估价：79.00元
PSN B-2012-275-1/1

人口与健康蓝皮书
深圳人口与健康发展报告（2017）
著(编)者：陆杰华　罗乐宣　苏杨
2017年11月出版 / 估价：89.00元
PSN B-2011-228-1/1

山东蓝皮书
山东经济形势分析与预测（2017）
著（编）者：李广杰　2017年7月出版 / 估价：89.00元
PSN B-2014-404-1/4

山东蓝皮书
山东社会形势分析与预测（2017）
著（编）者：张华 唐洲雁　2017年6月出版 / 估价：89.00元
PSN B-2014-405-2/4

山东蓝皮书
山东文化发展报告（2017）
著（编）者：涂可国　2017年11月出版 / 估价：98.00元
PSN B-2014-406-3/4

山西蓝皮书
山西资源型经济转型发展报告（2017）
著（编）者：李志强　2017年7月出版 / 估价：89.00元
PSN B-2011-197-1/1

陕西蓝皮书
陕西经济发展报告（2017）
著（编）者：任宗哲 白宽犁 裴成荣
2015年12月出版 / 估价：89.00元
PSN B-2009-135-1/5

陕西蓝皮书
陕西社会发展报告（2017）
著（编）者：任宗哲 白宽犁 牛昉
2015年12月出版 / 估价：89.00元
PSN B-2009-136-2/5

陕西蓝皮书
陕西文化发展报告（2017）
著（编）者：任宗哲 白宽犁 王长寿
2015年12月出版 / 估价：89.00元
PSN B-2009-137-3/5

上海蓝皮书
上海传媒发展报告（2017）
著（编）者：强荧 焦雨虹　2017年1月出版 / 估价：89.00元
PSN B-2012-295-5/7

上海蓝皮书
上海法治发展报告（2017）
著（编）者：叶青　2017年6月出版 / 估价：89.00元
PSN B-2012-296-6/7

上海蓝皮书
上海经济发展报告（2017）
著（编）者：沈开艳　2017年1月出版 / 估价：89.00元
PSN B-2006-057-1/7

上海蓝皮书
上海社会发展报告（2017）
著（编）者：杨雄 周海旺　2017年1月出版 / 估价：89.00元
PSN B-2006-058-2/7

上海蓝皮书
上海文化发展报告（2017）
著（编）者：荣跃明　2017年1月出版 / 估价：89.00元
PSN B-2006-059-3/7

上海蓝皮书
上海文学发展报告（2017）
著（编）者：陈圣来　2017年6月出版 / 估价：89.00元
PSN B-2012-297-7/7

上海蓝皮书
上海资源环境发展报告（2017）
著（编）者：周冯琦 汤庆合 任文伟
2017年1月出版 / 估价：89.00元
PSN B-2006-060-4/7

社会建设蓝皮书
2017年北京社会建设分析报告
著（编）者：宋贵伦 冯虹　2017年10月出版 / 估价：89.00元
PSN B-2010-173-1/1

深圳蓝皮书
深圳法治发展报告（2017）
著（编）者：张骁儒　2017年6月出版 / 估价：89.00元
PSN B-2015-470-6/7

深圳蓝皮书
深圳经济发展报告（2017）
著（编）者：张骁儒　2017年7月出版 / 估价：89.00元
PSN B-2008-112-3/7

深圳蓝皮书
深圳劳动关系发展报告（2017）
著（编）者：汤庭芬　2017年6月出版 / 估价：89.00元
PSN B-2007-097-2/7

深圳蓝皮书
深圳社会建设与发展报告（2017）
著（编）者：张骁儒 陈东平　2017年7月出版 / 估价：89.00元
PSN B-2008-113-4/7

深圳蓝皮书
深圳文化发展报告(2017)
著（编）者：张骁儒　2017年7月出版 / 估价：89.00元
PSN B-2016-555-7/7

四川法治蓝皮书
丝绸之路经济带发展报告（2016~2017）
著（编）者：任宗哲 白宽犁 谷孟宾
2017年12月出版 / 估价：85.00元
PSN B-2014-410-1/1

四川法治蓝皮书
四川依法治省年度报告 No.3（2017）
著（编）者：李林 杨天宗 田禾
2017年3月出版 / 估价：108.00元
PSN B-2015-447-1/1

四川蓝皮书
2017年四川经济形势分析与预测
著（编）者：杨钢　2017年1月出版 / 估价：98.00元
PSN B-2007-098-2/7

四川蓝皮书
四川城镇化发展报告（2017）
著（编）者：侯水平 陈炜　2017年4月出版 / 估价：85.00元
PSN B-2015-456-7/7

四川蓝皮书
四川法治发展报告（2017）
著(编)者: 郑泰安　2017年1月出版 / 估价: 89.00元
PSN B-2015-441-5/7

四川蓝皮书
四川企业社会责任研究报告（2016～2017）
著(编)者: 侯水平 盛毅 翟刚
2017年4月出版 / 估价: 89.00元
PSN B-2014-386-4/7

四川蓝皮书
四川社会发展报告（2017）
著(编)者: 李羚　2017年5月出版 / 估价: 89.00元
PSN B-2008-127-3/7

四川蓝皮书
四川生态建设报告（2017）
著(编)者: 李晟之　2017年4月出版 / 估价: 85.00元
PSN B-2015-455-6/7

四川蓝皮书
四川文化产业发展报告（2017）
著(编)者: 向宝云 张立伟
2017年4月出版 / 估价: 89.00元
PSN B-2006-074-1/7

体育蓝皮书
上海体育产业发展报告（2016～2017）
著(编)者: 张林 黄海燕
2017年10月出版 / 估价: 89.00元
PSN B-2015-454-4/4

体育蓝皮书
长三角地区体育产业发展报告（2016～2017）
著(编)者: 张林　2017年4月出版 / 估价: 89.00元
PSN B-2015-453-3/4

天津金融蓝皮书
天津金融发展报告（2017）
著(编)者: 王爱俭 孔德昌
2017年12月出版 / 估价: 98.00元
PSN B-2014-418-1/1

图们江区域合作蓝皮书
图们江区域合作发展报告（2017）
著(编)者: 李铁　2017年6月出版 / 估价: 98.00元
PSN B-2015-464-1/1

温州蓝皮书
2017年温州经济社会形势分析与预测
著(编)者: 潘忠强 王春光 金浩
2017年4月出版 / 估价: 89.00元
PSN B-2008-105-1/1

西咸新区蓝皮书
西咸新区发展报告（2016~2017）
著(编)者: 李扬 王军　2017年6月出版 / 估价: 89.00元
PSN B-2016-535-1/1

扬州蓝皮书
扬州经济社会发展报告（2017）
著(编)者: 丁纯　2017年12月出版 / 估价: 98.00元
PSN B-2011-191-1/1

长株潭城市群蓝皮书
长株潭城市群发展报告（2017）
著(编)者: 张萍　2017年12月出版 / 估价: 89.00元
PSN B-2008-109-1/1

中医文化蓝皮书
北京中医文化传播发展报告（2017）
著(编)者: 毛嘉陵　2017年5月出版 / 估价: 79.00元
PSN B-2015-468-1/2

珠三角流通蓝皮书
珠三角商圈发展研究报告（2017）
著(编)者: 王先庆 林至颖
2017年7月出版 / 估价: 98.00元
PSN B-2012-292-1/1

遵义蓝皮书
遵义发展报告（2017）
著(编)者: 曾征 龚永育 雍思强
2017年12月出版 / 估价: 89.00元
PSN B-2014-433-1/1

国际问题类

"一带一路"跨境通道蓝皮书
"一带一路"跨境通道建设研究报告（2017）
著(编)者: 郭业洲　2017年8月出版 / 估价: 89.00元
PSN B-2016-558-1/1

"一带一路"蓝皮书
"一带一路"建设发展报告（2017）
著(编)者: 孔丹 李永全　2017年7月出版 / 估价: 89.00元
PSN B-2016-553-1/1

阿拉伯黄皮书
阿拉伯发展报告（2016～2017）
著(编)者: 罗林　2017年11月出版 / 估价: 89.00元
PSN Y-2014-381-1/1

北部湾蓝皮书
泛北部湾合作发展报告（2017）
著(编)者: 吕余生　2017年12月出版 / 估价: 85.00元
PSN B-2008-114-1/1

大湄公河次区域蓝皮书
大湄公河次区域合作发展报告（2017）
著(编)者: 刘稚　2017年8月出版 / 估价: 89.00元
PSN B-2011-196-1/1

大洋洲蓝皮书
大洋洲发展报告（2017）
著(编)者: 喻常森　2017年10月出版 / 估价: 89.00元
PSN B-2013-341-1/1

德国蓝皮书
德国发展报告（2017）
著（编）者：郑春荣　2017年6月出版 / 估价：89.00元
PSN B-2012-278-1/1

东盟黄皮书
东盟发展报告（2017）
著（编）者：杨晓强 庄国土
2017年3月出版 / 估价：89.00元
PSN Y-2012-303-1/1

东南亚蓝皮书
东南亚地区发展报告（2016～2017）
著（编）者：厦门大学东南亚研究中心　王勤
2017年12月出版 / 估价：89.00元
PSN B-2012-240-1/1

俄罗斯黄皮书
俄罗斯发展报告（2017）
著（编）者：李永全　2017年7月出版 / 估价：89.00元
PSN Y-2006-061-1/1

非洲黄皮书
非洲发展报告No.19（2016～2017）
著（编）者：张宏明　2017年8月出版 / 估价：89.00元
PSN Y-2012-239-1/1

公共外交蓝皮书
中国公共外交发展报告（2017）
著（编）者：赵启正 雷蔚真
2017年4月出版 / 估价：89.00元
PSN B-2015-457-1/1

国际安全蓝皮书
中国国际安全研究报告（2017）
著（编）者：刘慧　2017年7月出版 / 估价：98.00元
PSN B-2016-522-1/1

国际形势黄皮书
全球政治与安全报告（2017）
著（编）者：李慎明 张宇燕
2016年12月出版 / 估价：89.00元
PSN Y-2001-016-1/1

韩国蓝皮书
韩国发展报告（2017）
著（编）者：牛林杰 刘宝全
2017年11月出版 / 估价：89.00元
PSN B-2010-155-1/1

加拿大蓝皮书
加拿大发展报告（2017）
著（编）者：仲伟合　2017年9月出版 / 估价：89.00元
PSN B-2014-389-1/1

拉美黄皮书
拉丁美洲和加勒比发展报告（2016～2017）
著（编）者：吴白乙　2017年6月出版 / 估价：89.00元
PSN Y-1999-007-1/1

美国蓝皮书
美国研究报告（2017）
著（编）者：郑秉文 黄平　2017年6月出版 / 估价：89.00元
PSN B-2011-210-1/1

缅甸蓝皮书
缅甸国情报告（2017）
著（编）者：李晨阳　2017年12月出版 / 估价：86.00元
PSN B-2013-343-1/1

欧洲蓝皮书
欧洲发展报告（2016～2017）
著（编）者：黄平 周弘 江时学
2017年6月出版 / 估价：89.00元
PSN B-1999-009-1/1

葡语国家蓝皮书
葡语国家发展报告（2017）
著（编）者：王成安 张敏　2017年12月出版 / 估价：89.00元
PSN B-2015-503-1/2

葡语国家蓝皮书
中国与葡语国家关系发展报告·巴西（2017）
著（编）者：张曙光　2017年8月出版 / 估价：89.00元
PSN B-2016-564-2/2

日本经济蓝皮书
日本经济与中日经贸关系研究报告（2017）
著（编）者：张季风　2017年5月出版 / 估价：89.00元
PSN B-2008-102-1/1

日本蓝皮书
日本研究报告（2017）
著（编）者：杨柏江　2017年5月出版 / 估价：89.00元
PSN B-2002-020-1/1

上海合作组织黄皮书
上海合作组织发展报告（2017）
著（编）者：李进峰 吴宏伟 李少捷
2017年6月出版 / 估价：89.00元
PSN Y-2009-130-1/1

世界创新竞争力黄皮书
世界创新竞争力发展报告（2017）
著（编）者：李闽榕 李建平 赵新力
2017年1月出版 / 估价：148.00元
PSN Y-2013-318-1/1

泰国蓝皮书
泰国研究报告（2017）
著（编）者：庄国土 张禹东
2017年8月出版 / 估价：118.00元
PSN B-2016-557-1/1

土耳其蓝皮书
土耳其发展报告（2017）
著（编）者：郭长刚 刘义　2017年9月出版 / 估价：89.00元
PSN B-2014-412-1/1

亚太蓝皮书
亚太地区发展报告（2017）
著（编）者：李向阳　2017年3月出版 / 估价：89.00元
PSN B-2001-015-1/1

印度蓝皮书
印度国情报告（2017）
著（编）者：吕昭义　2017年12月出版 / 估价：89.00元
PSN B-2012-241-1/1

印度洋地区蓝皮书
印度洋地区发展报告（2017）
著(编)者：汪戎　　2017年6月出版 / 估价：89.00元
PSN B-2013-334-1/1

伊朗蓝皮书
伊朗发展报告（2017）
著(编)者：冀开远　　2017年10月出版 / 估价：89.00元
PSN B-2016-575-1/1

英国蓝皮书
英国发展报告（2016～2017）
著(编)者：王展鹏　　2017年11月出版 / 估价：89.00元
PSN B-2015-486-1/1

中东黄皮书
中东发展报告 No.19（2016～2017）
著(编)者：杨光　　2017年10月出版 / 估价：89.00元
PSN Y-1998-004-1/1

越南蓝皮书
越南国情报告（2017）
著(编)者：广西社会科学院 罗梅 李碧华
2017年12月出版 / 估价：89.00元
PSN B-2006-056-1/1

中亚黄皮书
中亚国家发展报告（2017）
著(编)者：孙力 吴宏伟　　2017年7月出版 / 估价：98.00元
PSN Y-2012-238-1/1

以色列蓝皮书
以色列发展报告（2017）
著(编)者：张倩红　　2017年8月出版 / 估价：89.00元
PSN B-2015-483-1/1

　　皮书序列号是社会科学文献出版社专门为识别皮书、管理皮书而设计的编号。皮书序列号是出版皮书的许可证号，是区别皮书与其他图书的重要标志。

　　它由一个前缀和四部分构成。这四部分之间用连字符"-"连接。前缀和这四部分之间空半个汉字（见示例）。

《国际人才蓝皮书：中国留学发展报告》序列号示例

该品种皮书首次出版年份
"皮书序列号"英文简称
本书在该丛书名中的排序

PSN B-2012-244-2/4

皮书封面颜色
该丛书名包含的皮书品种数
本书在所有皮书品种中的序列

　　从示例中可以看出，《国际人才蓝皮书：中国留学发展报告》的首次出版年份是2012年，是社科文献出版社出版的第244个皮书品种，是"国际人才蓝皮书"系列的第2个品种（共4个品种）。

❖ 皮书起源 ❖

"皮书"起源于十七、十八世纪的英国，主要指官方或社会组织正式发表的重要文件或报告，多以"白皮书"命名。在中国，"皮书"这一概念被社会广泛接受，并被成功运作、发展成为一种全新的出版形态，则源于中国社会科学院社会科学文献出版社。

❖ 皮书定义 ❖

皮书是对中国与世界发展状况和热点问题进行年度监测，以专业的角度、专家的视野和实证研究方法，针对某一领域或区域现状与发展态势展开分析和预测，具备原创性、实证性、专业性、连续性、前沿性、时效性等特点的公开出版物，由一系列权威研究报告组成。

❖ 皮书作者 ❖

皮书系列的作者以中国社会科学院、著名高校、地方社会科学院的研究人员为主，多为国内一流研究机构的权威专家学者，他们的看法和观点代表了学界对中国与世界的现实和未来最高水平的解读与分析。

❖ 皮书荣誉 ❖

皮书系列已成为社会科学文献出版社的著名图书品牌和中国社会科学院的知名学术品牌。2016年，皮书系列正式列入"十三五"国家重点出版规划项目；2012~2016年，重点皮书列入中国社会科学院承担的国家哲学社会科学创新工程项目；2017年，55种院外皮书使用"中国社会科学院创新工程学术出版项目"标识。

中国皮书网

www.pishu.cn

发布皮书研创资讯，传播皮书精彩内容
引领皮书出版潮流，打造皮书服务平台

栏目设置

关于皮书：何谓皮书、皮书分类、皮书大事记、皮书荣誉、
　　　　　皮书出版第一人、皮书编辑部

最新资讯：通知公告、新闻动态、媒体聚焦、网站专题、视频直播、下载专区

皮书研创：皮书规范、皮书选题、皮书出版、皮书研究、研创团队

皮书评奖评价：指标体系、皮书评价、皮书评奖

互动专区：皮书说、皮书智库、皮书微博、数据库微博

所获荣誉

2008 年、2011 年，中国皮书网均在全国新闻出版业网站荣誉评选中获得"最具商业价值网站"称号；

2012 年，获得"出版业网站百强"称号。

网库合一

2014 年，中国皮书网与皮书数据库端口合一，实现资源共享。更多详情请登录 www.pishu.cn。

瓶颈，必须积极推进行业转型升级，积极推广绿色环保装饰装修，提倡"互联网＋公装"商业模式，发展智能化装饰，加强人才队伍建设，提高创新水平和信息化水平，借助资本力量促进行业稳步健康发展。

关键词： 公共建筑装饰　转型升级　"一带一路"　供给侧改革

一　公装市场整体现状

（一）行业特点

建筑装饰行业是我国国民经济发展的重要组成部分，其发展状况与宏观经济的发展水平联系紧密。经济发展的周期性波动显著影响建筑装饰行业的发展，相应地，宏观经济的健康平稳发展也为建筑装饰行业的发展提供坚实的基础。近年来，我国经济发展呈现"新常态"发展特点：经济增长由高速增长向中高速增长转变；经济发展结构不断优化升级；经济发展由要素驱动、投资驱动向创新驱动转变。受到宏观经济发展形势的影响，建筑业的发展速度也有所放缓，必然地，作为建筑业支柱产业之一的建筑装饰行业受到严峻的挑战。

2016 年，我国经济总体运行稳中向好，全年全社会固定资产投资 606466 亿元，同比增长 7.9%，全社会建筑业增加值 49522 亿元，同比增长 6.6%（见图 1）。

2016 年，全国建筑装饰行业完成工程总产值 3.73 万亿元，比 2015 年增加 3400 亿元，同比增长 9.7%。其中，公共建筑装饰全年完成总产值 1.84 万亿元，比 2015 年增加 1000 亿元，同比增长 5.7%（见图 2）。虽然建筑装饰行业依然保持较快增长，但主要以城市住宅和存量建筑的升级改造为主，而新建建筑装饰工程项目有所减少，公共建筑装饰总产值的增速有所下滑。

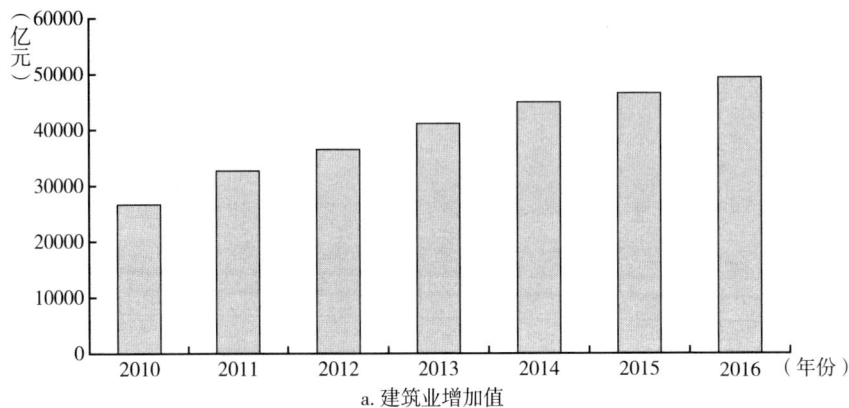

a. 建筑业增加值

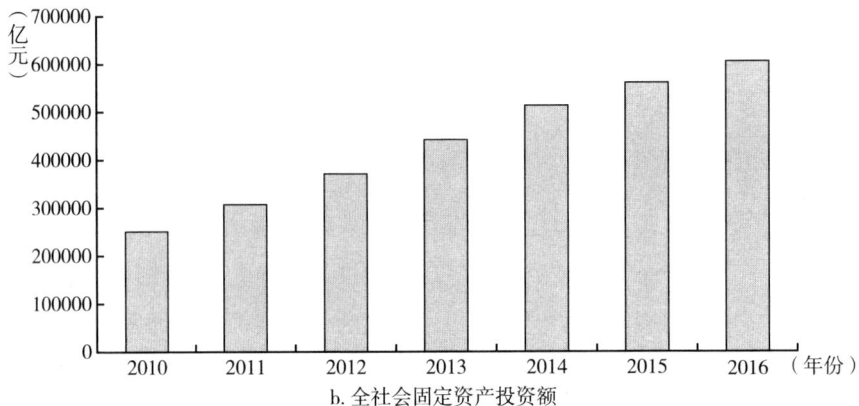

b. 全社会固定资产投资额

图1 建筑业增加值及全社会固定资产投资完成额

资料来源：历年《中国统计年鉴》。

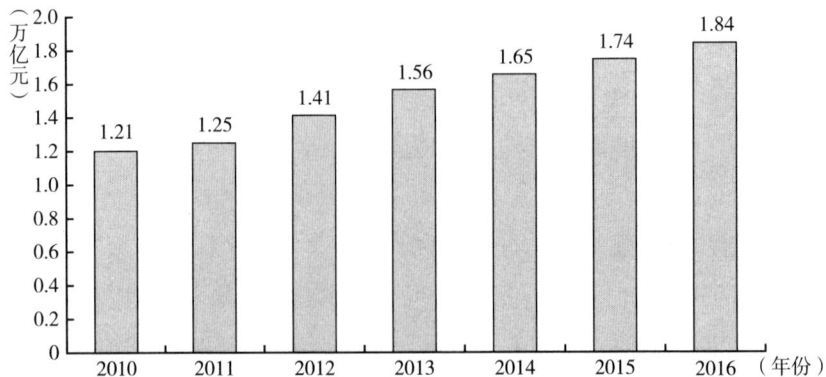

图2 2010~2016年公共建筑装饰产值

资料来源：前瞻产业研究院整理。

然而，国家宏观调控和行业政策的引导，城镇化进程的不断推进，人民对生活质量的追求，以及生活、交通、商业配套等基础设施的建设为建筑装饰行业尤其是公共建筑装饰行业提供了新的发展动能，未来三到五年仍然会保持相对快速发展。

随着国家"一带一路"倡议的推进实施，"一带一路"沿线国家基础设施的建设进程显著加速，对于文化展馆、大型体育馆、机场、高铁等公共建筑装饰项目需求非常大，为我国公共建筑装饰企业的发展提供了巨大的发展空间。

建筑装饰行业与其他行业相比，并不是一次性投入和消费，具有重复实施的特点。每个建筑物在主体结构竣工之后到使用寿命结束的整个生命周期内，需要多次进行装饰装修。所以，建筑装饰行业的发展具有一定的乘数效应和市场需求的可持续性特点。

公装行业作为建筑装饰行业重要的组成部分，具有利润率高、甲方单一等特点，但是需要公装企业在施工之前先行垫资，对于企业的现金流的能力要求较高。近年来，公装行业总产值增速呈现下滑趋势，但市场容量较大，行业龙头金螳螂的占比不足 0.55%，行业集中度较低。从行业总体的容量看，以上市公司为代表的公装市场仍然具有很大的扩张空间。

（二）行业集中度低，上市公司具有扩张空间

由于公共建筑装饰行业的市场规模较大，行业进入壁垒相对较低，而目前装饰市场趋于成熟、市场产品的同质化现象严重，导致现有建筑装饰企业的存量竞争尤为激烈。前瞻产业研究院所公布的数据显示，2016 年建筑装饰装修百强企业的年产值达到 4500 亿元，占整个行业总产值的 12.07%；而行业排名第一的金螳螂，2016 年的总产值为 195.63 亿元，仅占行业规模的 0.52%。

龙头企业的上市，形成规模优势，将会进一步导致小企业逐渐退出，未来建筑装饰行业市场逐渐以大型企业为主导，主要市场份额由龙头企业占有，市场集中度将逐步增加。主要基于以下几点。

首先，在企业产品同质化的情况下，龙头公司与小企业相比，自身的管

理和成本控制等优势较为明显；其次，在消费升级的大环境下，消费者更加注重消费体验和全方位的服务质量，龙头企业严密的组织架构和服务模式会让消费者获得更好的用户体验；再次，行业标准越来越规范透明，资质不全、质量不过关的小企业逐渐失去生存空间；最后，大型公共建筑装饰企业愿意与固定的知名龙头企业合作，随着地产企业的整合与集中度提升，装饰行业也将迎来结构升级，行业集中度也将随之提升。

2016 年 15 家公共建筑装饰上市公司中，有 10 家企业实现正增长，营收增速最高的是全筑股份的 52.68%，另外有 2 家企业罗顿发展和瑞和股份营收增速在 30% ~ 40%，4 家企业营收增速在 10% ~ 30%，3 家营收增速在 10% 以下，在营收出现下滑的 5 家企业中，降幅基本在 5% 以内。

从净利润的增长速度来看，增速分化较为显著，有 9 家企业实现正增长，增速最高的是广田集团，达到 45.4%，还有 3 家企业净利润增速在 40% 左右，另外有 6 家公装企业净利润增速为负值（见表 1）。

表 1　2016 年公共建筑装饰行业上市公司营业收入和净利润

公司	营业收入（百万元）	营收增长率（%）	净利润（百万元）	净利润增长率（%）
全筑股份	3335.89	52.68	91.44	11.54
罗顿发展	153.35	39.72	− 57.36	− 866.62
瑞和股份	2436.68	33.89	92.26	42.35
神州长城	4665.00	16.32	472.09	36.40
建艺集团	2126.90	14.75	80.87	3.39
弘高创意	3755.53	14.19	239.76	− 11.20
金螳螂	19600.66	5.07	1695.59	5.60
中装建设	2691.71	3.58	155.72	1.37
柯利达	1636.98	0.57	52.29	− 5.19
亚厦股份	8936.85	− 0.35	337.87	− 42.70
宝鹰股份	6815.51	− 0.56	420.80	11.67
奇信股份	3289.67	− 1.51	108.75	− 16.57
洪涛装饰	2877.12	− 4.30	118.85	− 65.31
江河集团	15239.59	− 5.68	468.97	36.14
广田集团	10220.34	27.6	405.44	45.4

注：本文选取以公共建筑装饰为主营业务的 15 家建筑装饰上市公司为例。

资料来源：Wind 资讯，各上市公司 2016 年年报。

（三）优秀企业集群，"走出去"积极性提高

建筑装饰企业的总体数量减少，而取得建设行政主管部门核发工程资质的装饰装修企业的数量增加，具备施工等级资质的企业数量占比40%左右，无资质的中小规模企业的占比仍然较高。由于行业市场需求非常大，进入门槛相对较低，且各类企业数目众多，处于高速增长期的建筑装饰市场集中度较低，即使是龙头企业的金螳螂建筑装饰股份有限公司的营收收入也仅占0.55%左右。因此，综合实力较强的大规模企业的发展空间依然较大，可加大力度提高市场占有率，推动自身快速发展。

近年来，随着优质建筑装饰企业为扩大企业规模及进入中国资本市场，公装行业的并购重组日益频繁。2016年，国家供给侧结构性改革的不断深化，各级政府和各行业以"三去一降一补"为目标，公共建筑装饰行业也必须进行产业结构升级，淘汰落后产能，清除"僵尸"企业，完成结构性改革目标要求，促进企业和行业的规范化发展。为此，公装企业纷纷开展以品牌、资金、技术为核心的企业兼并收购行为，提高建筑市场的有效供给，形成一批有实力、规模大、技术领先的建筑装饰企业，这些企业的主营业务突出，具有稳定的管理团队，区位优势明显。随着国际经济合作的不断深入，公共建筑装饰行业扮演着重要角色，"走出去"已经成为建筑装饰企业新的发展战略，逐渐成为重要的利润来源。2016年，金螳螂、广田集团、洪涛装饰、亚厦股份等公共建筑装饰企业都把"走出去"作为企业的发展规划的一部分，在国际市场中承建众多装饰项目工程，积极开拓国际市场，增强国际竞争力。随着"一带一路"等倡议的持续推进，越来越多的公共建筑装饰企业开始战略布局"走出去"，为我国建筑装饰行业在国际上增光添彩。

（四）科技含量、信息化水平不断提高

2016年公装企业继续深化"互联网＋"、BIM等现代IT技术在建筑装

饰工程项目中的应用，企业科技创新服务平台不断完善发展，逐渐形成创新、科技、设计、施工一体化模式，有效保证企业平稳健康发展。

实力强、规模大的公装企业尤其重视科技创新能力，加大资金投入，为科技创新人才提供良好的工作环境，健全企业研发体系，以专业化分工为原则，建成集设计、研发于一体的设计研发中心。其中，很多企业建成了技术优势突出、专业特色鲜明的装饰设计研发中心，开展安全、绿色、节能、环保概念的新材料、新技术、新工艺的研发。例如，宝鹰集团的年报指出，2016 年的研发支出总额超过 2 亿元，占营业收入的 2.97%，在行业内率先成立科学技术协会，专门负责和对接科技创新人才，并服务好研发人员。2016 年，宝鹰集团经过深圳市人力资源和社会保障局批准设立"博士后"创新实践基地，有效地促进了科技成果转化和落地，提高了企业的核心竞争力。

二 公装细分市场分析

公共建筑装饰主要包括商业建筑、科教文卫建筑、办公建筑、交通运输类以及旅游建筑装饰。随着对外开放的扩大、市场经济体制的建立和完善，以及国内居民消费水平的提高和消费结构的升级，我国旅游业、会展业、餐饮业等现代服务业得到了快速的发展，涉外酒店、会展中心、剧院等基础设施进入大规模的建设时期，这些公共建筑对于装修装饰项目的强烈需求，不仅为建筑装饰行业提供了广阔的市场空间，而且对建筑装饰的质量提出了更高的要求，扩大了对高端建筑装饰的需求，不断推动建筑装饰行业向高标准、高层次发展。

（一）酒店装饰市场分析

国家旅游局发布的统计数据显示，2016 年全年，国内旅游达到 44.4 亿人次，同比增长 11%，出入境旅游达 2.6 亿人次，同比增长 3.9%；全年实现旅游总收入达 3.9 万亿元，同比增长 14%。旅游业的发展成为稳增长、调结构、惠民生的重要驱动力量。[1]

旅游人数的增加推动了酒店业的发展，然而，2016年是酒店行业比较动荡的一年，经济型酒店的竞争日趋激烈，公寓民宿快速占有现有的市场份额，这些都促进了酒店行业的多元化发展。迈点研究院统计显示，截至2016年12月31日，中档酒店的数目已接近2万家，规模已超过高端酒店，占酒店市场总量的7%，且保持快速的增长势头。

从各地区的中档酒店的开业情况来看，华东地区是中档酒店开业的主要区域，新开业中档酒店约占13.9%；华中地区次之，占4.8%；同时，西北地区成为中档酒店关注的地区，开业占比与华南地区相当。随着国家政策的落地和引导，以及市场的自发调节平衡，中档酒店分布将会更加均衡。

随着我国经济发展水平的不断提高，商务差旅活动的需求不断增加，居民生活条件的逐渐改善促进消费升级。国内酒店数量持续增长，新增酒店和存量酒店的升级改造为酒店装修装饰带来巨大的市场需求。如果按照30年的经营期限计算，每家酒店都需要进行4~6次的装修，所以新增酒店的建设和存量酒店的升级装饰改造将为建筑装饰行业带来持续的市场需求。

（二）商业建筑装饰市场分析

商业地产新开工面积的触底反弹以及翻修更新周期，也会给建筑装饰行业带来新的增长动能。2016年，商业地产市场的发展错综复杂，即便供需情况有所好转，但市场存量依然较大，同质化竞争问题依旧严峻，企业面临创新发展、资金等问题，优秀企业通过资源整合实现轻资产化发展。

与2015年相比，商业地产开发投资增速有所放缓，新开工降幅明显收窄。中国房地产指数系统统计的2016年中国商业地产市场数据显示，2016年全国商业地产开发投资同比增幅从2015年的4.2%增加到7.5%；新开工同比降幅从2015的10.2%下降到1.3%。其中，商业营业用房同比增长

---

[1] 齐中旭：《2016年国内旅游总收入3.9万亿元》，新华社，http://news.xinhuanet.com/politics/2017-01/09/c_1120273532.htm，2017年1月9日。

8.4%，增幅比 2015 年提高 6.6 个百分点，新开工面积增长 0.9%，比 2015 年收窄 9.2 个百分点；办公楼开发投资增长 5.3%，收窄 4.9 个百分点，新开工面积增长 2.3%，收窄 8.3 个百分点。从需求的角度来看，商业地产的销售情况良好，同比增长 16.9%，增幅比 2015 年扩大 15.3 个百分点。其中，全国商业营业用房销售面积同比增幅提高 15 个百分点到 16.9%；办公楼销售面积同比增幅提高 15.2 个百分点到 31.4%[①]。

2016 年 11 月 11 日，国务院办公厅印发《关于推动实体零售创新转型的意见》，要求零售企业加快调整产业结构、转变企业发展思路，鼓励零售企业实现跨界融合，提升企业产品的竞争力和服务效率。坚决对功能相似的过剩实体商店进行淘汰，盘活存量与优化增量并举，不断提升消费者用户体验，鼓励知名品牌、连锁商店进驻社区。同时，加强与物流、电商、金融等领域的合作对接，发挥实体终端的优势。

（三）交通运输基础设施装饰市场分析

国务院在《"十三五"现代综合交通运输体系发展规划》中指出，我国高速铁路营业里程、城市轨道交通运营里程、高速公路通车里程、沿海港口万吨级及以上泊位数量均位居全球第一位。规划提出，要构建以高速铁路、高速公路、民用航空等交通运输为主，服务质量高、运行速度快的综合交通骨干网络。高速铁路方面的建设包括贯通京哈—京港澳、陆桥、沪昆、广昆等高速铁路通道，以及京港（台）、呼南、京昆、包（银）海、青银、兰（西）广、京兰、厦渝等高速铁路通道，推进完善高速铁路网的建设。高速公路方面的建设包括由 7 条首都放射线、11 条北南纵线、18 条东西横线，另外还有各地区环线、并行线、联络线等构成的国家高速公路网，加快打通国家高速公路主线的待贯通路段，对建设年代较早但交通繁忙的国家高速公路进行扩容改造和分流路线建设。航空运输方面，包括打造国际型枢纽机

---

① 易永英：《2016 年全国商业地产投资增速加快销售面积增幅扩大》，《证券时报》2017 年 2 月 17 日。

场，建设京津冀、长三角、珠三角世界级机场群，加快推进建设哈尔滨、昆明、深圳、成都、乌鲁木齐、重庆、西安等国际航空枢纽，不断增强区域枢纽机场功能，对部分繁忙干线机场进行新建、迁建和扩能改造。

当前和今后一段时期，许多国家都迫切需要通过大型基础设施建设拉动经济增长，铁路国际市场前景广阔。我国铁路特别是高速铁路发展对世界铁路发展产生了重要影响，为我国铁路"走出去"提供重要发展机遇。国家高度重视铁路"走出去"，把铁路作为实施"一带一路"倡议的重要领域和优先方向，必然要求我国铁路实质深度参与国际标准化工作，充分反映国家利益和技术要求，加快铁路标准向国际标准转化，积极推广中国标准，提升国际影响力和竞争力，在推进"一带一路"建设，带动中国铁路产品、技术、装备、服务"走出去"等方面发挥更大作用。

铁路、公路和机场等公共交通基础设施的建立和后期维修都为公共建筑装饰行业带来巨大需求。

（四）文体会展建筑装饰市场分析

"十一五"和"十二五"期间，根据文化部文化发展统计公报，我国平均每万人群众文化设施建筑面积显著增长，从 2006 年的 123.46 平方米提高到 279.95 平方米，年均复合增长率达到 8.53%。随着我国大力发展文化娱乐产业，文化馆、艺术馆、图书馆等场馆的建设力度不断加大。未来文化娱乐等场馆装饰需求将持续增加。随着我国综合国力的不断增强，越来越多的国际会议、体育活动由我国各大城市举办，体育场馆、会展中心等新建工程为公共建筑装饰行业提供了广阔的发展空间。

截至 2015 年底，我国有政府设立的公共图书馆 3139 个。但无论是图书馆数量还是藏书数量都与发达国家存在较大差距。以美国为例，美国公共图书馆数量超过 1.6 万所，其数量甚至超过了麦当劳餐厅。[①] 文化部部长雒树

---

① 时冉：《公共图书馆法首次提请审议 强化政府责任鼓励社会参与》，国际在线，http://news. cri. cn/20170623/c79022e1 - 92a7 - 889f - 32c0 - 840b467a873a. html，2017 年 6 月 23 日。

提到，县级以上地方人民政府要把公共图书馆的建设纳入地方城乡规划和土地利用的总体规划中，同时提高对政府建立的公共图书馆的投入力度，其经费支出列入本级政府预算当中。根据本行政区域内人口数量分布、环境等因素，确定所需公共图书馆的数量、规模和构成，加强图书馆基础设施建设。所以，未来公共图书馆的施工建设，必定提高对图书馆的装饰装修需求。

公共体育设施方面，《"十三五"公共体育设施建设规划》指出，"十三五"期间一批中小型体育场馆将被优先建设，让民众的健身更加便利化，加快建设全民健身中心、多功能体育场等类型健身、体育活动基础设施，结合地方文化服务中心和社区服务特点，改善农民体育健身设施，实现行政村的体育设施全覆盖。改造和充分利用闲置资源，包括闲置厂房、旧的商业设施，装修成健身场地，合理充分做好城市空间的二次开发和利用。同时，推广多功能、可移动、绿色环保的基础健身设施。规划中还指出，当前国民休闲度假需求不断提高，应当利用社会资金，结合国家主体功能区、公园和景区的发展规划，利用景区和公园的空置场所建设休闲健身设施。

根据中国会展经济研究会的调查统计，全国已建成专业展馆 286 个，展馆总面积 892.89 万平方米，成为名副其实的世界第一大会展场馆拥有国家。中国会展经济研究会自从 2011 年调查统计以来，境内展览面积增长显著快于展览数量增速，大型展会数量增多，平均单体展览规模持续提升。

三 公装行业发展的机遇

（一）借助"一带一路"，积极拓展海外市场

2013 年以来，习近平总书记提出了"丝绸之路经济带"和"21 世纪海上丝绸之路"的建设，倡导"共享机遇、共迎挑战，实现共同发展、共同繁荣"的目标，截至目前已有 40 多个国家和组织与我国签署了合作协议。其中交通和基础设施建设是"一带一路"的发展重点，以其为突破口，国内外建筑装饰行业会在"一带一路"的背景下迎来新的机遇和发展，建筑

公共建筑装饰市场发展报告

装饰行业必然会走上国际化的道路。

在"一带一路"的各项政策不断落地的同时，政策所带来的红利也会陆续释放，特别地，随着海外建筑装饰行业景气度不断提高，我国建筑装饰产业的海外发展迎来了难得的历史机遇。在社会主义背景下，结合我国特有的经济体制，公共装饰企业应该抓住历史机遇，主动拓展海外市场，积极制定相关的海外发展战略，加强与国际企业的交流，同时重视海外文化交流，争做"一带一路"发展倡议的急先锋。"一带一路"倡议实施以来，在基础设施不断增强的同时，带动了大批的重大项目的建设，特别是为建筑装饰行业带来了新的市场空间。

为响应国家"一带一路"倡议，推进我国建筑业的国际化发展，中国建筑业协会向国家发改委与住房和城乡建设部提出申请建立中国建筑业国际产能合作企业联盟，并获得批准。联盟是以建筑企业的需求为导向的与国外建筑业经济组织合作交流的平台，为我国建筑企业走向国际化的道路提供政策、法律、金融、信息等全方位的帮助。此外，联盟还将在加强行业自律，促进企业间合作和推动建筑业国际产能合作方面发挥重要功能。

中国建筑业协会在建筑业行业践行"一带一路"倡议方面，发挥了积极的作用。中国建筑业协会一方面每年召开一次经验交流大会，为建筑业的发展提供了重要的交流平台；另一方面紧密跟踪建筑企业的成功经验和实践，推广成功企业好的经验和做法，例如云南建工在"借船出海"，福建建工在"抱团出海"，东南网架在"融入当地"等成功的经典案例。

公共建筑装饰企业要紧跟国家"一带一路"步伐，不断推进自己的发展，结合自身特点，拓展海外业务，推进企业海外战略的落实和实施。

例如，宝鹰集团已经率先建成印尼宝鹰、中建南方、宝鹰国际投资、宝鹰国际建设等业务各具特色、各有侧重的海外服务平台，在海外工程市场的经营方面具有丰富的运营经验和业务资源。同时，公司注重国际品牌的塑造，建筑装饰设计和施工水平、国际商业经验和能力、财务稳定性已得到了海外市场的高度肯定和认可，成为我国在全球建筑装饰行业具有国际影响力的企业之一。

061

（二）供给侧改革促进行业规范化发展

供给侧改革的重点任务之一就是解决过剩产能所带来的问题，从建筑装饰行业领域的特点看，改革需要提高产品服务质量，严把市场准入标准，这需要加快推进全行业标准化，完善行业标准体系建设，同时加快建设绿色建筑装饰的标准体系。

发展绿色建筑装饰，首先需要知道什么是绿色建筑。绿色建筑是指在建筑的整个寿命期内，最大限度地实行节能、节地、节水、节材等措施，尽可能地保护环境，减少污染，从而为人们提供健康、适用和高效的空间，进而达到与自然和谐共处的终极目标。建筑装饰行业是一个资源与能源消耗相当大的行业，发展绿色建筑装饰，主要从绿色设计和绿色施工两个方面入手，建筑装饰的绿色设计和施工必须是在保证装饰工程安全和质量的前提下，最大限度地节约资源、降低能耗与保护环境。

发展绿色建筑已经在国家层面进行积极推动，早在2013年国务院1号文件就出台了《绿色建筑行动方案》；在2016年发布的《中共中央国务院关于进一步加强城市规划建设管理工作的若干意见》中就明确提出，要贯彻"适用、经济、绿色、美观"的建筑指导方针，大力推广建筑节能技术，切实提高建筑节能标准，积极推广绿色建筑和建材。

发展绿色建筑建材是建筑业供给侧改革中的重要组成内容。必须打破传统观念的羁绊，灵活应对建筑领域的重大改革，大力推动发展住宅标准化、装配式建筑。决定企业行为的是对绿色建筑装饰的成本收益分析，只要企业在推行绿色建筑和绿色装饰中成功打造核心竞争力，获取相应的回报，那市场便决定了企业自发愿意选择绿色装饰。发展绿色装饰的最直接切入点是打造和整合一条符合绿色环保的供应链，制定一套上、中、下游产业链密切协作、互利共赢、利益合理分配的市场规划，减少市场采购环节，实现企业降本、提质、增效。

供给侧改革将调整和优化公共建筑装饰行业的发展方式，促进行业的规范化发展。2016年是"十三五"规划的开局之年，伴随我国经济的新常态发展以及供给性改革的深入推进，公共建筑装饰行业也将呈现新的发展特点。"去产能、去库存、去杠杆、降成本、补短板"的改革目标将极大促进公共建筑装饰行业进一步规范发展。

(三)旅游业发展带来行业发展新的动能

国家旅游局发布的数据显示,2016年国内旅游总收入出现两位数增长,国内旅游、入境旅游稳步增长,出境旅游理性发展,旅游业领先于宏观经济增速。2016年国内旅游44.4亿人次,同比增长11%;国内旅游总收入3.9万亿元,同比增长14%。入境旅游人数达1.38亿人次,同比增长3.8%;国际旅游收入1200亿美元,同比增长5.6%,旅游服务贸易顺差达102亿美元,较上年扩大11.5%。[①]

人民群众对个性化、特色化旅游产品和服务的要求越来越高,旅游需求的品质化和中高端化趋势日趋明显。从景点旅游发展模式转向全域旅游模式,旅游业与农业、工业、林业、文化、体育、娱乐等产业融合,这些都对建筑装饰行业提出新的要求,提供新的发展动力。

旅游业发展具有三大推动作用:推动直接消费、推动产业发展、推动城镇化。旅游业的发展也会为地区发展带来价值提高、品牌提升和生态保护的正向效应,是国家提倡大力发展的产业。《住房城乡建设部 国家发展改革委 财政部关于开展特色小镇培育工作的通知》提出,截至2020年,我国将培育1000个左右特色鲜明的小镇。特色小镇涵盖休闲旅游、传统文化、商贸物流、教育科技、美丽宜居等功能。

四 公装行业发展的挑战

(一)宏观:经济形势复杂严峻

宏观经济的周期性波动对公共建筑装饰行业的发展具有重要影响,公共

---

① 齐中旭:《2016年国内旅游总收入3.9万亿元》,新华社,http://news.xinhuanet.com/politics/2017-01/09/c_1120273532.htm,2017年1月9日。

建筑装饰行业的市场需求与国民经济发展程度、全社会固定资产投资等关联度很高。近年来，尽管受全球金融危机的影响，由于我国采取的积极财政政策和稳健的货币政策等应对措施，我国公共建筑装饰行业仍保持平稳较快增长，但当前经济处于增长速度的换挡期，宏观经济增长的波动对公共建筑装饰行业产生较大不利影响。

目前来看，由于宏观经济发展速度放缓以及调控政策的影响，我国固定资产投资速度出现下滑态势，城市基础设施和公共建筑的增量也出现放缓态势，这也直接导致了公共建筑装饰业务的增速放缓，若未来固定资产投资的增速下滑，公共建筑装饰行业发展的下行压力也会加强。

（二）中观：房地产行业面临下行压力

2016年，我国房地产行业快速升温，多项指标屡创历史新高。房价过高、涨幅过大已经成为我国经济转型发展中不可承受之痛。2016年底召开的中央经济工作会议指出，要加快建立符合国情、适应市场规律的房地产发展长效机制。高库存和高房价并存、结构性过剩和局部性短缺并存是我国房地产发展的主要矛盾，主要根源在于经济发展过度依赖房地产。在房地产调控趋严的背景下，建筑装饰行业的发展也会受到制约。

房地产价格的快速上涨，直接或间接地推高企业生产成本。当前，无论是用地成本，还是租金成本都有所上升，我国的低成本优势不断下降。国家对房地产行业的调控愈演愈烈，并没有放松的迹象，当前二、三线城市的房地产去库存压力依然非常大，制约了行业的发展。

（三）微观：企业经营管理风险及原材料成本的上涨压力

建筑装饰行业的工程项目具有涉及面广且较为分散等特点，在企业业务规模快速扩张的同时，企业的管理水平和人才储备无法适应，组织架构和管理模式不能灵活调整和完善，将限制企业的健康发展，企业面临一定的经营管理风险。

建筑装饰行业属于资金密集型行业，行业内的多数企业是民营企业，企业发展所需资金除了自身发展的积累和银行贷款外，其他融资方式非常少，融资渠道相对单一。

建筑装饰行业的合同主要为固定造价形式，企业施工所需要的原材料受到国际国内经济形势和市场供求变动等因素的影响，原材料价格的上涨对企业的盈利水平产生不利影响。为降低原材料价格波动的影响，企业可以优化采购流程、减少中间采购环节以及采取集中采购方式等措施。

五 公装行业的转型升级路径

随着我国经济步入新常态，整体经济处于调整转换期，公装行业要认识到当下错综复杂的宏观经济环境，逐渐适应经济新常态的新特点、新趋势，加快自身结构调整和转型升级，从而把握自身的发展机遇。建筑装饰行业的发展已经到了重要关口，转变行业发展方式，实施产业转型升级，推动建筑装饰行业进入创新驱动的发展轨道已经刻不容缓，整个行业转型升级势在必行，但要实现真正的转型升级，也面临诸多挑战，任务艰巨。建筑装饰行业的转型升级主要来自行业压力和用户需求两个方面的驱动。目前，从这两方面来看，公装行业可能的产业转型升级路径有以下几个方面。

（一）加强人才队伍建设，提高创新能力

人才是建筑装饰企业最重要的资源之一，积极加强人才培养，对于企业转型升级具有至关重要的作用。企业需要坚持与员工共享企业发展的红利，采取有效措施激励和调动员工的积极性和创造性。

目前，建筑装饰行业技术人才和劳动力较为短缺。整个行业对营销、项目经理、设计师等专业技术人才需求量大，而且劳动力成本不断上升。为了有效缓解人才匮乏问题，建筑装饰行业不断加大对技术人才的投入培养。另外，一些优势企业开辟校企联合的合作模式，积极同高校加强合作，建立校企联合实训基地，从校园就开始对口培养所需人才。通过校企联合合作模

式，推进产学研一体化，促进企业与高校间的技术资源整合、成果转化和人才培养，既培养学生的动手能力，又增强企业的人才储备，奠定企业发展的人才基础，加强企业核心竞争力。

加强建设科学的人才梯队，包括项目经理、优秀设计师等专业技术人员在内的企业人才库。健全企业的考核评估机制，让公司的选人用人更加科学合理。另外，也要加强创新人才的培养，深入推进技术创新与推广，以市场为导向开展项目技术服务，积极在建筑装饰领域试验和应用新技术，有效提高项目管理水平和效率。健全技术成果转移、转化落地机制，实现创新产品服务效益的最大化。

（二）推广绿色环保装饰装修

随着人们生活水平的提高和环保意识的加强，人们对环保的要求和关注逐渐提高。绿色、环保、节能的装饰装修必然是建筑装饰行业的发展趋势。2015 年，我国就已经把生态文明建设纳入"十三五"规划中，绿色装饰对于行业发展来讲具有重要的引领作用，促进行业的转型升级。中国建筑装饰协会为了全面贯彻实施"创新、协调、绿色、开放、共享"的发展理念，委托嘉信装饰牵头并联合住建部科技与产业化发展中心、中国建筑科学研究院、清华大学、万科地产及金螳螂、洪涛装饰等行业领军企业共同编制《绿色建筑室内装饰装修评价标准》，于 2016 年 12 月 1 日正式实施。该标准将成为我国建筑装饰行业开展绿色装饰评价工作的重要依据，对于进一步规范和发展绿色建筑装饰行业，带动建筑装饰行业全产业链绿色低碳、科技创新发展具有重要作用[①]。"十三五"期间，在国家大力推进绿色建筑的新形势下，发展节约、低碳、环保的绿色建筑装饰，仍是行业未来的发展方向。

（三）转变商业模式："互联网＋公装"

2015 年"互联网＋"就已经上升为国家战略，"互联网＋"是互联网

---

① 2016 年 10 月 21 日在深圳召开的第三届中国建筑装饰行业绿色发展大会，中国建筑装饰协会正式发布《绿色建筑室内装饰装修评价标准》（T/CBDA－2－2016）。

思维的应用成果，推动经济要素形态发生演变，从而提升原有社会经济实体运行水平和效率，为改革、创新、发展创造广阔的平台。"互联网＋传统行业"让传统行业的增长产生新的动能，成为传统行业转型升级主要路径之一。然而，"互联网＋传统行业"的模式并不是两者外延式的简单相加，而是利用互联网、信息通信技术，借助互联网平台让互联网与各传统行业进行业务模式上的深度融合，从而创造新的发展生态。它代表一种新的运行模式，这类模式一方面充分发挥互联网在配置经济社会资源中的优化和集成优势，另一方面将互联网的快速创新成果深度应用融合在经济、社会的各个方面，全面提升全社会的创新能力和生产效率，形成广泛的以互联网为基础的经济发展新形态。

建筑装饰行业在内的传统行业均在"互联网＋"的大潮中找到了自身的发展方向，公装行业具有时间跨度大、工程造价高、涉及范围广等特点，即便利润高，但在诸多环节比家装复杂得多。例如，公装仅询价一个环节，就会因为采购材料的种类多、采购量大等原因，需要多个采购投入一周多时间来完成。同时，公装行业的两极分化严重，小企业数量庞大，管理较为混乱，假冒伪劣产品依然存在。正因为如此，公装行业内部实行自上而下的创新非常困难，这就需要借助外部力量，比如互联网平台，结合公装行业业务流程特点，对公装行业进行结构调整，逐渐摆脱公装行业存在的问题。

在"互联网＋"的浪潮中，公共建筑装饰行业与互联网的结合是大势所趋，但实际发展情况比"互联网＋家装"的进程要缓慢许多。要想让"互联网＋公装"也能迅速发展，必须紧密结合公装行业特点，深入研究融合模式，既能充分利用互联网平台，又能不脱离公装行业自身特点。例如，以行业的需求为根本出发点，借助互联网平台工具，结合线下公装采购行为打造互联网公装采购平台，为企业的采购打造线上供应链管理系统，筛选优质产品供应商，并且可以为其提供金融支持，可以解决企业资金流动性问题，服务于整个行业的转型升级。

另外，"互联网＋小额公装"的市场是一个十分有潜力但还未被完全开发的装修市场。根据中国建筑装饰行业发展报告，我国小额公装的市场规模可以达到一万亿元。在传统的公装市场分层中，大型公装公司基本上只会接大额装修项目，小额项目基本上由零散的路边游击队来消化，因此，小额装修市场与大型装修项目相比，存在装修不规范、质量不过硬、信息不透明、售后服务难等一系列顽疾。然而，通过互联网对传统公装市场进行改造升级，除了能够提升装修过程信息的透明度，行业运行更加规范，用户消费体验更好之外，还能够提升传统公司运营效率，为行业发展创造价值。

（四）发展智能化装饰

从 2013 年国务院颁布《绿色建筑行动方案》，到绿色建筑标准，再到《智能制造 2025》等一系列的文件出台，政策上国家给予智能化装饰充分的发展空间，智能化装饰具有明朗的前景。由于装饰理念与装饰技术的不甚成熟，智能化装饰并没有受到装饰企业以及设计师们的关注，但随着装饰技术的不断提高，产品质量的升级，另外资本市场也开始给予重视，这些都使智能化装饰吸引众多目光。

中国建筑装饰协会指出，我国现阶段的建筑智能化程度与发达国家依然存在较大差距，日本和美国新建建筑中智能建筑为 60% 以上，而中国在"十二五"末这一数字仅为 15% 左右。"十三五"期间，我国智能建筑与智能家居受到国家产业政策的大力支持，市场规模增速保持在 25% 左右，而作为两者之间的中间业态智能装饰业未来的市场前景巨大，主要包括新增建筑的智能化、既有建筑的智能化改造、智能系统的运行保养维护等市场。

2016 年是智能装饰发展的重要分水岭，已经有不少传统装修公司与智能化企业从扭扭捏捏的状态到握手合作。2016 年以前，智能装饰的理念和技术等方面不够成熟，并没有受到设计师和行业企业的重视，随着产品需求升级、行业的推动作用以及资本的高度关注，智能装饰领域将会吸引越来越多的目光。例如，智能照明解决方案提供商调调科技与大型公装一站式集采平台多采多宜商城开展战略合作，通过线上平台与公装企业的设计与采购对接，为公装企业提供 Zigbee 智能照明解决方案，这也体现了智能装饰融合不仅是大势所趋，更是市场发展的新阶段。

（五）实行信息化管理

在经济社会的高速发展和行业的不断整合过程中，企业的竞争环境日趋激烈，新的商业模式层出不穷，不断给企业的生存发展提出挑战，现代企业面临优胜劣汰、适者生存的残酷竞争环境，这就需要企业从各个环节入手提高企业的核心竞争力。

然而，当今时代，企业要想获得难以替代的核心竞争力，仅仅靠价格优势、产品质量高、服务质量提升等这些方式，已很难持久维持，因为这些优势的可替代性较强，在一定时间和条件下容易被竞争对手模仿或颠覆，企业必须在战略层面、产业整合甚至商业模式上重新摸索。企业要形成核心竞争力，可以从一些新的角度去实践尝试，因此企业在发展过程中，除了产品服务的提升和供应链上的合作之外，也必然要学习引入一些先进的管理理念和技术，有效地整合企业内外部要素资源，发挥聚合效应，构建企业内部和外部产业链良性循环的生态系统，这样可以降低企业运营成本，提高运营效率和盈利能力，从而提升企业的核心竞争力。而企业引入先进的管理理念和技术的途径中，最直接有效的途径之一就是推进企业管理的信息化建设。

公装行业是属于建筑业当中三大支柱中的建筑装饰行业，是一个具有良好成长性的产业。随着国民收入的提高，人们对于建筑装饰的需求不断提高，该行业规模必然日趋庞大。但公装行业的特殊市场空间、竞争环境、盈利方式以及客户群体等，对该行业有着特殊的要求。显然，公装行业的信息化发展水平与这个行业的发展速度不相适应，落后的信息化水平严重制约了行业的竞争能力及现代化程度。

公装行业实施信息化管理主要包括以下几方面。①基础数据管理：梳理企业的组织架构和业务流程，对客户资料、供应商和生产资料进行统计，有效整合企业资源，优化管理流程，形成固定的管理方法。基础数据管理是信息化管理的基础，基础数据的完善会大大地促进信息化管理水平。②综合项目管理：在信息系统中的项目管理模块，主要分成签约期、施工准备、施工期和竣工后期这四个时期。整个项目涉及面较广，作为公装项目实现自身价值的关键内容，项目管理是公司盈利的基础，也是公装最重要的业务环节。③财务资金管理：实行统一化的账务管理，集中统筹，统一数据处理模型、统一管理会计、统一管理核算方式。对于每一个施工项目，需要独立建账，按相关责任单位管理。④办公自动化管理：任何企业都需要一个能够有效监督企业运作、协调整合各种企业资源、分析企业运营状况的管理系统。企业的管理人员、项目经理、营销人员和普通员工，都可以从自动化办公中受益。⑤预算管理：信息化系统中引入预算管理是非常关键的一步，对于企业的规范化运作具有非常重要的作用，利用信息化来进行预算管理，可有效提高企业的预算控制能力。⑥企业网站建设：有助于企业宣传，提升企业的良好形象。

根据住建部的规划要求，到2020年末，建筑行业甲级勘察、设计单位以及特级、一级房屋建筑工程施工企业应掌握并实现BIM与企业管理系统和其他信息技术的一体化集成应用，以国有资金投资为主的大中型建筑以及申报绿色建筑的公共建筑和绿色生态示范小区类新立项项目勘察设计、施工、运营维护中，集成应用BIM的项目比例达到90%，实现工程建设项目全生命周期数据共享和信息化管理。

（六）借助资本力量

目前为止，由于国家对PPP（政府和社会资本合作）模式的大力推行，巨大的市场规模正在逐步形成。国家对于PPP模式的项目的支持主要可以从国家发展改革委员会和财政部的项目以及国家示范项目来了解。国家发展和改革委员会公布的数据显示，自2015年起，国家发展改革委员会总共向社会公开推介了两批PPP项目，第一批总投资1.97万亿元，包括了1043个项目；第二批总投资达到2.226万亿元，包括了1488个项目。到2017年6月末，财政部PPP项目投资额达到16.3万亿元，入库项目达13554个。这些项目落地率为 34.2%，共有 2021 个已签约落地的项目，完成投资额 3.3 万亿元。国家示范项目目前为止共有 700 个，总累计投资额达 1.7 万亿元，已签约项目达 495 个，投资额 1.2 万亿元。其中，第一批 22 个示范项目自 2016 年末以来、第二批 162 个示范项目自 2017 年 3 月末以来已 100% 落地；第三批 516 个示范项目，落地率 60.6%①。

PPP 项目大市场机遇与挑战并存。建筑企业目前参与 PPP 项目遇到的最大挑战是"国进民退"，即大部分的 PPP 项目主要是国企和央企的建筑业承揽，而民营企业则很难参与进来。

可以从三个方面入手来促进民营企业参与 PPP 项目的积极性。一是政策支持：政府可以给予政策上的优惠，根据 PPP 项目的特点和建筑企业的特征，从项目的进度和企业健康发展的角度出发，大力支持民营企业的发展。二是企业发挥自身的积极性：企业应该根据自身的特点，利用在企业运作和项目管理方面的优势，积极参与到 PPP 项目中去。三是优化企业参与模式：建筑企业参与 PPP 项目中可以采取施工总承包的方式，承接落地 PPP 项目的部分业务。在 PPP 项目不断增加的形势下，建筑企业应该敢于创新，抓住机遇，实现企业结构升级并发挥自身优势，在 PPP 项目中起到关键的作用。

在 PPP 模式推广之后，大型央企、国企会由建筑承包商向 PPP 综合承包商的方向转型，同时获取投资、承建以及运营等三方面的收益。此时，其他民营企业必须适时找到市场定位，在 PPP 项目中创造价值，延伸自身的赢利点，增加企业利润。另外，上市公司要努力运用资本市场平台和企业运营、融资优势，积极主动地实施收购、扩张计划。

六　小结

2016 年是"十三五"开局之年，也是向 2020 年全面建成小康社会的全

---

① 财政部政府和社会资本合作中心：《全国 PPP 综合信息平台项目库第 7 期季报》，http：//www.cpppc.org/zh/pppjb/5422.jhtml，2017 年 7 月 28 日。

力迈进之年，对建筑行业而言是稳中求变、与时俱进的一年，也是专业化程度不断提高、"走出去"脚步愈加成熟稳健的一年。随着我国宏观经济的平稳发展，新型城镇化进程的加速推进，基础设施建设又进入繁荣期。同时，"一带一路"、京津冀协同发展、长江经济带建设等战略的推进实施，给建筑装饰行业提供了巨大的市场需求空间，带来了新的发展契机和动能。

2016年公共建筑装饰行业发展稳中向好，全年完成总产值1.84万亿元，同比增长5.7%，由于宏观经济发展速度有所回落，固定资产投资增速有所放缓，新建建筑装饰项目有所减少，但是依托于存量建筑再装饰业务的增长，公共建筑装饰行业依然保持平稳较快增长。其中，上市公司企业发展分化严重，优秀企业集群式发展，主要集中在东部沿海较发达省份。行业集中度仍然较低，中小企业的数量庞大，龙头企业产值占行业总产值的比重较低。2016年，"一带一路"深入推进，公装企业"走出去"积极性明显增强，企业科技含量和信息化水平不断提高。

伴随着"一带一路"倡议的稳步推进，对外基建投资必然会显著提高，有实力的企业要继续坚定"走出去"的信心和决心，提高自身竞争力，走出国门，提高国际影响力。借助供给侧结构性改革的浪潮加快行业转型升级，随着特色旅游业的不断推广，公共建筑装饰行业将会迎来新的发展动能。

未来，宏观经济形势依然复杂严峻，受到宏观调控的影响，国内基础设施投资和公共建筑项目工程增速有所放缓。由于国内房地产调控力度的不断加强，房地产行业发展面临前所未有的下行压力，这将极大地限制公共建筑装饰行业的发展。而且，建筑装饰行业的工程项目具有涉及面广、分散等特点，在企业业务规模快速扩张的同时，企业的管理水平和人才储备无法适应，组织架构和管理模式不能灵活调整和完善，伴随原材料和劳动力供求结构的变化，企业面临一定的经营管理风险和盈利能力下降的风险。

面对复杂严峻的经济形势，以及房地产业和自身行业、企业发展的瓶颈，务必要加快推进行业转型升级。积极推广绿色环保装饰装修，随着人们生活水平的提高和环保意识的加强，绿色、环保、节能的装饰装修必然是建筑装饰行业的发展趋势。提倡"互联网＋公装"商业模式，充分发挥互联网公装中的优化和集成作用，将互联网的创新成果深度融合于公装行业之中，提升公装行业的生产效率，形成更广泛的以互联网为基础设施和实现工具的行业发展新形态。发展智能化装饰，"十三五"期间，我国智能建筑与智能家居受到国家产业政策的大力支持，市场规模增速保持在 25% 左右，而作为两者之间的中间业态智能装饰业未来的市场前景巨大。加强人才队伍建设，人才是任何企业发展的关键，提高创新水平和信息化水平，依托资本力量改善公司治理结构，促进行业稳步健康发展。

B.3
住宅装饰市场发展现状分析

刘 芳

摘 要： 中国房地产的蓬勃发展刺激了中国住宅装饰市场的起步与快
速发展，不断的城镇化进程以及中国居民消费实力的增强持
续促进住宅装饰市场提高产品、服务质量，而供给侧结构性
改革进一步对中国住宅装饰市场的生产经营管理方式提出了
更高的要求。在多方诉求下，中国住宅装饰市场在持续稳定
增长的趋势下，寻求新的发展以应对新的挑战，利用互联网
技术特别是电子商务的繁荣，住宅装饰公司打造住宅装饰平
台，或者与成熟的互联网平台合作，推进"住宅装饰互联
网＋"的实现，但是还需要克服发展初期的模式单一、线上
线下联系不密切、竞争混乱等问题。为了适应新时期发展，
大型住宅装饰公司还逐步尝试流水线住宅装饰生产、模块化
设计、BIM 设计系统、WEB 客户跟踪管理系统等新的经营管
理模式来提高自身的经营管理效率，增强住宅装饰市场的竞
争力，这有利于住宅装饰市场具有领头作用的大型、巨型公
司的出现，对于住宅装饰行业发展意义重大。

关键词： 住宅装饰 "互联网＋" 经营管理系统

住宅装饰装修，简称住宅装饰，是在保持住宅本身建筑主体结构稳定的
基础上，使用装饰材料和饰物，对住宅内部表面进行处理和美化，改善空间

的使用环境，以完善住宅的使用功能，并尽可能满足用户的多样需求，而住宅装饰的内容不仅局限于非入住期间的装饰装修，还包括在入住使用期间的持续完善。[①] 中国到 20 世纪末期，伴随商品房交易的出现，住宅装饰行业得到了发展的机遇和市场空间，而居民收入水平的提升、城乡生活质量的改善，在带动房地产市场持续繁荣的同时，也刺激了住宅装饰市场的迅速发展，从工具简单的个人承包装修，过渡到正规公司、品牌企业，行业趋向标准化。除了发展机遇，住宅装饰市场也面临新的挑战，例如行业标准的推进，消费者多样化、高质量、绿色化住宅装饰需求的满足，合理利用互联网技术并转化为利润，以及住宅装饰企业传统管理运营方式的改进，等等，这就需要积极推进住宅装饰行业和企业创新的探索和实现。本文从市场需求、总量增长、市场结构等方面，描述了中国住宅装饰市场的发展现状，很多住宅装饰企业也在积极创新发展方式，如利用多种方式探索与互联网技术的深化融合，适时引入并探索性使用先进的企业管理和运营模式，为住宅装饰市场发展不断注入新的活力。

一 中国住宅装饰市场发展新的进程

（一）中国住宅装饰市场的发展现状

1. 住宅装饰市场的现状及发展趋势

2008 年后，中国建筑装饰行业规模不断扩大，行业产值从 1.55 万亿元增加到 2016 年的 3.66 万亿元，增长了 1.36 倍多。住宅装饰行业与公装行业一起构成中国建筑装饰行业，其中的公装行业保持了持续稳定的增长趋势，从 2008 年的 0.7 万亿元增长到 2016 年的 1.88 万亿元，而且在中国装饰装修行业中的产值占比已经超过了半数；而其中的住宅装饰行业规模略逊于公装行业，由于中国总体经济放缓、房地产市场调控等因素的影响，住宅

---

① 《住宅室内装饰装修管理办法》，http://www.gov.cn/gongbao/content/2003/content_ 62197.htm。

装饰行业产值的年度增速基本上逐年下降，但是产值规模仍保持着持续扩大的趋势，每年扩大的产值规模稳定在 0.15 万亿元左右。根据中装新网的统计数据，住宅装饰行业产值从 2008 年的 0.85 万亿元增加到 2015 年的 1.78 万亿元，不同于产值规模稳定增长的趋势，其在建筑装饰行业中的规模占比，在 2010 年经历了 45.24% 的低谷后，持续增加到了 2015 年的 48.82%，到 2016 年又跌落至 48.63%，可见自 2008 年金融危机后，住宅装饰行业在装饰行业中的重要程度就难以恢复到半壁江山的地位（见表 1）。

表 1　2008~2016 年中国装饰装修行业产值

年份	2008	2009	2010	2011	2012	2013	2014	2015	2016
建筑装饰行业产值(万亿元)	1.55	1.85	2.1	2.35	2.63	2.89	3.16	3.4	3.66
公装产值(万亿元)	0.7	0.95	1.15	1.25	1.41	1.52	1.65	1.74	1.88
住宅装饰产值(万亿元)	0.85	0.9	0.95	1.1	1.22	1.37	1.51	1.66	1.78
住宅装饰占比(%)	54.84	48.65	45.24	46.81	46.39	47.40	47.78	48.82	48.63

资料来源：中装新网，《2016 年度中国建筑装饰行业发展报告》，http://www.chyxx.com/industry/201702/493210.html。

2. 中国住宅装饰企业的发展现状

与住宅装饰市场规模不断扩大、行业产值不断攀升的发展态势不同，中国住宅装饰市场单个企业的规模普遍较小，在很长一段发展时间，并没有出现具有行业领导力、市场指向型的实力住宅装饰公司，到现在，住宅装饰市场仍然存在鱼龙混杂、无序竞争等情况，但随着市场有序竞争趋势的增强，很多领先企业重视并努力打造行业品牌。这种情况出现的根本原因在于，绝大部分住宅装饰公司独自控制客户接待、洽谈、量房、设计、选材、签订合同、现场服务等所有环节，[1] 较长的环节链条过分消耗了公司的精力，在加大了公司运营难度的同时，还降低了工作效率，使住宅装饰公司很难投入财力、物力、人力到更高质量产品和服务的提供。

---

[1]《2015 年我国家装行业发展现状分析》，中国报告大厅网站，http://www.chinabgao.com/freereport/67912.html。

当前的中国住宅装饰企业也面临一些新的挑战，如工业企业普遍面临的人力资本的持续增加，以及房租等运营成本的上升，这不断压缩住宅装饰企业的利润空间，对其发展提出更高水平的要求；新的资本进入住宅装饰行业，住宅装饰企业不仅面临同类型企业的竞争，还面临新进入其他类型优势企业的竞争，比较突出的有互联网企业的进入，互联网企业既有充足的资本，还有稳定的用户市场，市场抢占、利润争夺的优势给传统住宅装饰企业带来巨大压力；企业进入门槛的不断提高，行业乱象催生国家和相关主管部门重视企业进入和运营的规范问题，出台严格的行业标准和企业准入制度，推动住宅装饰企业规模化和品牌化的发展。①

行业新挑战对中国住宅装饰市场造成了不容忽视的冲击，行业内企业淘汰速度加快，特别是在库存严重、去库存前景不佳的三、四线城市，市场的低迷倒逼很多企业退出住宅装饰市场；而随着新的建筑业企业资质标准和管理办法的颁布、逐步实施，很多"散兵游勇"型的小微装修企业，则被强制退出住宅装饰市场。这种市场优胜劣汰以及行业规范的完善，进一步有效提升了住宅装饰企业的经营实力，企业间竞争的焦点也从低成本转移到高质量、健康市场竞争环境的培育，更有利于具有领导作用的龙头企业的出现，并必将促进整个住宅装饰行业发展水平的提高。

3. 行业协会对住宅装饰市场的引导、规范

长期以来，行业混乱一直是限制中国住宅装饰市场发展的关键，这种混乱主要包括：一是市场主体的相对混乱，获得国家部门核发、具有法律资质的住宅装饰企业数量仅占建筑装饰企业的1/3，而缺乏资质住宅装饰企业充斥市场拉低了住宅装饰市场的整体质量，难以规范管理还加剧了整个市场的混乱；二是不少住宅装饰从业者行为不规范，缺乏必要的行业约束和惩罚措施，住宅装饰企业很容易陷入恶性循环的价格战，在损害住宅装饰企业利益的同时，还扰乱了住宅装饰市场的正常运转；三是资质管理较为混乱，住宅

---

① 《2015年我国家装行业发展现状分析》，中国报告大厅网站，http://www.chinabgao.com/freereport/67912.html。

装饰市场存在企业将资质外借的现象，这就导致不具有住宅装饰资质的经营者进入住宅装饰市场，而且住宅装饰行业很难对其进行管理和惩处；四是市场秩序难以规范，由于大量不同规模、不同资质住宅装饰企业的存在，甚至是没有资质企业的涌入，住宅装饰过程、质量、价格等难以划定统一的标准，且难以进行监督和管理，以次充好、偷工减料、产品不达标等现象时有发生。[①]

为解决行业现状，除了颁布法律和政府主管部门的管理，更为重要的是行业协会对住宅装饰市场、住宅装饰企业的引导、管理和规范。近些年，中国建筑装饰协会也致力于住宅装饰子行业的规范发展，既努力促进会员企业的发展，又在互通信息的同时形成对市场的引导，同时还适时推动行业规范的制定，在法律外规范从业者的资质、行为，逐步提高住宅装饰市场的整体质量。

（二）中国住宅装饰市场发展的动力来源

1. 供给侧改革倒逼住宅装饰行业的转型升级

自"十二五"以来，中国已经逐步进入工业化后期的发展阶段，加上金融危机后，中国总体经济发展从长期的高速增长转入中高速，出现了典型的"新常态"特征，而且经济增速放缓的现实加速结构不合理问题的暴露，为了适应和引导经济"新常态"背景下的发展，"供给侧结构性改革"的概念应运而生，并成为中国"十三五"建设时期的发展主线。[②] 习近平总书记提出："供给侧结构性改革，重点是解放和发展生产力，用改革的办法推进结构调整，减少无效和低端供给，扩大有效和中高端供给，增强供给结构对需求结构的适应性和灵活性，提高全要素生产率。"

供给侧结构性改革任务和目标的提出，促使中国住宅装饰企业和行业转

---

① 王伟：《家装行业现状及对策分析》，《居业》2016 年第 1 期。
② 黄群慧：《论中国工业的供给结构性改革》，《中国工业经济》2016 年第 9 期；《供给侧结构性改革的意义与途径》，国务院国有资产监督管理委员会网站，http://www.sasac.gov.vn/n86302/n86361/n86396/c2364848/conten.html。

变发展方式，提高资源利用效率，通过多样化、个性化、绿色化的高质量住宅装饰服务来满足市场需求，创造性地引入互联网等科技革命新成果来改造行业、完善服务，而且市场竞争和行业协会引导双重助推住宅装饰行业的转型升级。可以说，供给侧结构性改革是从供给的角度，创新住宅装饰行业的发展驱动，实现住宅装饰产品、服务的提质，以及整个行业的良性发展。

2. 中国居民消费实力和消费欲望的提升

根据国家统计局网站的数据，中国城乡居民消费实力在不断增强的同时，消费欲望和水平也处于上升的趋势。在消费实力方面，截止到 2015 年，中国居民人均可支配收入为 21966.19 元，城镇居民人均可支配收入为 31194.83 元，农村居民人均纯收入为 11421.71 元，虽然城乡居民收入水平之间仍存在较大差距，但收入的持续增加为住宅装饰支出提供了重要的经济基础。居民的消费经济实力基本反映在消费欲望和实际购买水平上，城乡居民的消费水平持续提升。根据国家统计局的统计数据，居民消费水平从 2006 年的 6416 元增加到 2015 年的 19397 元，总量增长了 2 倍多，年均增长率为 13.08%；同期农村居民消费水平从 3066 元增加到 9679 元，总量增长了近 2.16 倍，年均增长率约为 13.62%；城镇居民消费水平从 10739 元增加到 27210 元，总量增长了 1.53 倍，年均增长率为 10.88%（见图 1）。由此可以简单推断，中国城乡居民收入水平以及实际消费水平的提高，必然会带动居民对住宅装饰的需求及实际支出，特别是农村居民消费实力和消费水平的快速增长，也将会带来住宅装饰市场新的消费热点，对住宅装饰提出新诉求的同时丰富住宅装饰内容。

3. 房地产市场形成的刚性需求

房地产市场形成对住宅装饰商品和服务的直接刚性需求，其蓬勃发展必然刺激整个住宅装饰行业的繁荣，其中住宅装饰需求的重要部分来源于商品住宅房，既包括新竣工面积，也包括房地产库存。受到中国房地产管控和去库存等政策的影响，中国住宅房屋、商品住宅房屋的施工面积和竣工面积都在长期增长后，出现了小幅下降。房屋施工面积形成住宅装饰市场的潜在需求，根据国家统计局的数据，住宅房屋施工面积从 2005 年的

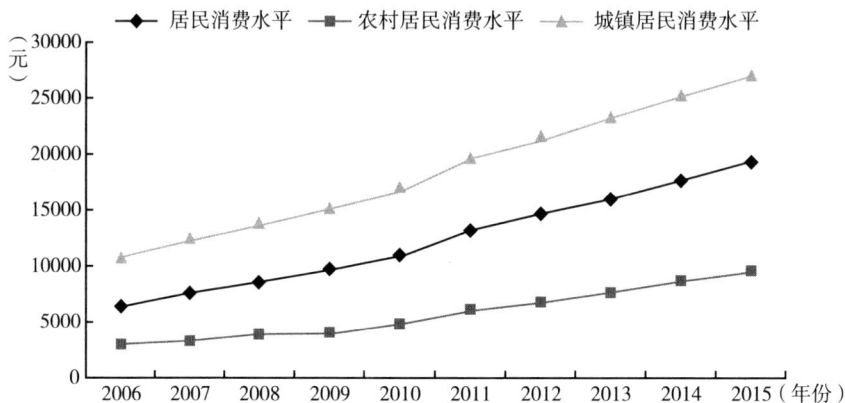

图1 2006～2015年城乡居民消费水平

资料来源：整理自中华人民共和国国家统计局网站，http：//data. stats. gov. cn/ easyquery. htm？ cn = C01。

239769.6 万平方米，到 2014 年增加至 689041.18 万平方米，增长了近两倍，但到 2015 年小幅跌落至 669297.1 万平方米；其中商品住宅房屋施工面积则从 2005 年的 129078.38 万平方米，到 2014 年增加至 515096.45 平方米，到 2015 年小幅跌落至 511569.52 万平方米。相应地，住宅房屋竣工面积很容易形成对住宅装饰市场的直接需求，根据国家统计局的数据，住宅房屋竣工面积从 2005 年的 132835.95 万平方米，持续增长至 2013 年的 193328.47 万平方米，于 2014 年出现下降的趋势，并于 2015 年跌落至 179737.82 万平方米；其中商品住宅房屋竣工面积则从 2005 年的 43682.85 万平方米，到 2016 年增加至 77185 万平方米，增长幅度近八成，其中在 2013 年、2015 年分别经历了两次小幅下降，但又快速恢复（见图2）。尽管中国住宅房屋的相关数据在近期出现了不同程度的波动，但整个市场的体量仍是不容小觑的，而且同期房地产行业去库存工作的持续推进，历史库存大量涌入市场，加之房地产市场的新供给，共同助推了对住宅装饰市场的实际需求。

4. 持续城镇化带动住宅装饰市场的增量提质

常住城镇人口规模的持续扩大，在很大程度上形成对住宅装饰产品和服

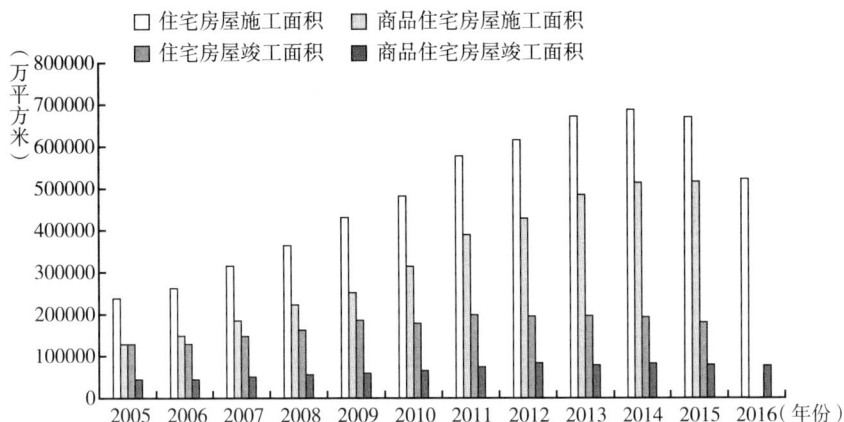

图 2 2005～2016 年中国房地产施工和竣工面积

资料来源：整理自中华人民共和国国家统计局网站，http://data.stats.gov.cn/easyquery.htm？cn＝C01。

务的需求，且这种需求的质量相对高于非城镇住宅装饰，由此可以推断持续城镇化必然会带动中国住宅装饰市场的增量提质。相较于其他完成城市化的国家，中国城镇化率还有很长的发展历程，人口仍将继续向城镇集聚，尤其是向大城市聚集，而且户籍对人口移动的限制变得有限。根据国家统计局的统计数据，中国常住人口城镇化率从 2008 年的 45.68% 持续提高至 2016 年的 57.35%，城镇常住人口已经超过总人口的一半；而按照户籍口径统计的户籍人口城镇化率低于常住人口的城镇化率，从 2011 年的 34.71% 持续提高至 2016 年的 41.2%（见图 3）。中国人口流动的总趋势是，大量人口从乡村流向城镇，并定居在城镇，在引致对城镇住房大规模新需求的同时，还间接带来对住宅房屋及住宅装饰装修的需求，而且这种住宅装饰需求的平均水平必然高于乡村住宅。

中国住宅装饰市场延续之前稳定增长的趋势，市场规模不断扩大，而且在住宅装饰行业中的比重也出现了回升，2015 年的占比为 48.82%。这种稳定增长主要得益于持续的城镇化、居民消费实力的增强、房地产市场的刚性需求等市场需求规模的扩大和需求内容的提质；同时经济新常态背景下供给

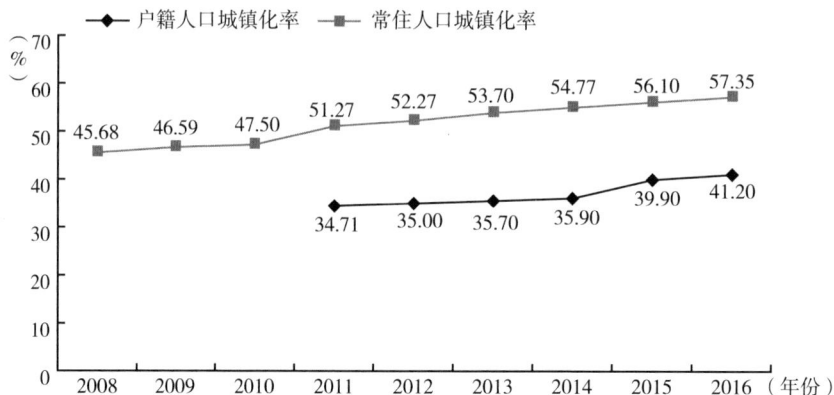

图3 2008～2016年中国城镇化率

资料来源：数据整理自中华人民共和国国家统计局网站，http：//www.stats.gov.cn/tjsj/。

侧结构性改革的提出，则是从市场供给的角度出发，推动住宅装饰市场转变发展方式，实现创新驱动，促进整个行业的良性发展。在这一过程中，要重视住宅装饰行业协会的重要作用，引导住宅装饰市场的规范有序发展，促进标准化的实现。

二　互联网背景下的中国住宅装饰市场

（一）住宅装饰行业多元利用互联网技术

1. 住宅装饰行业互联网平台的打造

互联网家装平台的打造，是住宅装饰行业与互联网融合尝试的较早方式，也是发展相对成熟的方式。互联网住宅装饰平台主要有两种模式，一种是中介模式，这是住宅装饰O2O相对早期发展起来的媒介，通过中间平台的打造，密切业主与住宅装饰公司、设计师、家具建材经销商以及施工方等之间的沟通，努力为用户提供全方位的住宅装饰服务，但是在专业信息的披露、服务的跟进、售后问题的解决等方面涉及不深，服务体验存在缺陷，代表性的平台有土巴兔、齐家网、土拨鼠等；第二种是一站式平台，这种平台除了简单的用户中介的身份之外，更重要的是拥有自己的材料采购渠道和装修施工团队，真正独立实现从测量到采购再到施工全环节的"一站式"服务，代表性企业有爱空间、家装 e 站、蘑菇装修、构家网等。[①]

住宅装饰平台的打造，是适应住宅装饰行业特点、节约成本的必然选择。相较于其他的日常消费品，住宅装饰行业具有低频率、重决策的特点，供应链和服务链复杂，而且住宅装饰公司布局又十分分散，消费者在住宅装饰市场中很难获取多方位、充分的信息，且难以进行有效的真实比较，而互联网住宅装饰平台的打造，可以将复杂的供应链和服务链信息整合到平台，不用到实体店就可以实现消费者多家公司比较的需求。[②] 而且该平台存在于互联网，不需要租赁实体店铺，尽可能去掉了层层环节，相当于以最低的成本实现厂商的集聚、信息的集合，有助于推进住宅装饰产品的标准化、住宅装饰流程的透明化、住宅装饰服务的一站式，充分缓解传统住宅装饰市场长期以来的区域分散的情况。

2. 住宅装饰与成熟互联网企业的合作

除了新的互联网住宅装饰平台的打造，很多发展成熟的网络平台也开始涉足住宅装饰产品和服务，利用自己成熟的技术、良好的用户体验、稳定的客户基础等优势，具有整合全国住宅装饰企业的基础，实现全产业链服务的一次性提供，相对突出的有阿里巴巴、京东、美团等互联网平台。

阿里巴巴利用成熟的"双十一"品牌打造的策略，天猫美家在 2016 年策划并启动了"全球家年华"活动，计划在五年时间内打造 20 个销售额过百亿的住宅装饰家居行业品牌。而对于 2016 年的首次尝试，阿里巴巴予以了大力支持，将天猫美家作为流量入口，把淘宝流量导入，并利用"大数据智能营销"，实现从分享、销货、信息传播到品牌推广的全环节控制。[③]

为了更好地发展住宅装饰行业，京东作为成熟的电商平台及时地将服饰

---

① 马红春：《我国家装 O2O 的发展现状及趋势分析》，《经营管理者》2016 年第 28 期。

② 许平玫：《"跑马圈地"还靠技术驱动——互联网家装发展现状调查》，《中华建设》2016 年第 4 期。

③ 窦滢滢：《阿里为何想造家装"双十一"》，《中国经济时报》2016 年 9 月 1 日。

家居事业部拆分为大服饰事业部和居家生活事业部，而且其创造性打破互联网平台的角色，与住宅装饰设计师进行优势合作，计划打造"京东设计家"（JD Design＋）产品。同时，京东布局住宅装饰市场的战略分为三个阶段，从销售家居标准化产品，到攻克不便交付的、非标品的家居建材，最后则是把两个阶段到产品嫁接起来，并植入科技、环保、智能等因素。①

美团—大众点评网站依靠大规模用户真实评价在互联网企业中脱颖而出，并将这一优势继续过渡到住宅装饰市场，成立了住宅装饰事业部，明确将其定位为住宅装饰商家与用户之间的 O2O 服务平台，为用户提供信息决策、交易、服务的闭环住宅装饰服务。美团—大众点评网利用庞大的用户群和点评模式，可以为用户住宅装饰选择提供有利于决策的信息，押金式低门槛服务模式和第三方监理公司的尝试引入，会尽可能保证用户的权益。②

3. 智能住宅装饰与 VR 体验

虚拟现实技术（Virtual Reality，VR），是在 20 世纪 80 年代提出的，通过借助计算机和最新传感器技术实现人机交互的一种手段。作为一种现实环境的模拟与仿真，与互联网技术的融合、联合开发，可以帮助住宅装饰的互联网化解决模板展示和住宅装饰体验等非实体弊端，因此住宅装饰行业对互联网技术的深入利用，必然离不开 VR 技术的加持。

VR 技术在住宅装饰行业的实现，就可以在不打造实体样本间的情况下，在虚拟空间整合住宅装饰的硬件、软件、家具、家电等内容，实现各种设计方案的体验，但该效果的实现需要一个前提条件，即住宅装饰企业将设计、装修、建材、家居等整个链条打通③。互联网住宅装饰已经成为住宅装饰行业发展的必然趋势，而 VR 技术与互联网技术的匹配，越来越多的装修公司或平台，代表性的有亚厦股份、金螳螂、土巴兔、谷居、美居 365 等，开始积极将 VR 技术引入住宅装饰服务，建立住宅装饰样板的体验系统。而

---

① 李静：《京东"图谋"家居家装万亿市场》，《中国经营报》2017 年 4 月 10 日。
② 姜虹：《美团点评进军家装 O2O 市场》，《中华工商时报》2016 年 2 月 26 日。
③ 唐韶葵等：《金螳螂布局家装生态链　VR 技术争夺进入"赛点"》，《21 世纪经济报道》2016 年 8 月 25 日。

且除了线上住宅装饰体验和选择，还有很多的住宅装饰公司开始探索将"云设计"与"VR"体验进行无缝对接，进一步缩短消费者与未来家的时间、空间距离，尽最大可能保证设计、体验、实物的一致。[①]

但是 VR 技术的继续普及仍存在一些困难，当前 VR 技术还不够成熟，模拟仿真画面还存在继续完善的空间，不适合用户长时间使用，而且 VR 项目的制作成本较高，VR 设备仍不属于普通用户的必备产品，等等。这些困难与挑战，并不是住宅装饰企业单独面对的，也不是其能够解决的，更多地需要 VR 技术本身的进步，住宅装饰企业能够做的是在整合资源的同时，打通链条环节，为深入使用 VR 技术打好基础。

（二）互联网技术的普遍应用

1. 互联网技术的普及

近些年，互联网技术得到了极大发展，用户总规模持续增大，而且该技术逐步融入工业生产和日常生活中并日益普及。根据国家统计局中的互联网主要发展指标，中国互联网的普及率总体提高，其中互联网上网人数从2008 年的 29800 万增加到 2015 年的 68826 万；近几年中国互联网拨号用户出现下降趋势，截止到 2015 年已经下降到 332 万，而互联网宽带接入用户却持续增加，从 2008 年的 8288 万增加到 2015 年的 25947 万；城乡互联网用户都逐步增长，城市宽带接入用户从 2010 年的 9964 万增加到 2015 年的19547 万，农村宽带接入用户也从 2476 万增加到 6398 万。具体到网络的普及情况，截止到 2016 年，中国互联网用户规模已经达到 7.31 亿，在人口中的渗透率从 2006 年的 10% 迅速提高到 2016 年的 53.2%；而受益于移动网络的普及性覆盖和通信质量的极大改善，手机网民规模从 2006 年的 1700 万增加到 2015 年的 6 亿，增长速度惊人，而且移动网络在总人口中的普及率也从 1% 扩大到 45%（见表 2）。[②]

[①] 张玉洁：《VR 牵手家装行业》，《中国证券报》2016 年 8 月 20 日。

[②] 众筹金融研究会：《中国互联网发展趋势报告 2016》，http：//www.sohu.com/a/114045197_481893。

表2 2008～2016年互联网主要发展指标

年份	互联网上网人数(万人)	互联网拨号用户(万户)	互联网宽带接入用户(万户)	城市宽带接入用户(万户)	农村宽带接入用户(万户)
2008	29800	1228	8288	—	—
2009	38400	754	10398	—	—
2010	45730	590	12629	9964	2476
2011	51310	551	15000	11691	3309
2012	56400	570	17518	13442	4076
2013	61758	485	18891	14154	4737
2014	64875	442	20048	15175	4874
2015	68826	332	25947	19547	6398
2016	73125	—	29721		

资料来源：数据整理自中华人民共和国国家统计局网站，http://data.stats.gov.cn/easyquery.htm?cn=C01；2016年数据来自国家统计局发布的《中华人民共和国2016年国民经济和社会发展统计公报》，http://www.stats.gov.cn/tjsj/zxfb/201702/t20170228_1467424.html。

互联网的普及，改变了市场供给和需求双方的行为方式，极大地解决了信息收集、传递、处理等问题，进一步改进了现有的生产技术，而且这种改进不断应用于信息技术之外的其他行业。落实到住宅装饰市场，互联网技术的普及在很大程度上解决了市场信息不对称的问题，越来越多的住宅装饰企业开始尝试与互联网技术的融合，并不断加深这种融合。而到了2015年，政策缓和带来楼市短暂利好，一线城市和重点二线城市出现了量价齐涨的市场现象，再加之二手房成交量的触底反弹，中国互联网住宅装饰企业在这一年规模增长显著，很多研究者将其称为"互联网住宅装饰元年"的开启。①

2.电子商务向住宅装饰市场的渗透

得益于互联网技术在中国的普及性应用，中国电子商务从内容到方式都得到了迅猛发展，截止到2016年，电子商务市场交易规模为20.2万亿元，较上一年同比增长23.6%，其中23.3%的市场份额由网络购物贡献，年交易规模达4.7万亿元。在综合电商大格局已日渐清晰的情况下，一些企业开

———————

① 孔祥鑫：《传统家装互联网化转型或将提速》，《经济参考报》2016年1月21日。

始从传统电商产品转向住宅装饰、母婴、医疗等新的领域，并进行深耕式探索，这些也成为网络购物市场发展新的促进点；与市场供给相对应，电商用户购买的商品也由小型的消费品，向家居建材、家电等大型商品发展，并初具规模。[1] 而且随着电子商务服务的完善，线上资金安全、资质审核、信息披露真实、售后跟进、线下服务等诸多问题的完善与解决，住宅装饰企业开始倾向于通过电子商务与更为庞大的市场用户群、供应商建立联系，从而进行商品、服务交易，而且普通的用户也开始信任并使用网络来购买大型产品和服务。在"互联网＋"的大背景下，住宅装饰企业与其他传统行业企业一样，开始积极布局线上发展。

2015 年的数据显示，我国建材家居市场规模达 4.2 万亿元，但该行业的互联网渗透率仅为 4%，未来的增长空间可观。特别是电子商务是住宅装饰企业利用互联网技术的首选，越来越多的中国住宅装饰企业打造电商平台，或与成熟电商平台合作，尝试新的商品、服务提供方式，并积极探索成熟盈利模式。

（三）深化互联网技术融合的挑战

1. 与互联网融合过程中暴露的问题

住宅装饰公司和住宅装饰行业处于利用互联网技术的探索初期阶段，由于技术不成熟、运营模式不明朗、经验不足等很多客观原因，以及住宅装饰行业原有的公司资质参差不齐、恶性竞争、缺乏市场统一标准规范等问题难以解决，住宅装饰市场在与互联网融合过程中逐步暴露了很多问题，可以说，互联网技术是解决住宅装饰市场的重要途径，但是如何运用并从中获利仍是对整个住宅装饰行业的考验。

首先，互联网住宅装饰的作用还只局限于品牌宣传、流量导入、中介替代等方面，简单来说是工具性作用，并没有触及住宅装饰行业的本质，对住

---

[1] 中国证券网：《2016 中国电商数据：交易规模同比增长 23.6%》，http：//www.ebrun.com/20170503/228994.shtml。

宅装饰设计、施工等重点环节没有本质性的改变，这很容易导致互联网的使用流于表面。其次，互联网住宅装饰主要竞争对象分为互联网巨头和传统住宅装饰公司两种，双方各自具有独立的技术和专业优势，但是彼此割裂，没有进行紧密的合作，而且很多平台在短暂繁荣后面临发展瓶颈甚至倒闭。再次，当前互联网住宅装饰尚处于混战的局面，不管是住宅装饰网络平台还是住宅装饰公司，它们之间的竞争激烈但大多数竞争仍采取价格战等低端方式，互联网住宅装饰行业的产业链仍需要较长的一段时间进行整合、优化和集中，以实现真正意义上的互联网住宅装饰。最后，互联网住宅装饰作为线上运营方式，实体住宅装饰门店等作为线下运营方式，两者分别具有弥补对方劣势的优势，不是完全替代而是和谐共存，当前两种方式之间彼此融合的程度不高，如何促进彼此发展的方式方法还没有清晰的方案。①

2.继续深化与互联网融合的突破口

为了更好地利用互联网技术，住宅装饰行业和企业必须要主动深化与互联网的融合，为当前困境、未来发展找到突破口。

首先，适应互联网由一线大城市向中小城市甚至是向农村辐射的趋势，互联网住宅装饰的覆盖不应该只瞄准北、上、广、深等一、二线大城市，也不应该只局限于大型住宅装饰公司，接下来的发展要将三、四线中小城市纳入互联网住宅装饰市场内，鼓励中小住宅装饰企业在准备充足的情况下利用互联网谋求发展。②

其次，要重视行业协会的力量并创造条件发挥其组织、引导效用，互联网住宅装饰的完善需要将住宅装饰产业链中的各个环节整合到一起，需要每个环节良好运转、环节间联系畅通，单个住宅装饰公司或者互联网平台很难进行大范围规范化的整合，此时住宅装饰行业协会就要发挥天然的平台优势，积极整合市场内各种资源，引导其有序地向互联网化发展。

最后，要前瞻性地推动互联网住宅装饰相关法律、法规、规定、规范、

---

① 贺灵童：《互联网+家装，风口下的冷思考》，《建筑时报》2016年7月25日。
② 王子轩：《"互联网+"构建家装行业新生态》，《中华建筑报》2016年8月23日。

处理方法等的制定，住宅装饰市场在与互联网融合之前就存在很多问题没有彻底解决，而随着互联网住宅装饰规模的扩大、发展的深入，很多问题必将出现，这就需要整个市场要在重大问题出现前既推动相关法律的制定，也要出台行业内详细的各项规章制度、规定和处理办法等，并在出现新问题后及时进行补充和改进。

随着网络技术的发展与普及，"互联网＋"已经成为工艺创新的重要方向，尤其是电子商务规模的迅速扩张，网络消费融入日常生活的方方面面。为了融入这一发展潮流，住宅装饰公司通过独立打造网上住宅装饰平台，或是利用现有互联网平台的方式，探索与实现住宅装饰市场的"互联网＋"。但是，由于起步尚早，互联网住宅装饰平台发挥更多的是中介的作用，没有与线下经营密切结合，也没有从根本上完善住宅装饰公司的经营管理方式，互联网的巨大效用仍待发掘。

三 中国住宅装饰企业管理运营模式的创新

（一）住宅装饰企业创新管理运营模式的基础

1. 工业化进程的渗透与深入

诞生于西方发达国家的工业化装修理念，于 20 世纪末进入中国住宅装饰市场，是指室内装修的大部分部件在工厂内进行标准化流水线生产后，再运输到现场进行组装，标准化批量采购、模块化设计、工业化生产、整体化安装，这就实现了住宅装饰的高效率和规范化。[1]

工业化概念引入装修行业并大范围应用的基础，在于互联网技术的深入发展并能够应用于生产的各个环节，工业化装修的概念从生产力层面革新了传统装修业，具有标准化设计、工业化生产、装配化施工和信息化协同等特

---

[1]《工业化装修静悄悄》，https：//home.focus.cn/article/67193c03bf47f3f6a2d883d11554eac3.html。

征，结束了之前装修过程中的慢、脏乱、无序、质量不稳定、设计规划不科学、更新或排查繁杂等硬伤①。工业化装修并不是全新的概念，在日本得到了相对较好的普及，日本公寓住宅的标准化设计特征，对室内装修提出了小巧紧凑、空间高效利用、装修简单明快、人性化考虑等需求，使工业化装修成为一种必需的市场选择，并为其他国家借鉴，成为未来城市住宅装修一种可行的发展趋势。

中国各个成熟的行业基本上都实现了工业化，而工业化住宅装饰的引入和推进的关键力量并不来自住宅装饰行业，而是房地产行业发展的需要，通过资本的作用进一步推动住宅装饰的模块化、流程化和工业化。而工业化住宅装饰概念与中国住宅装饰行业的发展趋势是相匹配的，重复的住宅装饰流程可以节省住宅装饰材料、提高住宅装饰效率，加上人力资本的节省可以降低住宅装饰成本；工厂流水线生产住宅装饰部件、室内组装的模式，可以最大限度地控制住宅装饰质量，缩短住宅装饰时间，减少烟尘、噪声等污染，避免了邻里矛盾。② 但是，工业化住宅装饰涉及多种材料和工种，现场施工工序多，实际操作难度大，要想真正实现工业化住宅装饰的目标仍有很长一段路程。

2.住宅装饰市场需求升级、多样化

近些年，随着消费实力的提升、消费观念的进步，市场消费者对家庭装修提出了新需求，相对形成显著趋势的新需求有：一是，住宅装饰产品绿色安全的需求，当前保证身体健康和居住安全是消费者的最基本要求，因此绿色化成为住宅装饰发展的必然趋势，这包括住宅装饰材料的天然、住宅装饰过程的无污染、装修后的安全；二是，住宅装饰个性化需求再次强调设计的重要，消费者更加重视居住环境体验、个性化展示，或者是打破原有户型格局的局限，或者是某些特殊需求，例如健身、音效、在家工作等，这都需要更为贴合的个性化设计方案；三是，后住宅装饰时期将引致细心的需求，这

---

① 《为什么说"工业化装修"是家庭装修的趋势？》，https://home.focus.cn/ds/yidian/article/a0477fe5c9317838d2254228ac48dbf2.html。
② 岳纲举：《工业化家装优势何在》，《中国消费者报》2017年4月13日。

包括短期和长期两部分，短期是指家庭装修的售后服务直接关系到消费者的用户体验，长期则是随着商品房住宅装饰老化，二次住宅装饰形成住宅装饰市场的新需求，如何以最低的房屋损耗更新住宅装饰是对住宅装饰公司提供产品、服务方式的新考验。

住宅装饰需求内容的新变化，会刺激住宅装饰市场改变提供产品和服务的质量、种类和方式，产品和服务的重大变动必然会对公司的经营管理方式提出新的需求，以更好地适应这种新变化。

3. 住宅装饰行业国际化带来的挑战与机遇

尽管金融危机对中国进出口产生了消极影响，但是中国产业发展的国际化进程并没有被打断，再加上"一带一路"合作发展规划的提出和实施，进一步加速中国与沿线周边国家的合作与竞争。在这种国际化背景下，中国住宅装饰市场也必然会面对新的机遇与挑战，中国住宅装饰市场的现有规模与未来发展潜力，会越来越吸引国外同类型企业的进入，在对中国住宅装饰市场造成冲击的同时也会带来国际上更为专业化的运营模式，而且中国住宅装饰企业也会逐步走出国门，而这种产品和服务的共同"走出去"，则需要住宅装饰企业完善生产经营方式、提高产品质量。

这种国家化需求与中国住宅装饰行业发展趋势的预期是相一致的，住宅装饰市场的未来发展趋势，很大程度上是从小公司林立的过度竞争，经过资源整合，逐步过渡到标准化大公司引导的健康竞争状态。住宅装饰行业资源的集中，既需要也有利于现代化生产经营方式的引入和普及，以及控制住宅装饰产品质量和标准。可以说，住宅装饰竞争的国际化促进中国住宅装饰的快速发展，而中国住宅装饰更快的发展更有利于其更快地参加国际竞争。

（二）住宅装饰企业对新管理运营模式的探索

1. 住宅装饰产品流水线生产的尝试

流水线生产是工业化推进的代表性生产方式，在家庭装修标准化发展趋势的推动下，流水线住宅装饰方式在中国住宅装饰市场出现并开始规模化应用，已经可以成为促进中国住宅装饰行业尽快实现标准化的助动力。在中国传统住宅装饰市场，普遍采用的是"一户一设计、一户一施工"的生产和服务模式，这种具有极强独立性的住宅装饰模式很难进行大范围的住宅装饰复制，也就局限了住宅装饰规模化的实现，已经不具备适应当前行业发展大趋势的优势，其至成为行业继续进步的瓶颈，成为影响产业发展的核心原因。

住宅装饰市场在重新定位住宅装饰服务个性化、多元化特征的同时，规模化发展也成住宅装饰企业努力探索的一个发展方向。住宅装饰市场规模的扩大、住宅装饰市场需求的多样化，住宅装饰的服务属性被给予更多的重视和解读，而规模化方向则再次将住宅装饰定位重新拉回到产品属性，即通过产业化重塑产业链，对住宅装饰全部流程进行优化和再造，依靠流水线生产方式实现住宅装饰模式、住宅装饰产品提供的标准化，这有利于培育大型或巨型住宅装饰企业，改变过去住宅装饰市场缺乏大型领头企业的历史。但实际生活中要发展流水线生产还有一个重要的障碍，就是房屋的户型、面积都不一样，需要解决标准化住宅装饰与多样化房型的适配问题。为了解决这一问题，有的住宅装饰公司利用资源整合，在硬件施工过程中预留空间，提前把软装、用品、电器一起融入整体化的设计当中。而且为了实现流水线产品生产下的住宅装饰个性化需求，就需要与模块化装修相结合，满足客户按照自己喜好对住宅装饰产品进行自由组合，利用软装搭配呈现自己的需求和品位。总体上看，流水线住宅装饰市场位于产业链上游，是后续住宅装饰的基础，也需要与之后的住宅装饰需求和住宅装饰方式完美结合。①

2. 模块化设计创新住宅装饰可提供服务内容

模块化住宅装饰设计是多重原因的共同选择，根据之前的分析，流水线住宅装饰生产需要模块化住宅装饰来满足消费者多样化的需求。而且房价上涨趋势已经从大中型城市蔓延至小城镇，住房价格居高不下使普通民众只能选择面积相对较小的户型，而如何在有限的居住空间内满足消费者的居住诉求、保证居住质量，是新时代对住宅装饰设计的考验，模块化设计成

---

① 郑建玲：《家装也能像普通产品一样流水线生产》，《中国质量报》2017 年 4 月 18 日。

为一个符合实际又高效的选择。模块化设计，就是将住宅装饰整体拆分为多个具有特定功能的子系统，并把这些子系统作为通用性的模块彼此进行组合或者再与其他要素进行组合，多样化组合下构成的整体可以形成不同功能的住宅装饰整体，当前住宅装饰市场较多地体现为软装、用品、电器等的拆分和重组。于生态和社会环境，模块化设计具有很多显著的优点：模块化设计模式可以在很大程度上增加住宅装饰中的住户意识，住宅装饰子部件可以按照消费者的需要和审美进行组合排列，得到完全体现住户意识的个性化住宅装饰风格，同时还可以有效减少空间占用率，提高软装、电器等的利用率；组合的住宅装饰方式可以有效减少或消除装修过程对环境的不利影响，方便重用、升级、维修和产品废弃后的拆卸、回收和处理，尽可能减少噪声污染、空气污染等，实现绿色住宅装饰；而模块化有利于缩短产品研发与制造周期，增加产品系列，提高产品质量，快速应对市场变化。[1]

3. BIM 技术对住宅装饰设计系统的创新

设计是家庭装饰装修中的灵魂与根基，而住宅装饰设计的效率与水平，则直接关系到住宅装饰企业的市场竞争力，并在很大程度上影响住宅装饰市场的健康发展，如何在保证住宅装饰设计质量的基础上，通过技术手段提高设计效率是目前住宅装饰企业设计管理中所亟须解决的关键问题。鉴于此，住宅装饰企业开始引入建筑信息模型（Building Information Modeling，BIM）技术，通过住宅装饰信息的数字化，模拟建立家庭装修的三维模型，实现住宅装饰设计方案的量化和可视化。

BIM 技术是从建筑设计领域引入的设计管理系统，依托设计方案和各种住宅装饰信息的数字化，并可以保证各个流程相关信息的引入和应用，可以有效实现住宅装饰设计方案资源库、建材产品族库、企业定额库的前提下进行权限、流程、审批等的实时管理，在保证住宅装饰设计可行性、设计方案落实的基础下，极大提高了住宅装饰设计的效率。住宅装饰企业的 BIM 设计

---

① 黄小溪：《模块化设计在家装中的应用》，《智能城市》2017 年第 2 期。

技术管理系统，实现 C/S 机构模式和 B/S 结构模式的联合运用，针对的是住宅装饰业务的范围广、管理流程复杂、数据处理量庞大、质量安全要求高等要求，该系统在实际使用中主要分为数据层、业务逻辑层、表现层这三个层次，而工作流、权限管理等控制内容则由企业总部部署、集中管理（见图 4）。

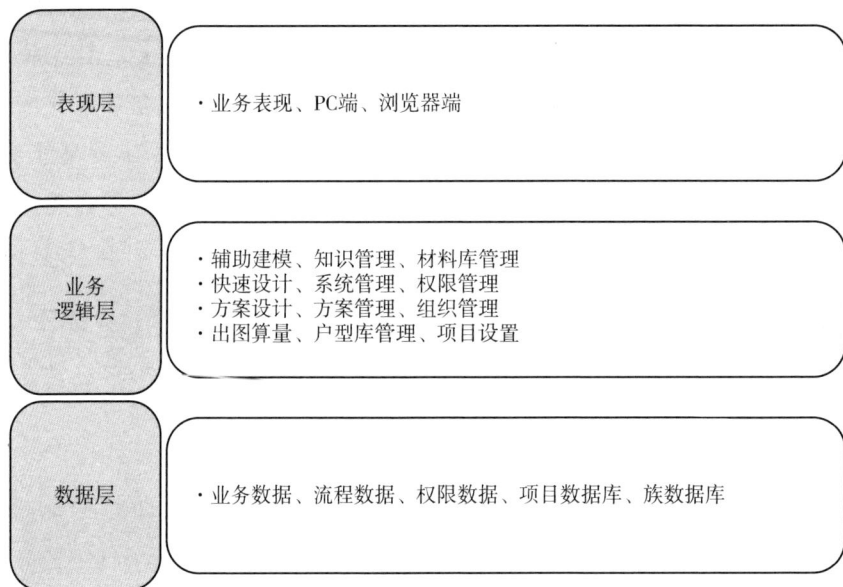

表现层	·业务表现、PC端、浏览器端
业务逻辑层	·辅助建模、知识管理、材料库管理 ·快速设计、系统管理、权限管理 ·方案设计、方案管理、组织管理 ·出图算量、户型库管理、项目设置
数据层	·业务数据、流程数据、权限数据、项目数据库、族数据库

图 4　基于 BIM 技术的住宅装饰设计系统逻辑架构

资料来源：张建奇、舒志强、李智，《基于 BIM 技术的家装设计系统设计与实施》，《土木建筑工程信息技术》2016 年第 6 期。

BIM 实际管理模式应用于家庭装饰装修企业，可以充分利用该模式的可视化、协调性、模拟性、优化性、可出图性、一体化性、参数化性、信息完备性等相对突出的优势[①]，完善住宅装饰设计、应用的全过程，并已经在个别企业的使用过程中取得了不俗的成绩。

4. WEB 技术对住宅装饰企业客户跟踪管理系统的创新

客户体验在当前市场竞争中的地位越来越重要，特别是对于住宅装饰这

---

① 《bim 的应用特点》，http：//wiki. zhulong. com/read638876. html。

种与客户互动频繁的行业，如何与客户保持沟通、维护客户以及为客户提供高质量的住宅装饰服务，也成为大型住宅装饰公司发展的关键问题、市场竞争的优势。在客户群和公司的双重需求下，移动 WEB 技术开始被引入并应用于住宅装饰客户服务，建立了客户跟踪管理系统。

基于移动 WEB 技术的住宅装饰客户跟踪管理系统，采用 B/S 模式，将 SSH 框架结合 MVC 模式搭建系统框架，使系统分为视图层 – 控制层 – 实体层三个层次，系统前段采用 HTML5 设计编写，后台应用程序使用 JAVA 语言开发，该系统可以很好地实现客户管理、工程管理、数据统计和系统管理，并将其纳入统一的系统内。详细看来，客户管理主要涉及客户相关信息的录入及住宅装饰跟踪记录等，工程管理侧重施工工序及进度、业主对工程的查看等，数据统计和系统管理则是为住宅装饰公司服务，用于掌握公司住宅装饰业务的实际情况、未来发展趋向，以及对住宅装饰客户进行管理和服务改进。移动 WEB 技术的引入，可以极大地提高住宅装饰公司运营管理的效率，它满足了客户实时跟踪查看房屋装修的进展需求，极大地提高客户对住宅装饰服务的满意度，能更好地吸引客户并培养客户品牌忠诚度。[①]

伴随整个工业化程度的加深，国内住宅装饰市场需求内容、服务方式的变化，以及国内激烈的市场竞争和国外潜在竞争压力，中国住宅装饰公司开始探索改变传统经营管理方式，逐步引入现代化手段。住宅装饰产品流水线生产方式与模块化设计的引入与实现，在保证住宅装饰公司提高效率、节约成本、降低污染等诉求的同时，还能更好地满足住户个性化与多样化的需求体验。而住宅装饰公司引入 BIM 技术改进住宅装饰设计系统、建立基于移动 WEB 技术的住宅装饰客户跟踪管理系统，立足公司内部运营提升整个运作效率，还同步提升了消费者从住宅装饰前期设计到住宅装饰施工监督，以及售后服务的全部体验。

[①] 谢亦涛：《基于移动 WEB 技术对家装公司客户跟踪管理系统的设计与实现》，山东大学硕士学位论文，2016。

B.4

软装市场发展与创新

张旖旎

摘　要：　近几年，软装越来越受行业内外的重视。在 2016 年的《软装市场发展报告》中，我们梳理了中国软装市场的基本情况。本报告将在回应 2016 年报告的基础上，讨论软装行业研究领域新的话题——软装市场发展与创新。本报告将从三方面展开论述：软装市场经营成果、软装市场经营机制的转型与突破、软装市场创新探索。第一部分介绍软装市场的经营成果，分析软装市场产品结构与发展趋势，描绘软装市场的发展规模。第二部分介绍我国软装市场经营机制的转型与突破，透过不同阶段的经典案例，将我国软装企业的经营机制总结为两大类：创业型企业和战略型企业。其中，创业型企业包括回归自然型、中西结合型和"互联网＋"型；战略型企业包括开放共赢型和平台转型式企业。第三节展望我国软装市场发展的新路径——物联网和社群经济，并以"租售同权"的政策理念为背景为软装企业发展提出建设性建议。本报告认为，在新的宏观经济与政策影响背景下，传统的"价格战"将逐渐失去优势，引入技术资本和个性化的产品服务创新，将成为软装企业抢占市场的新契机。

关键词：　软装市场　创新　转型　技术　服务

一 软装市场经营成果

（一）软装市场发展规模（2008～2015年）

在 2016 年的《软装市场发展报告》中，我们预测，软装行业的产值估值将达数千亿元。国家统计局公布的数据显示，2015 年，全国布艺市场成交额达 5954.81 亿元，家具市场成交额达 2093.84 亿元，灯具市场成交额达 199.75 亿元，花卉绿植市场成交额达 406.31 亿元，字画市场成交额达 2.24 亿元，总计 8656.95 亿元。图 1 呈现的是 2008～2015 年全国软装市场成交总额与增长率。从 2008 年开始，我国软装市场成交总额逐年上升，到 2014 年达到接近 9000 亿元，2015 年略有下降，维持在 8000 亿元以上。2008～2014 年的增长率处于 5%～25%，2015 年出现负增长；2009～2011 年增长率的波动较大，2012 年之后增长率趋于稳定。可以说，经过 8 年时间的探索，全国软装市场从"疯狂迈进"慢慢走向"理性发展"。受宏观经济态势影响，预计未来几年，软装行业将进入一轮新的"洗牌期"。新的生产要素随着宏观政策与市场需求的变化慢慢浮现，目前我们可以做出的初步推断是，除投融资之外，质量、服务和技术将成为软装行业新的资本元素。

（二）软装市场产品结构与发展趋势

2016 年的《软装市场发展报告》将家具、灯具、字画、花卉绿植、布艺等五类装饰产品作为我国软装市场的主要产品结构。本部分将继承 2016 年的概念分析模式，持续追踪接近十年的各类软装产品的统计数据，回应 2016 年《软装市场发展报告》的分析和预测。

2016 年，根据国家统计局数据，我们分析了 2011～2014 年五年间软装产品结构的年度成交额增长率。数据呈现的结果显示，2011～2014 年，我国软装市场总成交额总体上呈上升趋势，除字画市场外，布艺市场、家具市场、灯

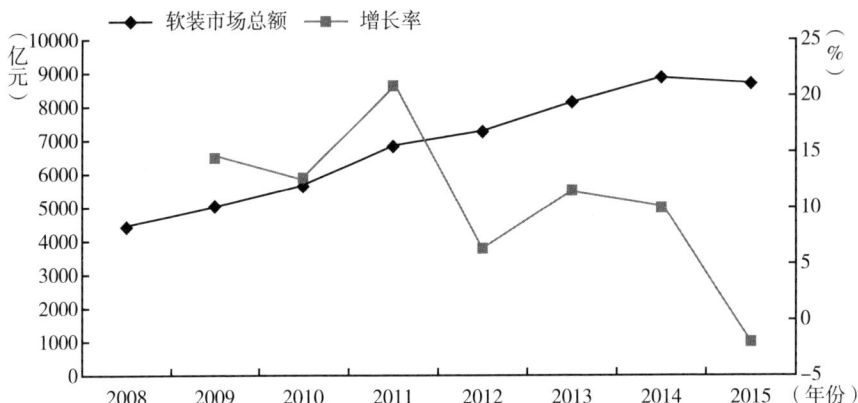

图1 软装市场成交总额与历年增长率

资料来源：国家统计局官方网站，http：//data. stats. gov. cn。

具市场和花卉绿植市场的年度成交额增长率都比较平稳，集中在5% ~10%的区间内。字画市场的增减幅度较大，处于调整过渡期；其他各类产品市场自2011年后进入平稳发展期。① 那么，软装市场在平稳发展期的发展情况如何？

图2呈现的是2008 ~2015年我国软装市场各产品年度成交额。其中，规模最大的是布艺市场，连续8年成交额超过3000亿元，2014年突破6000亿元，成为历年市场成交额的峰值，2015年略有下降，不过仍突破5500亿元大关，成为软装细分市场中的领头羊。家具市场规模一直在稳定中上升，从2008年的800亿元增长到2015年的2000亿元，可以看出家具市场持续增长的势头。从全国市场的整体规模看，灯具市场和花卉绿植市场的规模虽不能与布艺、家具市场相媲美，但是放在软装行业内，灯具和花卉绿植市场依旧占有不小的比重，并且历年来皆呈增长趋势，这一趋势显示了国内市场对灯具和花卉绿植作为装饰物的接纳。字画是众多软装产品中较为特殊的一类，从图2看，字画的市场成交额变化幅度极大，2008年和2009年成交额不足2亿元，2010年却激增至13亿元，这是任何一类软装产品未曾发生过的现

---

① 张旃旎：《软装市场发展报告》，载《中国建筑装饰行业发展报告（2016）》，社会科学文献出版社，2016。

象，但 2011 年后，突然急速缩减至 3.85 亿元，到 2015 年继续缓慢下降至 2.24 亿元，基本退回到 2008 年和 2009 年的成交额规模。字画市场成交额在过去十年间产生的波动较大，其背后的影响因素较为复杂，在此不作为重点展开论述，不过其未来的成交额将趋于平稳态势还是继续下滑，仍有待观察。

总体上，我国软装市场在 2010 年前后进入急速发展阶段，其后，特别是 2012 年之后，各类产品市场皆进入调整期，无论是字画市场的低迷态势，还是布艺市场的稳增趋势，我们都将其视为市场自我调节的必经过程。

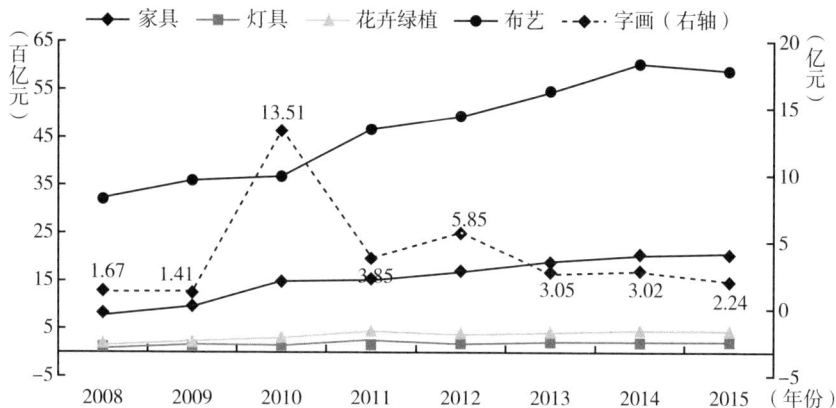

图 2　软装市场产品结构年度成交额

资料来源：国家统计局官方网站，http://data.stats.gov.cn。

（三）建筑装饰行业龙头企业的软装发展规模——苏州金螳螂

前面我们主要描述了全国的软装市场规模与发展态势。这里我们将以一个具体的企业案例作为样本，观察我国建筑装饰行业的龙头企业——苏州金螳螂建筑装饰股份有限公司（简称"金螳螂"）在软装领域的经营收入数据，分析金螳螂过去五年在软装领域的发展情况，以及是否与行业整体发展形势相吻合。

图 3 呈现的是金螳螂 2012～2016 年装饰产品和设计产品的经营收入数据，数据来源于金螳螂公司发布的企业年报。先看装饰产品。由于装饰包含硬装饰和软装饰两个部分，并且年报中并没有区分硬、软两种装饰产品的具体经营收入份额，我们在此将装饰作为一个整体变量看待。图 3 显示，从

2012 年到 2016 年，金螳螂的装饰产品收入呈增长态势，且整体收入规模超过百亿元，除 2015 年略有下降之外，其余年份皆呈现增长趋势，2014 年的装饰产品经营收入达到峰值，2016 年比 2015 年略有上升。总体上处于平稳发展态势。再看设计经营收入。软装设计与室内设计既有相似处，也有不同，由于年报中并未将室内设计与软装设计明确区分，在此我们也将设计作为一个整体的变量进行趋势考察。图 3 显示，2012 年，金螳螂的设计经营收入达 56.95 亿元，其后的 2013～2016 年的经营收入皆处于 12 亿～15 亿元，虽然与 2012 年相比下滑明显，但是能够保持平稳的经营数额。较为特殊的情况是，2012～2013 年，金螳螂的装饰经营收入从 119.5 亿元增长到152.55 亿元，设计经营收入却从 56.95 亿元下滑到 12.81 亿元。金螳螂的装饰经营收入自 2012 年开始上涨，保持在 150 亿元上下，设计经营收入从2012 年的峰值滑落到其后的 13 亿元上下。

总体上看，金螳螂的装饰和设计经营收入的五年变化趋势基本与图 1 和图 2 呈现的全国软装市场发展趋势一致，透过宏观数据和金螳螂的个案数据，我们可以得出初步的结论：第一，软装市场的发展，随宏观经济态势的变化而变化；第二，软装行业已经步入平稳发展期。我们将在下文讨论软装企业如何突破发展瓶颈，试图为软装行业的发展找到新的市场突破口。

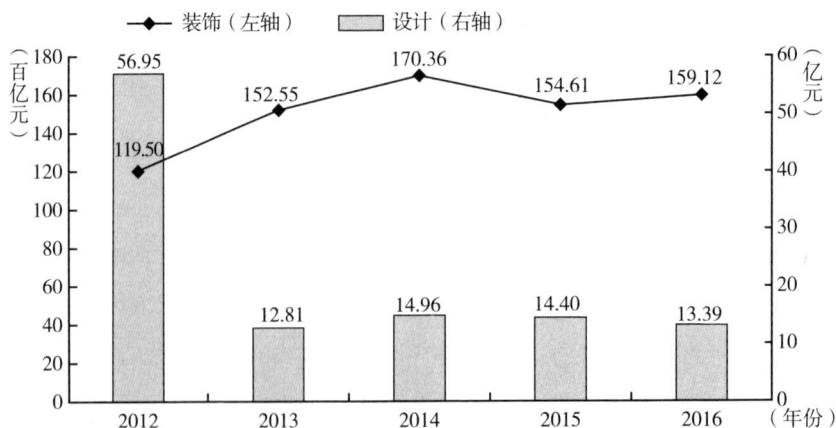

图 3　苏州金螳螂建筑装饰股份有限公司装饰和设计经营收入统计（2012～2016 年）

资料来源：苏州金螳螂建筑装饰股份有限公司年报。

二 软装市场经营机制的转型与突破

（一）创新驱动机制

目前，国内的软装行业还没有形成统一的行业规范。软装在大型装饰装潢公司内部常常被看作众多业务中的一类。同样，专业的软装企业也为数不多，常常与室内设计混为一谈。21 世纪初，在以深圳为核心的我国南方地区，涌现一批小型软装企业，公司的创始人多为新锐的年轻人，公司也多以"XX 工作室""XX 设计室"为名，以设计之名，行软装之实。可以说，他们是软装行业创新领域中最早一批敢于"吃螃蟹的人"。本部分搜集了部分软装创业者的创新案例，并将其分为三类：回归自然型、中西结合型和"互联网＋"型。

1. 回归自然型

20 世纪末，软装陈设设计引入中国，在一部分较为前沿的设计师群体中流传，属于一种"小众"文化。[①] 这一时期的软装陈设风格受西方影响，强调"回归自然"，西方典型的软装风格美式风格、东南亚风格、地中海风格等，都具有追求自然、逃离工业化的风格特点。

伶居设计，创始人罗艳，成立于 2002 年。"伶居陈设"是广州第一批纯软装陈设设计公司，后于 2008 年创立第二个装饰性布艺品牌"伶居布艺"。2011 年，伶居设计创立旗下独立品牌"放学回家"，这是一个以亲子为主题、手作体验为特色的全新零售概念空间，关注城市生活的日常之美，突出城市生活中的人情关怀。现实生活和旅游见闻，是罗艳将伶居设计从原先的布艺陈设到转型做主题软装陈设的主要创意来源。[②]

---

① 张旖旎：《软装市场发展报告》，载《中国建筑装饰行业发展报告（2016）》，社会科学文献出版社，2016。
② 罗漫、李薇：《生活才是设计的源本——采访伶居设计总监罗艳》，《现代装饰（家居）》2015 年第 6 期。

"家文"花艺品牌，创始人黄建文，于2004年创立。花艺设计是"家文"软装陈设的重要组成部分，黄建文的花艺店将不同的花艺主题区分在不同区域，入门处的黑白区域是童话世界主题，导入3D布景的设计理念，融入各色花卉，还有沙龙区域和工业风区域。"将花艺生活化，将艺术生活化"是黄建文创立"家文"品牌的核心理念。制作仿真花是"家文"的主营业务，美观耐看、保养方便，传递的是表达自然、尊重自然的环保精神。目前，"家文"的经营领域已经扩展到酒店、商场、样板房、婚纱影楼，正在往空间花艺设计的方向发展，迎合客户的多样化需求。①

鸿艺源设计，创始人郑鸿，2005年开始创业。鸿艺源以美式风格为主要设计样板，旗下著名的"秘密花园"家居设计方案，以绿植为主题，注重绿色环保，回归自然，"人与物，人与家具，人与自然相融合"是"秘密花园"向用户传递的理念。郑鸿认为，软装环保需要具备两大要素：一是人自身的环保，室内环境中不应该存在有害物质，设计和材料的选择应以人的健康为首要条件；二是对自然环境的保护，产品设计应采用对自然环境损害较小的材料。郑鸿的妻子徐静主要负责室内设计中的软装陈设设计板块，她主持的"十雅谈摆设秀"《幻镜》空间艺术设计，用PVC管做造型养花，用镀锌管加木头做家具，同样在软装陈设中强调回归自然的设计理念。②

20世纪末期的软装行业创新者，他们以西方的软装陈设文化为学习对象，将其引入中国，成为当时国内室内设计领域走向创新的弄潮儿。在当时的环境下，他们的经营方式依然是传统的实业经营模式，还未曾与技术创新、互联网平台等信息化行业对接。不过，他们的身体力行，为中国用户接纳软装、开拓软装市场奠定了坚实的基础。

2. 中西结合型

近几年，中国传统的文化元素成为各大设计领域的新宠儿，软装行业也

---

① 陈雅男、范嘉苑：《花匠独白：让花艺走进生活——访家文花艺创始人黄建文》，《现代装饰（家居）》2016年第6期。
② 陈雅男、李薇、张萍萍：《金牛先生的"秘密花园"——访鸿艺源建筑室内设计创始人郑鸿》，《现代装饰（家居）》2016年第5期。

顺势而发，创立"新中式风格"。"新中式风格"绝非纯粹地复制中国传统设计图案，而是结合了西方的人机技术，融入中国传统文化的设计元素，成为一种独特的软装设计风格。

深圳市中熙设计有限公司成立于 2010 年，创始人郑熙，是一位具有西方文化背景的年轻设计师。郑熙在创业初期，提出"艺术创业论"和"亚洲当代设计理念"，他认为，将"尊重传统、崇尚自然、含蓄优雅、简洁舒适"的美学观念转化为设计语言，能够呈现精神的传承和文化的魅力。中熙设计的英文名是 WEST&EAST，音译为中熙，一语双关。中熙的含义是，希望传递东方文化与西方文化交汇碰撞出的力量，东方人追求意境、喜悦和圆满，而汇合全世界通用的语言，则会使东方人觉得美，西方人觉得妙。中熙设计同时提出"亚洲美学、亚洲设计、亚洲智造"的经营和设计理念，以售卖艺术品、设计家具和生活美学产品为主要经营方式，力图传递中西结合式的设计理念。

孔武设计，创始人孔武，主要业务是生产中式风格的原创家具。孔武的设计理念是"物本造"，他认为，好的家具需要具备三个条件：用最少的材料，符合人体工程学，符合当代生产工艺。此外还要带有人文精神元素，将传统与现代结合。"物本造"在设计中融入北欧的调性以及 Art-deco 元素，整体风格偏向中国风。以"物本造"为基础，孔武举办了题为"拙院"的展览，生产国内原创产品，期望国人未来会有自己的、有国际影响力的家具，既符合国际审美需求、符合年轻人的需求，也有本民族的东西。这一点，与郑熙的中熙设计不谋而合。

孔武认为，透过中国漫长的历史，中国传统的家具承担着仪式感。中国传统家具不是把人体工程学放在第一位，所以明清家具的舒适性比西方的家具弱很多。比如，中国太师椅的靠背不像西式椅子那样带有与人体工程学相关的弧线，它是垂直的，是为了迎合"坐有坐相，站有站相"的古训，实际是在约束人的坐姿。根据太师椅的形态，孔武设计了竹节椅。竹节椅以宋代椅子为创意源头，运用穿钢工艺制作，外面是胡桃木，里面是金属，一套程序下来，看不出任何拼接的痕迹，制造出类似宋代清雅飘逸的风格。①

"做减法"和"留白"，是2017年软装设计的新潮流。有着十几年履历的软装设计师张思萌说，软装设计的竞争考验的是设计师的搭配能力，设计方案能够打动客户，满足客户的心理，做出客户喜欢的方案。现在流行的"留白"设计，是过去没有的。过去，墙面上要涂上各种颜色的乳胶漆，贴上壁纸、护墙板和石膏线条，制造富丽堂皇的视觉效果；现在，白色的墙面作为唯一的背景凸显出来，不再搭配复杂的花色和材料，搭配素色沙发、彩色抱枕和几本书，表达简约、精致的生活感，这是中国传统文化与西方设计风格的结合，凸显的是中国文化"留白"的魅力。

3."互联网+"型

2015年，"互联网+"理念下的软装企业异军突起，吸引了众多创业者和投资者的眼球。经过一年多的洗牌，互联网软装企业意识到，线上经营需要线下实体作为支撑，互联网软装企业正在摸索能够"健康成长"的经营之道，投资也趋于理性。

麻麻木（Mamamoon）家居创立于2015年，创始人梁乐乐，2016年正式上线。只做线上营销的麻麻木，用以吸引消费者眼球的，是产品的独特创意，而不是传统的"价格战"。"麻"代表刺激、麻辣，"麻木"则代表人们生活状态的麻木感。"麻麻木"意在刺激人们生活中的麻木感，把有意思的产品带给消费者，在使用产品的过程中与用户产生小互动，刺激国内年轻人渐趋麻木的日常生活和消费体验，让生活不再被古板、雷同、廉价的物品包围，表达情绪化、年轻化和艺术化，让用户感受到设计的美好。麻麻木的创意软装产品，来源于国内外不同的产品设计公司，可以说是"仅此一家"。

麻麻木的经典软装设计产品有三种。

（1）鲸鱼枕头。由The Rise and Fall（意译：扬抑）公司设计，根据鲸鱼的真实造型设计，用户睡在床上就能听到海浪和鲸鱼的声音，用料纯棉，

---

① 陈雅男、李薇、张萍萍：《跨界设计人——访原创家具品牌"物本造"创始人孔武》，《现代装饰（家居）》2016年第5期。

柔软舒适，结合了趣味性和舒适性，创新性的设计让单调的生活变得活泼开心起来。

（2）Oops！Lamp！（哟！灯！）。由 mamamoon＊yueue Design（音译：麻麻木＊悦悦）公司设计，是一款鬼马拉环吊灯，当用户拉下拉环时，灯泡会在灯光亮起的同时顺势落下，用户刹那间会产生紧张感，随即又会因真相而捧腹大笑。拉环吊灯的设计使用户产生具有对比性的情绪反应，让日常生活变得更加愉悦。

（3）Oven Mitt（微波炉手套）。这是一款微波炉防热手套，由 Stuart Gardiner（斯图亚特·加德纳）设计，这幅设计图案是一副常见的微波炉防热手套的设计图样，手套正面是手的图样。女人的手上涂着缤纷的指甲油，戴着夺目的钻戒和精致的手链；男人的手则刻画不同样式的文身，表达对生活的热爱。①

对于麻麻木而言，如何区分它是一家"网店"还是互联网软装企业？仅从生产—销售的角度看，麻麻木的确是一家网店，并且是高级家居产品的分销店。但是，如果从产品形式的角度看，麻麻木则不单是一家网店这么简单了，其销售的产品，在功能上属于家居用品，在设计上属于装饰搭配用品，用产品传递思想，既符合软装搭配的基本理念，也顺应了家装行业"重装饰轻装修"的大势。因此，我们将麻麻木视为互联网软装企业，其经营形式，与爱软装、美空间等打包型互联网软装公司大有不同，麻麻木的出现是对互联网软装经营形式的再度刷新。

（二）战略升级机制

转型升级，是企业管理的战略性步骤。软装行业在传统家装中一直处于"被属于"的状态，专门的软装设计企业极少，而以软装设计为业务核心的公司，在当下互联网大潮的影响下，选择怎样的发展路径则显得愈发关键。

---

① 范嘉苑、彭旭华：《给生活来点"麻辣"灵感——对话线上家居店麻麻木创始人梁乐乐》，《现代装饰（家居）》2016 年第 11 期。

这里将对两家企业的战略升级机制进行分析：浩天装饰，一家以设计为主营业务的装饰公司，在时代发展过程中不断更新企业发展战略；海尔集团，一家传统的制造业企业，近年来进行大刀阔斧的企业管理改革，从生产产品转型孵化中小型企业，其触角也深入了软装设计领域。

1. 浩天装饰——开放共赢

浩天装饰，创立于 2000 年，创始人邱斌。浩天装饰近 20 年的发展历程可以视为一部软装企业的战略发展史。创业初期，浩天装饰主营设计业务，它们瞄准的是当时深圳的建筑装饰市场；两年后，浩天装饰开始接手工程项目，组建施工团队；2005 年，浩天装饰进行优化重组，走上战略发展道路，设计五年发展规划；2011 年，第一个五年发展规划完成后，浩天装饰进入第二个五年，在具备相应的企业规模的基础上，浩天装饰开始开设专门的软装设计院、家具体验生活馆、软装设计施工公司等实体企业，布局珠三角；2015 年，浩天装饰投资创办了自己的网络平台——九九家居网，与腾讯大粤网、房天下等线上平台确立战略合作关系，网站主营广告业务和平台推广，并同时开设线下体验馆；2016 年，浩天装饰与苏宁易购、星河智善生活、京东商城确立战略合作伙伴关系，全面铺开线上与线下的交汇经营。

九九家居网为浩天装饰带来的，不仅是"互联网＋"形式上的转型，更是一种开放共赢式的经营战略的转型。在"互联网＋"的推动下，浩天装饰运用自家九九家居网的平台优势，与线下建材厂达成合作，构建 F2C 模式，以低价格、高质量和售后服务占据珠三角市场。不过，F2C 模式已经不再具有突出优势，因为大大小小的互联网家装平台都有能力与建材工厂、原料产地达成合作，如万科—链家装饰、美乐乐家居、齐家网、土巴兔等，在新一轮市场竞争中，价格战的优势将会越来越弱。

脱离"低价竞争"的保护伞，未来，产品质量和销售服务将是软装企业打开市场的突破口。浩天装饰加入互联网大潮后，深知互联网的平台属性需要落脚点和支持点，落脚点是完善的售后配套服务，支持点则是选择质量好、性价比高的供货商。以产品质量吸引顾客，以售后服务维护顾客，拓展线上、线下的营销渠道，这是目前浩天装饰战略发展的进程。

浩天装饰在战略转型时期构建了一个"开放共赢式"的发展平台，以九九家居网为例，浩天装饰的"三赢理念"是客户赢，企业赢，平台赢。客户赢指为消费者提供高质量的服务、满足消费者需求、提供性价比高的产品；企业赢指的是，不仅浩天装饰利用九九家居网的平台盈利，属于平台的装饰装修企业都要盈利，浩天装饰放手一部分利润，为消费者和竞争对手让利，与平台上的企业共享利润，逐渐形成战略合作联盟；平台赢指浩天装饰未来要将九九家居网打造成独立的平台，走出浩天装饰，走出珠三角，走入更广阔的市场。①

我国家装行业虽然步入了转型创新的行列，但并未形成占有市场话语权的有利局面。中国建筑装饰协会副会长张京跃说，在定制家装领域，甲方和乙方的地位并不平等，乙方仍以满足甲方要求为主要营销方式，设计师的话语权就更少了。类似的情况，设计师张思萌也提到过，她说，室内设计主要是满足客户的需要，摸准客户的心理，做出客户满意的方案。张京跃认为，目前家装的业态将逐渐瓦解，从建筑施工企业演变为生活服务型企业。按照张京跃的预测，软装行业则更有可能向服务业转化，涉及材料装饰、颜色搭配，设计师与其提供设计方案，不如提供专业化服务。

2. 海尔集团——企业转型

海尔集团作为中国传统工业制造业的龙头企业之一，在互联网大潮的影响下，走上新一轮企业转型发展轨道。这一次的转型，是海尔企业管理模式的本质性变革，从垂直管理转型网络管理，从制造业企业转型平台企业。无论是企业管理模式，还是产品的制造，海尔集团都围绕着"创新"一步步规划。

企业转型需要尝试的勇气。2014 年 8 月，海尔集团发布 2014 年半年报，报告显示，海尔集团 2014 年上半年营业收入 470.01 亿元，归属于母公司股东的净利润 25.77 亿元，分别同比增长 9.16% 和 20.84%，这意味着，海尔集团在迈向平台型企业转型中走出了成功的第一步。

---

① 陈雅男、李薇、张萍萍：《当传统家装遇见互联网——访浩天董事长邱斌》，《现代装饰（家居）》2015 年第 11 期。

海尔集团构建了两个以创意为核心的平台：HOPE 海尔开放创新平台和 IDEA 海尔众创意平台。HOPE 平台以孵化创客为主，IDEA 平台以搜集和奖励创意为主。

海尔集团拥有自己的创新设计团队，从 1994 年开始，海尔集团的创新设计团队开展大量技术研发实验，涉及白色家电、信息电子、通信及数码产品、交通工具、建筑及环境、家居集成、展览展示、平面广告等多个领域，到今天，走在行业设计创新引领的最前列，成为 HOPE 平台的核心力量。HOPE 平台着重开发资源交互和项目开放合作，实现外部技术资源、合作伙伴在集团内部的资源开放共享，让内外部业务合作更加规范、高效、公平、公开。IDEA 平台吸引了无数创客、学者、技术人员，甚至学生也得到了展示创意的机会。在平台上，创业的门槛变得很低，最重要的要素便是"创意"，有了具有开发潜力的"创意"，创客便可在平台的帮助下获得技术支持、资金支持和人力支持。"让员工自己可以成为一个企业"，张瑞敏在《天下》杂志采访中表达这样的观点。

创意平台的力量持续发酵，全国的创客在海尔集团的创意平台上为家居设计提供了源源不断的"金点子"。比如，杜佩为小户型设计的可折叠便携桌，这种具有六条腿的便携桌有三种折叠方式：完全站立时可用作普通餐桌；腿部折叠后可用作茶几；桌面可折叠成大、小两种面积。螺丝连接，方便拆卸。李晓鹤设计的名为"大珠小珠落玉盘"的梳妆台，这款梳妆台以竹子为原材料，融合现代工艺，具有防腐蚀功能。将镜子、置物台和灯具设计成水滴状，置物架采用河水造型，灯具采用智能灯光，镜子内置智能电脑，为用户搭配服装造型。诸如此类，不胜枚举。海尔集团为创客打造的，是共赢—开放的企业格局。作为以技术引进为起点的企业，海尔集团的自主创新能力演化是以二次创新能力为起点，向集成创新能力过渡，最终走向原始创新能力的动态累积过程。①

---

① 许庆瑞、吴志岩、陈力田：《转型经济中企业自主创新能力演化路径及驱动因素分析——海尔集团 1984～2013 年的纵向案例研究》，《管理世界》2013 年第 4 期。

如今，海尔集团企业管理结构已经全面打破，从传统科层制转换为一种多元创业生态。海尔集团踏准了时代的节拍创造未来。张瑞敏在访谈中说，"物联网提出来到现在一共有 18 年的时间，国际上预测 2019 年或者 2020 年会出现引爆，我希望全世界物联网引爆那一刻由海尔来引领。"张瑞敏对于物联网的期待，与本部分对于软装市场发展的预测和分析不谋而合，下一部分将围绕物联网和社群经济介绍软装市场的创新探索路径。

三 软装市场创新探索

（一）物联网

2016 年，软装行业大范围引入"物联网"概念，作为技术资本的一类，物联网的纳入是我国软装企业面临的新一波技术升级。物联网，说到底仍是互联网，只不过，物联网的终端连接的不再是工具性的电脑，而是生活化的产品。比如，生活中常见的"手环"，搜集人体心跳、血压、运动量等数据，以测量人体健康指标。在软装行业，物联网的应用正在起步，除了资金投入，技术投入是物联网软装最为核心的资本要素，从生产—销售环节的角度来看，物联网软装包含的主要技术有：智能产品设计、大数据应用和互联网营销。本部分将以壹仟零壹艺和美乐乐家居为例，阐述软装企业在物联网领域获取发展空间的可能。

1. 壹仟零壹艺

在软装产品设计和大数据应用方面，壹仟零壹艺尝试大胆的突破。壹仟零壹艺以互联网平台为基础，打造了一个属于企业自身的 5D 硬软装 BIM 系统，应用 DICA3D 和保质压缩引擎技术，匹配上万产品数据信息模型，将设计、装修、选材、定制做到一体化，并将 3D 模型在移动端 360 度全方位展示，使顾客体会"所见即所得"的感受。在产品设计上，壹仟零壹艺给予用户两种选择：第一种是直接选择集成软装方案，即一套已经设计好的软装搭配方案，用户根据自己的喜好和价格选择相应风格的产品；第二种是用户选择设计师，预约设计师看房、规划设计方案、沟通和修改效果图，最终确定软装搭配方案。壹仟零壹艺通过打通产品供应链打价格战。2015年，壹仟零壹艺整合了300多家OEM工厂，2016年又与1000家建材工厂合作，直接接单服务，绕开中间商，即F2C（从工厂到用户）模式，这样一来，壹仟零壹艺的产品售价比市场价降低将近一半，工期也缩短至1~2天。壹仟零壹艺打造的全产业生命周期平台，使管理和营销实现线上与线下的耦合，未来将进一步实现智能化管理，使软装搭配成为用户的生活习惯。①

2. 美乐乐家居

美乐乐家居是较早对物联网产生"反应"的家装企业。早年间，美乐乐在淘宝网开设线上店铺，淘宝店可以称得上物联网软装的"元老"了。智能手机普及前，用户在电脑页面浏览软装搭配；智能手机普及后，用户可以随时随地浏览线上店铺，选择软装产品。2008年，美乐乐建立B2C网站，主要提供建材、家电家具销售、装修服务，此时的美乐乐采取的是自主销售模式。2011年，美乐乐开启O2O营销模式，"线上销售，线下体验"，线上运行"美乐乐家居网"，线下开设大量"美乐乐家居体验馆"，美乐乐家居网成为集装修、家具、建材、家饰家纺等多种产品与服务为一体的"一站式"家居综合平台；美乐乐体验馆既是与美乐乐家居网一体联动的线下实体平台，也是美乐乐贴近市场和服务消费者的"实体终端"。美乐乐的收入主要来自三个方面。第一，商品销售的收入。建材、家电、家具等商品的销售收入是其主要销售来源，根据美乐乐公布的数据，2014年，其销售收入达20亿元。第二，向合作的装修公司收取一定比例的费用。第三，O2O平台流量费。2014年，美乐乐开设292家体验馆，遍布全国190余座城市，体验店平效达1万~1.2万，注册会员达1000多万。

美乐乐的核心竞争力在于四个方面。第一，线下体验馆遍布全国。第二，体验馆定位明确，选址科学、布局合理，吸引大量消费者。第三，自主经营的建材、家电家具品牌采取委托加工模式，全球代购，性价比高。第

---

① 张俏：《软装企业借"互联网＋"谋新局》，《中国房地产报》2016年3月7日。

四，应用大数据技术于供应链体系中，积累销售数据，预测各类产品在各地的销售数量，以此进行订单确认及运输，降低库存成本、运输成本和时间成本。①

物联网软装，满足的不仅仅是软装企业在生产端的低成本和销售端的订单量，更为有意义的是，物联网能够深入软装生态圈的每一个环节，解析人们的生活方式与心理需求，为软装企业提供珍贵的数据，使企业为用户设计人性化的产品和提供完善的服务，使软装企业从工业产业类企业逐渐过渡为生活服务类企业，这是物联网软装的核心所在，当然，这条路仍需行业内的创新者不断探索。

（二）社群经济

"社群经济"的概念源于美国网络行销专家艾瑞克·奎尔曼，他将社群网站视为企业与消费者交流的核心媒介。之后，市场营销大师菲利普·科特勒更新了消费者的概念，他将消费者视为"整体的人""丰富的人"，而不再是简单的"被营销者"。营销逐渐被升华为一种能够产生精神共鸣与价值认同的社会行为，而产生精神共鸣与价值认同的群体则是各类社群，基于社群形成的商业形态就是社群经济。②

目前，社群经济已经被运用在各行各业的营销过程中，以微信、微博、贴吧为核心的社群载体成为企业寻找社群市场的重要途径。软装行业在2015 年前后疯狂涌入互联网，许多大中小企业纷纷搭建自己的互联网平台。但是，现实情况是，互联网软装企业的存活率仅有 1%，在没有实体经济基础作为支撑的情况下，许多创业企业在完成 A 轮、B 轮、C 轮融资后，由于不具备可持续发展的能力，纷纷撤离软装行业，真正能够存活下来的，依旧是在实体软装或实体家装行业已经站稳脚跟的实力派企业。在以低价竞争为核心的 F2C 模式已经逐渐失去优势的情况下，互联网软装企业需要挖掘新的营销

---

① 郝丹：《中国建筑装饰行业发展的新趋势》，载《中国建筑装饰行业发展报告（2016）》，社会科学文献出版社，2016。

② 何方：《社群经济与企业转型发展》，《浙江社会科学》2016 年第 2 期。

资本，提升市场竞争力，而社群经济就是互联网软装企业需要抓住的抓手。

虽然 2015 年全国软装市场成交额已达 8000 多亿元，但实际上软装装饰、软装搭配市场仍未被完全开拓出来。国内的一些综合性电商开始将目光聚焦在软装搭配行业，如淘宝网、苏宁易购、京东家居、篱笆团购、长物志家居等，这些电商平台都开设了专门的软装搭配频道，展示和销售软装配饰。有的装饰装修企业利用微信、微博、手机 APP 等移动社交平台进行营销推广，比如北京美得你装饰，在微信平台投放大量广告，并开发微信公众号，推送企业咨询，吸引微信用户的关注。

情感沟通是社群的重要特点，而社群消费则逐渐成为一种生活方式。人类在本源上具有群体趋同的本质，从远古时代的族群、部落，到现代社会的社区、组织，都是人类群体趋同的表现，而维系群体存在的，则是价值认同的匹配。以微博为例，当某个社会新闻得到大量用户关注和点击的时候，数据会将其送上"热搜榜"，无论上榜的是人还是物，其背后会产生巨大的经济效益，而将他们送上榜单的，本质上就是社群产生的价值共鸣。

软装企业想要抓住社群经济的发展契机，则离不开社群交流，社群交流是释放社群关系网的重要途径。获取社群关系网，能够降低软装企业"寻找用户"所需耗费的成本，提高企业运营效率；社群关系网还能够帮助潜在用户即时获取产品咨询，同时节约了企业的营销成本。初创企业往往面临零开始、零品牌、零用户等成长的烦恼，起步低，压力大。[①] 创业企业想要拓展更广阔的营销群体，首先要尊重和重视用户，开通用户反馈渠道，增强社群黏性，及时搜集用户对产品质量和销售服务的意见，摸清消费者心理，构建企业自身的用户群，并积极调整营销策略，快速形成市场。

（三）"租售同权"政策下的软装市场发展预测

1. "租售同权"政策

2017 年 7 月 17 日，广州市政府发布的《关于印发广州市加快发展住房

---

① 何方：《社群经济与企业转型发展》，《浙江社会科学》2016 年第 2 期。

租赁市场工作方案的通知》中提到"积极支持租赁住房方式，加快构建租购并举的住房体系；鼓励发展现代住房租赁产业，催生新的经济增长极；规范住房租赁市场，夯实经济社会长久向好发展的住房基础"。①

2017年7月18日，住建部等九部门联合发布的《关于在人口净流入的大中城市加快发展住房租赁市场的通知》指出，要"充分认识到加快推进租赁住房建设、培育和发展住房租赁市场，贯彻落实'房子是用来住的、不是用来炒的'这一定位"。并选取了广州、深圳、南京、杭州、厦门、武汉、成都、沈阳、合肥、郑州、佛山、肇庆等12个城市作为首批试点城市。合肥、武汉、广州、沈阳等城市接连出台相关政策，开展试点工作。②

2017年7月26日，住建部有关负责人公开表示，将通过立法，明确租赁当事人的权利义务，保障当事人的合法权益，建立稳定租期和租金等方面的制度，逐步使租房居民在基本公共服务方面与买方居民享有同等待遇。

"租售同权"政策的推进，对于租赁管理者而言，政府与市场第三方关注的是如何配合推进租赁工作；对于租赁者而言，他们所关注的是能够享受基本公共服务、基本公民权利以及租赁房屋的生活质量；对于租赁市场链条的下游企业而言，如何拓展租赁市场的装饰装修业务，作为一整套环环相扣的商业运作环节，拓展市场和获取利润是装饰装修企业更为关注的领域，这也是本部分内容的关注点所在。

2. "租售同权"政策与软装市场创新发展的可能性——魔方公寓

魔方公寓成立于2009年，作为中国首家连锁集中式长租公寓运营商，魔方公寓是魔方（中国）生活服务集团在中国境内的全资公司，目前已经在中国公共租赁领域发展8年之久。魔方公寓致力于通过打造以公寓为核心的生活服务平台，为都市白领提供长期独立居住的解决方案。魔方公寓目前在北京、上海、广州、深圳、南京、武汉、苏州、杭州、成都、西安等全国15个大中型城市内拥有150多家直营门店，房量超过2.2万间，为近4万名

---

① http：//www.gz.gov.cn/gzgov/s2812/201707/3cec198881d44d33a80a145ff024a164.shtml.

② http：//www.ndrc.gov.cn/gzdt/201707/t20170720_855088.html.

住户提供租住生活服务。到 2016 年底，魔方公寓的门店总量已突破 300 家，经营规模位居行业首位。

魔方公寓的营销产品已经切入租赁领域的各个细分市场，运用其综合运营能力为精英人士、白领、企业基层员工提供安全、便捷、舒适、友好的租住解决方案，通过"聚焦租住本质"的产品及系列增值服务业务，打造以公寓为核心的生活服务平台，构建全新租住生态圈。同时加快整合各大城市的物业资源进行公寓化连锁经营，向中国"新租住时代"的标杆级企业目标迈进。魔方公寓的地理位置选取于一、二线城市的人口密集区域、办公楼聚集地及大型科技/工业园区周边，交通位置基本位于距离地铁站 1 公里范围内，周边配套丰富、生活便利。魔方公寓为租户提供标准化家庭式装修，家居、家电齐全，装饰风格多元化，给予租客更多选择。魔方公寓的租金，一线城市定价 3000～6000 元/月（如北上广深），二线城市 2000～4000 元/月，每一户的使用面积在 25～35 平方米，独立卧室与卫浴，为租户提供独立、私密的生活空间。在公寓的公共区域，还设有休闲客厅、餐厅、游戏房、健身房等公共休闲娱乐空间，以及酒店标准的安全系统，为租客提供舒适、安全的居住体验。作为集中式长租公寓行业的缔造者及领头羊，魔方公寓凭借首套公寓行业内的标准化产品模型和体系化的管理方式在全国实现了快速复制。

魔方公寓在 2015 年引入"互联网＋"概念，正式启动了"公寓＋"战略，并将公寓定义为线下流量入口，以住宿产品为核心，充分运用互联网技术，通过对生活服务、工作、金融等各类行业资源的整合，为住户提供全方位的生活服务配套，创造出一个全新的公寓生态圈和新租住生活方式。2016年 4 月 12 日，魔方公寓宣布完成 C 轮近 3 亿美元融资。从 2015 年到 2016 年，连续两轮共计近 5 亿美元的融资让魔方公寓成为新兴长租公寓领域的资本宠儿。在强调规模、系统化运营、人才梯队的公寓市场，手握资本无疑是有了快人一步的制胜利器。然而，"快"并不是魔方公寓发展的目的，魔方公寓的第一栋公寓的成立并不是对传统民房租赁的复制，而是为了解决租房者所遭遇的种种痛点。魔方公寓的基因从一开始就和租房者的实际需求牢牢紧扣在一起。

魔方（中国）生活服务集团董事长葛岚先生在签约仪式上说，租房是消费行为，但是租房者未必能获得"顾客就是上帝"的优待。不仅如此，租房者在居住过程中一直处于较被动的角色，相信租过房的人都深有体会。魔方成立的初衷就是想改变这一不合理现状，为租房者提供一个有尊严的租住生活。这与"房子是用来住的，不是用来炒的"的定位实现原则上的一致。

在致力于为青年白领提供长期独立居住解决方案的这几年中，魔方公寓越来越关注到租赁人群的特殊性和租住需求的多样性。因此，在白领公寓的基础上衍生出更多差异化产品很有必要，这其中就有魔方公寓为精英和个性人士打造的中高端公寓品牌。新品牌已有多家门店正在北上广等地筹建。相较于侧重标准、满足基本租住需求的魔方公寓，中高端公寓产品则代表了对个性与精神层面的更高追求，它不但关注租住环境的设计感和私密性，更能切合潜在客群的价值取向、生活背景、居住习惯和文化品位，满足社交、商务、时尚、休闲、娱乐等上层生活需求，提供超前的生活理念和多元化服务配套。专为企业中高管、海归、外籍等租住人群设计的中高端精英公寓的租金范围为6000～12000元/月，是在几千元白领公寓一边倒的中端市场和动辄2万～3万的高端公寓市场中开辟出的一个新价格区间，填补了两极分化的租赁市场的空白，成为中高端租赁市场中的一款"轻奢"产品。

在打破了"高冷"中高端市场的同期，魔方公寓的首套企业公寓产品标准也已建立，并且已经在上海推出两家门店。区别于原有产业园区的员工宿舍，魔方公寓的企业公寓主要是为在城市中心区域工作和生活的专业技术人员和服务行业从业人员提供集体租住方案。魔方公寓的企业公寓一方面解决了一、二线城市中心生活成本高、集体租房难的问题，另一方面也为企业安排员工住宿、优化用工条件提供了理想解决方案。长期来看，企业公寓的普及还有利于帮助政府抵御群租房现象，为稳定城市中心小区治安、还原社区健康发展提供新思路。①

魔方软装。魔方公寓提供的不仅仅是一个居住的空间，还为租客提供了

---

① http：//sh. house. qq. com/a/20160413/022197. htm.

生活的情趣，这种生活情趣大部分由软装饰体现出来。魔方公寓在天猫旗舰店开设了 Start Life 魔方软装生活馆，网店售卖的产品有：软装套装、纺织品、休闲毯、抱枕套、芯类、床垫、床品四件套、餐具、厨房用品、毛巾、浴巾、卫浴用品、装饰用品、装饰画香薰、相框、蜡烛、小黑板、书架、铅笔、布艺垃圾桶、脏衣篓等。魔方软装生活馆是基于魔方公寓的内部装饰衍生出的网络运营终端。在魔方公寓的官网上，租客可以 360 度全景看到公寓内部的全貌，有公共客厅、游戏房、厨房、餐厅、面积不等的卧室、卫浴间等。每一间房间除了基本的硬装修之外，软装的搭配设计也充分表现出来。客房基本分为大面积的一室一厅和小面积的 loft 公寓两类。卧室的设计风格多样，有干净高效的商务风格，有温馨舒适的居家风格，床品和摆设也根据房屋的整体风格设计进行搭配，家具的颜色和摆放形式也是统一的格调。魔方公寓的软装饰搭配物品既可以让租户真实体验，也可以在天猫旗舰店直接购买。这种营销形式无疑放大了魔方公寓的客户群，魔方公寓的租客成为既得的客户，而关注魔方公寓，或者受到魔方软装搭配影响的其他网友也成为魔方软装的潜在客户群。"将魔方搬回家"，也许会成为魔方软装生活馆的另一条营销路径。魔方软装生活馆的设置，比其他以软装设计为主的装饰装修公司多了一项优势，目前市面上的软装体验馆越来越多，不过体验馆终究是偶然性的体验，而魔方软装则是有真实的居住体验为参考，租客的居住感受将成为魔方软装的最好宣传。

在"租售同权"作为一项国家政策正式落地之前，我们更多地将其视为一种理念，即一种保护租客利益的进步理念。早在 2015 年，国家便提倡"租售并举"，魔方公寓嗅到租房行业的发展前景，提前一步试水租住连锁公寓的市场温度。魔方公寓系列产品的打造，将逐步成长为一套完整的生活链条，房子除了为住户提供基本的遮风避雨功能，其内部设计和风格配饰，将成为住户"感受生活""享受生活"的支点。

小　结

在新的经济形势和政策发展趋势下，软装行业正在面临全行业的大转型机遇。经过 2016 年的行业宏观描述和 2017 年的市场创新发展分析，本报告认为，软装行业正在接近两大发展契机：技术资本和服务创新。技术资本主要指互联网技术的引入和智能家居的开发和设计，软装产品不仅在外形上注重设计品貌，还需要增加技术含量，便捷有趣、智慧环保应作为一种设计理念进入软装陈设产品的开发和设计中。服务创新是占领刚需市场的重要经营策略。软装企业的客户群不仅仅是房地产业主，还有各类酒店、商场、连锁公寓等，这些客户群对于软装饰的需求是刚性的，因此，提供个性化的陈设设计方案和周到全面的服务，对于软装企业稳定和扩大客户群有重要帮助。大型企业的转型可以作为一种发展战略逐步实施。本报告以海尔集团的平台式转型为例，向读者展示了一个传统家电类龙头企业是如何转型为平台创新型企业，并在其中培育了软装行业的发展空间，这对于其他大型传统企业具有一定程度的借鉴意义，也对正处于萌芽阶段的创业型软装企业具有鼓励意义。海尔集团的案例说明，在"大众创业、万众创新"的时代，每一个创业者都拥有成功的机会。

对传统文化的继承，为软装陈设设计带来新的灵感。中华传统的审美强调风骨和风韵，而西方的设计则更注重人体工学及实用。将二者的优势结合在一起，形成独具中国风格的软装设计产品不失为一条突破产品瓶颈的极佳策略。对中国传统装饰设计图案的引用和借鉴，不仅仅是简单的模仿，更重要的是吸收和创新，将现代设计手法融入传统图案中。过去盛行于室内装潢的"豪华欧式宫廷风格"已经逐渐被简约清雅的中式风格"平分蛋糕"。对于设计师而言，如何在西方的设计知识背景下抓住中华传统文化的设计精髓，是一项巨大的挑战。道家提倡"师法自然"，其思想运用在软装设计中就是将合乎生态自然逻辑的设计理念运用到人文居室环境中，在设计材料上注重装饰品的环保性，又能营造自然纯朴、返璞归真的"道法"状态。以中华传统文化为背景的软装设计与搭配，展现出中国人不拘古法、气韵生动的美学理念，也表达了中国人对中华传统的文化的自信。

抓紧政策风向，是软装这类新兴行业的走势标杆。本报告以"租售同权"政策为例，向读者展示了魔方公寓的运作理念和魔方生活馆的搭建。

"租售同权"政策并不是一个"激发型"政策，早在2015年，住建部便提出了"租售并举"的概念，而魔方公寓也是在2015年实现了二轮巨额融资，为后期的大规模发展奠定雄厚的金融资本。根据过去的经验，一个行业的龙头企业往往比其他后进企业更具有前瞻性和雄厚的实力，"龟兔赛跑"的情况在企业竞争中往往以"兔子胜利"为结果。软装行业虽然经历了跌宕波折，但是，随着人们收入的不断增加，对于生活质量的要求越来越高，"租售同权"的政策进一步推进了租房者对于生活品质的追求。"房子是租来的，但生活不是"，这句网络流行语深深表达了租房者对于生活质量的追求，而居住环境的质量，特别是居室内的环境，往往由软装饰决定。搭配决定心情，正如我们每天出门要穿衣打扮，居室也需要打扮，软装就是居室的扮相。

综上，本报告认为，产品质量、销售服务和技术将成为软装行业超过低成本和投融资分量的新的资本元素。未来，软装企业想要做大、做强，第一，要重视产品设计，也就是提高产品质量，满足用户的各方面需求；第二，要在产品销售的同时，提供完善的售后服务，让用户"买得安心，用得放心"；第三，加大技术投入，提早进入"智能软装"时代。

设计和材料篇

Reports on Design and Material

B.5

建筑装饰设计市场发展分析

陈晓东

摘　要：　进入现代社会以来，人们的生活方式、居住形式以及城市发展都出现了深刻的变化。必须把建筑装饰放到整体环境中加以研究、设计与应用，才能实现人与自然的和谐，才能有效地防止环境污染和生态破坏。随着收入水平不断提高以及生活条件的改善，人们对居住环境的要求也越来越高，建筑装饰也就不断地得到人们的重视。我国城市居民已经有超过80%拥有了自己的住房，人们对于居住环境的需求正在从必需型向舒适型发展。建筑装饰设计市场发展恰逢其时。

关键词：　建筑装饰设计　整体环境　市场发展

从历史上人类生活过的遗址残留痕迹来看，从最初的穴居生活开始，人类的建筑装饰随着人类的活动而产生并伴随着人类生产、生活的发展水平而不断发展。因此，从这个意义上讲，建筑装饰是人类最早的一项生产和生活的实践。从历史上来看，最初的建筑装饰设计十分简单，尤其是在文字产生之前，其所体现的文化内涵也较为单薄，主要是由人类认识水平、生产力水平相对较低以及社会活动较为简单等因素造成的。从现存的一些保护相对较为完好的古代遗存包括宫殿、楼宇、寺庙等公共建筑装饰作品来分析，仍然可以让人感受到当时经济社会发展的历史影响力和艺术感染力，让身处现代社会中的人们切身感受到人类自远古到近现代建筑装饰发展的厚重与伟大。

进入现代社会以来，人们的生活方式、居住形式以及城市发展都出现了深刻的变化，建筑物的体量不断变大，经济影响力不断加强，社会化程度也逐步提高。因此，要把建筑装饰设计放到整个环境中去考量，才能实现人与自然的和谐，才能有效地防止环境污染和生态破坏。而且，随着科技的日益发展，建筑装饰设计风格、新材料的出现，文化品位、生活需求的变化，简约、环保成为人们所追求的主要目标，也逐渐成为建筑装饰设计的发展趋势。

一 建筑装饰设计市场发展状况

随着我国改革开放的深入，房地产建筑业逐渐成为我国国民经济的重要支柱产业。有了新的建筑物，不管是居家建筑，还是公共建筑，人们的爱美之心就有了新的载体。随着收入水平的提高和生活条件的不断改善，人们对居住环境的要求也越来越高，建筑装饰也就不断地得到人们的重视。我国城市居民已经超过80%拥有了自己的住房，人们对于居住环境的需求正在从必需型向舒适型发展。这预示着我国建筑装饰设计市场将迎来一个全新的发展阶段，不仅可以促进我国建筑装饰工程项目从设计到施工整体水平的提高，还可以使装饰设计和施工更加规范，有利于更好的装饰设计作品出现；不仅改善和优化了人们的居住环境，带动了相关产业的发展，更推动相关装饰材料的创新与技术进步。

（一）建筑装饰设计行业的特点

房地产建筑业已经成为我国重要的支柱产业，建筑装饰设计作为建筑业的一个分支，伴随着我国经济的快速增长和人们生活水平的不断提高，得到了迅速的发展，从近几十年的发展来看，我国建筑装饰设计行业有如下一些特点。

1. 建筑装饰设计是科学与艺术的结合

建筑装饰设计，是人类社会生产力水平发展到一定阶段、人们居住条件与文化需求发展到一定文明高度的产物。建筑装饰设计体现的是思想与灵魂的共鸣，是一项非常"烧脑"的工作，更强调科学与艺术的结合，更注重整体性、系统性与艺术性。这种设计的具体形象蕴含着丰富的艺术内涵，把具体可视或可触的形象直接呈现在人们面前，引起视觉上的直观美感。它可以把在现实生活中某些很难表达的无形事物，直接转化为直观具体的视觉形象。建筑装饰设计虽然难以再现事物动态发展过程，但它可以捕捉、提炼、固定事物发展过程中最具表现力和最富于韵味的瞬间，综合运用各种法则如对称、均衡、节奏、韵律、对比、比例、主从、尺度、明暗、虚实、多样统一等，以瞬间的静止来表现永恒的主题，这样的装饰设计往往会给人留下无尽的想象空间。

2. 以中小装饰设计企业为主，市场发展空间巨大

我国建筑装饰设计行业是从传统建筑业细分出来的市场，最早是从香港影响到深圳，然后再逐步走向全国的。改革开放之后，市场化的建筑装饰设计产业才逐渐形成。因此，无论是设计环节还是施工环节，其自动化、机械化、现代化以及施工方式和管理方法相对西方发达国家较为落后。随着经济的发展，城市建设和基础设施的改进，人们生活水平的提高，建筑装饰市场逐渐从建筑行业中细分出来，装饰设计也逐渐为大家所重视。很多相关领域的专家、学生也逐渐从土木工程转移到建筑装饰设计领域。现在，我国大约1000所院校开设了环艺、设计、装饰等类似的专业，每年毕业人数在20万左右，目前的从业人员由于流动性较大，还没有具体的统计数字，但一般公

认设计队伍在 200 万左右，设计师大约有 167 万人①。目前，建筑装饰市场以中小企业为主，设计业务存在明显的同质化现象，相互之间的竞争也相对激烈；业务定价与收费也比较灵活，很多公司在承接家装业务的时候甚至公开将免费为客户提供设计作为促销卖点。一些大型建筑设计公司一般都设有下属的装饰设计公司，也有单独设立自负盈亏、法人性质的专业的建筑装饰设计研究院，采取走向世界策略并取得了很好的市场反应与业绩。当然，很多小型的装饰设计公司中的设计师是兼职人员，也有自己创业将小微企业法人和设计师合二为一的情况，而且这种情况还比较普遍。随着人们生活水平的不断提高以及文化素养的增强，业主对建筑装饰设计及施工的要求也越来越高，也愿意为不断出现的好设计作品付费。2016年，我国建筑装饰设计市场产值已接近 2000 亿元，市场规模每年都在增长，发展前景十分看好。②

3. 建筑装饰设计产业集中度不断提升

由于建筑装饰产业市场规模大、门槛低，产品服务同质化严重，市场竞争较为激烈。龙头企业根据市场需要不断重组业务，企业的组织结构也随之适应性调整，建筑装饰设计单元一般会成为龙头企业旗下的直属单位或者控股公司。随着上市步伐的加快，建筑装饰设计行业重新洗牌将会一直持续下去，市场份额向龙头企业集聚将明显加快，市场集中度将不断提高。2016年全国建筑装饰行业完成工程总产值、公共建筑装饰完成工程产值以及住宅建筑装饰完成产值较上年同期均有一定幅度增长。2016 年建筑装饰百强企业年产值占行业总产值的 12.07%，约为 4500 亿元；金螳螂位列第一，虽然其产值为 195.63 亿元，也仅占全行业 0.52%③。在市场竞争激烈的背景下，在消费者更注重质量和环保的前提下，龙头企业比中小企业更具优势。随着建筑装饰行业透明与规范程度的提高，那些资质不全、设计水平较差、施工质量难以保证的小企业将很快被淘汰出局。而且，在我国房地产市场不

---

① 课题组对中国建筑装饰行业协会设计委员会的调研。
② 课题组对中国建筑装饰行业协会设计委员会的调研。
③ http://www.sohu.com/a/152529923_751612.

断规范与完善的条件下，大型房地产商一般也会与建筑装饰龙头企业结为战略伙伴，这将进一步提高建筑装饰龙头企业的市场份额，促进建筑装饰行业集中度的不断提高。

4. 装饰设计市场持续繁荣，有效带动相关产业发展

我国房地产市场的持续繁荣，为建筑装饰设计的迅速发展提供了基础。建筑装饰设计直接而有效地带动了几十个相关产业包括钢铁制造、水泥灰料、预制建材、五金水暖、园林绿化、纺织化工、环境保护等行业的快速发展。据我国建筑装饰行业协会设计委员会保守估计：建筑装饰设计市场每年都在增长，2000 年以后，每年的公认的产值在 1000 亿元出头，2016 年更是达到将近 2000 亿元①。此外，建筑装饰设计产业迅速发展还拉动了物流运输的繁荣发展，加快了网络化的生产经营，使"互联网＋"在装饰设计及相关行业也发挥着越来越重要的作用。同时也直接加快了进出口、旅游、交通等行业的发展，后期相关的施工与装饰，还直接促进了木材、石材、玻璃、电缆、灯饰、家具、家电、百货、服装等相关行业销售的增长。随着科技进步与材料创新，建筑装饰材料的升级换代必将进一步带动建筑装饰市场蓬勃发展；同时，随着我国住房制度从 1998 年开始改革至今已 20 年，建筑装饰市场将迎来新一波重新装饰设计与施工的高潮。

5. 建筑装饰设计要求的施工较为复杂

这体现在施工的工艺要求高、工序多、工种多。建筑装饰设计及施工的技术难度要比传统建筑土建工程要难得多，不仅仅是技术复杂了，更主要是施工环节要求更高了。现在不仅对有关施工人员的专业能力有要求，除了手艺要熟练、操作要规范、现场处置要得当，还要求相关施工人员具有广泛的知识结构、扎实的美学素养以及深厚的艺术鉴赏功底。这就是自古以来所谓的能工巧匠，不仅技术过硬，还能根据现场的情况灵活处理一些技术问题甚至是难题。目前根据建筑装饰设计要求来看，施工环节有十多个专业工序②要密切

---

① 课题组对中国建筑装饰行业协会设计委员会的调研。
② 这些工种一般包括：瓦工、批灰工、水电工、金属工、木工、油漆工、综合安装工、灯光音响工、家具沙发工等。

配合才能顺利完成。随着建筑装饰设计行业的专业化分工进一步发展，这些专业工序将会更复杂、更细腻，也还将不断地细分下去。

（二）建筑装饰设计行业分类

建筑装饰设计属于建筑行业中的建筑装饰业，以美化建筑及其空间为目的，它是建筑功能得以实现的关键所在。按其不同的划分方法，可有如下分类。

1. 按照位置不同，分为室外与室内装饰设计

（1）室外装饰设计，又称为"外装设计"，是指对建筑物外部装饰装修的设计，可以分为幕墙装饰设计、门窗装饰设计及其他室外装饰设计等。

（2）室内装饰设计，又称为"内装设计"，是指对建筑物内部进行装饰装修的设计，可以分为室内建筑装饰设计和室内设备装饰设计。室内建筑装饰设计根据装饰位置和工序等的不同又可以分为楼面地面、墙面柱面、天棚门窗、木质装饰、油漆涂料等建筑装饰设计。设备装饰设计可以分为给排水卫生设备、电气与照明设备、空调设备及其他设备装饰设计。

2. 按照建筑物的不同的使用功能与类型，分为公共装饰设计和家庭装饰设计

（1）家庭装饰设计主要是为人们提供一个舒适的居家环境。通常可以分为别墅设计和一般住宅设计，包括多层住宅或者高层住宅设计。

（2）公共装饰设计主要是指，为社会公众工作、学习或者休闲等场所进行的装饰设计。公共装饰设计主要包括：宾馆饭店、商业设施、写字办公楼、金融机构、文教卫生、体育设施、工矿企业等装饰设计。

（3）家装设计和公装设计主要有以下不同之处。

了解公装设计与家装设计的不同，有利于及时掌握建筑装饰设计现状与发展趋势，不断促进设计企业提升设计理念和服务水平。

设计目的：家装设计一般是消费者个体行为，主要是为了满足个体或家庭成员的需求；而公装设计则是以满足机构投资及其利润最大化为目的。

出资方：家装设计一般是消费者个体出资；而公装设计的出资方一般为机构投资者，多元化趋势成为必然。

工程要求：家装设计虽然规模不大，功能也相对比较简单，但个性化要求比较突出；公装修设计潮流化则非常明显，使用功能要求也多样化，同时还有施工监理，必须严格按照设计要求和相关制度来执行。

材料供应：家装设计的材料供应多样化，质量高，数量少，品种多，购买随机性大；而公装设计一般是采取规模采购装饰材料，量大质稳变化小。

验收主体：家装设计工程由消费者与装饰施工企业共同验收，虽然有标准，但双方对标准执行的理解差异较大，导致现实家装纠纷相对较多；而公装设计工程验收必须强制执行有关标准，由开发商、设计、监理等三方共同参与验收。

（三）建筑装饰设计项目分类

过去相当长的一段时期内，建筑装饰包括设计及施工环节都是作为建筑工程中土建工程的一个分部工程。随着经济的迅速发展和人们生活水平的不断提高，建筑装饰行业包括设计、施工、监理等已经成为一个新兴产业，具

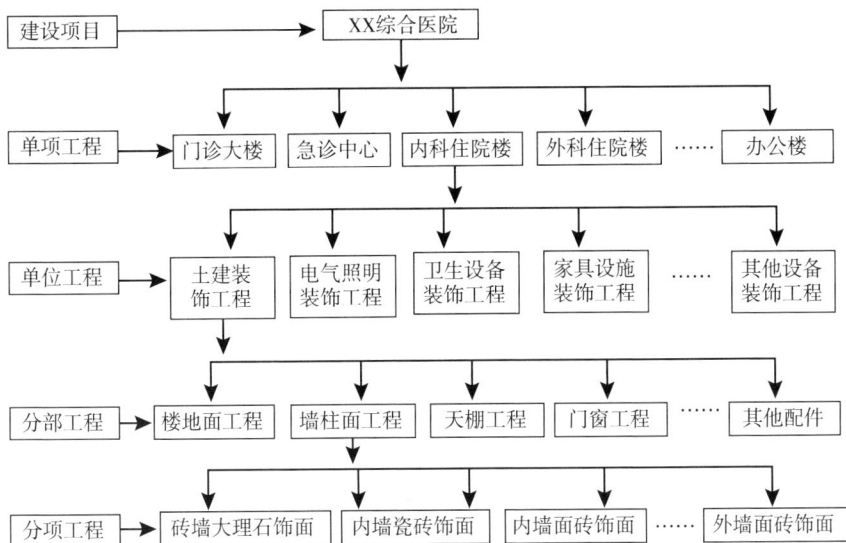

图1 建筑装饰设计项目分类示意

资料来源：李宏杨、时现，《建筑装饰工程造价与审计》，中国建材工业出版社，2000。

备了相对独立的运行体系。传统的分部工程也随之发展成为建筑装饰单位工程，需要单独设计图纸、单独编制施工预算以及有相对独立的监理环节。因此，必须要对建筑装饰设计项目的划分有较为全面的了解，建筑装饰才能有序进行、有效竞争，促进建筑装饰设计行业蓬勃发展。

二 建筑装饰设计存在的问题

设计作为建筑装饰活动的一个最重要的环节，是建筑装饰核心与灵魂所在。设计产品与有形物质产品具有同样的属性，都受法律保护，也是最具有创新意义的知识产权作品。由于设计在建筑装饰活动中的重要地位和巨大作用，设计市场自然也就成为在现代建筑装饰市场体系中人才最多、影响最大、地位最高的专业市场。我国的建筑装饰设计专业在经过几代人的不懈努力之下，尤其是改革开放近40年的市场锤炼之后，在文化品位、审美情趣、设计理念、艺术风格、表现手法等方面都取得了长足的进步。但是要清醒地看到，我国建筑装饰设计行业发展历程毕竟很短，还不同程度地受到体制机制以及市场因素的制约，在很多方面还需要进一步的提升。

（一）设计队伍参差不齐

目前，从事建筑装饰设计的人员，大约有20%在大专院校或设计院工作，剩余的80%在民营建筑装饰设计企业任职。建筑装饰设计专业是从相关建筑专业中细分出来的，因此很多相关领域的专家、学生逐渐转移到建筑装饰设计领域来。也有一些设计人员以前是从事其他专业如工艺美术、美术创作及舞台美术等，看到了设计行业的景气度也纷纷转行来了。目前来看，由于市场的急剧膨胀，对设计师的需求也就十分抢手，这在一定程度上缓解了对建筑装饰设计队伍的需求，但也带来了一些问题。由于这部分转行而来的设计师没有经过系统的建筑装饰设计专业训练，缺乏相关的建筑装饰设计基础知识，尤其是对国家建筑设计知识、强制设计规范了解甚少，如果不进行专业的培训学习，难免不出现一些技术问题，甚至是安全隐患。现在全国大概有 1000 所院校开设了环艺、设计、装饰等类似的专业，每年毕业人数在 20 万左右。虽然目前全国建筑装饰设计行业从业人员还没有具体统计数据，但业内公认在 200 万左右；设计师大概有 167 万，由于很大一部分是家装设计师，其流动性较大，因此也难以有确切统计人数①。由于现在国内市场规模很大，发展很快，很多非建筑装饰设计专业的人员看到了行业发展机会和市场前景，也进入建筑装饰设计行业。因此，亟须在他们执业设计之前提高他们的专业知识水平和设计综合能力，以适应当前建筑装饰设计工作迅速扩张的需要。

（二）建筑装饰设计水平还有待提高

目前来看，建筑装饰设计行业虽然经过了 30 多年的发展，但由于市场的急剧扩张，设计队伍无暇顾及自身的发展与提高，没有形成系统完备的理论体系，设计作品也多以适应市场需求为主，受流行观念与风气的影响，大多装饰设计项目难以经得起时间的考验。虽然这期间也有一些典型的项目案例，如香山饭店、西苑饭店等，但这一类的设计作品很少。总体上来看，国内高水平的设计师与国外设计师差距相当大，虽然已有少部分设计师在国际上崭露头角。很多设计作品并没有充分考虑到环境友好因素，缺乏把天时、地利、人和等因素综合考虑进去。国家有关建筑装饰设计单位的分级及其相关收费标准早些年在《建筑工程装饰设计单位资格分级标准》和《工程勘察设计收费标准》就明确了，但在实际设计工作及收费操作中并不都按照这些标准执行。不管是在公装工程中还是在家装工程中，对设计环节的忽视司空见惯，很多业主对设计的重要性不以为然，一方面固然有认识问题，更多的是基于节约成本的考虑。很多情况下，承接单位为了拿到订单，也不惜牺牲设计环节。长此以往，由于设计费用低廉甚至拿免费设计作为促销手段，必然导致设计师难以实现自身的价值，很容易导致设计师敷衍了事。另一方面，设计人员官方认可的专业技术职称一直没有得到很好的落实，这也

---

① 课题组对中国建筑装饰行业协会设计委员会的调研。

在客观上导致了设计人员水平参差不齐。当然，出现这样的问题也有市场消费需求方面的问题。

（三）对设计人员的考评制度与职业培训亟待加强

作为一种涉及公众安全的职业，设计师和建造师、造价师、监理师一样，必须有一套客观的、科学的、严格的评价制度与考核体系。针对当前建筑装饰产业的蓬勃发展，除了引进相关专业的设计人才之外，不断提高现有在位设计人员的专业素质十分必要。因此，对现行在职的设计人员进行动态培训，组织国内外参观学习、考察交流显得尤为重要。实践证明，凡是成功的建筑装饰工程，首先是有优秀的建筑装饰设计方案。中国当代建筑装饰要想在 21 世纪继续发展下去并不断地走向繁荣、走向世界，关键的问题是提高建筑装饰设计水平。培养专业设计人才，提高在位专业设计人员的专业素质是我国当代建筑装饰设计繁荣昌盛的基础。虽然我国自 2002 年开始对从事室内设计的人员实行考核制度，但由于后来的主管机构职能调整，并没有将此项制度坚持执行下去，现在则处于放任自流状态。近些年来，一些大专院校的毕业生无论是从数量还是素质上都远远不能满足当前中国现代建筑装饰迅猛发展的需要。有不少相关行业的从业人员都转行来从事建筑装饰设计工作。因此，亟须提高设计队伍的专业知识水平和综合能力，加强技术及安全论证，不断加强在职在岗专业人员的相关培训工作。加强专业设计人员的培养，提高在位设计人员的专业素质，完善对设计人员的资格和职称认定，是设计行业管理部门今后若干年艰巨的基础性工作任务。

（四）刻不容缓培养能工巧匠和专业的施工队伍

目前，虽然建筑装饰设计队伍越来越壮大，也有越来越多的装饰设计师能在国内外装饰设计市场上崭露头角，但是我国还缺乏专业的施工队伍，尤其是在施工环节缺乏能够落实装饰设计师图纸真正含义的专家。在与国际同行竞争的过程中，中国的设计及施工确实能够做到速战速决地承接与完成项目，但是问题出在施工环节缺少精英人士，只要涉及施工和生产环节，缺陷就非常明显。很多施工和生产企业，拥有的不是能工巧匠，而是进口的机器设备。所以，装饰设计市场要想迅速地提高服务水平与服务质量，把设计师的创意和想法不折不扣地体现在装饰工程上，必须培养更多的能工巧匠和专业的施工队伍。

（五）业主对装饰设计的认识有待进一步升华

目前国内建筑装饰设计行业总体上缺乏对原创设计的激励机制。这与委托业主的意识有很大关系。实践中，设计施工企业在组织结构上往往是一体的，企业存在是为了赚钱，否则就难以继续发展下去。而中国的建筑装饰市场的现状则是很多业主对设计环节缺乏应有的重视，经常将设计与施工混为一谈，把装饰设计当成免费午餐。从委托者的角度来看，这似乎可以理解，减少成本嘛，但是如果承接企业都没钱可赚了，它还会用心来对待委托工程吗？所谓羊毛出在羊身上。如果没有达到平均利润水平，承接单位一定会想法子来解决。企业为了保证利润，会想方设法降低成本，甚至偷工减料，包括设计环节也不能幸免。项目设计人员大多以特定项目为中心，临时组合工作团队情况一般居多。如果低廉甚至免费的设计，让设计人员的作品不能物有所值，自然也就没有动力再设计新的作品，更不用说创新成果了。迅速膨胀的市场、应接不暇的项目、赶工期轮班倒、业主不差钱但差鉴赏力、设计师浮躁心态等，这些因素一起造就了设计行业总体上急功近利的氛围。加之国家对装饰设计行业的管理与监督也远比建筑设计要宽松，设计流程不规范导致不盖出图章的图纸成为普遍现象。这也就是为什么我国建筑装饰总体设计水平一直难以提升和设计现场服务质量一直在低水平徘徊的主要原因。

三　建筑装饰设计发展趋势

在全球工业化的背景下，经济也必然要全球一体化，这给我国建筑装饰行业及设计行业的发展提供了一个机遇与挑战。一方面，有机会按照国际规则参与国际市场竞争；另一方面，具有国际前卫设计理念和高水平施工能力的外国公司进入我国建筑装饰及设计市场，将给国内建筑装饰设计企业带来面对面的挑战，也使我国建筑装饰设计行业的发展面临新的机遇。

（一）建筑装饰设计市场的改革趋势

1. 加快体制机制改革，加大行业协会对市场公平竞争和质量安全的有效管理

住房和城乡建设部从 20 世纪 90 年代开始至今一直强调，要加强建筑装饰协会对行业和市场的管理。在政府部门的关心支持下、在行业协会的有效管理下，建筑装饰业及设计市场得到了快速、健康的发展。今后，随着行业的进一步扩大，人民群众对于装饰装修质量安全要求的进一步提高，行业协会在继续关注大型装饰企业的同时重视中小装饰企业的发展，尤其是中小家庭装饰企业；要制定出行业发展规划，促进装饰及设计行业的产业转型升级，营造各类竞争主体公平竞争的市场环境，加大对质量安全问题的有效管理，真心实意地为企业服务，全心全意地为消费者监督，形成职责明确、分工协作的全方位服务与行业监管能力与体系。

2. 装饰设计企业要主动积极进行转型升级

改革开放之后设立的建筑装饰设计企业占行业的大多数，它们是伴随着我国经济体制改革的不断深化而成长起来的，具有很强的市场印记。在今后的市场竞争中要有一席之地，必须在提高自身业务水平的同时，提高企业的管理水平，加快转型升级，尽快建立起现代化的企业经营与管理模式。建筑工程的特点决定了装饰设计企业必须要加大技术创新。没有创新的设计犹如鸡肋，科学与艺术的不断发展以及人民群众不断提高的物质文化需要，也直接决定了装饰设计企业必须要走专业化、创新型的发展道路。伴随着我国供给侧结构性改革的深入，装饰设计企业要加快打造自身的特色，主动积极进行转型升级；加快优化资源，开发自主知识产权技术，尽快形成"小而专""小而强"的优势地位，不断提升核心竞争能力。

（二）建筑装饰设计市场资源配置趋势

建筑装饰设计企业面对一个急剧扩张的市场，必须学会新思维，采取新模式，运用新举措，大力推进科技创新、管理创新与制度创新，为我国人民群众安居乐业、为进一步推动供给侧结构性改革做出更大的贡献。

1. 新一轮家庭装饰装修高峰将促进建筑装饰设计行业转型升级

2016 年，我国装饰设计市场产值规模将近 2000 亿元。我国住房制度改革已经快 20 年了，我国城镇居民家庭装饰消费模式正由生活质量型替代温饱型，家装消费又将呈现一个新的高峰，将直接促进建筑装饰行业的转型升级。一方面，建筑装饰及设计业务数量将不断增长。新建住宅存量去库存将持续，新建住宅装修不断增加，大批旧房也要改造升级。另一方面，随着人们收入水平、质量环保意识及文化修养的提高，住宅从设计、选材到装修成型要求也越来越严格，一次装修到位越来越得到消费者的青睐。当年建设部曾出台过一些类似的管理办法与实施细则，但由于种种客观条件限制，并没有全面推进实施。"住宅装修一次到位"符合经济社会发展趋势，既帮助购房者解决了设计装饰装修问题，减少了个人在房屋装修中的种种弊端，也避免了房屋在二次装修时造成的结构破坏和扰民等现象的发生。未来这种交钥匙工程直接推动家装市场的透明化、规范化、产业化，直接促进建筑材料的升级换代，设计有特色、装饰装修要绿色环保将成为家装行业转型升级的主要标志。

2. 西部大开发将有力提升建筑装饰及设计行业的发展

由于我国东南沿海地区经济相对发达、人们生活水平相对较高，很多体现我国建筑装饰行业发展水平的一级装饰企业都分布在这里。随着国家对西部大开发战略的深入实施，国家对西部地区投资规模持续增加、东部地区对西部地区在人才与技术方面的支持不断加大，西部地区经济社会发展必将出现跨越式发展。这将有力推动建筑装饰及设计行业在西部地区的发展，一些有实力的建筑装饰及设计企业也将如雨后春笋般出现，这些都将有力促进整个西部地区建筑装饰设计水平的提高，也将为全国的建筑装饰设计行业注入新活力，带来新发展。

3. "一带一路"的深入推进，将促进我国建筑装饰设计市场更加繁荣

"一带一路"倡议提出后，得到越来越多沿线国家和世界发达国家的认同和参与。随着"一带一路"项目不断落地，沿线国家基础建设越来越深入，我国建筑装饰市场也将越来越迅速发展与持续繁荣。随着我国开放深度和广度不断加大，外商投资环境不断改善，必将进一步激发外商来华投资兴业的热情。北京冬奥会将会对一些公共建筑产生需求；大量原有的建筑设施需要更新、改造和扩建，这必将拉动相关行业和建筑装饰设计行业的发展，将进一步扩大中国建筑装饰市场规模，给建筑装饰及设计企业带来新的机遇。

（三）建筑装饰设计技术发展趋势

我国建筑装饰设计行业总体上还处于粗放式发展阶段，虽然市场规模扩张迅速，但效益仍然偏低，技术手段比较落后。因此，加强先进的技术手段和方法在建筑装饰设计及施工中的应用成为必然选择。

1. BIM 系统的广泛应用

随着人们对个性化要求的追求，加上新技术的运用和普及，不管是公装还是家装，建筑装饰设计风格多样化、个性化、民族化等特征越来越明显。在计算机辅助技术如 CAD 的引入和普及之后，建筑装饰设计行业开始驶入快速发展车道，因为计算机软件解决了最关键的绘图及其辅助问题。计算机的引入不仅结束了手工绘图的历史，解决了手工绘图所带来的诸多问题，加快了建筑装饰市场快速发展，还创新了轻松便捷的工作模式，解放了设计人员大量的绘图时间，使设计师有更多的时间用于思考更专业的问题，所以一经推出就受到设计人员的热烈欢迎。20 世纪 70 年代初，全球爆发了石油危机，美国等西方国家受此影响严重，提高行业效益的问题成为首要问题。Eastman 先生 1975 年提出 "a computer-based description of a building"，实现了建筑工程的可视化及量化分析，大大提高了工程建设效率和安全效果。这种与传统设计模式相比的 3D-BIM 操作系统优势更为突出。这是一种以多种数字技术为依托、以数字模型为基础，可以模拟各个相关工作的操作系统。相关的建筑工程及与之相关的工作都可以从这个系统中取得各自的信息，不仅可指导相应工作，又能将相应工作的信息反馈到模型中加以训练模型的适应性，更有效地提升系统实际操作能力。同时，BIM 还可以在四维空间模拟实际施工效果，能够在设计阶段就可以发现后期施工中可能会出现的各种问题，为后期更科学合理地安排相关装饰装修活动打下基础。操作系统在施工阶段还可以提供实际指导，提供科学合理的施工方案包括人员配备和材料合理配置，最有效合理地利用资源，将建设、设计、施工、监理等单位的项目参与方在同一平台上共享同一建筑信息。鉴于这种系统的开创性功能和实际应用价值，后人称 Eastman 为"BIM 之父"。

2. 新材料、新工艺将普遍运用

从前的建筑装饰设计及后期的施工，更多注重外观视觉效果，较少注重环保要求，而目前整个行业形势逐渐发生了根本性的转变。我国的建筑装饰行业正由原来的劳动密集型向技术密集型转变，正在向可持续发展的道路转变。业主对建筑装饰也提出了更高更环保的装饰要求，主要体现在新型环保材料、新工艺、新技术的运用，从而达到居住环境的生态环保无污染。建筑装饰工程的污染源主要表现在对人体有害物质的排放和视觉光环境的污染。随着国家法律和行业标准的日渐严格，今后的所有建筑装饰材料和施工环节都要达到国家标准，尽可能多利用可再生的节能新材料、新工艺、新技术，在满足委托方设计要求的前提下，应用更多的环境友好方式，与大自然和谐共生。

3. "后场化加工、装配式施工"逐渐成为发展方向

随着经济社会不断发展，新技术、新材料的不断应用，商品房产业化装修逐渐具备了条件。这种模式的创新主要体现在通过计算机系统把建设商品房解构成若干零件，犹如搭积木一样，事先将这些零件设计好，在工厂将这些零件预制成件，然后运到现场组装，即"后场化加工、装配式施工"。这种模式通过现场机械化的组装，不仅大大缩短了工期，还减少了对周边居民生活的干扰。要实现"后场化加工"就必须建立成品预制件加工厂，利用先进的计算机技术和先进设备将预制件的精密度掌握好加工好，在施工现场组装预制件，实现自动化生产、控制与机械化组装。这将成为建筑装饰行业技术装备的一个新趋势。将从根本上改变建筑装饰行业当前生产方式，大幅度降低从业者的劳动强度，提高行业整体劳动生产率和社会贡献率。而这一切都是以新材料变革为基础，以建筑与装饰设计创新为前提。

B.6
建筑装饰材料市场的发展与创新

任羽菲

摘　要：　本报告在对建筑装饰材料市场总体状况，包括供给结构及需求结构进行分析的基础上，结合装配化建筑的新政策导向，将建筑装饰材料分为原材料和装配模块材料两个方面，对建筑装饰材料市场发展与创新进行了分析，总结了中国建筑装饰材料市场发展存在的问题及未来的发展趋势。除对建筑装饰材料市场总体进行分析外，对包括建筑幕墙行业、木地板市场、涂料及建筑陶瓷市场、玻璃市场、塑料市场、石材市场等建筑装饰材料子行业的市场进行了分析。其中对建筑幕墙市场的分析包括建筑幕墙分类及发展状况、建筑幕墙企业的分布、建筑幕墙产业链分析、行业发展环境分析、行业领先企业案例分析等。对其他材料市场发展现状的分析包括木地板产量总体情况及行业竞争格局分析、涂料及建筑陶瓷市场发展现状分析、玻璃及建筑陶瓷市场发展现状分析、石材市场的规模和发展前景分析及行业风险等。通过以上分析对建筑装饰材料市场的总体情况给出大致描绘及相应市场预测，旨在为行业人士了解建筑装饰材料市场提供一定参考。

关键词：　建筑装饰材料　装配模块材料　石材　地板

一　建筑装饰材料市场总体状况

随着整个建筑装饰行业顺应政策和市场需求进行调整变化，建筑装饰材料市场总体形势较 2015 年也发生了重大调整。建材工业"十三五"规划中指明：力争到 2020 年，新建建筑中绿色建材应用比例达到 40% 以上；深入贯彻增品种、提品质、创品牌的三品行动；推进建设建筑装饰材料服务平台，组织好各类生产、销售资源，开创产业运行新模式。随着房地产行业和建筑装饰行业规模的扩展，建筑装饰材料市场的需求端日益旺盛，行业的发展也处于全盛时期，与此同时，材料生产能耗问题也越发突出，顺应建装行业"十三五"政策，以及市场需求导向，我国建筑装修材料行业呈现部品化、绿色化、多功能和智能化等发展趋势。

（一）建筑装饰材料市场供给情况

1. 供给结构

（1）子行业结构

建筑装饰材料子行业包括建筑装饰石材生产行业、建筑装饰玻璃生产行业、建筑装饰石膏生产行业、建筑装饰水泥生产行业、建筑装饰砂浆生产行业、建筑装饰木材生产行业、建筑装饰陶瓷生产行业、建筑装饰涂料生产行业、建筑装饰金属材料生产行业、幕墙行业、厨卫用品生产行业、照明用具生产行业等。

其主要产品包括：轻质建筑材料行业的石膏板、水泥压力管、水泥预制管桩、水泥电杆、水泥排水管、水泥压力管；砖瓦、石材及其他建筑材料制造行业的大理石板材、瓦、花岗岩板材、砖、瓷砖；黏土砖瓦及建筑砌块制造行业的瓦、花岗石板地面、砖、大理石板材、瓷砖；平板玻璃制造行业的日用玻璃制品、玻璃保温容器、平板玻璃、日用玻璃制品、保温玻璃制品；卫生陶瓷制品制造行业的日用陶瓷、卫生陶瓷、陶瓷釉砖、墙壁和地板用砖；幕墙行业的玻璃幕墙、石材幕墙、铝板幕墙、光电幕墙、陶土板幕墙、支点式玻璃幕墙、单元式幕墙、双层幕墙等。

（2）所有制结构

采用建筑装饰行业整体的固定资产投资数据代替建筑装饰材料行业的所有制结构数据进行分析，表 1 列出了 2006 ~ 2014 年建筑装饰行业固定资产投资额，根据表中所列数据可对行业内企业所有制结构情况进行大致的了解。

表1　建筑装饰行业固定资产投资情况（2006～2014年）

单位：亿元

年份	2014	2013	2012	2011	2010	2009	2008	2007	2006
内资企业固定资产投资	168.16	157.14	103.25	101.05	62.2	54.34	34.35	24	15.28
港澳台商投资企业固定资产投资	0.17	—	2.1	1.04	0.9	2.7	0.54	0.22	0.56
外商投资企业固定资产投资	0.97	—	—	0.43	0.6	0.58	1.09	0.55	0.13
国有控股固定资产投资	—	—	—	12.8	12.1	10.66	0.83	—	—
集体控股固定资产投资	—	—	—	4.76	1.3	4.86	0.88	—	—
私人控股固定资产投资	—	—	—	—	—	79.54	46.5	41.23	32.93

资料来源：国家统计局网站，《行业固定资产投资报表：2006～2014》。

（二）建筑装饰材料市场需求与预测

前一部分分析了建筑装饰材料市场的供给情况，下面对建筑装饰材料市场从需求角度进行分析。掌握需求的变化趋势对于掌握产品生产的方向具有重要意义。

1. 建筑装饰材料市场需求发展

图1是2011年1月到2016年12月建筑及装潢材料类商品零售类值的当期值，以亿元为单位。由图1可以看出，建筑及装潢类商品零售值，即建筑装饰材料市场的需求规模，随时间稳步上升且呈现明显的季节性。

由图1看出，建筑及装潢类材料商品零售值到2015年12月首次突破350亿元，到2015年末建筑装饰材料市场总量依旧保持了较强的增长势头，市场信心并未过分受到经济下滑影响。2015年3～6月零售类值分别为215.7亿元、216.9亿元、237.2亿元和268.4亿元，2016年3～6月分别为239.7亿元、248.8亿元、271.7亿元和295.7亿元。月同比增速分别为11.13%、14.71%、14.54%和10.17%，相对2015年比2014年同比增速的8.23%、8.56%、14.31%和6.42%均有所上升，表明2016年建筑装饰材料市场需求仍然较旺盛，需求稳步增长，未来仍然看好。季节周期方面，每年前3月需求较萧条，3月开始有所回升，4月受到天气及部分工程工期恢复的影响有较大上涨，随后7～8月又有较小回落。每季度季末需求总额呈螺

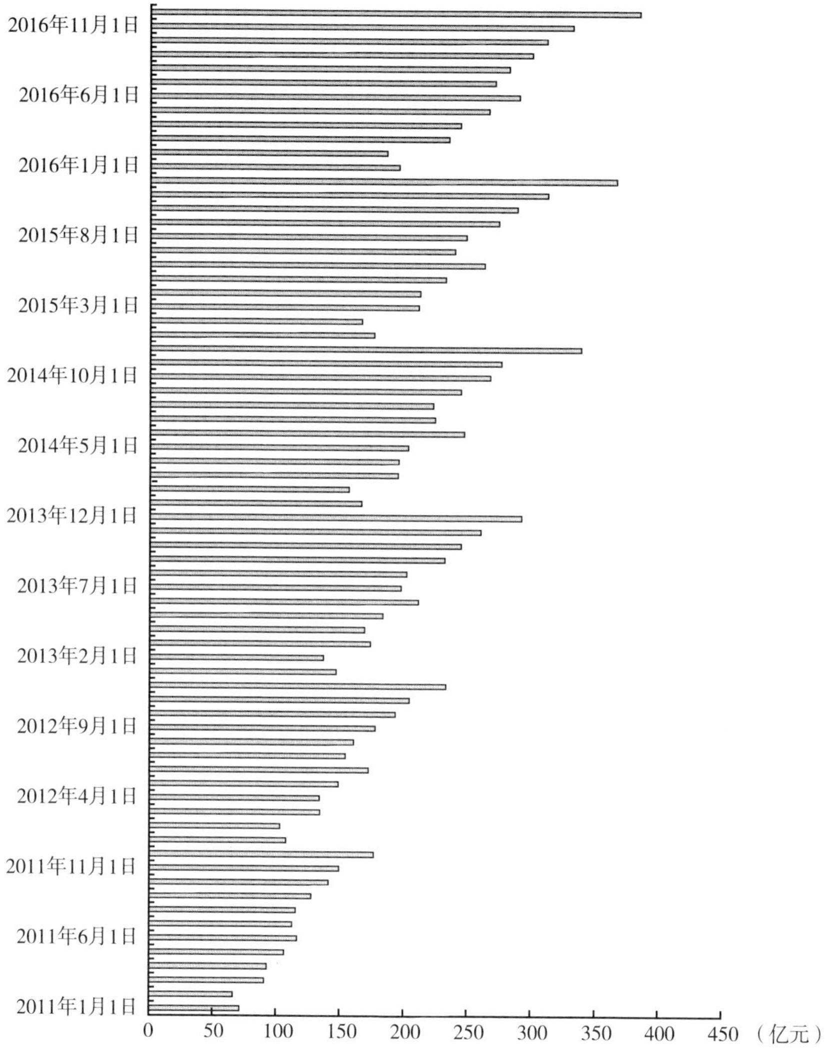

图1　建筑及装潢材料类商品零售类值

资料来源：国家统计局网站：《限上单位商品零售类值报表》。

旋式上涨。

2.建筑装饰材料市场需求预测

根据建筑装饰材料市场需求规模的历史数据，对2017～2018年的建筑及装潢材料类商品零售值做出预测，预测值及5%置信水平的置信上限和置信下限值在图 2 中画出。需求的季节性可由折线图明显反映，每年初直至 4 月需求量有所下降，4 ~ 6 月小幅度回升，7 ~ 8 月再度下降，9 ~ 12 月增长幅度较大。这种季节特性的出现同行业本身性质密切相关，通常冬季（1 ~ 2 月）及夏季（7 ~ 8 月）天气极端，人们倾向于避开这些时间段对住房进行装修，工程开工日期通常也倾向于选择其他时段，导致年初和 7 ~ 8 月需求量下降，一旦度过极端天气时期，需求量又有所回升。

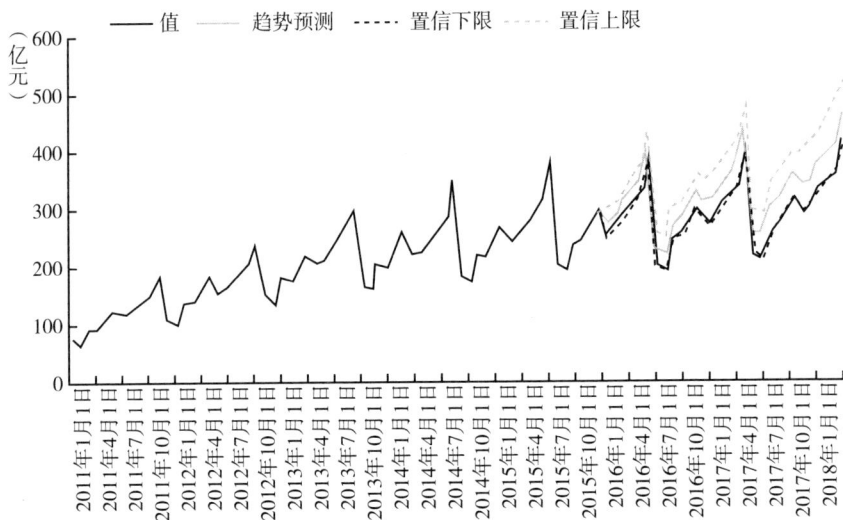

图 2 建筑及装潢材料类商品零售值预测

资料来源：国家统计局网站，《限上单位商品零售类值报表》。

根据统计方法对时间序列数据进行预测得到表 2，即图 2 中后半段的 3 条折线数值，给出趋势预测值、置信下限值和置信上限值 3 列数据。其中趋势预测值是根据历史数据（2011 年 1 月至 2016 年 6 月）的趋势，在客观经济环境处于常态的条件下计算得到；置信下限和置信上限是在 5% 显著性水平下计算得到的相对理想和相对不理想的预测值。根据预测值来看，同样具有季节特性，2017 年 1 月至 2017 年 6 月呈先降后升趋势，由 1 月的 228.31 亿元下降至 2 月的 220.35 亿元，再上升到 6 月的 327.99 亿元；7 月短暂下降，到 8 月后开始上升，由 7 月的 311.65 亿元一路上升至 12 月的 433.49

亿元。2018 年同理，1 月低于前一年 12 月的峰值，但仍有 260.59 亿元，较 2017 年 1 月的 228.31 亿元有 14.14% 的同比增长，说明总体需求在正常条件下约有 14% 的同比增长；1~3 月逐渐下降但幅度不大，由 260.59 亿元逐渐下降至 3 月的 303.68 亿元；4 月后短暂上升，由 4 月的 312.50 亿元增长至 6 月的 360.27 亿元；6~7 月小幅波动，8 月后到 2018 年 12 月大幅增长，需求量由 8 月的 352.23 亿元增长到 465.78 亿元。

表 2　建筑及装潢材料类商品零售值预测

单位：亿元

时间	趋势预测	置信下限	置信上限
2017 年 1 月 1 日	228.31	201.35	255.26
2017 年 2 月 1 日	220.35	192.76	247.95
2017 年 3 月 1 日	271.40	243.18	299.62
2017 年 4 月 1 日	280.22	251.39	309.06
2017 年 5 月 1 日	302.21	272.76	331.65
2017 年 6 月 1 日	327.99	297.95	358.04
2017 年 7 月 1 日	311.65	273.72	349.59
2017 年 8 月 1 日	319.94	281.54	358.35
2017 年 9 月 1 日	344.86	305.98	383.74
2017 年 10 月 1 日	360.26	320.91	399.61
2017 年 11 月 1 日	380.94	341.12	420.76
2017 年 12 月 1 日	433.49	393.21	473.78
2018 年 1 月 1 日	260.59	219.84	301.34
2018 年 2 月 1 日	252.64	211.43	293.85
2018 年 3 月 1 日	303.68	262.01	345.36
2018 年 4 月 1 日	312.50	270.37	354.64
2018 年 5 月 1 日	334.49	291.90	377.09
2018 年 6 月 1 日	360.27	317.23	403.33
2018 年 7 月 1 日	343.94	294.93	392.95
2018 年 8 月 1 日	352.23	302.82	401.64
2018 年 9 月 1 日	377.14	327.33	426.96
2018 年 10 月 1 日	392.54	342.33	442.77
2018 年 11 月 1 日	413.22	362.60	463.85
2018 年 12 月 1 日	465.78	414.76	516.81

资料来源：国家统计局网站，《限上单位商品零售类值报表》。

根据需求预测值推断，每年 8~12 月会有较高幅度的需求增长，生产商应把握该时间段的机会，做好市场调查，做好库存管理，迎合市场需求。预测数据为生产计划和库存管理提供了较为确切的依据。

（三）中国建筑装饰材料市场发展存在的问题及发展趋势

1. 发展中存在的问题

我国建筑装饰材料行业相对美国、德国等发达国家起步较晚，同世界最先进生产水平仍有一定差距，并且建筑装饰材料行业的发展要落后于整个建筑装饰行业。在发展中存在的问题总结如下。

第一，生产产品质量不稳定。在我国建筑装饰材料市场中，由于产品同质化严重，企业的竞争能力主要取决于其生产的装饰材料的质量。在这一点上，国内建筑装饰材料生产企业短视现象严重，只注重短期利益而一味降低成本，导致生产的产品质量不过关，不能完全符合国家标准，这就使企业在市场中的竞争能力下降，企业更新快，倒闭快，产品质量始终得不到整体保证。[①]

第二，产品生产的结构存在不合理性。根据国家统计局数据，我国建筑装饰材料市场两极化现象严重，材料品种与需求不能合理对接，产品市场结构存在一定的不合理性。比如地面模块中，装饰材料的 60% 以上为陶瓷装饰材料，而花岗岩材料仅占到 10% 左右，木地板和塑料地板的产量差异巨大。这使需求端和供给端的对接出现问题，对建筑装饰材料市场未来的发展产生不利影响。

第三，产品更新出现断层。建筑装饰材料市场创新动力不足，导致国内产品更新换代较慢，相比德国、日本等国家产品缺少国际竞争力。尤其是高端产品方面，国内壁纸、墙布等这些产品的生产流水线相较于发达国家较为落后，建筑装饰材料模块化生产流水线方面缺乏经验。在一些材料的生产

---

① 李杨：《浅谈我国建筑装饰装修材料的现状及发展趋势》，《城市建设理论研究》2016 年第 7 期。

上，产品重复性较高，整个行业的产品升级换代不能完全满足日新月异的市场需求。

第四，企业的自主研发能力同生产能力不匹配。随着市场要求的提高，传统的生产设备和生产工艺已经不能满足需要，国内的生产厂商如不想被淘汰就需要对生产设备和生产工艺不断进行更新，但自身研发能力不够就需要通过引进，如此不仅会导致费用剧增，还会受制于人，进一步降低竞争力。

2.建筑装饰材料行业的发展趋势

（1）用途功能化

市场对建筑装饰材料功能的需求逐渐提升，对需求的功能在审美方面、耐用性方面、安全节能方面，乃至施工和维护的便利性方面，均与几年前不同。而当前建筑装饰材料市场上产品的各个功能尚无法满足消费者的需求，故发展复合多功能建筑装饰材料技术已是大势所趋。

（2）形式模块化

当前，家具生产定制化普及，装修流程中越来越多的家庭采用整套定制的方法。但这种全屋定制的思路仍有可以改进的空间，近年来，模块化装修方式开始出现，这种装修方式不只应用于各种家具橱柜，还包括卫浴用品、吊顶、墙板等各种软硬家装产品。在这种模块化装修思路的指导下，建筑装修工程变得不再复杂，而是可以通过将家具和各种装修产品以组装零件的方式组装起来进行便捷施工。然而，模块化装修的普及尚有很长的路要走，其推广和为大众所接受还需要一定的时间，需要建筑装饰材料整个产业的推进和配合。但模块化确已成为不可逆转的趋势，在不久的将来将广泛应用于寻常百姓家的家庭装修。

（3）生产工业化

中国建筑装饰协会《建筑装饰行业实现资源节约型和环境友好型工程建设指南（试行）》指出，要实现部品生产工厂化和现场施工装配化，逐步使建筑装饰行业走向新兴工业化道路。工厂化加工、现场安装不仅是设计、施工组织创新的基本途径，对工期、造价、质量具有重要影响，同时也是建设资源节约型和环境友好型社会的重要基础。

（4）技术绿色化

绿色建筑装饰材料在当今的建筑装饰工程中的地位尤为重要，其在生产、应用乃至废弃的过程中，对环境的伤害相比传统材料都小。绿色建筑装饰材料主要有以下几种特点：生产环节中，所排放的"三废"物质的数量低于国家规定的标准；材料的使用环节中，不释放有毒有害物质，且被组装成建筑部品后，对于人体安全和健康均无害；废弃物处理的环节，对环境整体，水、大气、生物、土壤的负面影响均低于国家标准。

二　建筑装饰原材料市场发展现状与创新

（一）原材料市场发展现状与创新之——石材市场

1. 石材市场规模和发展前景

石材的出口方面，整个行业 2017 年第一季度出口额明显下滑，继 2016 年进出口总额均达到了历史最高点后，2017 年明显疲软。我国石材产品进出口贸易伙伴众多，2017 年前三月花岗岩出口额达分别为 328.85 百万美元、142.19 百万美元和 355.03 百万美元，同比降幅分别为 19.49%、34.01% 和 17.31%。[①] 我国石材资源非常丰富，种类繁多，遍布全国各个省份。近年来，石材行业蓬勃发展，中国石材在外贸出口、加工能力及原材料产量方面均达到了世界第一。根据 CEIC 中国经济数据库统计，全国石材行业生产企业截至 2015 年 10 月为 9563 家，整个石材行业主营业务收入截至 2015 年 10 月共 12201.4 亿元，利润总额为 830.1 亿元。产量方面，2014 年花岗岩板材产量全年为 59036 万平方米，大理石为 30330 万平方米，同 2013 年同比增幅分别为 17.2% 和 13.4%。整个石材行业总体的利润和产量都处于平稳增长的状态。

发展趋势方面，住建部和工信部两部委联合发布的《绿色建材评价标

---

① CEIC 中国经济数据库。

识管理办法》《绿色建筑评价标准》和国务院办公厅发布的《2014～2015年节能减排低碳发展行动方案》，均大力倡导各项工程使用绿色建筑石材。而由于石材本身即属于天然建筑装饰材料范畴，自身即带有环保和节能属性，生产能耗在所有建筑装饰材料中最低，仅为0.3吨标准煤。石材的生命周期成本相较其他建筑装饰材料，如木材、陶瓷等，也相对更低。如今建筑行业循环、绿色、低碳蔚然成风，石材行业的良好发展前景可以预见。

2. 石材市场创新趋势分析——基于装配式建筑视角

一般认为，建筑石材贴面想进行总成装配式装饰是比较难以实现的。然而，经过一段时间的摸索，很多从事装饰的人员已经引入室内预制石材，经过很多装修工程实践，安装效果是很成功的。整个石材与钢铁框架完全按照精心设计的布局和试点部件组装。整体装饰效果完全按照设计施工方案实现。就是在石嵌缝设计和预制修改等步骤，都可以在安装地点进行操作，可以现场切割和抛光石材，使整个石材饰面的建设完全符合理想的装配装饰要求。由此可以看出，预制木饰面以及石材饰面的装配取得实践的成功，为推广总成装配式装饰奠定了重要基础。可以进一步推广普及总成装配式装饰这种技术，有助于扩大该技术的表面装饰部分的理想目标逐步实现。

未来在石材产品的创新方面，将把石材的精深加工产品置于首要地位，在原始石材生产上，附加上工业设计和创意的附加值，把建筑装饰用石材做成异形、马赛克、拼花、石雕石刻、复合、线条等产品，使石材更加符合装配式建筑装饰部品的创新要求。

（二）原材料市场发展现状与创新之——涂料及建筑陶瓷市场

1. 涂料市场发展现状分析

（1）我国涂料市场概况

2016年，我国涂料总产量达到1899.78万吨，同比增长11.05%，增长速度低于2015年。2015年，全国涂料总产量1710.82万吨，相比2014年中国涂料总产量增长了18.01%，主营收入增长了8.2%，利润增长了11.66%。尽管各项数据都有所上升，但2015年涂料行业利润总额增速较

2014 年有所下滑，而这也间接反映了一个现象——我国涂料价格有所降低，行业更加趋近饱和。

根据 CEIC 数据库统计的数据，全行业 2015 年主营业务收入为 4184.84 亿元，比 2014 年同比增长了 8.2%，利润总额为 308.48 亿元，同比增长 11.66%，全行业从 2015 年开始有所回暖。全国 2014 年涂料总生产量为 1449.50 万吨，同上年同期相比增长了 8.24%，2014 年全国涂料行业主营业务收入为 3867.59 亿元，利润总额达到了 276.26 亿元，相对上年同比增长了 13.17%。到了 2015 年，涂料行业收入、利润和销售利润率较 2014 年均有回升，但仍未回到 2012 年的水准。表 3 列出了 2010~2016 年我国涂料行业的运行概况。

我国作为涂料的生产和消费大国，涂料的产量和产值从 2009 年到 2012 年保持了较高水平的增长，平均年增速高于 17%，2013 年开始迅速回落，此后缓慢回升。到 2010 年，全国涂料企业涂料生产总量达到 966.63 万吨，成为全世界第一大涂料生产国；2011 年，中国涂料生产总量仍保持高速增长，并首次突破 1000 万吨。[①]

表 3　中国涂料行业财务运行概况（2010~2016 年）

年份	2016	2015	2014	2013	2012	2011	2010
涂料总产量(万吨)	1899.78	1710.82	1449.50	1339.15	1272.00	1079.51	966.63
同比增长(%)	11.05	18.01	8.24	5.28	17.82	11.68	22.80
涂料工业总产值(亿元)	4500.00	—	—	—	2934.60	2611.00	2324.59
同比增长(%)	—	—	—	—	12.42	12.32	26.68
主营收入(亿元)	4354.49	4184.84	3867.59	3416.78	2863.99	2641.24	2026.82
同比增长(%)	4.05	8.20	13.20	19.30	8.43	25.33	26.40
利润总额(亿元)	335	308.48	276.26	244.11	241.09	183.91	140.77
同比增长(%)	8.49	11.66	13.17	0.92	16.30	30.65	19.80
销售利润率(%)	7.69	7.37	7.14	7.14	8.42	6.96	6.95

资料来源：CEIC 数据库，Table CN. BHN。

---

① 叶春波：《中国涂料行业 2016 年发展趋势：涂料产量增速放缓成新常态》，《石油化工腐蚀与防护》2017 年第 2 期。

（2）我国涂料市场的竞争状况

2016 年，在多种不利的基本面因素的影响之下，多家涂料企业无法继续经营而倒闭。一些坚持生产的企业在亏损的情况下继续经营，损失惨重。更多的企业选择了转型和关停。经统计，2016 年涂料行业整体发生了"大地震"，经营不善及实力不强的企业几乎都承受不住形势压力而倒闭。据统计，2016 年全国涂料百强企业中，排名第一的立邦中国销售收入为 145.29 亿元，排名第 100 位的经建油漆营业收入为 2.05 亿元。销售收入超过 100 亿元的有 3 家企业，30 亿 ~ 100 亿元有 3 家，20 亿 ~ 30 亿元有 7 家，10 亿 ~ 20 亿元有 24 家，5 亿 ~ 10 亿元有 39 家。[①] 2015 年全国百强涂料企业总产量为 723.15 万吨，较 2014 年全国百强企业总产量增长 6.4%，占 2015 年全国涂料行业总量的 42%，剩下的 4000 多家涂料企业产量占整个行业的 58%。虽然说目前国内百强涂料企业总产量约占据整个行业的半壁江山，但是整个行业的集中度相对来说还是较低。

据统计，在 2015 年全国涂料行业百强企业当中，外企共有 25 家，占全国百强涂料企业的 25%，其年产量达 314.52 万吨，占全国百强涂料企业总产量的 43.5%。外资涂料企业在中国的市场份额在不断增大，而外资涂料企业吞食的则是民族涂料企业的市场份额，造成这种局面的主要原因是民族涂料企业核心竞争力较小，各涂料企业之间的协同能力较差，才让外资涂料企业有机可乘。

2014 年中国涂料行业百强企业当中外资涂料企业有 23 家，其年产量为 256.75 万吨，占整个涂料百强企业产量的 37%，而在短短一年的时间内，外资涂料企业增加了 2 家，其年产量从 256.75 万吨增长至 314.52 万吨，占比从 2014 年的 37% 增长到 2015 年的 43.5%，这个增长速度非常可怕，长此以往，如果民族涂料企业不能自省，不能提升企业竞争力，未来的中国涂料市场将会是外国人说了算。

我国涂料生产企业数量众多，市场竞争性强，2012 年全国规模以上

---

① 《2016 年中国涂料 100 强企业排行榜》，http://www.sohu.com/a/127145353_491697。

涂料生产企业共 1034 家。全国涂料厂商生产总量巨大，产量居世界首位，占全球涂料产量的 30% 以上。然而，国内涂料市场亦约有 30% 的份额为海外厂商所占据，且在高端市场和低端市场表现有所不同。其中国内高端涂料市场 80% 的份额被国外企业占据，而低端市场的国内企业同质化现象严重，多数涂料细分行业的国内龙头企业的年销售收入甚至不足亿元。按照 2015 年国内涂料企业总产量的排名来看，排名前五的企业有 4 家为外资企业。其中立时集团的年产量 657800 吨，以 38.48% 的同比增长超越阿克苏诺贝尔涂料占据榜首；排名第二的阿克苏诺贝尔产量为 437800 吨，同比增长 12.26%；排名第三和第四的涂料企业分别是威士伯集团和 PPG，这两家企业的产量分别为 413800 吨和 284400 吨，同比分别增长 20.82% 和 6.04%；第五为嘉宝莉化工集团，产量为 276800 吨。[1]

2. 建筑陶瓷市场发展现状分析

2016 年，全国主要陶瓷品种，包括卫生陶瓷、日用陶瓷、园林陈设艺术及其他陶瓷制品、特种陶瓷制造的规模以上企业共 2216 家，主营业务收入 4472 亿元，增长率环比为 11.3%，利润增长率为 9.72%，利润总额为 351.6 亿元。这 2216 家企业中，盈利企业 2079 家，亏损企业 137 家，亏损企业亏损总额达到 8.27 亿元，相比 2015 年有 26.2% 的下降。整个行业累计应收账款为 256 亿元，相比 2015 年上涨了 4.11%，累计产成品库存价值为 156.5 亿元，相比 2015 年增长了 2.17%。2216 家企业中，卫生陶瓷企业 345 家，特种陶瓷企业 636 家，日用陶瓷企业 663 家，园林陈设艺术及其他陶瓷企业 572 家。主营业务收入方面，四类生产企业分别实现营业额 764.3 亿元、1526.8 亿元、1139.4 亿元、1042.3 亿元，增长率相比 2015 年分别为 10.3%、10.4%、8.65%、13.05%。利润方面，四类企业分别实现利润总额 54.1 亿元、150.2 亿元、79.4 亿元、67.8 亿元，相比 2015 年分别增长 10.3%、7.72%、15.1%、7.64%。亏损企业方面，

---

① 锐思数据库。

卫生陶瓷企业共 29 家，亏损总额为 2.07 亿元，比 2015 年减少了 35.5%；特种陶瓷企业共 42 家，亏损总额达到 2.96 亿元，比 2015 年下降了 15.3%；日用陶瓷企业 44 家，亏损总额共 1.61 亿元，相较上一年下降了 30.9%；园林艺术陈设及其他陶瓷企业共 37 家，亏损额 1.62 亿元，同比下降 24.8%。

2016 年，陶瓷砖全行业产量共 110.76 亿平方米，比 2015 年增长 1.81%。其中瓷质砖产量共计 83.6 亿平方米，同比增长 0.23%，陶质砖增长较快，增速为 7.0%，产量为 27.1 亿平方米。

（2）建筑陶瓷地区结构分析

分省份来看，广东省陶瓷砖产量始终保持在全国第一名，但自 2011 年后，与排名第二的福建省距离差距微乎其微。从增长趋势上来看，福建省增长势头强劲，预计未来将超越广东省成为全国建筑陶瓷砖生产第一大省。近年来，传统的三大陶瓷砖生产大省广东、福建、山东在产量方面表现各异。分析其生产数据可以发现，广东省产量的高峰时期为 2011 年，峰值为 26.3 亿平方米，此后开始下滑；福建省的较高速增长保持了 5 年；山东省相反，连续 5 年下降，甚至出现负增长。分析其原因，首先在于政府的引导；其次在于各省市场活跃程度。广东省作为我国陶瓷砖品牌企业的集中地，市场活跃程度一直较高，抗风险能力相对较强，全省产量尽管受到了中央政府淘汰落后过剩产能政策的影响，发生了一定程度的波动，产量仍然保持在全国第一位。福建省的建筑陶瓷生产企业优势在于销售伙伴更加固定，生产商和销售商之间通常有非常稳固的合作关系，这使福建省的企业在市场上表现非常稳健。而山东省受到政策影响较大，受中央政府淘汰落后产能政策的影响，全省企业数量和产量都受到影响，究其原因，山东省企业缺少稳固的销售伙伴，地位相对被动。

（三）原材料市场发展现状与创新之——玻璃及塑料市场

1. 玻璃市场发展现状分析

2016 年建筑玻璃市场整体呈上升的乐观趋势，行业整体盈利和产量均大幅上升。建筑用玻璃作为周期性商品,其生产的繁荣程度与房地产市场的繁荣程度息息相关。国家的供给侧改革政策对建筑玻璃生产行业的发展也起到了重要的推进作用。由于目前基本面仍然较看好,对于2017年建筑玻璃生产行业的发展,依然可以认为是谨慎乐观的。生产企业的资金方面,2017年企业的资金运营状况仍然相对较小;行业的生产周期方面,2016年整个行业加速发展,市场的供需结构得到了改善,将从2015年的弱平衡改变为当前的紧平衡状态。从具体的数据来分析,2016年中国玻璃价格指数为1076.69点,比2015年要增加了201.66点;中国玻璃综合指数比2015年的978.05点增加了183.91点;中国玻璃信心指数为1048.02点,而2015年为935.15点,上升了112.97点。全国浮法玻璃产能利用率为73.45%,相比2015年上涨了3.27%,在产产能比2015年的86562万重箱增加了6672万重箱。全国白玻璃平均价格比2015年上浮了276元,2016年为1476元。建筑用玻璃全行业库存相比2015年的3261万重箱减少了124万重箱。库存同比下降了1.47天。[①]

2. 塑料市场发展现状分析

2016年2~12月,我国塑料制品行业累计完成产量7717.2万吨,同比增长2.7%。12月当月,我国塑料制品行业完成产量731.3万吨,同比下降0.6%。2016年2~12月全国塑料制品产量数据如表4所示。

2016年2~12月,全国塑料制品企业累计出口交货值为2253.3亿元,比2015年同期上升了2.6%,累计生产销售率达到了97.9%。2016年12月,全国塑料制品生产企业出口交货值为210.8亿元,比2015年同期上升了1.2%,生产销售率为98.4%。

2016年全年,塑料制品生产全行业利润总额为1398.6亿元,比2015年增长了7.3%;塑料制品生产全行业累计主营业务收入为22855.1亿元,比2015年增长了6.2%。

---

① 卓创资讯:《2016年玻璃行业年报》,http://www.glass.com.cn/glassnews/newsinfo_179907.html。

表4 2016年2～12月全国塑料制品产量统计

单位：万吨，%

时间	塑料制品产量当期值	塑料制品产量累计值	塑料制品产量同比增长	塑料制品产量累计增长
2016年12月	731.3	7717.2	-0.6	2.7
2016年11月	704.7	6989.5	2.5	3.9
2016年10月	671.8	6264.8	-0.3	3.3
2016年9月	683.7	5678	1.4	4.7
2016年8月	652.3	4974.8	1.8	5.1
2016年7月	670	4393.5	0.4	6
2016年6月	727.1	3688.7	6.3	5.8
2016年5月	651.3	2936.7	5.5	6.5
2016年4月	636.6	2285.3	5.1	4.9
2016年3月	642.6	1665.2	8.4	6.1
2016年2月	—	1016.3		6.9

资料来源：智研咨询，《2016年1～12月全国塑料制品产量统计表》，http://www.chyxx.com/data/201702/494488.html。

三 装配模块材料市场发展现状与创新

（一）建筑外墙装饰部品市场发展现状与创新——以幕墙部品为例

1. 建筑幕墙市场发展概述

随着经济增长步伐的不断加快，在我国的公共建筑装饰装修工程中，建筑幕墙装饰工程行业被越来越多的高层、超高层建筑建设项目带动，发展越来越快。过去的几年中，建筑幕墙装饰工程行业被产品升级的造价上升所带动，发展势头强劲，整个建筑幕墙行业的产值增速要高于全行业的产量增速。

前瞻产业研究院发布的《2017～2022年中国建筑幕墙行业市场前瞻与投资战略规划分析报告》数据显示，2016年我国建筑幕墙完成工程总产值3420亿元，比2015年增加了220亿元，增长幅度为6.88%，如表5所示。

表5中列出了我国建筑幕墙行业2009～2016年的产值数据。根据表中数据可知，我国建筑幕墙行业2009年产量为1100亿元，到2016年，行业产值已达到3420亿元，对比2009年翻了两倍。增长率方面，全年增长呈逐渐减慢趋势。

表5　我国建筑幕墙装饰工程产值状况（2009～2016年）

单位：亿元，%

年份	2009	2010	2011	2012	2013	2014	2015	2016
当年产值	1100	1500	2000	2300	2700	3000	3200	3420
环比增长	27.31	36.36	33.33	15.00	17.39	11.11	6.67	6.88

资料来源：前瞻产业研究院，《2016年建筑幕墙发展规模与竞争格局分析》，http：//www. qianzhan. com/analyst/detail/220/170420－87e2b98b. html。

前瞻产业研究院发布的《2017～2022年中国建筑幕墙行业市场前瞻与投资战略规划分析报告》数据显示，2016年我国建筑幕墙完成工程总产量15640万平方米，比2015年增加了1460万平方米，增长幅度为10.3%，如表6所示。

表6　我国建筑幕墙装饰工程产量状况（2009～2016年）

单位：万平方米，%

年份	2009	2010	2011	2012	2013	2014	2015	2016
产　量	7500	8800	9130	10200	11475	13100	14180	15640
环比增长	11.94	17.33	3.75	9.75	12.5	11.11	14.16	10.30

资料来源：前瞻产业研究院，《2016年建筑幕墙发展规模与竞争格局分析》，http：//www. qianzhan. com/analyst/detail/220/170420－87e2b98b. html。

行业整体发展状况方面，产业前沿面生产技术已经与国际先进水平接轨，其中领头企业在设计研发、施工和生产等方面已经处于世界前列。在国内市场的竞争方面，国内幕墙企业经过多年经验的积累和技术的发展成熟，已经占据了国内市场的主要部分。不仅如此，有些行业内的领头企业还在海外市场的占领中取得了卓越成绩，实施了成功的"走出去"战略。预计我国幕墙企业在坐拥人力资本、原材料和制造技术等方面的内部优势和面临发达国家幕墙生产行业逐渐向发展中国家倾斜的外部优势下，发展前景一片大好。

（2）中国建筑幕墙行业竞争格局分析

随着中国整个幕墙行业在过去十几年间的飞速增长，行业内企业的竞争也越加激烈，一方面，行业内原有企业的分化日益严重，呈现两极分化的势头；另一方面，建筑行业其他领域的企业开始将业务发展到幕墙生产领域，加剧了行业内的竞争。前瞻产业研究院根据企业生产幕墙的生产方式以及企业的整体规模作为标准，将幕墙行业内现有的企业分为三个梯队。第一梯队为行业内龙头企业，在全国甚至全世界均具备很强的竞争力，企业规模均达到十亿元以上，以远大、江河创建为代表，这些企业不仅在规模方面优势巨大，其技术、人才和管理等环节均处于行业最顶层。这一梯队具备的优势会随行业的发展继续保持下去。第二梯队主要为大型建筑公司专门生产幕墙的子公司，这些子公司原本属于建筑或装饰行业，依托母公司的资金和资源切入幕墙行业中来，包括亚厦股份、中建装饰、金螳螂等，未来将成为幕墙行业发展的重要动力。第三梯队为小规模公司，面向当地区域市场和产品的专业化领域，主要为中小企业，所经营的工程为小规模工程。这些企业能够灵活根据市场风向调整生产，可以起到幕墙市场润滑剂的作用，包括凯庭幕墙、振华幕墙等。未来我国人口红利下降，人力资本进一步上升，第三梯队的成本竞争优势不再，所有中小企业的市场空间不乐观。

2.中国建筑幕墙行业发展前景分析

分析建筑幕墙行业的发展前景主要从两个方面着手，首先是行业未来发展的市场空间，其次是国家城市化水平。其他还包括宏观经济发展状况、房地产行业整体的投资状况等。就整体的行业发展状况而言，随着改革开放的不断深入和市场化程度的不断提高，国内建筑幕墙市场也拓开了更加宽广的发展空间。

（1）我国建筑幕墙市场空间巨大

截至2016年，国内幕墙行业的工程产值已超过3420亿元，包括9个省级行政区的23家幕墙企业承包建设幕墙工程范围已达52个国家和地区，幕墙行业的对外承包项目总额牢牢占据全建筑装饰行业的榜首，且占比高达80%。我国幕墙行业在满足了国内使用需求的同时，无论是技术还是产量均在世界范围内产生了巨大的影响力。产量方面，2016年我国建筑幕墙产量为1.56亿平方米，同比增长10.3%；到2016年年底，我国建筑幕墙产量累计为13.32亿平方米，同比增长13.3%。[①]

2010年之后，幕墙行业产值的增长速度仍然大大高于全建装行业产值增长速度的平均值，可以认为行业上升空间巨大。不仅整体发展速度方面如此，幕墙行业同建筑装饰行业内其他子行业相比，其产品更新换代空间也更大，也更加具有快速增长的新需求以及传统结构更新的可能，这会进一步促使幕墙行业的增长速度持续领先，产值创造新的高峰。2012年全国建筑装饰行业总产值为2.63万亿元，幕墙行业产值为2300亿元，幕墙行业产值占建筑装饰行业总产值的8.75%。2013年全国建筑装饰行业总产值达28900亿元，其中幕墙行业产值的比例占到8.65%，与2012年的8.75%基本持平。2014年，建装行业总产值较2013年上升了2800亿元，幕墙行业总产值相比2013年上升了20%，达到了3000亿元（见表7）。

2008年全年，我国建筑装饰行业总产值为1.71万亿元，其中幕墙行业达到了864亿元，而当年全国GDP总额为30.07万亿元，建筑装饰行业产值占到GDP总量的5.68%，其中幕墙行业占了GDP总额的0.29%，数字非常可观。2009年我国建筑装饰行业总产值为1.9万亿元，而其中幕墙行业达到了1445亿元，首次突破了1000亿元，而当年全国GDP总额为34.05万亿元，GDP增长率9.2%。建筑幕墙行业总产值所占整个建筑装饰行业的比重从5.06%上升至7.61%。

（2）不断提高的城市化水平有力支持了建筑幕墙行业的持续发展

经济发展必然带来对硬件设施的需求和固定资产投资的上升，我国经济持续快速发展更是为幕墙行业的发展维持了相当良好的外部条件，城市化进程的加快和市场经济体制的完善又推动了大型建筑的需求，进一步支撑了幕墙行业的快速发展。1990~2008年，我国的国内生产总值增速高达年均9.8%，

[①] 前瞻产业研究院：《2016年建筑幕墙发展规模与竞争格局分析》，http://www.qianzhan.com/analyst/detail/220/170420-87e2b98b.html.

表7　2012~2015年全国建筑装饰行业与幕墙行业产值比较

单位：亿元，%

项目	2012 年	2013 年	2014 年	2015 年
建筑装饰行业总产值	26300	28900	31700	34000
幕墙行业总产值	2300	2500	3000	4000
幕墙行业产值占建筑装饰行业总产值的比例	8.75	8.65	9.46	11.76

资料来源：中国产业调研网，《2016 年中国建筑幕墙市场现状调研与发展趋势预测分析报告》，http：//www.cir.cn/R_JianZhuFangChan/29/JianZhuMuQiangFaZhanXianZhuangFenXiQianJingYuCe.html。

相应的城市化率也由 26.4% 在 18 年间上升至 45.7%，增长了 73.1%，并且仍在持续高速增长中。城市化进程的加快使全国房地产行业发展迅速，包括城镇新增对基础设施的需求也拉动了对幕墙的需求。2015 年全国固定资产投资 551590 亿元，同比增长 10%，住宅和城市公共建筑的投资规模仍然很高，对建筑幕墙行业的需求仍然很旺盛。

随着城市化的发展，城市数量和规模迅速增长，城市经济规模也迅速发展，对大型建筑的需求被直接拉动起来，由此也形成对建筑幕墙的需求。将来幕墙行业重点发展的市场仍然处于环渤海经济圈，以及传统经济发展最快的长三角、珠三角地区，除此之外，一些计划单列的省会城市也将占据重要地位，发展迅速的地区对于大型建筑和高端幕墙的需求增长速度未来将保持较高水平。

（二）室内装饰装修部品市场发展现状与创新——以地板模块为例

1. 木地板市场发展现状分析

（1）木地板产量总体情况

表8 中列出了 2010~2015 年截至 10 月我国木地板产量的总体情况，由表中数据可知，2010~2014 年，虽然受到房地产投资增速下降等不利环境因素的影响，我国木地板总体产量仍然保持稳定增长，但复合木地板和实木木地板变化趋势不同，复合木地板产量保持增长，但实木木地板产量自2011 年后显著下降。2015 年统计数据截至 10 月，但累计同比复合木地板产量大幅下滑，实木木地板产量增速有所回升。

表8 我国木地板产量总体情况

单位：千平方米

年份	复合木地板	同比(%)	实木木地板	同比(%)	总产量
2010	348907.00	13.60	124676.00	21.50	473583
2011	370313.00	12.30	114655.00	9.20	484968
2012	424623.00	11.50	92266.00	-1.70	516889
2013	482623.87	10.83	86469.69	-4.60	569094
2014	576643.13	11.33	91663.11	-0.19	668306
2015(截至10月)	442675.70	-6.47	79140.66	1.63	521816

资料来源：CEIC 数据库，Table CN. BA：产品产量，https：//insights.ceicdata.com/insight/973a8d27 - d652 - 4552 - 9b3b - 61a359a38eed/data。

2. 木地板行业的竞争格局

国内木地板行业生产企业众多，竞争格局分散、市场集中度低。我国目前约有木地板生产企业 2300 多家，但普遍规模较小，且产品同质化较为普遍，虽然近几年市场涌现了圣象、大自然、德尔、扬子等有一定影响力的品牌，但仍未形成占绝对优势的品牌，中小型企业数量仍占全行业企业家数的90% 左右。行业进入门槛低，对劳动力的素质要求不高，家庭作坊式工厂遍地开花，企业产能低、规模小，小型企业销售收入少、资金不足，无力引进先进的技术设备，而技术设备落后，自然无法实现规模化经营，经济效益比较低，资源浪费严重。巨大的市场空间包容了低层次竞争，地板企业市场推广手段单一且急功近利。

具备研发、品牌、渠道优势的企业，有望通过横向并购和纵向延伸成为行业的整合者。优势企业一方面可以向产业链上下游延伸，比如加强品牌建设、拓展基材加工基地甚至原料林基地等，以赚取更高的附加值利润。另一方面通过建设高效、优质、覆盖面广的营销渠道来保证优质产品推向市场，形成产销一体化优势，进而提升市场份额。未来几年兼并重组将是产业整合的主旋律，将有更多的地板企业被淘汰出局，被市场淘汰或者成为大品牌公司的加工工厂，优质资源将向少数大企业、大品牌集中，行业品牌集中度越来越高。

B.7
中国照明市场发展报告

林锦权

摘　要：　随着全球照明产业战略转移以及城市人口的增加，照明产品的需求将大大增加，由此迎来我国照明产业的良好发展机遇，且近年来保持了快速发展的态势，而相关技术的进步、政策的支持都使其逐渐成为世界照明产业的重要力量。本报告分析了我国照明产业的市场规模、产品技术创新、终端应用以及企业竞争力等发展现状，通过对LED全产业链的数据解读，有助于照明企业洞察行业发展时势，及时调整自身的定位和策略。在报告最后，主要分析了我国照明市场的发展趋势和机遇，进一步推动照明产业转型升级。

关键词：　"十三五"　半导体照明　产业升级　创新　智能

一　照明市场发展状况

近年来，随着我国LED照明技术的持续发展，LED光效得到了逐步提高，价格也逐步降低，LED在照明应用领域不断扩展。面对全球能源短缺的问题，LED照明产品凭借绿色环保的优势，将逐渐成为照明领域的主流产品。

CSA Research数据显示，2016年我国半导体照明产业整体产值比2015年增长了22.8%，达到5216亿元。其中，2016年LED芯片产品市场需求量出现良好的发展态势，促使上游外延芯片规模达到182亿元，同比增长20%；

此外，LED封装企业产能持续扩张，中游封装规模达到748亿元，同比增长21.5%；LED下游应用规模达到4286亿元，同比增长23%（见图1）。

近年来LED照明产品价格在持续下降，在替代传统照明产品的过程中，LED照明产品的渗透率也在逐年增长。随着LED照明技术趋于成熟，LED照明在住宅、商业以及户外等领域的应用普及度会不断提高，更多LED照明品牌被消费者熟知和选择。2016年是"十三五"规划的开局之年，节能减排仍然是重中之重，在节能减排中可发挥重要作用的LED照明产品受到政府及市场的重视，促进LED照明产业的进一步发展。

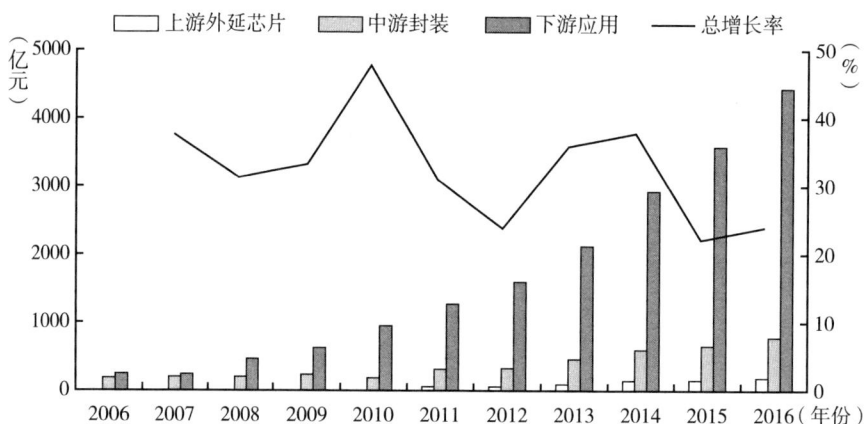

图1　2006～2016年我国LED产业上、中、下游市场规模

资料来源：CSA Research。

（一）LED产业规模增长持续

据前瞻产业研究院《中国LED行业市场前瞻与投资分析报告》统计，截至2016年底，我国LED产业共有规模以上企业883家，比2015年的879家有小幅增长；获得销售收入4576.56亿元，产品销售利润401.62亿元，资产总额达4307.30亿元，各项经济指标均有所增加，反映出较好的整体经营效益。LED企业整体经营效益向好，源于LED产业产销规模的稳定增长（见表1）。

表1 2013~2016年中国 LED 行业发展能力分析

单位：%

指标名称	2013 年	2014 年	2015 年	2016 年
销售增长率	30.88	32.48	68.26	15.38
资本增长率	23.95	91.22	100.12	11.41
总资产增长率	17.03	44.73	92.07	14.68

资料来源：《中国 LED 行业市场前瞻与投资分析报告》。

另外，2016 年 LED 产业销售增长率下降为 15.38%，反映行业市场规模扩张速度放缓；资本积累率和总资产增长率也均较上年有所下降，分别为 11.41%和 14.68%，但仍然处在较高水平，说明行业后期发展所需资源储备充分，具有较好的资本增长性和保全性，持续发展能力较强。

（二）照明行业出口首次出现负增长

自 2009 年以来，照明行业出口首次出现负增长现象。2016 年，照明行业累计出口额为 385 亿美元，相对上年同比下降了 14.5%。其中电光源产品出口 43.5 亿美元，与 2015 年同比减少了 13.2%；照明灯具出口额 297.4 亿美元，与 2015 年同期下降 15.6%（见图 2）。

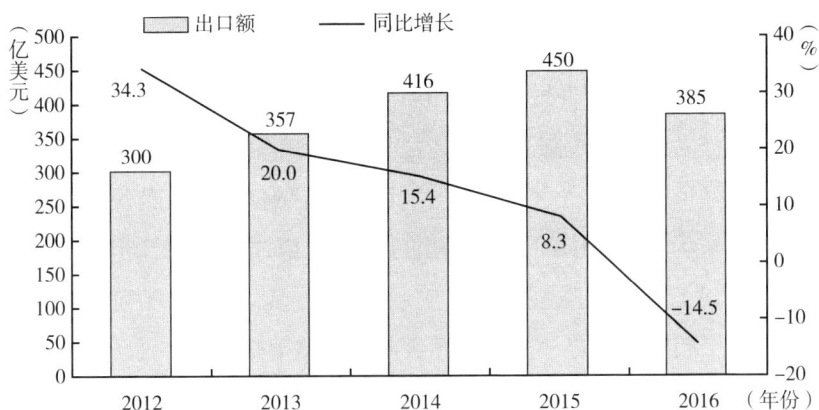

图2 近五年来照明行业出口变化

资料来源：中国轻工业网。

157

据数据统计，目前照明行业出口主要面向美国、德国、英国、中国香港、印度、荷兰、日本、新加坡、加拿大、法国等地区。其中出口比重最大的国家是美国，累计出口额达 94.12 亿美元（占 24.44%），同比下降15.55%；其次德国累计出口额达 19.51 亿美元（占 5.07%），同比下降16.58%（见图 3）。

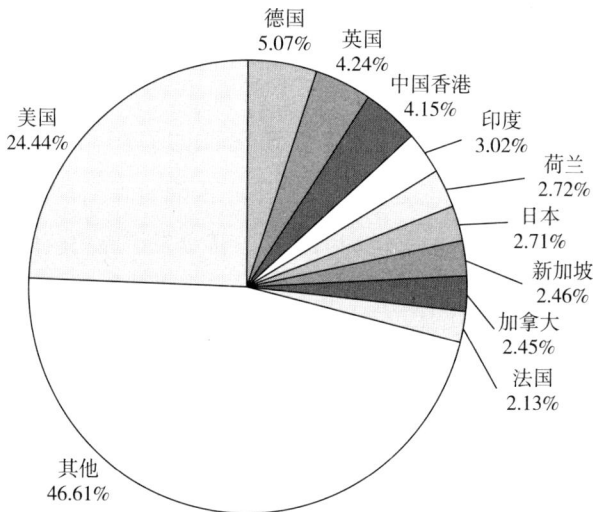

图 3　2016 年 1～12 月全国照明行业累计出口额贸易地区占比情况

资料来源：中国轻工业网。

照明产品出口不仅表现在金额下降，海关数据的反馈显示：2016 年，我国电光源产品的出口总量达 131.2 亿只，与 2015 年相比基本持平，但出口额同比下降了 14.15%；灯具类的产品则出现量价齐跌的情况；未列名灯具（其中六成为 LED 照明产品）的出口量同比增加 12.8%，但出口额在历年中首次出现下降，下降幅度达 0.4%。照明产品出口呈现利润缩减的趋势，主要由于照明行业竞争激烈，导致产品价格下降。

（三）LED 上游供需格局改善

根据统计数据，2016 年中国 LED 芯片行业市场规模超过 145 亿元，同比增长 11.54%，增幅较 2015 年提升了 3.2%。

预计 2017 年，LED 芯片有效产能将达到 8328 万片，需求约 9235 万片。其中照明芯片的需求约 4704 万片，占总比重的 56.03%，同比增长 20%（见图 4）。

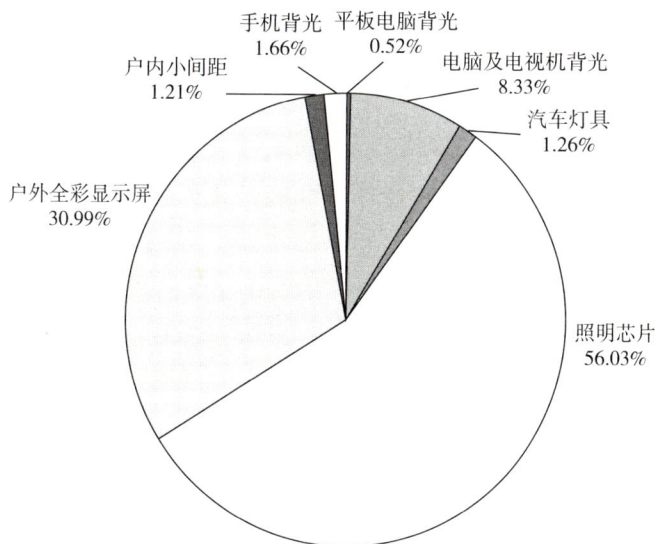

图 4   2017 年我国 LED 芯片市场需求预测

LED 芯片厂商大多都涉及外延片生产领域，MOCVD 外延炉作为制作 LED 外延片最常用的设备，其设备保有量和增加量可以从侧面反映 LED 芯片领域的供给情况，且在长期观察中，MOCVD 机台数量始终是影响到芯片供给的主要变量。

LED 上游芯片在 2016 年市场表现良好，MOCVD 保有量、开机率、总产能利用率三个指标均有提升。根据统计数据，2015 年，受市场需求放缓及竞争加剧影响，中国 LED 芯片企业扩产脚步明显放缓，新增 MOCVD 设备数明显减少，全年 MOCVD 净增加量约 50 台，中国 LED 行业 MOCVD 保有量增加至 1222 台。

近年来，随着 LED 上游芯片产能不断扩产，激烈的行业竞争促使企业开始研发新的封装工艺，而具有抗震性、耐冷热冲击性的倒装 LED 芯片技术受到市场的热捧。LED 倒装芯片和封装器件已经成为 LED 终端应用的主流核心光源。

LED 倒装芯片集合了正装芯片和垂直芯片的优势，重点关注大功率，尤其是安培级电流驱动的 LED；独特的芯片结构和封装形态完美结合，器件热阻低、出光率高、可靠性好；承受过电流驱动的性能好，照明应用的综合流明成本低；单器件功率高、单器件光通量大，特别适合强光照明应用；综合运用微电子技术，在关键技术取得突破后，容易实现规模化量产，制造良率高；具有优于垂直芯片和器件的性能，又有高于正装芯片和器件的性价比。

以雷士照明母公司德豪润达为例，其在大功率倒装芯片的研发及产业化已取得全面突破并实现量产，下一个目标为在此基础上开发陶瓷大功率 LED 光源。

目前陶瓷大功率 LED 产品已可以应用于大角度光源产品、手机、电视背光、景观照明、大功率路灯及车灯照明上，随着整体产业的技术进步，未来在某些特殊领域如高瓦数产品的应用上存在一定优势。陶瓷大功率 LED 产品采用倒装芯片，使光学和热学性能更好，同时因省略了导线架与打线的步骤，使其后道工序更加便捷。

大连德豪陶瓷大功率 LED 封装项目一期计划建成 20 条封装生产线。按每条生产线 3.6KK/月产能，每年按 10 个月生产计算，每条产线年产量为 0.36 亿颗。本项目 20 条产线全部投产后，预计年产量总计 7.2 亿颗。考虑到生产良率以 95% 计算，该项目年产封装合格品约 6.8 亿颗，年产值达到约 11 亿元，年净利润预估为 2.2 亿元，新增就业 300 人。

该项目团队将开发新一代陶瓷大功率 LED 光源，在关键技术上实现突破，如降低芯片与陶瓷基板共晶空洞技术，荧光粉涂布、荧光粉膜技术，五面发光和单面发光封装技术。该项目预期可研发、设计、制造出无支架和五面发光的陶瓷大功率 LED 光源，产业化陶瓷大功率 LED 光源，光效 > 180lm/W，填补国内空白，达到国际先进水平。此项目的成功研发，将实现以倒装外延片、封装、市场应用为产业链，上游带动倒装外延技术的进步和发展，下游会以其优越的性能拓展传统 LED 无法涉及的应用市场，从而扩大整体 LED 产业和促进其产业链的发展。

（四）LED 封装企业产能将持续增长

据统计，2016 年我国约有 2000 多家 LED 封装企业，占据全球 70% 的封装产量。经过十多年的发展，我国 LED 封装能力提高较快，封装品种较全，随着 LED 封装产能进一步扩张，行业竞争将越发激烈。

2014~2016 年，我国 LED 封装环节产值由 517 亿元增长至 748 亿元，年均复合增长率为 20%，LED 封装领域市场规模稳步上升（见图 5）。随着中国 LED 封装企业的不断壮大发展，中国 LED 封装在国际上的市场地位将进一步提高。鉴于 LED 照明产品需求增长迅速，预测未来中国 LED 封装企业的产能将继续扩张。

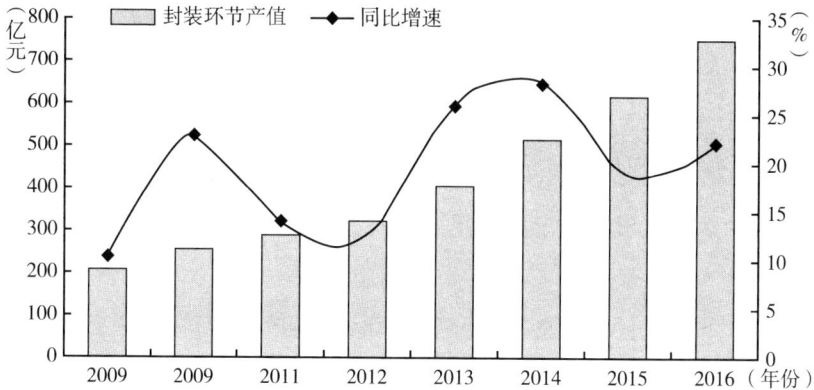

图 5　2009~2016 年我国 LED 产业封装环节产值

（五）LED 新兴照明应用增速超传统应用

LED 已成为照明的主流光源，目前照明领域是 LED 最大的应用市场之一，其次是 LED 显示屏和背光应用。数据显示，2016 年我国 LED 照明产品国内市场渗透率达到42%，比2015年增长了10%。随着国家禁止白炽灯政策的严格实施，预测LED照明的市场渗透率还会有所提升（见图6）。

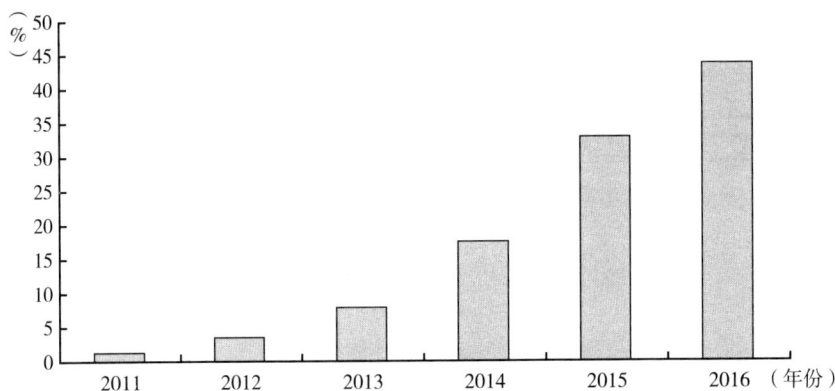

图6　2011～2016年我国LED照明产品国内市场渗透率

2014～2016年，我国LED照明应用行业规模由1683亿元增长至2678亿元，年均复合增长率为26.17%。其中LED通用照明规模由2014年的1169亿元增长至2016年的2040亿元，年均复合增长率32.08%；2016年LED通用照明规模占比达到47.60%。

通过数据发现，2014～2016年我国下游应用领域的产业规模不断增长，通用照明在整个照明应用市场占绝对优势，是应用市场的第一驱动力（见图7）。

2016年，传统的景观应用、显示屏和背光应用的产业规模分别占整个半导体照明产业规模的13.5%、12.8%和12.1%。但是2016年LED显示屏同比增长只有1%，增长较为乏力，主要是由于液晶显示市场趋于饱和以及OLED等新型显示技术的逐步替代。

新兴照明领域中，信号及指示和汽车照明虽然产业规模占比较少，分别为2.1%和1.4%，但是汽车照明受益于高端车越来越多采用LED灯具，2016年的市场增长率高达33.8%，同时LED农业、医疗等创新应用同比也超过30%。LED汽车照明、医疗、农业等新兴领域的应用不断开拓，农业

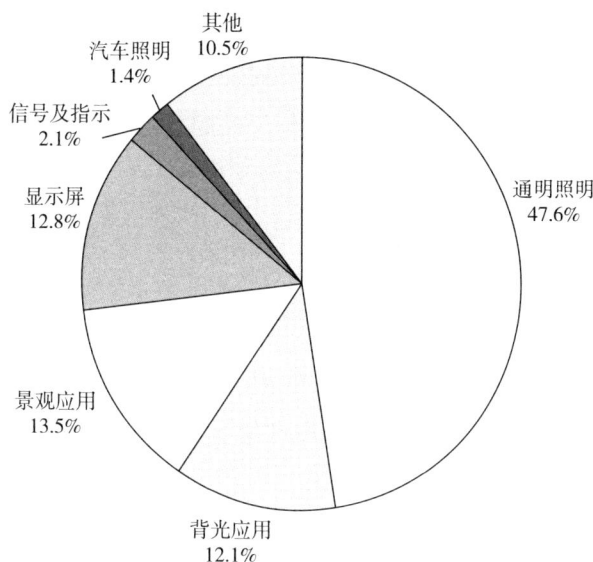

图7 2016年我国半导体照明应用领域分布

资料来源：CSA Research。

照明等新兴应用快速成长，智慧照明、小间距显示、UV - LED 等成为应用市场热点。

二 照明市场创新发展

（一）LED 对技术创新提出更高要求

自"十二五"以来，我国 LED 照明产业获得迅速发展，LED 照明在国内市场已逐渐渗透，传统照明企业凭借多年的品牌知名度及渠道优势转型进入 LED 照明领域，与拥有良好的技术研发实力和产品创新能力的国内新兴的 LED 应用企业展开了激烈竞争。在整体经济环境不景气的影响下，近年来 LED 行业增速开始放缓，行业竞争进一步加剧，行业两极分化明显，大型企业通过资本运作来扩张规模，而中小企业生存空间进一步被挤压。LED 全产业链都在不断创新，以期寻求新的突破。可以预见，具备技术创新能力的 LED 企业在未来会有更好的发展机会。LED 技术创新活跃，新材料、新工艺不断涌现，发光效率不断提高，产品技术升级较快。不断更新的技术升级和新技术的出现也给 LED 外延和芯片厂商的技术创新能力提出了更高的要求。

1. 照明产品的创新

产品创新给企业和市场呈现得更为直接，一个好的创新产品能使企业和品牌暂时脱离价格战的"红海"，并获得更多的市场机会。但是，在市场竞争过于激烈的今天，一款好的产品往往会引来大量的仿制，尤其在国内知识产权保护仍不完善，"一枝独秀"的时间往往会变得很短暂，企业很快又会重陷"价格战"的泥潭。

以传统照明系统为主的商业区域和个人照明应用区域为新型的 LED 照明应用提供了巨大的市场，不论是成本（短期成本和长期成本，包括耐用性和低维护成本）、能效、政府法规和建议方面的原因，LED 正在快速吞噬传统照明的市场需求。

元件及灯具设计上的创新赋予制造商更多选择性和灵活性，进而开拓了应用市场。然而，将这些新设施应用于已存在的基础设施、灯具和装置中时，难免会受到设计的限制。

智能化的照明正趋于主流，并已逐渐成为人们工作和生活中不可或缺的重要部分，例如在智能家居、智能办公和互联网物品中，智能照明的应用显得尤为重要。智能照明将最新的 LED 技术与色变特性、智能传感器、红外、蓝牙与因特网连接/数据捕捉方面的其他创新相结合。如果人们能将这些尚处萌芽阶段的重要进步应用于现有系统中，它们的潜力将得到充分发挥。

2. 营销模式的创新

照明行业经过三十年的发展变化，产品不断创新，控制技术也不断升级，照明产品已经不仅仅承载功能性的照亮功能，更跟人的审美、健康息息相关，随着互联网的快速发展，照明产品也被赋予了新的功能，成为互联网中物物相连的一部分。

如今 LED 照明企业不仅需要产品技术的创新与突破，更要在营销模式上进行颠覆性的改革。目前照明企业在布局传统终端渠道的同时，也在积极探索电商、O2O、微营销等商业模式。其中，O2O 渠道模式为消费者提供价廉物美的照明产品，同时兼顾了企业和经销商的利益需求，能够建立极大的品牌黏性。

（二）重点企业创新竞争力分析——以雷士为例

创立于 1998 年底的雷士，始终坚持产品研发的自主创新，致力于为酒店、办公、家居、工业、商超、城市亮化、交通、建筑等领域提供健康舒适的照明解决方案。2010 年，雷士照明于香港联交所正式上市。2017 年，NVC 雷士照明品牌价值达 206.85 亿元，连续 6 年照明行业第一；同时，荣获"2016 中国 LED 照明灯饰行业 100 强"第一。

目前，雷士照明在国内拥有 4 大制造基地、2 个国际标准化研发中心和国家认可实验室、38 家运营中心、3800 多家品牌专卖店；在海外，建有符合欧洲标准的产品开发中心，并在 40 多个国家和地区设立了经营机构。

在王冬雷董事长的带领下，雷士全面整合上游 LED 芯片研发、封装、驱动和下游自主品牌营销渠道资源，率先在中国照明行业完成上下游产业链一体化整合生态布局。

雷士始终保持着设计与创新的活力，通过创新智慧方案改变人们的生活，引领行业变革。具体分析如下。

1.完善的研发体系

经过十多年的积累和持续的投入，雷士已经建立起完善的研发体系，为企业的发展提供源源不断的动力。2006 年，雷士在广东惠州设立国际标准化的照明研发中心，为企业的发展提供强大的技术动力，并组建广东省第一家企业绿色照明工程技术研究开发中心，为雷士的发展提供了强大的技术和产品保障。2011 年，雷士获得 SGS 授牌认可，是中国第一家获得 SGS 认可的照明企业实验室。2014 年，雷士总部成立智能研究项目组。截至 2016 年，雷士申请国家专利 300 多项，其中有 14 项奥运照明产品荣获国家专利。产品获得包括 CCC、ISO9001：2008、ISO14001：2004、CE、SGS、美国国际品质认证委员会等国内外众多权威机构的认证。

雷士已具备多项行业引导性技术，例如 LED 倒装芯片的应用；LED 显色能力与商业照明质量的研究与应用；空间色度一致性的研究与应用；灯具表面亮度与视觉舒适度的研究；温度场分布与热流仿真与设计等。

雷士的照明产品以其高光效、高中心光强、高显色指数、高功率密度四大拔萃点赢得消费者青睐，抢占市场。以雷士照明显色指数大于 98 的导轨射灯为例，通过荧光粉控制技术，实现更有层级的色彩表现，使被照物更白、更自然、更鲜明，提升被照物品的保值空间，优化中间视觉下人眼色觉的 LED 光谱功率分布，提高人眼适应的舒适度。

2. 紧跟电源未来发展趋势

雷士参考实际使用量、产品品质、市场占有率、品牌信誉等因素，建立了以昂宝、矽力杰、晶丰明源、美芯晟等 4 家照明驱动方案供应商为主体的电源 IC 供应体系。基本常规电源完成平台化建设，主要分为非隔离和隔离两大类，在非常规电源方面也具备完善的方案。

未来，电源的发展需求为低成本、高性能和多功能，即在保证产品性能的前提下进一步优化，降低产品成本，提升产品性能，包括功率因数、纹波、谐波等，以满足更严苛的客户需求，突出产品特色，提升产品附加值，如深化调光调色、智能控制、软启动、恒光通照明等产品方案的研究。

雷士紧跟电源未来发展趋势，针对"低成本"这一发展需求，2017 年雷士电源降本朝着节省器件、工艺优化、调整电源 IC 方案、电子元器件整合的方向有序推进，采取了科学合理的措施，如减少冗余器件，优化 EMI 等电路设计；规范设计，改进生产方式，提升生产效率；评估对比，参照平台化方案标准，对部分老旧方案进行更新调整升级，降低电源成本；整合二极管、MOS 管、电解电容、电感等物料，缩减料号和种类，提高单个物料的采购量和采购议价能力，提升物料通用性，降低物料的采购及管理成本等。

随着市场对电源"高性能、无频闪"要求的提高，雷士已率先制定了"无频闪"电源拓扑方案，根据不同的电路结构，分别制定了输入电解滤波

电路无频闪、填谷电路无频闪、单级 PFC 反激 + 去纹波电路、APFC 电路 +
反激电路四个方案。

雷士照明用专业科技给人们的生活带来无限美好的光环境体验空间。

3. 多个子品牌战略布局

在消费升级的环境下，消费者对于灯饰产品不再局限于基本的照明需
求，更多消费者倾向具备个性化、装饰化的灯饰产品，灯饰照明已经进入风
格细分化阶段。基于细分化的市场现状，雷士根据其目标群体进行多个子品
牌布局。从雷士照明到伯克丽、"東東"、利兹城堡，再到未来的西湖烟雨，
其子品牌布局涵盖每一类流行的家居风格。

雷士旗下的"伯克丽"（Berkeley）定位于中高端现代简约家居品牌，
主要面向新兴中产阶层及有一定经济实力的白领群体。上市不到一年时间，
全国伯克丽建店数量 200 家，遍布 31 省份，已经成为中国成长最快的现代
灯饰品牌。雷士旗下的"利兹城堡"（Leeds Castle）以高贵、艺术、优雅、
独具匠心的品牌调性和轻奢、优雅的风格，为中国一、二线城市中产精英、
新富阶层传递高品质的新欧美家居风范，彰显全新一代中产精英精致的生活
格调和品位。

雷士旗下不同家居风格子品牌，满足差异化消费需求，加上雷士集团强
大的品牌知名度、领先的技术研发水平、完善的销售网点、突出的规模量产
能力、贴心的售前售后服务，在家居照明领域大放异彩。

在子品牌基础上，雷士又研究了不同的细分市场、细分领域的消费需
求，采用独立的子公司、独立的产品研发系统和销售管理人员的方式，不同
的店面呈现不同的家居生活化、场景化的方式，保证所有的运作既有强大的
品牌背书，又具备不同子品牌的特征。此外，团队强大的执行力缩短了投
入、产出的等待时间。

（三）发展和创新存在问题

作为新兴的产业，LED 照明处于较快的发展阶段。然而，在现阶段
LED 上游结构性产能过剩、传统营销模式突破有限、行业内外资源利用共

享率低等现状下，LED 照明行业应该整合业内外资源，谋求更为有效的创新商业模式。

随着更多跨界企业进入 LED 照明市场，导致 LED 照明产能过剩，市场竞争会更加激烈，产品价格下降压力也会更大。LED 照明企业只有在研发技术上持续创新，加大新品的研发和工艺改进，满足终端用户的需求，才能保证企业的市场地位。

与此同时，目前 LED 照明行业仍在初期发展阶段，部分行业标准尚未完善，产品检测体系也有待建立，很多消费者还没有真正了解 LED 照明产品，对 LED 照明品牌认知度也不高。这就直接导致部分小型企业以低价策略搅乱市场秩序，这样既不利于 LED 照明产业的持续发展，也会造成消费者对 LED 照明产品缺乏信心。

此外，消费者需求日趋多样化、个性化，市场对灯具产品的需求已不再局限于照明，而是更看重其整体的装饰效果。仅凭单一品类的产品已经无法满足当前市场的需求，因此照明企业需要不断开发新产品，满足不同客户的需求，提升品牌的市场竞争力，以赢取更多市场份额。

三　照明行业发展趋势

2017 年，新一轮科技与产业变更创造了新的历史性机遇，在中国深入实施创新驱动发展战略的背景下，照明产业发展也呈现新的特点。尤其伴随着智能化、物联网、共享经济等新业态的兴起，加速了 LED 照明技术的发展与应用领域的扩展。

（一）照明市场竞争风险

在我国，传统照明市场是一个竞争非常激烈的行业。在高端照明应用市场，国内外知名照明品牌仍拥有强大的竞争优势；在中端照明应用市场，部分国内照明品牌与外资品牌携手合作取得细分市场优势；在低端照明应用市场，为数众多的中小照明企业，主要以低档次、低附加值产品为主，造成低劣产品充斥市场的现象。

在新兴的 LED 照明市场，传统照明企业除了利用渠道优势转型进入 LED 照明市场之外，企业还将面临来自跨界企业的竞争。LED 照明企业将加速转型升级，一方面通过整合并购打造规模化企业，以市场占有和综合实力取胜，另一方面是通过专业技术打造差异化企业，在细分市场深耕细作，谋求生存和发展。

（二）照明产业机遇与挑战

现阶段，我国半导体照明产业发展面临重要机遇。2017 年，随着国家"一带一路"倡议，《半导体照明产业"十三五"发展规划》正式出台，"促进半导体照明市场转化、推广节能环保新光源"项目的推进，将为半导体照明产业开拓更广阔的市场空间。作为智能照明的核心元件，LED 也将承载更多的功能集成和传感器融合，进一步推动智能家居、智慧城市等建设，为 LED 照明行业带来了新的发展机遇与挑战。

面对全球半导体照明数字化、智能化、跨界融合等发展趋势，我国要实现从半导体照明产业大国向强国的转变，迫切需要加快产业结构升级，提升产品质量，增强品牌影响力，完善标准检测体系。

（三）照明行业发展趋势

在市场机遇和产业政策的双重驱动下，我国照明行业正处于产业结构调整和转型升级阶段，高效节能的 LED 照明取代传统照明是行业发展的必然趋势。伴随着 LED 照明产品价格的稳定，未来照明产品更多是从行业角度做服务能力升级，从硬件服务转化成软件服务，为照明产品增添更多的附加值。通过照明应用系统解决方案的实现，为智能家居、智慧城市开拓更多的想象空间。

1. 照明成为 LED 产业发展的重要驱动力

2016 年全球 LED 产业规模增长的主要增长动力来照明应用，所占比例为 50%。LED 照明技术的进步和价格的下降，让 LED 进入照明领域成为现实。2016年，全球LED照明渗透率达32.7%，从户外照明、商业照明等逐渐进入通用家庭照明，成为LED行业快速增长的主要动力。中国已经成为全球第二大的LED照明市场，未来国内LED照明市场也将继续快速发展。

同时，随着LED产业的成熟及洗牌，"十三五"期间，政府逐渐调整补贴政策，上游芯片补贴正在逐步减少。通过调整补贴幅度，一方面从产业链上游减缓LED芯片产能的扩张，另一方面有望增加下游LED照明应用端的补贴，从终端需求层面拉动整体LED产业链发展，进一步完善我国LED产业链的供需结构。

2. 照明行业并购加速整合升级

近十年来，由于国家对LED行业的政策的鼓励，大量企业进入LED照明市场，导致LED照明市场产能过剩、价格偏低、利润空间被压缩。随着国家展开供给侧改革，照明行业去产能、去库存势在必行，高附加值要求将越来越受到重视，并购整合将成为企业共识。

2016年，照明行业海内外并购浪潮风起云涌，加速了产业整合升级，拥有技术和资金优势的企业正逐步主导市场；势不可当的电商潮流，为照明行业提供新的发展机遇，通过与互联网的结合挖掘供给侧需求是企业创新发展的有效路径；物联网、智慧照明也逐步被众多照明企业提上日程，通过合理引进智能化机械设备，将研发、生产过程、品质管理与智能设备有效结合，企业的制造模式将向自动化、数字化及绿色环保转换，最终实现由"中国制造"向"中国智造"的成功转型。

传统照明企业要维持规模制造优势，必须通过产业升级，从"制造"发展到"智造"，实现生产流程的高度自动化。未来，拥有核心技术、自动化生产程度高且高资本壁垒的公司将在未来激烈的产业升级竞争中立于不败之地，照明行业核心资源必将逐步向具有品牌优势、渠道优势、研发技术优势和生产运营等优势的企业集中，龙头企业将凭借领先优势抓住战略机会，引领产业提升转型，加速照明行业的洗牌，成为行业、市场的领跑者和塑造者。

3. 智能照明将成为新的发展目标

2015 年 5 月 8 日，国务院印发《中国制造 2025》，其中智能制造被定位为中国制造未来的主攻方向。《中国制造 2025》明确提出，统筹布局和推动智能家电、智能照明电器等产品研发和产业化。

智能照明受到国家的高度重视，也让更多的跨界企业开始涌入智能照明市场。近年来，华为、小米、海尔、中兴、京东、百度、阿里、魅族等不同领域的领头企业都加入了智能照明的市场竞争。从市场发展潜力上，智能照明属于新兴的蓝海市场。由于智能照明是糅合了通信技术、控制技术、IT 技术等多种技术的新兴领域，而 LED 与智能控制结合在一起能够最大限度凸显 LED 照明的特性和优势。LED＋智能系统的成熟，为照明产业的智能化发展奠定了技术基础。

四 照明行业政策分析

"十三五"时期，为了应对全球能源消耗及气候变化等挑战，我国积极推动半导体照明产业的发展，引导使用高质高效的照明系统，实施"十城万盏"试点示范工程、国家半导体照明工程、《半导体节能产业规划》等政策和工程，为 LED 照明产业创造了良好的发展环境。

LED 照明是我国七大战略性新兴产业之一，也是引领绿色节能环保的中坚力量。通过政策层面，能够加快淘汰和替代白炽灯等高耗能产品，加快推广高效节能照明产品的步伐，培育出 LED 照明产业的领头企业。同时还要完善相关配套政策保障，倡导和推动社会各个领域应用 LED 照明产品。

（一）半导体照明产业"十三五"规划出台

1. LED"十三五"发展目标是万亿产值

2017 年，国家发改委等 13 个部门正式印发《半导体照明产业"十三五"发展规划》（简称《规划》），旨在引领我国半导体照明产业的健康持续发展，培育照明产业的新动能，推进绿色照明节能工作。

《规划》从协调管理、区域合作、创新引领、市场监督、产品推广、产业转型等六大方面，为"十三五"期间我国半导体照明产业发展指明重要方向，进一步为 LED 企业营造良好的政策环境。

《规划》提出，到 2020 年，我国半导体照明产业集中度逐步提高，形成万亿元的整体产值，培育 1 家以上销售额突破 100 亿元的 LED 照明企业，同时推动 OLED 照明产品实现规模应用。《规划》强调，要不断拓宽半导体照明的应用领域，更加规范市场环境，为打造半导体照明产业强国而奠定坚实基础。

2. 引导产业结构调整及优化

为了引导产业结构调整及优化，《规划》鼓励企业从生产 LED 光源转向各类室内外灯具方向，研发适合各类空间场景的智能照明应用产品，全面提升 LED 全产业链的核心竞争力。其中包括重点研发高显色性、高光效、低色温的 LED 照明产品，鼓励企业和高校共同研发新材料和新结构器件。

3. 系统集成带动产业升级

在技术创新方面，《规划》强调要促进半导体照明产业与互联网的融合，推动智慧照明技术研发和产业化，助力智慧家居、智慧社区、智慧城市的发展建设。除此之外，还要推动半导体照明与通信、电子、金融、文化、建材、装备制造等相关行业的跨界融合，制定行业标准，打造示范应用项目，提升 LED 照明产品附加值。

（二）"战略性先进电子材料"重点专项申报

为了响应"互联网＋""中国制造 2025"等国家重大战略目标，2016年科技部正式发布了《国家重点研发计划高性能计算等重点专项 2016 年度项目申报指南》，其中"战略性先进电子材料"重点专项主要针对目前新一代信息技术、节能环保、智能制造等领域，定位于全球技术产业制高点。

该专项将以第三代半导体材料与半导体照明、新型显示为核心，以高端光电子与微电子材料、大功率激光材料与器件为重点，整合跨界技术，打造基础研究及前沿技术、重大共性关键技术、典型应用示范的全创新产业链。

（三）北京市"十三五"绿色照明方案发布

2016 年，北京发布关于印发《北京市"十三五"时期绿色照明工程实施方案》的通知。在"十三五"时期，北京将大力普及 LED 高效光源，推进工业、旅游、公园、博物馆、学校、医院等室内公共照明全部应用 LED 照明产品。

同时，北京将实施一批智能照明示范工程，创建一批智能照明先行示范基地。以北京城市副中心、冬奥会场馆区、新机场、新首钢高端产业综合服务区等区域为重点，开展"智能照明"试点示范，推进照明的智能化和精细化管理。

预计到 2020 年，北京将完成百家博物馆、千所学校和千个停车场的智能照明示范工程改造，并在市政道路、市级产业园区、学校和医院等区域推广智能路灯控制系统，完成推广 200 万只（套）以上的 LED 高效照明产品。

（四）《智能制造发展规划（2016～2020年）》正式发布

2016 年，为贯彻落实"十三五"规划和《中国制造 2025》，工业和信息化部、财政部联合发布了《智能制造发展规划（2016～2020 年)》（简称《规划》），推进智能制造发展，不但能够有效缩短产品研发周期，对于培育经济增长新动能也具有重要的意义。其中，《规划》提出了 2016～2020 年的十个重点任务：一是加快智能制造装备发展；二是加强关键共性技术创新；三是建设智能制造标准体系；四是构筑工业互联网基础；五是加大智能制造试点示范推广力度；六是推动重点领域智能转型；七是促进中小企业智能化改造；八是培育智能制造生态体系；九是推进区域智能制造协同发展；十是打造智能制造人才队伍。同时《规划》还提出了加强统筹协调、发挥行业组织作用、完善创新体系、加大财税支持力度、深化国际合作交流、创新金融扶持方式等六个方面的保障措施。

五　小结

总体而言，《半导体照明产业"十三五"发展规划》的出台，对产业下一步发展重点、发展方式等明确了方向。"促进半导体照明市场转化、推广节能环保新光源"项目的启动，将对照明市场转化、应用示范、质量保证等起到积极推动作用。此外，《推进"一带一路"建设科技创新合作专项规划》等政策的推进和落实，将继续推动中国企业"走出去"。与此同时，由于国际巨头纷纷退出通用照明市场，我国 LED 照明企业在政策支持下快速崛起，国际影响力进一步加大。

在全球市场占有率和产品销量上，中国 LED 照明产品已占据世界的半壁江山。面对 LED 照明的机遇与挑战未来，中国 LED 照明企业需要审视行业发展时势，及时调整企业的产品定位和市场策略，以生产高质高效照明产品为导向，积极发展 LED 照明产业的最新前沿技术，推动 LED 照明产业由"大"至"强"，打造具有国际竞争力的 LED 照明新兴产业。

企 业 篇

Enterprise Reports

B.8
建筑装饰行业企业文化创新分析

胡 伟

摘 要: 面对日益深化、日益激烈的国内外市场竞争环境,现代装饰企业为更好地适应时代发展的需要,打造具有时代特色和行业竞争力的企业品牌,不断推动企业文化创新发展、推动企业发展战略持续向前发展。深入剖析建筑装饰行业企业文化的创新路线,提升建筑装饰行业企业文化建设与创新的可行性和实践性,对于现代建筑装饰行业企业的发展来说具有重要意义。本文通过对近30个典型建筑装饰行业的企业文化发展与创新路线进行研究,认为建筑装饰行业的企业文化创新经历了三种不同的发展路线:①由内而外——文化创新与企业精神互动;②由点及面——单一目标向多元价值转变;③由近及远——多元价值与经营战略融合。

关键词: 企业文化 文化创新 创新路线 建筑装饰行业

企业文化是企业在进行生产经营实践过程中，逐步在全体员工中达成共识并乐于共同遵守的价值观和理念，以及这些价值观和理念在生产经营实践过程及制度制定与贯彻过程中由员工的行事方式与企业对外形象展示所体现的总和。① 企业文化创新是指为了使企业的发展更好地适应不断变化的环境，而根据自身的业务性质，以及所处行业的发展特点所逐步形成的、用以体现企业全体员工共同价值观和发展理念的、具有时代新特征的企业文化，且在企业经营实践中不断推动企业文化推陈出新和创新发展的活动过程。企业文化创新本质上在于根据企业的发展变化，突破陈旧过时的文化理念和观点的束缚，建立新的企业文化体系，从而实现向新型经营管理方式与企业发展模式的新转变。②

建筑装饰行业企业通过创新企业文化来营造新的优秀文化，引导企业发展，既能有效解决企业发展过程中出现的突出问题，树立良性循环的企业价值取向，更有利于提高企业的核心竞争力，向客户和行业企业传递企业形象、企业精神与价值取向，推动企业的可持续发展。

一 建筑装饰行业企业文化创新概述

面对日益深化、日益激烈的国内外市场竞争环境，为更好地适应时代发展的需要，打造具有时代特色和行业竞争力的企业品牌，现代建筑装饰行业企业在快速发展过程中必须紧跟时代的步伐，努力建设具有自身行业特点和企业发展特点，适应市场经济不断变化发展的需要，符合企业发展现状与长远战略定位，且在企业生产活动中行之有效的企业文化，并不断推陈出新、推动企业文化创新发展、推动企业发展战略持续向前推进。

如今，越来越多的建筑装饰行业企业认识到创新不仅是企业文化建设的灵魂内核，也是企业发展的核心要义，更是企业提升核心竞争力的重中之重。建筑装饰行业企业不仅努力将创新贯彻到企业文化建设的方方面面，更

---

① 刘玉铭：《浅析加强企业文化的建设》，《技术与市场》2016 年第 4 期。
② 徐向农：《企业文化创新与核心竞争力的形成》，《科技进步与对策》2007 年第 7 期。

是将创新落实到企业具体的经营管理实践中。在建筑装饰行业的优秀企业中，大多数企业都在其官网对企业文化以多种形式进行创新性的展示和推介，并以此结合具体生产实践来不断推动企业文化创新，以赋予企业文化更多的内涵，从而推动企业发展迈上新台阶。当然，也有一些建筑装饰行业的企业，甚至是上市企业对企业文化的重视程度不够，在企业文化创新方面的推进力度存在较大不足。

总的来说，我国大多数建筑装饰行业企业的企业文化建设还处于起步或逐步完善阶段，层次普遍偏低，文化建设普遍存在精神层落实欠佳、制度执行力不强、物质层与精神层未能有机对接、缺乏有效的企业文化管理方法、企业价值观没有较好地融入企业文化建设过程中、企业文化建设不能有效承载企业发展战略等问题。[①] 当然，也有不少行业内企业的企业文化建设与创新不断取得新进展，不仅推动着企业持续发展、核心竞争力显著提升，且还极大地促进行业内的企业文化创新。因此，深入剖析建筑装饰行业企业文化的创新路线，提升建筑装饰行业企业文化建设与创新的可行性和实践性，对于现代建筑装饰行业企业的发展来说具有重要意义。

本文通过对近 30 个典型建筑装饰行业[②]的企业文化发展与创新路线进

[①] 马晓苗、江海霞、喻昕：《企业文化创新的涌现机理研究》，《科技管理研究》2013 年第 9 期。

[②] 苏州金螳螂建筑装饰股份有限公司（金螳螂）、浙江亚厦装饰股份有限公司（亚厦股份）、深圳广田装饰集团股份有限公司（广田集团）、深圳市洪涛装饰股份有限公司（洪涛装饰）、深圳瑞和建筑装饰股份有限公司（瑞和股份）、深圳市建艺装饰集团股份有限公司（建艺集团）、深圳市晶宫设计装饰工程有限公司（晶宫装饰）、深圳市建筑装饰（集团）有限公司（深装集团）、深圳市深装总装饰股份有限公司（深装总）、远洋装饰工程股份有限公司（远洋装饰）、深圳市奇信建设集团股份有限公司（奇信股份）、深圳市宝鹰建设集团股份有限公司（宝鹰股份）、中航三鑫股份有限公司（中航三鑫）、东易日盛家居装饰集团股份有限公司（东易日盛）、北京弘高创意建筑设计股份有限公司（弘高创意）、北京嘉寓门窗幕墙股份有限公司（嘉寓股份）、上海全筑建筑装饰集团股份有限公司（全筑股份）、苏州柯利达装饰股份有限公司（柯利达）、北京市金龙腾装饰股份有限公司（金龙腾）、深圳市鹏润装饰工程有限公司（鹏润装饰）、深圳市浪威装饰设计工程有限公司（浪威装饰）、合肥浦发建筑装饰工程有限责任公司（浦发装饰）、深圳市长城装饰设计工程有限公司（长城装饰）、深圳东道建设集团有限公司（东道装饰）、深圳市广安消防装饰工程有限公司（广安装饰）、中国建筑装饰集团有限公司（中建装饰）、深圳市建装业集团股份有限公司（建装业）、上海金茂建筑装饰有限公司（金茂装饰）。

行研究，认为建筑装饰行业的企业文化创新经历了三种不同的发展路线：由内而外——文化创新与企业精神互动；由点及面——单一目标向多元价值转变；由近及远——多元价值与经营战略融合。这三种路线并非独立发展演变的，而且相互交织在一起，只是在企业文化创新发展的过程中某一方面的特征表现得更为明显（见表1）。

表1　建筑装饰行业企业文化创新路线

创新路线	演变特征	典型特征
由内而外	文化创新与企业精神互动	人力资源开发→企业经营管理理念和企业精神
由点及面	单一目标向多元价值转变	企业管理→通过企业文化宣传推进品牌形象与价值
由近及远	多元价值与经营战略融合	解决当前的管理问题→企业长远战略，助力打造核心竞争力、支撑企业经营战略

资料来源：笔者制作。

二　由内而外：文化创新与企业精神互动

企业文化是一种以人为本的文化，其本质的内容就是在企业发展过程中强调人的理想、道德、价值观和行为规范等在企业管理与企业发展中要发挥核心作用，[1] 建筑装饰行业的企业文化也不例外。早期，建筑装饰行业的企业文化建设主要围绕人力资源开发，如何建设和管理好团队、促进人力资源开发是建筑装饰行业企业开展企业文化建设的主要目标；随着现代企业管理理念的逐步深入，在建筑装饰行业已初步形成日臻完善的人力资源开发模式，企业文化建设不再局限于团队建设和管理，而是逐步通过不同形式的企业文化建设融入企业管理理念和企业精神，并逐渐向企业外部传递企业精神，以通过企业文化创新形成企业文化建设与企业精神的良性互动，从而形成了由内而外的企业文化创新发展路线。

---

[1]　韩星：《以人为本——企业文化的核心价值》，《中共宁波市委党校学报》2013 年第 5 期。

1. 企业活动 + 企业精神

中航三鑫在企业文化创新过程中，着力开拓和丰富员工的各种活动，打造三鑫家园文化，将企业精神很好地融入企业文化建设。早期，为充分体现全体员工发挥抱团作业，艰苦奋斗，勇于拼搏的精神，中航三鑫奉行"团结拼搏、激情进取、志在超越"的企业精神；倡导员工在工作和生活中保持积极向上的精神状态，并培育崇高的理想追求；积极引导员工形成与时俱进、勇于创新的进取精神；还时刻注意培养员工具有心存感恩、无私奉献、愿与公司相伴成长的团队精神。随着企业的发展与企业文化建设的逐步成熟，中航三鑫进一步提炼其企业精神为"自豪、激情、诚信、价值"，力图通过不断创新企业文化来向外界传递一个值得信赖、有所作为的企业形象。①

建艺集团将企业活动与企业理念作为企业文化建设的主要内容，将企业精神、团队精神和管理精神融入企业理念；积极营造"让想干事的人有机会，能干事的人有平台，干成事的人有地位"的团队精神，最大限度地激励员工的工作热情；同时在管理精神方面进行了一系列的创新，并将"把思路转变为制度，把制度转变为行动，把行动转化为效率"奉为建艺集团的管理精神；在企业精神方面崇尚"以德为先，诚信为本"，并以构筑精品为目标；此外，建艺集团始终致力于把"提升价值，构建美好"的价值观渗入企业文化中，并将其不断进行提升，铸造修炼，不仅将其价值观深深烙在员工脑海中，还通过员工的身体力行传递给客户和同行。②

2. 经营理念 + 企业精神

宝鹰股份将经营理念与企业精神融入企业文化体系，形成了以"诚信为人、严谨做事、共赢经商、和谐发展"为主要内容的经营理念，并将"团结、务实、奋斗、卓越"作为企业精神贯穿于企业文化建设与创新的过

---

① http：//www.sanxinglass.com/web/qywh.aspx.

② http：//www.jyzs.com.cn/cultures.html.

程中，集中体现了宝鹰股份经营管理决策和行为的价值取向，并指出团结是力量，务实是基石，奋斗是动力，卓越是归宿，使经营理念和企业精神成为一个有机统一的整体。[①]

东易日盛从用人原则和人才五道两个方面构建企业人才观念，其用人原则为"认同企业的核心价值观、人品正直、诚信、有正面思维能力、经得起失败、成功、追求长期性"，人才五道为"纳才——综合选拔、先人后才；用才——用其长、拓其才；育才——因材施教、相携而长；励才——鼓励、激励、勉励；留才——事业留人、感情留人、薪酬留人"（见图1）。

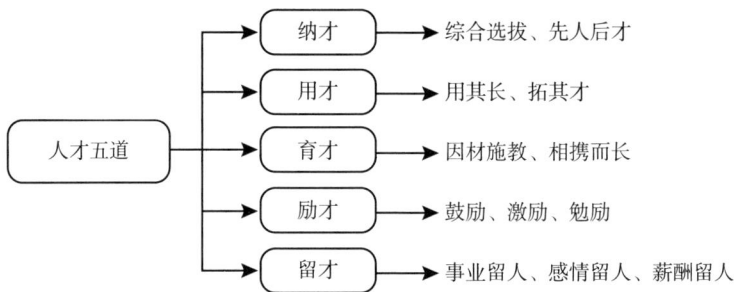

图1　东易日盛的人才五道

资料来源：根据东易日盛官方网站资料绘制，http：//bj. dyrs. com. cn/column/5。

3. 规范员工与企业行为

在建筑装饰行业的企业文化创新过程中，金茂装饰创新性地将行为准则纳入企业文化的一部分，提出"诚信、合作、善于学习、认真、创新、追求卓越"的行为准则，为员工的日常工作规范与企业行为提供指南。在诚信方面，金茂装饰要求企业追求高水平的企业管治、商业诚信及透明度标准，并强调员工要愿意为捍卫金茂装饰的文化和价值观而放弃利益；遵守所有适用的法律和法规，诚实守信，遵守职业道德，维护公司利益，保守商业

[①]　http：//www. szby. cn/culture/culture - system.

秘密，恪守并努力实现对公司、客户与合作伙伴的承诺。在合作方面，金茂装饰指出要相信团队的力量，重视跨部门之间的准确沟通与高效协作，以合作与共赢的思维为他人分担；尤其强调要关注团队目标和整体利益，以共同协作实现公司或团队的目标为第一要务。在善于学习方面，金茂装饰指出要以开放而自信的心态，认可并学习他人的经验和长处。在认真方面，金茂装饰要求每一位员工在工作中要脚踏实地，对待工作要恪尽职守，同时还要敢于揭露问题，直面工作中的各种挑战，学会并做到以智慧解决工作中遇到的各种难题，从而真正做到以认真的工作态度、积极的进取意识、强烈的事业心和高度敬业的精神做好工作。在创新方面，金茂装饰始终坚信创新是前进的推动力，且在生产实践中力争做到敢于打破陈规旧理、敢于突破创新，从而坚持以市场需求和客户价值为导向，把握机遇，谋求企业和个人的长远发展。在追求卓越方面，金茂装饰在发展过程中不断追求更高目标，不断超越自我，实现从个人卓越到组织卓越；自信并勇于超越自我，突破"不可能"的思维瓶颈。①

4. 品质文化

2016 年 11 月，中建装饰在北京召开企业文化发布会，正式发布"品质文化"，以期将文化共识变成全体员工的共同信仰，把文化行动变成企业发展的动力，共同努力，让装饰集团从"大"变成"伟大"。

品质文化是以中国建筑《中建信条》为统领，以中国优秀传统文化和装饰集团二级单位优秀文化基因为源泉。品质文化不仅是响应了国家倡导的工匠精神，而且和装饰行业的特点紧密结合，充分体现了中建装饰集团的企业追求。品质文化的企业品格确定为：匠心品质、表里如一。匠心品质就是要以专一、精湛、创新、执着的工匠精神，不断提升员工职业道德品质、工程履约品质、企业管理品质、行业发展品质和人居环境品质，建设一流的队伍、一流的工程、一流的企业、一流的行业、一流的环境。表里如一就是要坚持正确的价值导向，坚持过程精品管理主线，实现内外一致、优质卓越的

---

① http：//www. jinmaozs. com/About. aspx？id＝43.

工作目标。①

鹏润装饰奉行以文化照亮前进的方向，强调一份责任，可以撑起一个社会，一种精神，能够顶起一个民族，并将企业文化提高到影响企业兴衰与成败高度。鹏润装饰以"装点卓越品质，饰演高尚品位"为发展使命，以"比肩国际，创领一流"为发展使命，并将"鲲鹏"精神贯穿于企业文化创新的各个方面。②

浦发装饰坚持"创过程精品　树浦发品牌"，奉行"公平、公正、人尽其才；团结、友爱、注重大局；积极、创新、不断进取"的人才理念，以实现"用专业、品质、创新为客户提供更加优质的服务"的发展使命。浦发装饰还将企业精神融入企业价值观：坚持"全心全意服务客户"的经营态度，以"客户第一"为发展根基；将诚信贯穿于始终的做事准则；对客户或公司有利的事情，哪怕最小都认真去做，并尽量做到完美；乐观面对困难，始终给团队带来正面的影响，乐观向上，永不放弃；高效务实，积极创新，追求卓越。③

三　由点及面：单一目标向多元价值转变

在企业文化建设与创新发展过程中，建筑装饰行业企业力图倡导企业以价值理念为主线，引导企业员工在经营实践中将企业的价值理念内化为员工的价值理念，从而促使企业的价值理念成为企业发展的指南、规范和引导员工行为的准则。随着建筑装饰行业的发展，行业内企业在企业文化创新方面不断推陈出新，企业文化建设与创新的目标逐步转向多元价值，试图将多种价值目标归集于企业文化，从而推动企业文化成为指导企业行为及其员工行为的一种共同价值理念，这种价值理念则主要由企业文化进行传导，并体现

---

① 《中建装饰集团"品质文化"正式发布》，http：//company. newsccn. com/a/2016 - 11 - 22/334946. html.

② http：//www. szpengrun. com/culture/pr - culture/.

③ http：//www. hefeipufa. com/index. php/pufawenhua. html.

在每个员工的工作意识与行动方式上，进行一系列的发展过程，最终内化为指导员工行为的一种思想或准则，因而建筑装饰行业企业的企业文化创新与发展都有可能作为行业内企业创新发展的灵魂而存在。

当单一的人力资源开发与管理目标无法适应现代建筑装饰行业快速发展、竞争持续加剧的市场环境时，行业内企业纷纷在企业文化建设过程中向企业文化注入更多的价值取向，如将企业使命、企业愿景、企业价值观等作为企业文化的主要内涵来推进，从而推动着行业内企业文化创新的多元价值转变。经历过建筑装饰行业的快速发展和现代企业管理理念的加速渗透，各典型建筑装饰企业争先恐后地推动着企业文化的创新与发展，在加大企业文化建设力度的同时，推动着多元价值目标向企业文化靠拢，并最终融入为企业文化创新的主体部分。

金螳螂将企业使命、企业愿景、企业目标与企业价值观更好地融合到企业文化建设中，坚持以"致力于改善人居环境"为企业使命，以"成为客户首选、员工自豪、同行尊重、社会认可的公司"为企业愿景，以"成为中国装饰行业持续领跑者"为企业目标，并提出"以客户为中心、以奋斗者为本、长期坚持艰苦奋斗、批评与自我批评、终身学习"的企业价值观。在经过持续多年的企业文化创新和发展后，金螳螂已形成集企业使命、企业愿景、企业目标和企业价值于一体的企业文化体系，不仅很好地诠释了金螳螂的发展理念与企业价值观，同时也在一定程度上深化了企业的内部合作和外部协作，促进了企业的持续快速发展。金螳螂多元价值目标是企业在自身发展过程中形成的以价值为核心的独特的文化管理模式，要求其不仅是一种管理手段，对企业的各项生产实践活动进行约束和激励，同时促进企业内部一系列管理观念和制度方面的创新与发展，并能不断优化企业运作机制、推动企业高效生产；而且还将在企业内部形成一系列为广大员工所认可和接受的思想意识观念和道德行为标准等，促进企业多元价值体系与企业文化的协调统一。[1]

---

[1] http://www.goldmantis.com/jtl2013/cn/ln.htm.

亚厦股份坚持企业文化建设，重塑工匠精神。"工匠精神"是亚厦的核心价值观，是亚厦老底子的优良传统，也是企业文化建设的重点。为弘扬传统，传承匠心，公司下属全资子公司亚厦产业园发展有限公司成立了"欣木工坊"，在技艺传承与商业探索上进行积极尝试，在继续传统的基础上，加强技术创新，将工匠精神渗透到企业中去。如今，公司全体员工形成了一种共同的价值观，即要对所做事情、所出产品精益求精、精雕细琢，这是亚厦企业文化的精髓，亦是企业健康发展的内生动力。[①]

亚厦股份在企业发展过程中很好地将企业使命、企业愿景、核心价值观等注入企业文化建设，不断推动企业文化建设的内涵创新、形式创新。首先将企业发展使命定位为"只为尽善尽美"，并提出"以管理做到尽善尽美、产品做到尽善尽美、人格做到尽善尽美"作为企业使命的内在要求，从而让客户体验到尽善尽美的服务与产品，以企业文化推动企业使命，并逐步将企业使命内化为企业文化的一部分；其次，亚厦股份将"技术改变生活，服务创造和美"作为企业愿景，并致力于成为技术研发为核心、工业制造为平台、产业服务为导向的建筑装饰行业领跑者，通过企业文化引导企业员工朝这一共同愿景而努力奋斗；在经营实践过程中，亚厦将"精诚、至善、创新、完美"的核心价值贯穿始终，以"精诚"作为立身之本，以"至善"作为经营之道，以"创新"作为工具手段，追求产品与服务的"完美"。同时，亚厦还将企业经营理念贯穿于企业文化建设与创新过程，提出"做精、做专、做强、做长"的经营理念，力图将产品"做精"，把服务"做专"，将企业"做强"，把行业"做长"，以百年企业的目标向前发展（见图2）。

广田集团则将企业文化的多元价值目标进行了最大限度地集成创新，将企业的使命、管理理念、愿景、价值观、精神、用人理念和发展理念等融合为企业文化创新的多元目标，以"致力于人居环境的改善"为企业使命，将"以客为尊，以信求生，以人为本，以合求精"作为企业管理理念，以

---

① 《亚厦股份：2016 年年度报告》，http：//gsgg. qushi. com. cn/20170428d11021n143601165. html。

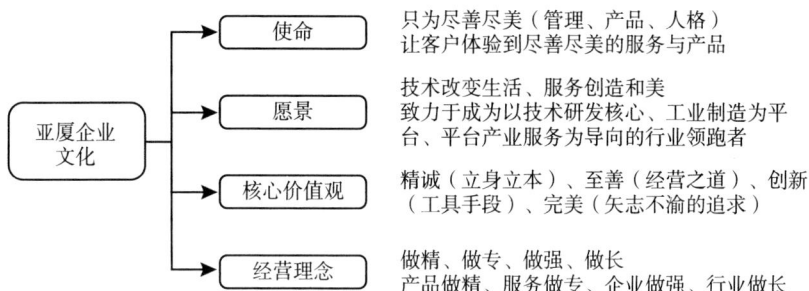

图2 亚厦股份的企业文化

资料来源：根据亚厦股份官方网站资料绘制，http：//www.chinayasha.com/culture.asp#loc。

"为社会、客户、股东及员工创造更多的价值；将广田打造成为受人尊重的民族品牌"为企业愿景，以"始终保持危机意识、反省意识、学习意识和创新意识"为企业价值观，将"团结、敬业、务实、高效"作为企业精神，以"人品、智慧、团队、激情"为用人理念，以"绿色、低碳、文化、科技"为发展理念（见图3）。

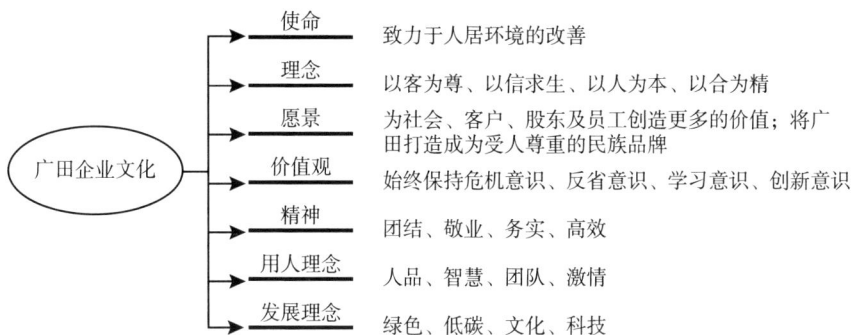

图3 广田集团的企业文化

资料来源：根据广田集团官方网站资料绘制，http：//www.szgt.com/about/Culture.aspx。

洪涛装饰也形成了一系列包括企业愿景、企业使命、企业精神、经营理念、品牌理念、管理方针、环境方针、职业健康安全方针在内的企业文化体

系：洪涛装饰坚持以"赶超世界一流装饰水平，成为世界著名品牌"作为
企业发展的长期愿景；坚持奉行"以天下美丽为己任，为股东、为国家多
创造财富"作为企业的发展使命；在企业精神方面，洪涛装饰坚守"忠诚、
齐家、创新、卓越"的企业精神；并分别提出"一百个客户成为一百个朋
友"、"打造百年老店"的企业经营理念和品牌理念；以"梳理精品意识、
满足顾客要求、重视过程管理、坚持全方位持续提高"为管理方针。此外，
洪涛装饰还创新性地提出以"遵章守法、全程监控；强化意识、持续改进"
作为企业的发展环境方针，提出以"强化预防、规范操作、安全健康、持
续改进"作为员工发展的职业健康方针（见图4）。

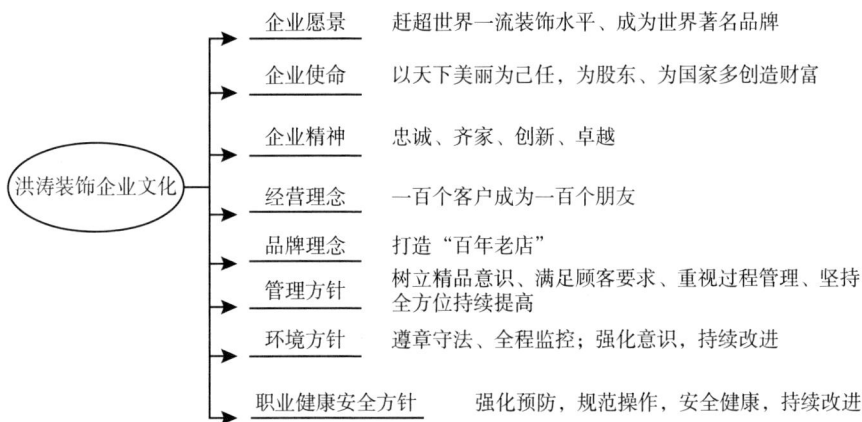

图4　洪涛装饰的企业文化价值体系

资料来源：根据洪涛装饰官方网站资料绘制，http：//www. szhongtao. cn/culture _
power. aspx。

　　瑞和股份的企业文化很好地实现了多元价值目标的统一，由总体方
针、发展愿景、员工修养、工作准则、经营理念和核心价值观组成。瑞和
股份提出"稳中求进、稳中求好、稳中求优"的总体方针，以"员工幸
福、股东满意、股民追捧、行业旗舰"为企业发展愿景，将"以瑞和大局
为观念，以脚踏实地为风尚，以锲而不舍为情操，以坦诚宽厚为品德"作
为瑞和员工修养的基本准则，以"重在规范引领统一，重在管理持续优

化，重在执行高效协同，重在规范控制风险"为工作准则，以"市场唯大，经营优先，中标为本"为经营理念，以"团结、活泼、严重、认真"为核心价值观。①

深装集团将企业愿景、核心理念、拼搏精神、服务理念和企业价值观融入企业文化，以"创办一个成熟的企业"为企业愿景，以"创新、精品、诚信、共赢，奉献过程精品"为核心理念，以"把红旗插到山顶上"为拼搏精神，以"全心全意为您服务，自始至终对您负责"为服务理念，以"责任是使命，具有至高无上的价值，我们必须坚守责任"为企业价值观。②

嘉寓股份从企业愿景、企业使命和企业价值观三个方面构建企业文化，以"提升家居品质，让每一个家更美好！"为企业愿景，以"为股东谋利益，为客户创价值，为员工建平台，为社会做贡献"为发展使命，始终坚持"诚信、务实、创新、卓越"作为其经营理念，并将这四大理念综合定义为企业价值观（见图5）。

全筑股份形成了以企业愿景、企业目标、经营理念、企业精神的企业文化，以"人居环境塑造及人居环境服务"为企业愿景，以"中国住宅装饰行业全产业链领军企业"为发展目标，以"卓越源于专业"为经营理念，以"激情、激励、务实、务精"为企业精神。③

广安装饰坚守"诚信为本，崇精尚勤"，说到做到，对客户，对员工，广安都坚持一把标尺，从不拖欠工资及材料款，"做工程即做人，要讲诚信"。坚持在实践中学习，在合作中创新，对于公司内具备丰富施工经验和理论水平的老员工则提拔为工长、项目负责人和团队导师，以保持广安所建工程质量的一贯标准，并通过言传身教，将广安的理念与技术一脉相承，打造以质量为品牌核心的企业价值观。广安装饰十分重视打造爱拼的企业精神，在专注的业务领域内不论这种坚持多么困难，广安将始终拼搏向前，坚

---

① http：//www. sz - ruihe. com/About/show？id = 10.

② http：//www. szadg. com/about - song - show - 366. aspx.

③ http：//www. trendzone. com. cn/index/team. html.

为股东谋利益，为客户创价值
为员工建平台，为社会做贡献

企业使命

嘉寓股份

提升家居品质，让
每一个家更美好！

企业愿景

企业价值观

诚信、务实、创新、卓越

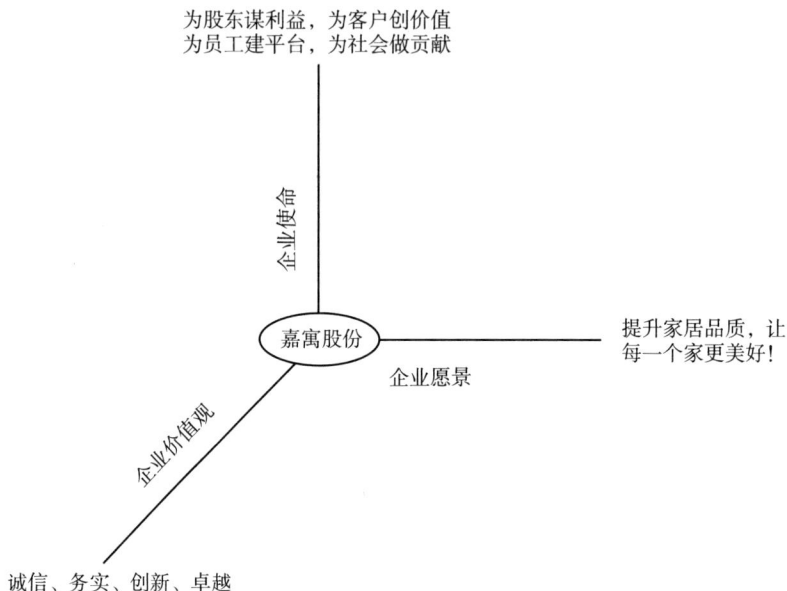

图5 嘉寓股份的企业文化

资料来源：根据嘉寓股份官方网站资料绘制，http：//www.jayugroup.com/index/
about/fid/124/eid/1120.html。

持不懈！①

东道装饰秉承"伟大的成就往往源自微不足道的小事和细节，世上无
小事！"的理念，将企业文化的多元价值体现发挥得淋漓尽致。第一，东道
装饰将价值观视为企业文化的核心，并将诚信（诚实守信的品行）、负责
（敢于负责的精神）、专业（专业用心的态度）、创新（持续创新的思维）、
共赢（合作共赢的胸怀）、顶立（顶天立地的气魄）、战略（合纵连横的格
局）和战术（灵活机动的突破）8项内容作为其价值指南；第二，提出激
情、承诺、负责、感召、欣赏、信任、真诚、付出、共赢等9点领导力；第
三，对企业使命、企业愿景和企业价值观提出具体规定，提出以"为人类
工程建设更加完美而努力，使人民生活更加美好而奋斗！"为企业使命，以

① http：//www.gaxf.cn/index.php/about/culture/.

"成为装饰业界最具影响力和高度肩负社会责任的企业"为企业愿景，以"始终坚持学习向上的态度，开拓创新全面发展的思维，真诚服务社会大众的信念"为企业价值观；第四，提出口号"我们众志成城，团结合力，用感恩的心去工作，追求完美，客户满意！"提振士气，并作出零风险承诺；第五，东道装饰还创新性地提出"欺诈行为，夸大是非，恶性交易，屡不守规"作为其企业发展戒律。①

长城装饰竭力打造六位一体的多元价值文化体系，并创新性地将企业宣言"实现客户梦想，成就非凡未来"作为企业文化的一部分，并结合服务宗旨、管理理念形成企业的核心价值观"以德为本、任人唯贤、关爱员工、感恩社会、恪守诚信、追求卓越"（见图6）。

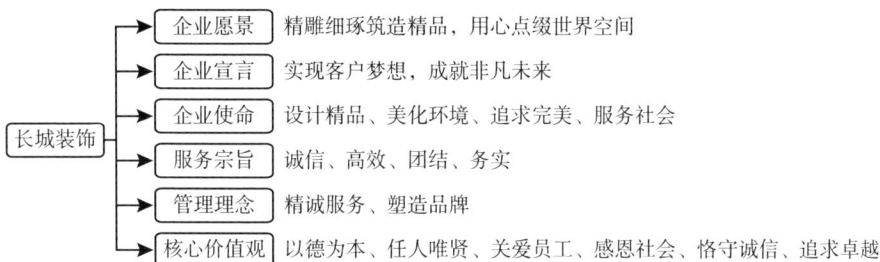

图6 长城装饰的多元价值文化体系

资料来源：根据长城装饰官方网站资料绘制，http：//www. szcczs. net/index. php？m = Page&a = index&id = 46。

浪威装饰秉承"专业诚信，双赢进取"的企业宗旨，以诚信、务实、卓越、创新的企业精神激励着全体员工，致力于创建百年一流装饰品牌企业，并将企业管理方针、管理目标、企业氛围和企业发展观融合到企业文化体系中，创新性地将企业文化创新延展到企业氛围，并明确提出企业发展观，以指导企业发展前行的方向（见图7）。

---

① http：//www. szdongdao. com/index. php？ ac = article&at = list&tid = 81.

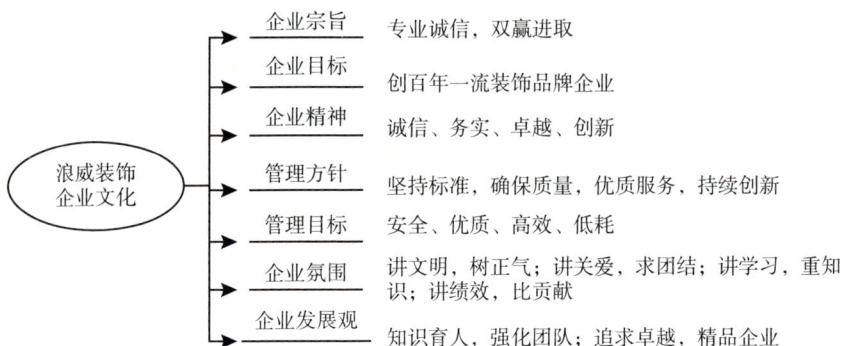

图7　浪威装饰的企业文化体系

资料来源：根据浪威装饰官方网站资料绘制，http：//www.szlangwei.com/about/index/337。

四　由近及远：多元价值与经营战略融合

企业文化创新，是企业不断改进经营管理，以适应市场竞争环境和不断成长的过程。从现实状况来看，每一个企业所倡导和推行的企业文化，很恰当地反映了该企业在制度安排和经营战略的选择上，是对企业发展战略理念和价值理念的一种要求与坚守，同时也是对其工作人员在价值理念认同上提出的要求，同时还要求员工以符合企业制度安排及战略选择的价值理念来指导与调整自己的行为，可以说，被员工广泛认可的企业文化正逐步成为企业实现其发展战略的灵魂。

随着企业文化内涵的多元化发展及其与企业整体发展目标的日益融合，企业文化不但已成为建筑装饰行业企业的核心竞争力，而且还是现代建筑装饰行业企业实现可持续发展、壮大的重要因素。因此，建筑装饰行业的企业文化创新，必然会带来员工价值理念的变化与创新，而这种价值理念的变化与创新，势必会推动企业制度的破旧出新，从而推动企业制度革新与经营战略的创新与融合。如今，越来越多的建筑装饰行业企业正着力于通过企业文化创新方式，将企业文化的精髓内化为企业核心竞争力的主要部分，从以往侧重解决眼前的管理问题逐步转向服务于企业长远的战略，并助力打造核心竞争力、支撑企业经营战略。

晶宫装饰在其多元的企业文化体系基础上，将企业核心竞争力和企业形象作为企业文化创新的主体部分：将企业核心竞争力具体化为"整合服务，区域合作；不拘一格，独具特色；诚以载道，忠于客户；扎根本土，赢得世界"，以确保企业核心竞争力的稳步实现；在品牌形象建设和管理过程中，晶宫装饰用 2 分完整形象，3 分构筑文化，5 分提升素质，以超越 10 分的努力打造"晶宫品牌"，从而推动企业文化的多元价值与经营战略互动融合发展（见图 8）。

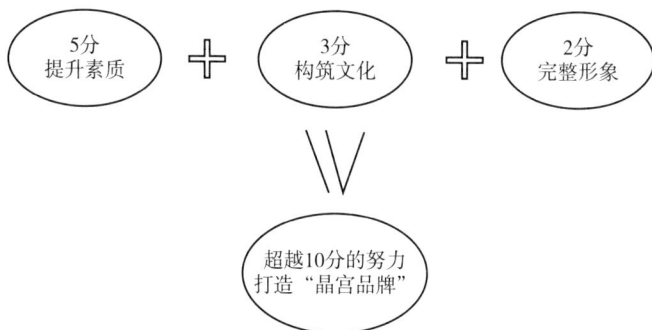

图 8　晶宫装饰的企业形象公式

资料来源：根据晶宫装饰官方网站资料绘制，http：//www. jinggongzs. com/Culture. aspx？TypeId = 16。

此外，晶宫装饰坚持将多元价值（准则、愿景、核心价值观、使命）融入企业文化建设当中，以"诚以载道、发展共赢，演绎现代时尚，打造一流的设计、施工品牌，创建一支狼性十足、对企业无限忠诚、富有职业操守的企业团队"作为基本的企业行为准则，将"做最具特色的室内外装饰整体方案服务商"作为企业愿景，以经营理念、项目理念、团队理念和价值理念共同打造企业的核心价值观，其经营理念为"诚以载道　发展共赢"，项目理念为"大美无痕　细节精品"，团队理念为"管理规范化、能力专业化、态度敬业化",价值理念为"客户价值、伙伴价值、社会价值";以"成就事业,体现人生价值,创立员工家园"为企业使命。①

深装总形成了以共同使命、企业愿景、经营理念、企业精神、核心价值观和管理方针为主体的企业文化,以"行业领先 基业长青"为共同使命,以"成为世界知名装饰引领者"为企业愿景,以"装饰美好生活"为经营理念,以"创新 团结 拼搏 卓越"为企业精神,以"专业 高效 诚信 共享"为核心价值观,以"科学管理 进取创新 持续改进 品质卓越"为管理方针。②

远洋装饰从企业活动(员工活动、员工拓展)、企业品牌形象两个方面构建了其企业文化体系,并形成了其独特的企业愿景、企业使命和品牌定位。在企业愿景方面,远洋装饰致力于成为装饰行业最优的系统服务商,并坚持以"全程服务最优,缔造绿色建筑"作为彰显远洋装饰向更高目标迈进的历史使命。"全程服务最优"体现远洋装饰志在使建筑价值功能得到完美体现,"缔造绿色建筑"体现远洋装饰所坚守的绿色生活理念,表明创造真正具有顶级品质的建筑装饰作品才是远洋装饰的终极目标。

远洋装饰坚定地将品牌定位"开发商的装饰专家"贯穿于企业文化创新过程,凭借丰富的资源渠道,远洋装饰不仅在生产实践中确保工程品质不断提升,还最大限度地降低运营成本,竭诚为客户减少风险提高利润;此外,远洋装饰依托其不断完善的服务体系,以持续创新的方式为开发商提供全方位高品质的专业化装饰服务,以此全面建立远洋装饰的专家品牌形象。③

奇信股份从使命愿景、核心理念、管理思维三个方面构建了三位一体的企业文化,其中使命愿景主要包括企业宗旨、企业使命、企业愿景、企业核

---

① http://www.jinggongzs.com/Culture.aspx? TypeId=16.

② http://www.sdcic.cn/sitecn/jtyw/1598_726.html.

③ http://www.bjsogd.com/p43/.

心价值、企业精神等，以"奇在创新、信于守诺"为企业宗旨，以"提升建筑价值，营造美好生活"为企业使命，以"做行业引领者"为企业愿景，以"创造价值、实现共赢"为企业核心价值观，以"高效、卓越"为企业精神；理念则包括经营理念、管理理念、人才理念，行为理念，其经营理念表现为"以科技为先导，建安全、优质、高效之工程；以诚信为宗旨，创守法、文明、守信之企业"，管理理念表现为"管理统一、人事统一、财务统一、文化统一、行为统一"，人才理念表现为"尊重人才，以价值创造者为本"，行为理念则具体化为六个要求（用人品去感动别人，用状态去燃烧别人，用行动去带动别人，用改变去影响别人，用实力去征服别人，用坚持去赢得别人）、五个性（主动性、自主性、思考性、计划性、合作性）、四个原则（谦虚、礼让、谨思、明辨）、两个通（工作过程中善于沟通、处理问题时灵活变通）；在管理思维方面，奇信股份强调：宁静和忍耐是思考事情的最好方法、安定和周详是处理问题的最好方法、谦逊和退让是和谐共处的最好方法（见图9）。

弘高创意致力于人居环境的改善，以建筑装饰传统产业的升级为己任，以卓著的产品与优质的服务满足顾客的需求，把绿色、低碳、健康的装饰送到千家万户，将包括企业愿景、精神、价值观、人格观、质量方针、人才观等在内的多元价值逐步凝聚成为企业的经营战略。在企业愿景构建方面，弘高创意指出不仅要成为"伟大的、具有崇高信仰与理念的、以正念正行为导向"、"独一无二且卓有成效的、为提升人类工作居住休闲环境品质而持续努力"的企业组织；还要成为"永远走在时代前列、具有深刻的社会责任感与强大赢利能力"的学习型组织。借助于企业愿景与核心价值观、企业精神等的逐步融合，弘高创意通过多方面建立健康、良好的企业文化体系和企业经营理念，不仅极大地培养了员工健康向上的价值观和持续提升的社会责任感，增强了企业凝聚力，还实践了现代管理理念在企业发展过程中的贯彻与落实，推动企业治理水平不断提升，为企业在行业内树立了良好的企业形象和品牌形象（见图10）。

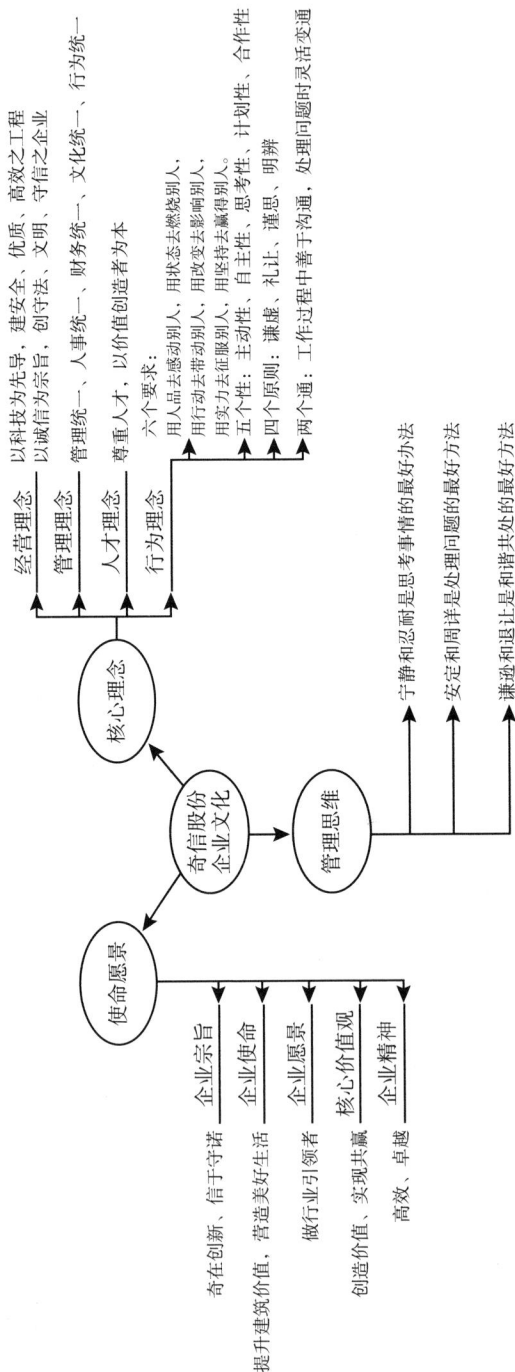

图 9 奇信股份的企业文化体系

奇信股份企业文化

使命愿景 → 核心理念
管理思维

核心理念：
- 经营理念：以科技为先导，建安全、优质、高效之工程；以诚信为宗旨，创守法、文明、守信之企业
- 管理理念：管理统一、人事统一、财务统一、文化统一、行为统一
- 人才理念：尊重人才，以价值创造者为本
- 行为理念：
  - 六个要求：用人品去感动别人，用状态去燃烧别人，用行动去带动别人，用改变去影响别人，用实力去征服别人，用坚持去赢得别人。
  - 五个性：主动性、自主性、思考性、计划性、合作性
  - 四个原则：谦逊、礼让、谨思、明辨
  - 两个沟通：工作过程中善于沟通，处理问题时灵活变通

管理思维：
- 宁静和忍耐是思考事情的最好办法
- 安定和周详是处理问题的最好方法
- 谦逊和退让是和谐共处的最好方法

使命愿景：
- 企业宗旨：奇在创新，信于守诺；提升建筑价值，客造美好生活
- 企业使命
- 企业愿景：做行业引领者
- 核心价值观：创造价值，实现共赢
- 企业精神：高效，卓越

资料来源：根据奇信股份官方网站资料绘制，http：//www. qxzs. com/CorporateCulture. aspx。

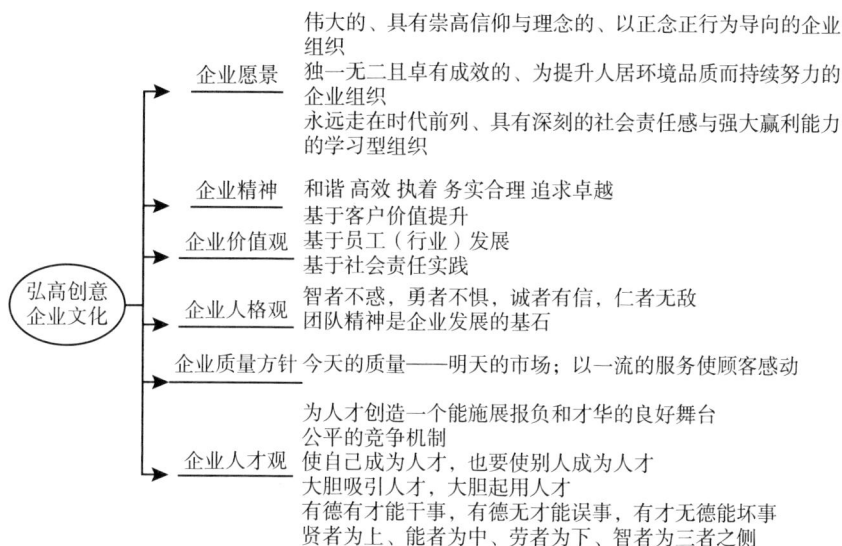

图 10　弘高创意的企业文化体系

资料来源：根据弘高创意官方网站资料绘制，http：//www. honggao. com. cn/ Corporation/infoDetail. asp？cInfoId＝177&dInfoId＝135。

建装业不仅将企业精神、经营方针、经营理念和企业使命等多元价值目标贯穿于企业文化建设始终，还从多方面建立了企业的品牌发展战略，并将品牌战略具体化为品牌核心价值、品牌定位、品牌个性、品牌口号（见图 11）。

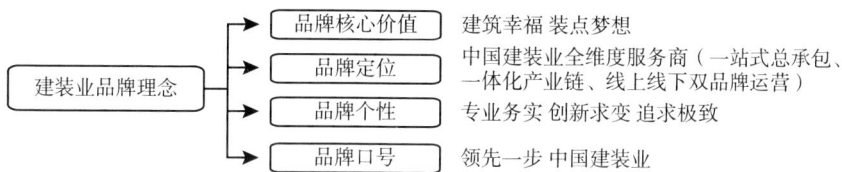

图 11　建装业品牌理念体系

资料来源：根据建装业官方网站资料绘制。

建装业以"团结、求实、进取、卓越"打造企业精神，并在经营方针方面始终坚持立足深圳、遍及全国、辐射全球，本着"诚信立业、以人为本、合作共赢、优质服务、开拓创新、铸造品牌"的经营理念，竭力实现"守信誉、重管理、重安全，建优质精品工程，服务于社会各界"的企业使命。

柯利达倡导的企业文化是一种快乐文化，认为这种快乐应是一种情感上的快乐，让员工能够真正意识到自己的工作环境适合个人的发展；切切实实地感受到自己的生存状态正在改变，向着积极向上的态势发展，用这股阳光式的、快乐的力量让员工和公司紧紧相拥。柯利达旨在"创造持续快乐的动力，打造充满能量的团队"。在柯利达看来，快乐不仅是员工的一种心态，更是企业的一种人文关怀。柯利达坚信，企业文化创新与发展就是要让员工以快乐的心态和谐地融入企业之中，才有可能提升团队的整体力量，才能够以强大的凝聚力和战斗力去创造卓越的绩效。柯利达企业文化正是秉承"快乐文化"的理念，才会在具体的生产实践中坚持创建和谐人文生活，时刻强调不仅要让员工在工作中感受到创造、创新、创效的愉悦，还要努力让员工在生活中感受到满意、满足、满分的快乐，从而做到享受工作，进而享受生活（见图12）。

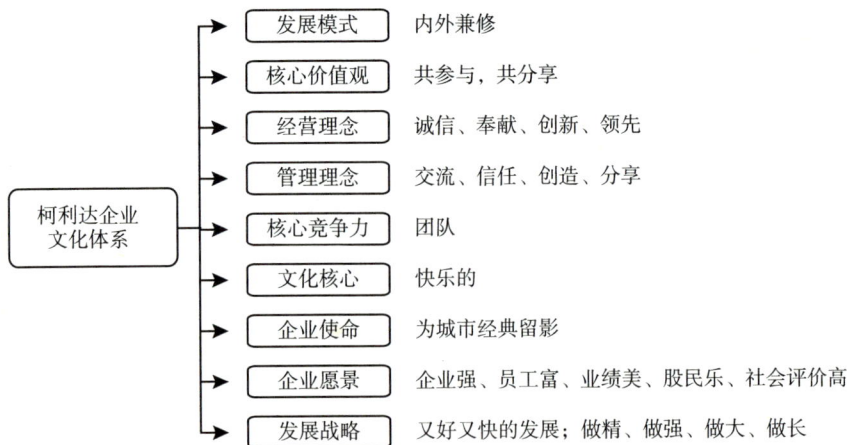

图12　柯利达企业文化体系

资料来源：作者根据柯利达官方网站资料绘制，http://www.kldzs.com/klwh/whln/。

柯利达不仅构建的多元价值目标的企业文化体系，更是将企业发展战略置于企业文化创新的主要部分，坚持以国家政策和市场为导向，内外兼修，为城市经典留影；以事业部为运营主体，通过打造营销服务体系、部品部件生产基地、设计研发基地、内部管控体系、人才与后台支撑体系，实现实业又好又快的发展；通过打造金融服务平台，产融结合，推动企业做精、做强、做大、做长。

在上海建工看来，企业文化来自公司发展的生产实践，而企业文化建设与创新，是企业运营的最高境界，它将引领公司的规模发展。由此，在上海建工的企业文化框架体系中包括"序言"和"七个理念"的定义、表述和解析。第一个理念是"企业使命"，指出企业使命是表明公司存在的目的和价值，上海建工认为客户对建筑空间的装饰有着无限可能的需求，同时也坚信企业本身具有满足客户无限可能需求的能力与实力，上海建工坚持将所有新建、改建项目能以最理想的方式容纳生产、生活、休闲、工作于其中。第二个理念是"企业精神"，指出企业精神是公司生存和发展的灵魂。在企业的发展过程中，上海建工不断深化企业文化的内涵，以对"品质"的追求为例，上海建工从最初对工程质量的追求，逐渐演绎为贯彻集团要求，并最终升华为企业制定发展规划、实施发展战略、推进各项工作的指导思想，持续地激励员工在工作中发挥积极能动性、以智慧的方式思考和工作，从而塑造建工装饰的品牌，以卓越的思想、专业和业绩，向客户、社会提供优质的产品和服务。第三个理念是"共同愿景"，指出共同愿景是全体员工共同的理想、目标和奋斗方向，共同愿景是对公司未来发展的描绘，既是对员工的承诺，也是对员工的激励，既有点朦胧，又是可望可即的。第四个理念是"共同价值观"，指出共同价值观是公司和全体员工共同的价值取向和行为准则。第五个理念是"战略目标"：首先要成为享誉国内、名冠上海，能持续为客户提供完整的产品和日臻完善的服务，员工"又红又专致富"；其次要成为设计施工一体化、具有强大集成能力的国内最优秀的建筑装饰企业。第六个理念是"经营宗旨"，指出经营宗旨是公司运作和市场经营的基本方法，并将其经营宗旨综合定义为"现代的观念、理性的经营；灵活的机制、稳健的财务；宽容的文化、从严的管理"。第七个理念是"服务理念"，指出服务理念是服务客户所要遵循的基本价值导向。上海建工倡导以客户为中心来实现提出"让客户物有所值"，具体表现在"不同凡响的设计、准确合理的预算、精益求精的施工、专业周全的服务"四个方面。①

五 小结

企业文化的创新与发展是企业发展过程一个宏大的课题，不仅需要有一个逐步探索、逐步深入完善的过程，还要下很大的功夫，不断在发展过程中积累和改进，才能实现质的突破，才能在激烈竞争的市场环境下，实现真正意义上的企业文化创新与发展，这不仅是时代发展的要求，更是企业发展过程中要坚持追求的永恒主题。随着建筑装饰行业企业对企业文化创新的重视程度不断提升，企业文化创新在建筑装饰行业发展过程中的重要性日益凸显，已成为建筑装饰行业企业提高企业竞争力的主要方式。

本文通过研究近30个建筑装饰行业典型企业的企业文化体系与企业文化创新，发现尽管建筑装饰行业内企业的企业文化体系与文化创新形态各异，但各企业的企业文化创新路线整体上遵循本文提出的三大路线：①由内而外——文化创新与企业精神互动；②由点及面——单一目标向多元价值转变；③由近及远——多元价值与经营战略融合。当然，这并不意味着某个建筑装饰行业企业的企业文化创新路线只表现为以上的一种形态，这三大路线形态可能同时贯穿于某个企业的文化创新过程中。总体来说，建筑装饰行业企业的文化创新活动日趋活跃，且在一定程度上呈现趋同的发展态势，也即行业内大部分企业的企业文化体系表现出日益显著的趋同性，使命、愿景、理念、精神等已基本成为行业内企业文化体系的标配，但在企业文化的具体条款或内容上，各企业对企业文化及其创新发展模式呈现一定的分异趋向，正逐步形成形态各异、百花齐放的企业文化体系构建和企业文化创新局面。

---

① http：//www.scg.com.cn/culture.html.

整体而言，建筑装饰行业企业的企业文化体系还处于逐步完善与发展阶段，发展快速的企业在文化体系构成的多元化趋向明显，且其企业文化创新能够很好地适应企业的发展状态，并日渐成为企业发展战略的一部分；相比而言，建筑装饰行业内的上市企业在企业文化创新方面的动力并不显著，可能是因为这类企业已经具备良好的企业文化体系，原有的企业文化理念已经深植于企业发展的过程，太大幅度的企业文化创新可能并不利于企业的稳定和发展。

对于装饰企业来说，创建精品工程、创名牌产品十分重要。一个好的品牌外可凝聚用户、占领市场，内可凝聚人心、提升团队意识。装饰企业具有其特有的性质，企业文化建设有其丰富的科学内涵，在企业文化建设实践中需要我们不断丰富其内容，建立起具有装饰行业特点的，符合本企业实践的企业文化。与时俱进地加强企业文化建设，才能有效地提高企业的比较优势和综合竞争力，从而保证企业在市场竞争中永远立于不败之地。①

---

① 郑秀秀：《浅谈建筑装饰企业文化的重要性》，《广东建材》2010 年第 11 期。

B.9
建筑装饰行业社会责任发展新趋势

胡婕婷

摘　要：　本报告主要包括建筑装饰行业企业社会责任实践及管理现状、
社会责任报告编制及审验情况、行业社会责任履行过程中的
问题与对策建议及"十三五"时期中国建筑装饰行业企业社
会责任发展新趋势四部分。其中，建筑装饰行业企业社会责
任实践及管理现状主要涵盖企业社会责任的实践及管理现状
分析；社会责任报告编制及审验部分分内容、指标详细介绍
了9家上市企业社会责任报告主要责任履行及第三方审验情
况；第三部分详细介绍了建筑装饰行业企业社会责任履行特
点、问题及对策建议；建筑装饰行业企业社会责任发展新趋
势则重点从政府监管与政策推动、行业转型与技术创新、全
球治理与"一带一路"建设三方面进行重点分析。

关键词：　建筑装饰行业　责任实践　责任管理　责任发展趋势

一　"十三五"时期建筑装饰行业企业社会责任实践

2016年是"十三五"规划开局之年，也是建筑装饰行业转型发展的
关键之年，供给侧改革持续发力、大额投资稳步增长、新型城镇化建设
系统推进、"一带一路"倡议带来机遇、行政审批权精减压缩①、"四库一

---

① 住房和城乡建设部：《关于推进建筑行业发展和改革的若干意见》，2014。

平台"① 建设规范市场，基于新经济形势和新发展环境，建筑装饰行业进入存量竞争时代，新的行业生态在竞争合作中逐步显现，具体表现为："装配式"② 建筑迅速崛起；以 BIM 为代表的大数据技术广泛应用；建筑产业标准化建设初见成效；"绿色低碳"引领城市建设规划发展新方向；设计施工一体化模式逐步成熟；"PPP"投资模式持续优化。在新发展态势下，建筑装饰企业在政府的指导和行业协会的推动下，创新建造方式、提升设计水平、加强技术研发、完善建设质量、强化品牌意识，多管齐下推动行业发展进入以质取胜的新阶段，并逐步走上了装配化、信息化、标准化、绿色化、一体化、产业化的现代转型发展之路。

企业社会责任是指企业追求有利于社会长远目标的一种义务，它超越了法律和经济的要求，是企业在所处社会经济环境下获得成功的关键，有助于企业长期经济目标的实现及有效管理。建筑装饰行业在创造经济价值的同时，积极承担改善社会环境、维护市场秩序、履行企业公民责任等社会责任要求，创造可持续发展的行业生态，在追求经济利润最大化的同时，逐步将社会责任视为企业创造与社会共享的价值，取得可持续竞争优势和发挥积极社会影响的战略机遇，成为企业实现战略目标、赢得可持续竞争优势和推动社会进步的重要动力，使其树立起与社会共生的现代企业理念，赢得利益相关方的信赖与支持。综上所述，不难发现建筑装饰行业企业社会责任建设，对企业自身发展和行业转型升级都具有重要意义及价值。

（一）责任实践持续深入推进

2016 年，中国建筑装饰企业积极践行社会责任，在不断创造经济价值的同时，带动了相关行业的发展，在规范管理、技术升级、品质工程建设、和谐社区营造、可持续发展等方面持续发力，取得了一定成效。

---

① 《住房和城乡建设部关于印发〈全国建筑市场监管与诚信信息系统基础数据库数据标准（试行）〉和〈全国建筑市场监管与诚信信息系统基础数据库管理办法（试行）〉的通知》（建市〔2014〕108 号）。

② 住房和城乡建设部：《"十三五"装配式建筑行动方案》，2017。

1. 股东责任及投资者关系维护

投资者关系是上市公司存在与发展的制度基础，保障股东权益，维护投资者关系是企业的核心要素，也是上市公司履行企业社会责任的重要内容之一。

2016 年，建筑装饰行业百强企业通过不断完善法人治理结构、提升经营管理水平、提高企业可持续发展能力、规范透明运作，充分保障了股东及投资者权益。18 家上市公司 2016 年中期报告及相关资料显示，营收增速最快的是全筑股份，增长率达到 52.7%；弘高创意、东易日盛、瑞和股份、罗顿发展四家公司营收增长率均保持在 30% ~ 40%，其中净利润增速最快的为东易日盛，达到 77.3%；弘高创意、瑞和股份、广田集团净利润增速维持在 50% 左右；广田集团、建艺集团、神州长城增速保持在 10% ~ 30%；其余 6 家企业营收出现下滑，降幅在 5% 以内（见表 1）。①

表 1　2016 年建筑装饰行业 18 家上市公司营业收入及净利润一览

公司名称（简称）	业态	营收（百万元）	营收增长率（%）	净利润（百万元）	净利润增长率（%）
金螳螂	公装	19562.59	4.9	1689.38	5.4
江河集团	公装	15239.59	-5.7	294.69	11.8
广田集团	家装	10220.34	27.6	405.44	45.4
亚厦股份	公装	9014.39	0.5	313.97	-45.1
宝鹰股份	公装	6660.32	-2.8	363.31	8.3
弘高创意	公装	4307.95	31.0	415.20	53.8
全筑股份	公装	3335.89	52.7	100.39	21.6
奇信股份	公装	3285.34	-1.6	111.32	-14.6
东易日盛	家装	2998.91	32.9	174.40	77.3
洪涛装饰	公装	2912.98	-3.1	136.92	-61.7
中装建设	公装	2688.3	3.4	158.30	2.9

---

① 前瞻产业研究院：《2017 ~ 2022 年中国建筑装饰行业发展前景与投资战略规划分析报告》，2017。

续表

公司名称 （简称）	业态	营收 （百万元）	营收增长率 （％）	净利润 （百万元）	净利润增长率 （％）
瑞和股份	公装	2436.13	33.9	100.05	54.4
建艺集团	公装	2120.25	14.4	80.97	1.8
亚泰国际	公装	1653.11	−8.4	83.65	−23.7
罗顿发展	公装	1353.55	39.7	−45.94	
名雕股份	家装	683.62	1.5	51.13	6.3
神州长城	公装	4700	17.2	425	23.2
柯利达	公装	1415	−13.0	42	−25.0

除此之外，上市公司通过企业内刊、网站等信息平台及时进行信息披露，通过投资者互动平台、电子邮件、业绩说明会、路演等方式与投资者互动沟通，让投资者全面了解公司情况；保障投资者的合法权益；严格执行股东大会网络投票制度和累计投票制度等相关制度，保障投资者权益。

以中国中铁、中国铁建为代表的企业因表现突出，获得了"中国中小板上市公司投资者关系最佳董事会奖"。

2. 员工管理与安全生产

员工是企业财富的创造者，作为企业发展的主要参与者和重要的利益相关方，企业必须为员工的生存、就业、社会福利和健康权益等提供保障，建筑装饰行业本身的特殊性要求其必须将安全生产置于首位，企业在严格落实生产责任制、加强安全监管的同时保障员工的基本权益、按时足额给付劳动报酬、确保员工职业健康和安全生产、重视员工职业生涯发展与员工关爱、充分发挥工会等组织的协调功能、加强女职工和进城务工人员等特殊群体保护，在企业内部营造崇尚"工匠精神"的企业文化氛围，实现员工的全面发展。

中国中铁作为央企，带头履行员工权益保障社会责任，结合企业员工身份特点，全面推行"五同"管理，即企业一般职工与企业内的进城务工人员同学习、同劳动、同管理、同生活、同报酬。在维护弱势群体合法权益的同时，促进了企业与员工的协同发展，如图1所示。

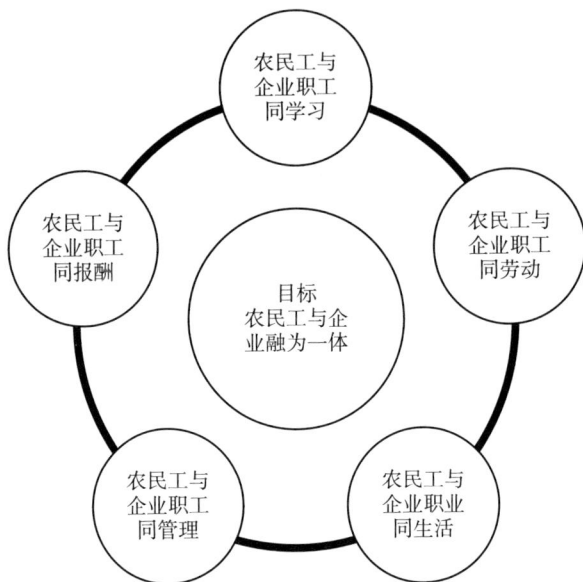

图1 "五同"管理的基本要求、根本目标

中建三局装饰有限公司为提升员工职业技能,通过为员工设计职业上升通道,开展业务培训、岗位竞聘等活动,提升员工职业技能,拓展员工职业发展空间,具体内容如表2所示。

表2 中建三局员工职业发展情况

项 目	内 容
职业生涯规划	实施职业生涯规划交流培训项目,指导员工进行职业生涯规划,覆盖率达100%
畅通发展通道	建立专业人才职业发展上升管理制度,完善职业发展评审与选拔方式,提供职业发展机会与空间
员工培养计划	推行"师徒制",开展"青年领军人才"培养、"后备项目经理"培养等多项员工培养计划,为员工发展创造条件

3. 公益慈善与社区发展

在企业责任竞争时代,企业参与公益慈善事业,推动社区发展已不再是纯粹的利他行为,同时也是提升竞争力的重要手段,对企业发展具有巨大意义,因此,从战略高度考察企业慈善与社区责任,有助于企业改善竞争环境，增强竞争优势。① 企业可以通过策略性慈善实现"低成本、高收益"的捐赠目标，进而实现经济和社会目标的双赢。② 企业针对突发性灾难事件所开展的慈善活动和企业志愿服务活动，会引发公众相应的社会记忆，从而产生社会价值，慈善活动作为兼具经济属性和社会属性的企业行为，会产生重要的社会效用。

建筑装饰企业历来重视企业慈善公益责任的履行，通过捐赠款物、发动员工参与志愿服务、打造公益品牌、传播公益文化等活动不断丰富慈善责任内涵、创新责任载体、引领行业发展，在改善社会问题、推动地区发展、构建和谐社会等方面发挥着重要作用。

中建三局装饰有限公司在 2011 年成立了企业慈善基金会，并制定了《中建三局装饰有限公司"饰界之爱"慈善基金会管理办法》，通过与相关公益机构的合作，打造公益慈善品牌，先后参与了捐建学校、支教、儿童发展、社会帮扶等公益慈善项目，对外捐款总额达 200 万元，帮扶项目达 17 个，实现了企业与社会的协同发展。值得一提的是，作为装饰企业，该企业始终围绕"绿色、节能、健康"等主题，不断丰富绿色公益活动的形式和内涵，将绿色公益的理念融入员工生活和企业发展中去。2016 年，由中建三局装饰有限公司出资捐建的"莲池希望小学"正式投入使用。

弘高设计有限公司作为装饰行业的领头企业，自成立以来，先后组织并参与了包括"中秋送暖·童爱"行动、"绿色心灵"公益行、"一个盒子的暖心漂流"行动、"99 公益日"等慈善公益活动。

德才装饰将发展慈善公益事业纳入企业战略规划当中，确定文化事业、公共事业、慈善事业、行业发展等方面为其重点支持和发展领域，并付诸实践，取得了显著效果，树立了良好的企业公民形象。

4. 消费者权益与商业道德

企业履行社会责任的重要驱动力之一是满足消费者的合理期望和要求，

---

① 钟宏武：《正确看待慈善捐赠对企业的价值和作用》，《WTO 经济导刊》2007 年第 7 期；由莉颖：《中美企业履行慈善责任状况分析》，《生产力研究》2007 年第 8 期。

② 陈支武：《企业慈善捐赠的理论分析与策略探讨》，《当代财经》2008 年第 4 期。

企业对消费者履行责任的意愿、能力和绩效，直接影响消费者对企业形象的感知和对其产品或者服务的购买意愿。作为企业主要的利益相关者之一，企业要实现可持续发展，必须协调好与消费者之间的关系，企业对消费者的责任成为企业履行社会责任的重要内容之一，总体来看，2016年建筑装饰行业主要企业在生产经营活动中，在公平、公开、尊重和可持续发展原则的指引下，秉承依法经营、诚信经营理念，通过守法经营、责任披露、政策倡导、双向沟通和教育引导等方式，保障消费者获得优质、安全、个性化的消费体验，满足了不同群体差异化的消费需求，践行了维护消费者合法权益、维护企业商业道德的责任理念。

中国交通建设总公司三航局宁波分公司第一项目部在梅山3号至5号泊位码头施工中有2厘米本属允许范围内的误差，但项目部因为这2厘米的误差立即返工。码头配套设施变电房窗户，原设计未要求安装防撞窗，项目部考虑到台风登陆有可能造成雨水倒灌损坏变电房内设施，自掏腰包为业主安装防撞窗。业主反馈道："中国交建工作不仅细致，考虑问题也长远，值得信赖。"①

5. 绿色建筑与环境保护

随着资源短缺及环境污染问题的日益加剧，企业环境责任作为企业社会责任的核心内容，越来越受到关注和重视，推进绿色建筑发展逐步成为建筑装饰行业的新共识。通过将绿色建筑理念引入企业战略管理当中，依托于环保节能等先进技术的研发与利用，降低能耗，逐步提升能源资源的使用率，通过创新技术手段和材料的精细化管理，在法律规定的指标范围内完成施工及装饰等工作。

远洋装饰在先后完成的"零排放小院""水循环小院""光能小院"的四合院改造工程项目中，通过使用绿化固碳、雨水集中收集系统、人工湿地废水处理系统、光导照明、太阳能光伏发电等多项绿色环保技术提升项目能效，降低能耗，走绿色建筑之路。

---

① 中国交通建设总公司：《2016年企业社会责任报告》。

（二）责任管理水平不断提升

企业履行社会责任的核心与关键是企业是否将社会责任理念和要求融入企业战略、治理结构和日常运营中去，而要实现融合，就有赖于一套健全的运营管理体系的建立。企业社会责任管理即是指企业在正确的社会责任观念引导下，充分实现企业的社会功能和责任义务，通过高效治理，维护企业与社会及环境的关系，最大限度地保障经济、社会、环境整体价值的管理方式。具体表现为企业在战略决策、制度规范、管理运营、业务发展中体现社会责任诉求，实现对于企业利益相关方、经济社会环境的主动管理。从而推动企业创造力、市场价值、品牌美誉度及社会公信力的全面提升。企业在进行责任管理的过程中，通过责任战略、责任治理、责任融合、责任绩效、责任沟通、责任能力六项工作，从设立社会责任计划、执行社会责任计划、评价社会责任情况、改善社会责任履行等方面入手对社会责任实现系统管理。

企业不是独立存在的经济实体，而是嵌入在社会制度环境之中的经济主体之一，企业社会责任管理水平的高低不仅取决于其本身，也离不开政府、行业主管部门、行业协会、关联交易方、消费者、第三方审验机构、媒体、社会公众等利益相关方的影响。

综合前文中关于 2016 年建筑装饰企业社会责任管理实践的现状，不难看出，该行业各主要上市公司均已通过建立健全社会责任组织保障体系、评估履责现状和制定改进方案、运用责任理念完善管理制度、开展重大社会责任活动、建立责任绩效衡量体系等系统方式实现责任管理，现已初步形成了政府规范社会责任、领袖企业领先社会责任、行业平台展示社会责任、新闻媒体传播社会责任、社会公众监督社会责任的多元发展格局。

二 建筑装饰企业社会责任报告编制发布及审验评价

企业社会责任报告是企业将其履行社会责任的理念、战略、方式、方法及其经营活动对经济、社会、环境等领域造成的直接或者间接影响，取得的成绩及进步的空间等信息进行系统梳理和总结，并以报告的形式向社会进行相关信息披露的方式，企业社会责任报告是企业非财务信息披露的主要工具，是企业与利益相关方沟通的重要信息载体和交流平台，也是企业提升自身管理水平的重要工具。

继 2008 年发布的《关于中央企业履行社会责任的指导意见》之后，国务院国资委于 2016 年 7 月发布了《关于国有企业更好履行社会责任的指导意见》，意见明确要求国有企业加强社会责任沟通；深交所于 2006 年发布的《上市公司社会责任指引》、上交所于 2009 年发布的《上市公司社会责任报告编制指引》细化了企业社会责任报告编制要求；作为企业对外展示和沟通交流的重要名片，企业社会责任报告已成为全球潮流，在我国政府的政策规范、资本市场的引导和行业协会的推动下，编制和发布企业社会责任报告已成为上市企业的基本共识。经过近年来的努力和创新，在央企的示范引领下，上市公司的企业社会责任履行工作收到了显著成效。

本报告共收集了中国中铁、中建三局、亚厦股份、金螳螂、中国交建、曲美家居、中建科技、中国建筑、中国铁建 9 家建筑装饰上市公司公开披露的独立企业社会责任报告。[①]

综合本报告所收集的 9 份独立企业社会责任报告显示，2016 年建筑装饰行业社会责任报告呈现国有企业成为社会责任报告持续增长点、上市公司成为报告发布的主要力量、独立报告所占比重较大、基本为连续性社会责任报告[②]、严格遵照相关编写指南、报告质量较高等特点，已基本实现了上市企业从追求经济效益向追求经济、社会、环境综合价值创造改变，从相对封

[①] 本报告中 9 家公司相关资料如无注明，均来自中国中铁股份有限公司《2016 年企业社会责任报告》、中建三局装饰有限公司《2016 年企业社会责任报告》、浙江亚厦装饰股份有限公司《2016 年企业社会责任报告》、苏州金螳螂建筑装饰股份有限公司《2015 年企业社会责任报告》、中国交通建设股份有限公司《2015 年社会责任报告》、曲美家居《2016 年社会责任报告》、中国建筑科技集团股份有限公司《2015 年可持续发展报告》、中国建筑股份有限公司《2015 年可持续发展报告》、中国铁建股份有限公司《2015 年社会责任报告》。

[②] 除去曲美家居《2016 年企业社会责任报告》是首次发布。

闭向积极沟通，从单纯追求产业转型升级到提升企业品牌美誉度的转型跨越。

（一）编制责任报告，满足披露要求

综合分析上述 9 家上市公司的企业社会责任报告中的内容及指标，可以看出，报告基本遵循了信息披露过程中的关键性原则、完整性原则及利益相关方参与原则；报告中信息披露质量基本坚持了平衡性原则、可比性原则、时效性原则、易读性原则及可验证性原则。

其内容也涵盖了开篇、主体、结尾三大部分，其中主体部分基本涵盖了责任管理、市场绩效、社会绩效、环境绩效四大板块，后记部分包括企业未来社会责任工作的展望、内外部利益相关方对报告的评价及审验，参考指标索引等。按照披露信息性质的不同，也基本囊括了描述企业责任实践的理念信息；描述企业规章、制度准则等的制度信息；描述企业责任管理及实践采取的具体措施等措施信息；描述企业责任成效的绩效信息；以及相关的案例分析和图片展示。

根据全球报告倡议组织 GRI《可持续发展报告指南》（G4）、国际标准化组织《ISO26000：社会责任指南（2010）》、《中国企业社会责任报告编制指南（CASS - CSR 3.0）之建筑业》、国务院国资委《关于中央企业履行社会责任的指导意见》、上海证券交易所《公司履行社会责任报告》指引要求，规范完整的建筑装饰行业企业社会责任报告应包括：前言、责任管理、市场绩效、社会绩效、环境绩效、后记等主要内容；而按照内容属性划分，报告应涵盖企业社会责任理念、企业社会责任管理、企业社会责任措施、企业社会责任绩效、企业社会责任案例等信息。

所述 9 家上市公司企业社会责任报告内容涵盖了市场绩效、社会绩效、环境绩效、员工发展、社会公益事业及社区发展等主题，基本满足了社会责任报告指引的规范要求，因行业特殊性，多数报告涵盖了安全生产、绿色建筑、供应链管理等内容，部分报告囊括了责任理念和责任管理主题。

1. 责任管理

科学的责任管理是企业实现可持续发展的基石，本部分将从责任治理、责任推进和责任沟通三方面入手重点分析 9 家上市企业社会责任管理实践当中的治理、推进及沟通机制。

（1）责任治理

企业社会责任治理在责任报告中体现为企业从战略角度强化责任理念和价值观及对利益相关方的关注，阐述企业在经营管理过程中所面临的外部机遇与风险，阐明企业利益相关方的责任承诺。中建三局、曲美家居、中国交建、亚厦股份、中建装饰均在报告中披露了责任治理内容，如中建三局披露了企业公民理念，在利益相关方沟通参与机制中①披露了企业运用多种途径分析和回应相关方期望与诉求等内容；中国交建披露了以加强责任战略、责任治理、责任融合、责任沟通和培训为重点的责任管理工作及社会责任领导机构的责任战略管理模式。②

（2）责任推进

企业社会责任推进包括企业社会责任体系规划；责任培养制度设立；管理机制建设及指标体系完善等内容，从范围上分为内部责任推进和外部责任推进两部分。

曲美家居披露了企业"社会责任模型"，③ 具体包括以实现企业全面发展及维护利益相关者价值为核心的责任制度建设及"四位一体"治理策略的具体落地机制建设；中国交建则系统披露了有关人员参与责任培训的具体情况。中国中铁在"社会责任规划"中披露了社会责任推进的具体措施。

（3）责任沟通

企业社会责任沟通是指企业主要信息披露机制建设，主要包括企业内部沟通机制、外部传播机制和责任披露价值。

中国交建、金螳螂、亚厦股份、中建三局等公司均在报告中披露了责任

---

① 中建三局装饰有限公司：《2016 年企业社会责任报告》。
② 中国交通建设股份有限公司：《2015 年社会责任报告》。
③ 曲美家居：《2016 年企业社会责任报告》。

沟通的相关内容。中国交建系统披露了企业针对不同利益相关方所采取的差别化的沟通机制及其通过网络、调查问卷、新媒体技术等手段回应各方诉求，增强责任沟通效果的具体措施。[①]

2. 市场绩效

市场绩效指企业在经营管理中履行经济责任，具体包括股东责任、客户责任和伙伴责任。

（1）股东责任

股东责任主要包括上市公司的投资者关系管理与资产保值增值，前述9家企业在报告中均披露了企业投资者关系管理体系建设情况及从成长性、收益性、安全性三个指标出发的资产保值增值状况信息披露。

中国铁建在"搭建共赢平台，创造价值回报"中披露了公司经营指标、依法纳税、回报股东等信息[②]；中国中铁在创造效益中披露了公司每股社会贡献值[③]；亚厦股份在"股东与债权人保护"中披露了股东责任相关信息[④]。

（2）客户责任

客户责任主要涵盖企业客户关系管理体系及企业产品制造及质量管理与企业创新等方面的信息。上述9家公司在报告中均披露了与客户责任相关的"客户关系管理""产品质量管理""售后服务管理""产品研发其创新制度"等内容。

其中，中建装饰、中建三局、中国交建专门披露了企业安全生产管理情况及科技创新等，如中国铁建在"建造优质精品、回馈社会大众"中披露落实"精品工程"战略，强化质量管理的具体措施及所获成果。

（3）伙伴责任

伙伴责任指企业与跟其有战略合作关系的社会经营主体及其他社会团体间的互动关系，主要包括企业履行长期战略合作协议、建立交流沟通平台、

---

① 中国交通建筑股份有限公司：《2015年社会责任报告》。
② 中国铁建：《2016年企业社会责任报告》，2017。
③ 中国中铁：《2016年企业社会责任报告》，2017。
④ 亚厦股份：《2016年企业社会责任报告》，2017。

共享创新成果等内容。

中国铁建、中建三局、中国交建、亚厦股份、金螳螂等公司均通过分享了企业战略共享机制及平台建设、诚信经营理念、公平竞争及制度保障等内容披露企业伙伴责任关系相关信息。

3. 社会绩效

社会绩效主要包括企业政府责任、员工发展、公益慈善与社区发展、安全生产等。

（1）政府责任

政府责任主要包括政策响应、依法纳税及促进就业三方面，上述9家企业均详细披露依法纳税相关信息。

（2）员工发展

9份报告中均涵盖了员工基本权益保护、平等雇用、职业健康、员工发展及员工关系维护五大板块。具体指标也符合披露标准，中建科技在"共创共享，责任厚植"中具体披露了其人才培养机制和激励措施、员工职业成长平台等信息；中国中铁在"持续推动就业"中重点披露其吸纳就业、提供多元发展机会及人才引进等措施。

（3）公益慈善与社区发展

社区参与责任主要包括推动本地化发展、慈善捐赠、公益服务等内容，该指标主要用于衡量企业运营对当地经济带动、社会发展及当地就业人口吸纳程度。

报告显示，企业热心社会公益事业，通过款物捐赠，参与助学、助困、助医及其他公益慈善项目，组织员工参与志愿服务活动等形式履行公益慈善责任。金螳螂在"奉献爱心、回报社会"中披露其在慈善救助、救灾助困、安老抚孤、志愿服务等方面开展的活动；中建三局披露其在志愿服务、希望小学捐建、社会帮扶、绿色公益等方面开展的主要工作；亚厦股份披露了其通过设立"亚厦至善基金会"，实施战略公益的具体措施；曲美家居分享了其所倡导的"绿色简约"生活方式的"以旧换新、绿色觉醒"公益项目进展情况，同时披露其北京曲美公益基金会成立及发展状况；中国中铁详细披露了其参与精准扶贫，助力所在社区、村镇脱贫等工作的具体情况。

（4）安全生产

安全生产主要包括安全生产管理体系建设、应急管理机制建设、安全教育培训、安全生产投入等具体指标。中国铁建在"严控安全生产"中详细阐述了其落实安全生产主体责任，执行安全生产责任制度，监督安全监管力度等具体内容；中国中铁在"安全监管"中详细披露了其完善管理体系、落实保障措施、保障职业健康的相关内容。

（5）环境绩效

环境绩效主要用于衡量企业在环境管理、"节能减排"等方面责任，具体指标包括企业在环境管理及节能减排中的理念、制度和措施。环境管理的内容主要涉及企业环境管理的组织机构、管理体系、环保产品研发及投产、环保培训、绿色建筑等内容。"节能减排"主要包括企业的能源节约、可再生能源利用、循环经济及绿色生产方面的具体理念、措施及制度。

9份报告不同程度地披露了企业环境管理体系、培训制度、绿色办公、环保技术及设备研发与应用、环保产品创新与投产及保护生物多样性及环保公益事业等信息。中国中铁在"环境保护"中从推进节能减排、加强环境治理、保护生态环境三方面披露了企业环境保护责任；中国铁建在"营造绿色环境、建设生态文明"中详细介绍了企业环境保护、节能减排和绿色办公的具体措施，通过土地资源综合利用保护、营造"绿色宜居"环境、降低排放、实行绿色办公等方面所取得的成果。

（二）报告结构系统、内容全面

综合前述9家上市公司的企业社会责任报告所披露的内容显示，业绩报告是整个报告的主体，基于三重底线（triple bottom line）① 理论，笔者将报告所涵盖的信息披露内容总结如图2所示。

---

① 1997年，美国学者约翰·埃尔金顿提出了三重底线（triple bottom line）理论，他认为就具体的企业领域而言，企业社会责任可以分为经济责任、社会责任和环境责任。

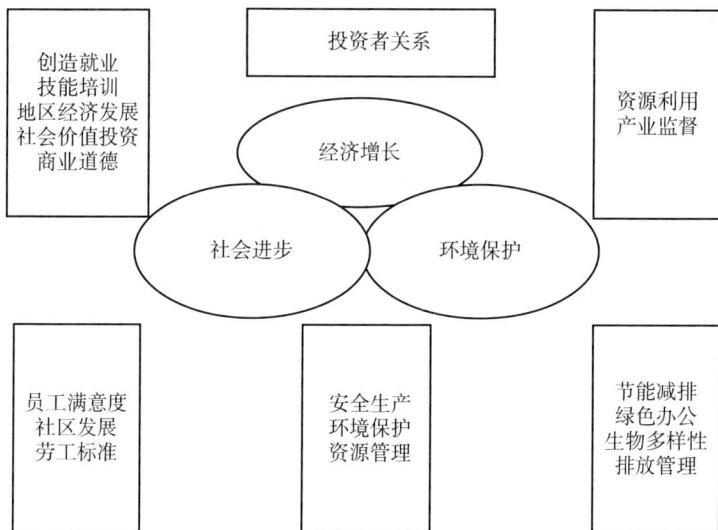

图2 9份报告企业社会责任披露模型

（三）企业社会责任报告审验情况

目前，我国企业社会责任报告与财务报告很大程度的不同在于缺乏明确、规范、具体的社会责任报告原则与标准，在报告内容选择上，企业具有决定权和随意性，前述9家上市公司的企业社会责任报告只有中国建筑《2015年社会责任报告》经过了学术机构的评级审查和相关机构的第三方审验，从审验的标准、审验工作程度、审验意见及审验结果来看，目前还未能达到提供社会责任报告可信度和增强社会责任报告有用性的目标，无论从审验的数量还是审验的质量上来看具有一定的提升空间。

三　建筑装饰行业上市公司社会责任履行特点与问题分析

（一）建筑装饰行业上市公司履行社会责任特点

企业是独立存在的经济实体，但本质上是由企业与各利益相关主体所组成的契约联盟，除了投资者关系，员工、政府、债权人、消费者、供应商、社会公众等都是企业直接或间接的利益相关方，企业要实现股东利益最大化的经济目标就必须要关注和满足利益相关方诉求，企业履行社会责任就是对以上诉求的积极回应。

相较于其他行业而言，建筑装饰行业有其明显的特性，作为高风险行业，安全事故一定程度上阻碍了行业的健康发展，统计显示，我国建筑产品质量与平均使用寿命均低于其他发达国家；违规操作招投标现象时有存在。建筑装饰行业作为劳动密集型产业，提供了众多就业岗位，解决了农村富余劳动力转移安置等问题，但与此同时，建筑业也是劳资纠纷较多，群体性事件频发的行业之一。鉴于此，保障员工生命健康权；强化产品质量管理；落实文明施工标准；杜绝非法操作招投标；营造健康的行业生态；协调供应方关系；遵守用工制度；避免诉讼纠纷等成为其履行社会责任，促进企业与社会协调发展的题中之意和战略之举。

基于对前述 9 家企业发布的社会责任报告整体质量进行比对、分析和研究，本报告总结出建筑装饰行业企业社会责任的特点及存在问题，并在此基础上提出相关建议。

1. 报告整体处于发展阶段，优秀报告引领发展

总体来讲，前述 9 份报告结构完整、内容丰富、设计版式合理，均采用了 GRI、ISO26000①、CASS 等相关社会责任指南和标准，如中国建筑、中国中铁、中建科技等均参考了 CRI 等国际标准，部分报告以上交所指引为主，一定程度上参考了 GRI。

2. 报告数据相对丰富、内容可读性较高

整体来看，建行装饰行业企业社会责任报告在可读性、对比性和实质性方面优势突出，但在创新性上相对滞后，在责任理念、报告结构和内容形式等方面创新程度不够，缺乏负面信息披露，数据信息来源标准化披露程度较

---

① 2010 年，国际标准化组织（ISO）发布了 ISO26000《社会责任指南》，确立了企业社会责任范围，识别相关议题，为企业履行社会责任提供了指导性意见。

低，定量数据指标披露尚未规范，少数报告附有 CSR 专家评价和第三方审验报告。

3. 责任议题紧扣时代发展脉搏，体现建筑行业鲜明特色

综合 9 家企业披露的报告内容来看，多数报告披露的内容与其业务活动密切相关，在社区发展、政府关系维护、员工权益保障和环境保护等责任方面提供的信息较为全面。相关数据①显示，建筑装饰企业社会责任报告在社区的指标平均覆盖率最高，达到 56.38%，超出中国企业社区议题平均覆盖率 34.02%，主要体现为社区公益、慈善捐赠及基础设施建设覆盖率，一定程度上与建筑企业的业务类型相关。

综上所述，建筑装饰企业社会责任报告基本实现了为投资者提供决策依据；推动企业自我管理与提升；促进企业与包括客户、政府、投资者、员工、供应方、社区、公众和媒体互动沟通；提升企业品牌战略影响力等功能。

（二）建筑装饰行业上市公司社会责任履行问题分析

1. 偏重绩效、忽视战略

通过分析 9 份报告，可看出建筑装饰行业企业履行社会责任过程中存在战略、利益相关者管理体系相对滞后、责任行为具有随机性等问题；企业应从战略高度重新审视社会责任行为，建立起基于利益相关者诉求和公司治理的社会责任工作机制，在制定企业战略的过程中，不仅考虑企业自身经营和业务拓展，也要将企业宗旨、愿景和核心价值观与企业社会责任战略相统一，将实现经济、社会和环境的综合价值最大化体现到发展战略当中去。积极引入社会责任投资（Socially Responsible Investment）理念，在投资过程中通过专业金融分析工具和分析手段评价投资对社会和环境产生的积极和消极影响，并将其融入企业社会责任战略规划中去。

---

① 金螳螂：《2016 年企业社会责任报告研究》，http：//www. csr – china. net/plus/list. php？tid = 30。

2.员工与社会公益慈善信息披露较好,供应链信息披露不足,议题披露能力有待提升

综观 9 份报告,企业履行慈善公益责任、员工参与志愿服务活动相关信息涉及较多,但较少涉及供应商和供应链关系相关议题,所谓供应链社会责任管理指企业主动和系统化地根据其社会责任方针和战略,挑战供应链上的商业策略和实践,采取监督、协助、沟通、合作等方式,促使供应商遵守相关社会责任规范和要求,确保供应链上商品和服务生产的提供符合企业整体责任方针和战略,综合 9 份报告内容来看,少数报告在这一议题的具体披露中,对采购原则、供应商资质和供应商管理的信息披露程度不高,这表明建筑装饰企业在一定程度上未将供应商管理纳入企业社会责任管理范畴。与此同时,企业 CSR 议题披露能力不足,报告中内容虽反映了企业对于利益相关方、社会和环境等问题的关切,但随着行业发展、企业经营规模、经营地域特征等变化,企业应不断提出与其发展密切相关的实质性议题,通过业务和技术创新,在创造新的商业模式的同时,创造更多价值议题,形成行业责任议题新的增长点。

(三)改善建筑装饰行业上市公司履行社会责任状况的对策建议

积极履行社会责任是建筑装饰企业应对新常态、顺应新形势、实现新发展的新目标和新要求,总体上看,建筑装饰企业社会责任目标履行较之前有所提升,但仍然存在诸多问题,因此,加强企业社会责任建设是实现企业健康可持续发展的重要途径,具体来讲,可以从以下几个方面入手。

1.深化责任管理,提升战略水平

企业社会责任的履行不应是"零散而随机的",履行社会责任不仅是为了提高品牌美誉度和企业知名度,基于利益相关者理论,我们认为企业在履行社会责任的同时,与其他利益相关者群体一起,致力于改善社会经济、政治法律、市场秩序等环境,为企业自身的持续发展创造更为广阔的空间,Porter 指出企业可以利用社会责任活动改善所处的竞争环境,在发展的过程中兼具社会和经济目标,使企业的市场前景得到改善。因此,只有从战略高度认识和强化社会责任意识与理念，才能从根本上实现企业良性发展。

这就要求企业不仅要从实践中，更要从理念上提高对于社会责任的认识，不难看出建筑装饰行业企业在履行社会责任过程中缺乏战略规划指导与制度规范支撑，因此，应将"企业公民"理念内化于企业文化中去，使其渗透在企业发展的过程之中，促进员工责任观念和责任行为的形成。同时应将社会责任管理纳入企业战略规划方案当中，通过内部控制制度将其常态化，并逐步分解到日常管理目标中去。

2. 规范责任管理、提高履责能力

企业社会责任管理是企业根据其内外环境特征及要求，整合资源，制定责任目标，通过规范机制，履行企业的经济、法律、道德、自由裁量责任，对实施过程和实施结果进行评价，达到企业内部资源与责任能力相匹配，企业责任能力与社会期望相协调，经济、社会与环境多重管理的动态发展过程。企业社会责任的承担与企业经营发展状况密切相关，作为独立运行的市场经济体，企业自身经营状况有所差异，这决定了其承担社会责任能力的差异。

在建筑装饰行业增速放缓的今天，企业均面临利润负增长的困扰，加上成本开支，对于部分经营状况一般的企业来说，履行社会责任看似是一个不小的负担，但是，责任不分大小，社会责任管理与实践应与企业实际经营能力相匹配，总体来讲，企业应在提升自我经营发展能力的同时，提高业绩，主动积极地开展社会责任建设。

3. 强化政策引导，推动行业履责

政府在企业履行社会责任过程中既要扮演服务者的角色，又要履行监督者和管理者的职责，一方面，通过出台相关规范和指引，明确建筑装饰企业履行社会责任的标准和要求，规范行为，完善监管，赏罚分明；另一方面，在政策上给予积极承担社会责任的企业制度激励，鼓励其实践社会责任目标。2016 年先后发布的《国务院关于推进建筑业持续健康发展》《建筑业"十三五"规划纲要》中都明确提出了企业要积极进行科技创新、降低能耗、发展绿色建筑减少对环境的污染和破坏；《慈善法》的颁布，进一步优化了企业捐赠的形式和途径，提出"金融慈善""慈善信托"等新的更为有效的途径帮助企业履行社会慈善责任；政府和行业协会也不断完善企业履行社会责任的考评制度，对履责情况进行阶段性考核，通过奖项设置等其他方式激励、实现有效监管。

四　建筑装饰企业社会责任发展趋势展望

（一）政府与监管机构的政策推动

在全面深化改革、深入推进依法行政、加快法治政府建设的重要时期，深化建筑装饰业改革，加强工程质量管理，是对"新常态"下建筑装饰行业发展提出的新要求。

1.《建筑业发展"十三五"规划》《国务院关于促进建筑业持续健康发展的意见》等政策规范指导

国务院 2017 年 2 月印发了《国务院关于促进建筑业持续健康发展的意见》，意见明确了建筑业改革的方向，包括深化建筑业简政放权改革、完善工程建设组织模式、加强工程质量安全管理、优化建筑市场环境、提高从业人员素质、推进建筑产业现代化、加快建筑企业"走出去"。住建部于同年 4 月印发了《建筑业发展"十三五"规划》，提出了深化建筑业体制机制改革、推动建筑产业现代化、推进建筑节能与绿色建筑发展等主要任务。规划要求推广智能和装配式建筑，在新建建筑和既有建筑改造中推广普及智能化应用，此外，提高建筑节能水平，深入推进可再生能源建筑应用，大力发展和使用绿色建材，提升绿色建筑品质。与此同时，综观各地发布的 2016 年《政府工作报告》，不难发现一些省份已明确将推动建筑业改革等写入报告中。例如，山西省在《政府工作报告》中明确提出 2017 年要"做大做优建筑业"，江苏省、浙江省建筑业的跨越式发展，都离不开政府的支持和推动，2017 年政府工作报告中关于建筑业的内容明显增多，打破了以往建筑业不受重视的状况，激发了地区建筑装饰行业发展活力。

2. 建筑行业服务组织企业社会责任监管实践

从中央政府层面来看，建筑装饰行业政策规范体系较为完善，社会责任相关立法已走在国际前列，但责任机构尚不明确，缺乏行之有效的协调和推进机制，各级政府合作程度不高，关于社会责任支持体系建设的相关工作仍集中在奖项颁发等激励措施上，社会责任监督体系尚未建立。总体来看，建筑装饰行业企业社会责任监管实践发展呈现强制性体系趋于完善、自律性规则尚未形成体系、引导性规制体系有待完善的发展态势，各级政府、行业协会正在逐步探索建立责任考察机制、确立责任认证工作、丰富责任监督手段。

（二）建筑行业发展现状与企业社会责任战略

2016 年，建筑装饰业增速放缓，受制于全球经济疲软，投资下行，经营压力依然较大，供给侧改革挤压行业内多余产能，行业整体需求相对偏弱。未来一年，面对行业"寒冬"，企业不得不通过战略转型或跨界合作，开启"互联网＋"，增添新业务，进军新兴行业，积极"走出去"，实现转型升级，具体到社会责任领域，将呈现以下变化。

1. 责任认知水平和实践内容发生趋势性转变

伴随着经济增速放缓、投资增速下滑，我国建筑装饰行业在经历了几十年的狂飙突进后，面临各种发展阻力，而挑战往往与机遇并存，新型城镇化建设的启动、大量基建项目的实施以及与建筑业相关的各项战略部署的推进，带来了新的发展机遇。

工业化建筑在我国发展的总体规模和市场占比较低，推动建筑工业化发展是 2017 年建筑装饰行业发展的战略之举。建筑业传统的生产经营方式存在着分散化、高耗能、低附加值等风险，亟须通过集约化制造、低耗能产出、高技术手段渗入等现代工业生产方式实现产业转型升级，而就目前的发展形势来看，行业整体发展仍存在着产业链不完善、技术标准混乱、政策体系不规范等诸多制约行业转型发展的关键问题。

目前，BIM（Building Information Modeling，建筑信息模型）技术作为工程设计建造管理的数据化工具，创新性地解决了建筑装饰项目实施过程中普遍存在的管理风险和技术问题，该项技术通过在技术、数据、管理三方面实现协同发展，提高项目效能，降低管理风险，从技术层面助力行业转型升级，加速建筑装饰行业工业化进程。

2016 年，随着 PPP 的大力推行，建筑装饰行业实现了系统变革，新的一年，是 PPP 加速发展的关键时期，对于企业自身来说，紧抓 PPP 带来的发展机遇，一方面，能够帮助企业以投资拉动施工，提高营收能力；另一方面，加速资金流转，保障项目回款。对于行业发展来讲，PPP 的大力推广，提升了行业集中度，营造行业发展的良性竞争格局，通过融资模式的转变实现行业传统业务结构的转型升级，提高行业的话语权。下一步，应通过进一步优化行业投融资环境，改善企业经营管理模式，拓宽业务覆盖领域等方式增强行业"买入"信用评级。

伴随行业发展的新态势，企业社会责任实践内容也不断丰富、利益相关方对企业社会责任要求也不断提高，建筑装饰企业已充分认识到履行社会责任在企业发展中的重要价值，企业社会责任的核心议题已由员工管理、社区参与、公益慈善、能源安全、消除贫困等逐步扩展到企业自身战略运营、供应链关系管理、公共政策等方面，逐步走上服务国家战略，回应社会重大责任议题之路。

建筑装饰行业生态环境变革迫切要求企业转而采取战略责任管理模式，通过内化战略责任价值观，向处于关键位置的利益相关方开放参与管理渠道，强化战略型公益慈善责任实践体系建设，加强与互联网及社交媒体的战略合作；通过进一步扁平化组织结构，明确社会责任边界，以分权、自主、主动的战略价值管理模式为主导，替代以指令和计划为核心的传统目标管理模式，使企业社会责任战略管理适应行业发展变革新趋势。这就要求企业充分发挥社会责任作为企业核心价值观的引领作用，积极将社会责任认知与议题同企业战略部署和治理理念相融合，实现责任概念认知逐步统一，责任议题更加明确的发展转向。

2. 联合解决可持续发展关键议题

改革发展进程中的种种现实表明，新常态下的企业社会责任建设已不单单只是传统意义上的"扶危济困"和"守望相助"，而是与公共服务型政府建设、和谐社会建设等系列重大议题密切联系在一起的。与建筑业相关的战略部署接连不断推出，PPP 模式、"一带一路"、新型城镇化、海绵城市、地下综合管廊、特色小镇、装配式建筑等可谓层出不穷。当前的市场形势有助于建筑行业进行一次"优胜劣汰"，提升行业企业的整体水平，特别是为优秀企业提供一次很好的转型升级的发展机遇，建筑企业应紧紧抓住发展机遇，全方位提升内部管理水平，提早介入新兴市场，占得市场先机。因此，责任管理目标的协调一致和责任内容的交叉渗透，促使企业开始寻求跨界合作、跨境交流、优势互补、多方协作等方式应对共同责任议题，而平台建设则是整合优势资源、全面统筹发展的重要手段。在建筑装饰业协会的倡导下，通过搭建企业社会责任合作平台，发布企业社会责任倡议等形式将企业的发展目标与可持续发展的关键议题相结合，在绿色建筑、管理创新、包容性增长、诚信运营等方面进一步明确社会责任议题，联合解决企业可持续发展过程中的关键责任议题，共同行动、筑梦未来。

在共享经济、合作经济等新经济发展模式大行其道的今天，企业作为主要的经济发展实体，在注重自身发展的同时更应强调通过构建合作网络、搭建合作平台等实行实现履责模式的协调发展，发挥行业合力。在共建企业发展行动共同体的过程中，转变以行业内"龙头企业"引领社会责任发展的旧式思路，转而实现以中小企业等多元主体为核心的企业社会责任协同生态履责模式。

可持续发展议题包括了绿色低碳、质量安全管理、以人为本等核心发展理念的贯彻与实施，其中，以绿色低碳、节能减排为核心的可持续发展理念是建筑装饰企业在未来激烈市场竞争中立于不败之地的重要砝码，因此，企业要通过节能、减排、环保等先进技术的研发与使用，通过新材料、新设备、新工艺的推广与应用，将绿色建筑理念贯穿项目实施和企业发展始终，在最大限度节约资源、降低能耗的同时，实现企业与生态环境的协调和可持续发展。与此同时，改变以往对于资本的过度依赖，强调人的价值，建立以人为本的行业良性发展及竞争机制，实现由"物本"向"人本"的转变①，具体而言，要通过改善企业生产环境、健全薪酬激励制度，激发员工热情，重视企业文化浸润功能，建立以合作共赢、协同发展为核心的企业文化体系，在增强企业核心凝聚力的同时，在企业内部营造和谐、共享、共赢的发展局面。强化质量安全标准化建设，企业要积极配合目前正在广泛开展的工程质量标准化治理行动，进一步细化质量安全指标；加强质量安全标准化体制建设；强化安全生产和质量标准化管理工作，通过及时排查处理生产过程中存在的安全隐患，进一步夯实安全基础，守住质量底线。

3. 进入责任全面管理时代

社会责任管理是完全不同于股东利润管理模式的管理体系、管理目的、管理对象和管理方法，责任管理从基本假设、核心议题到解决方案上都有着与以往不同的思路与见解，随着责任管理制度的确立与发展，社会责任战略管理也将步入新的阶段。

责任管理是实现社会机制目标的和企业多元价值追求的重要手段。具体而言，责任管理模式要求企业在发展目标上，由利润最大化转而到追求经济、环境和社会综合价值的最大化；在管理对象上，由价值链对象管理扩展到利益相关方管理；在企业治理上，创新引导利益相关主体参与企业决策，通过对责任进行有效的管控，避免出现因责任问题发生的意外和风险，随着发展的不断深入，未来企业的责任竞争力将会成为企业的核心竞争力。

（三）推动全球社会责任共识　参与"一带一路"建设及全球治理

随着经济全球化的发展，国内和国际建筑市场已基本实现了无缝对接，市场竞争在广度和深度上不断深入，呈现全球化发展态势，受益于"一带一路"倡议的系统推进，基建投资回暖以及 PPP 模式加速推广落地，建筑装饰行业整体的经营业绩回暖，经营性现金流持续改善，面对国际市场上高

---

① 建筑装饰行业 2017 年发展十大趋势。

附加值、高技术含量的综合性的建筑项目，需要企业不断提升工程承包、国际信贷、贸易融资等经营能力，面对全球化挑战，以全球化的视角定位发展战略，然而，企业在"走出去"的过程中，面临全球化进程中的经济、环境和社会等方面的问题，对企业社会责任履行提出了更高要求，以负责任的态度参与全球竞争，已成为企业实现自身可持续发展的现实选择。

"一带一路"沿线国家基础设施建设较为落后，多数重要交通要塞仍存在着路段缺失、路况较差、安全隐患大等问题，为实现丝路沿线国家与地区间的互联互设置了障碍；除此之外，部分国家和地区道路技术安全标准不统一，货物流通运输成本较大，效率低下；海上航道安全问题频发，运输信息共享与协作水平较低，这种滞后状态既是"一带一路"发展的瓶颈，也是行业参与"一带一路"建设发展的重要契机。中国交建、中国中铁、中国铁建等国有大型建筑企业均已在非洲、亚洲、中东和欧洲等海外国家及地区开展基础设施建设工程项目，促进当地基础设施建设和发展，带动当地产业转型升级；创造大量就业机会；构建绿色产业链推动节能环保工作；与当地政府和 NGO 组织合作参与社区发展和慈善公益事业，积极探索中资企业在海外提升企业社会责任的路径，但在实践当中仍面临守法合规、文化传统、责任管理等方面的问题与挑战，因此，建筑装饰企业在"走出去"的过程当中，首先要熟悉掌握当地经济发展、政府规章、社会文化、自然环境等方面的信息，在合规的基础上，因地制宜地进行项目建设；持续加强与包括当

表3　海外中资企业主动融入当地社会的措施

内容	措施
积极实施员工本地化政策,建立和谐劳资关系	增强本土员工比例,积极聘用当地管理人员,尊重并了解当地文化风俗,拓宽沟通渠道,增强劳资互信
实施本地化采购,与当地供应商共成长	扎根当地供应市场,提供供应商履责意识,加大履责成本补偿
融入当地社区,创造和谐发展环境	推动社区发展,开展社区公益活动,实现企业盈利与社区发展双赢
加强与当地媒体和NGO的沟通互动	加强与当地NGO组织的合作及交流,熟悉地区情况,建立和谐的地区关系

地政府部门、企业组织、非政府组织、企业供应商、所在社区等利益相关方的沟通与互动，积极融入当地社群；提升社会责任属地化管理水平，积极将社会责任融入企业战略与日常运行中去，建立符合属地社会经济发展特征的责任组织管理体系；遵守当地法规政策和民情风俗，按照国际标准及惯例建立企业文化和管理制度。

总体来看，建筑装饰企业要加快转型升级，搭上"一带一路"快车道，大力实施"走出去"战略；通过与国外推进社会责任其他组织合作的形式开展国际企业社会责任对话；抓住 PPP 发展契机，通过与意向合作国家签署战略合作协议，在政府层面开展社会责任合作，在社会责任国际标准制定中融入中国诉求；顺应新型城镇化建设需求，业务重心向基建工程倾斜；加大科技投入，借力信息化和 BIM 技术，提高项目精细化管理能力；聚焦细分领域，积累"小而美"成就"大而强"，全面提升企业参与全球治理中的主动性与积极性。

发 展 篇

Development Reports

B.10
建筑装饰设计人才发展报告

戴　翔

摘　要：　本报告分为三个部分，第一节主要从我国建筑装饰行业设计
　　　　　人才总体态势和设计人才面临的严峻形势以及设计人才管理
　　　　　现状存在的问题等方面对我国建筑装饰行业的人力资源现状
　　　　　做了详尽分析。第二节从建筑装饰行业设计人才管理成本现
　　　　　状角度着手，从多个角度提出了设计人才管理成本的控制方
　　　　　法。第三节在前述分析的基础上，首先阐述了设计人才管理
　　　　　的目标任务，指出了设计人才管理过程中的四个重点，在详
　　　　　细分析了与设计人才管理密切相关的重点后，提出了我国建
　　　　　筑装饰行业设计人才管理的对策与建议。

关键词：　设计人才现状　设计人才管理成本　设计人才管理战略

一　建筑装饰设计人才发展近况分析

（一）行业设计人才总体态势分析

1. 数量层面分析

按照中国建筑装饰协会官网公布的《2016 年中国建筑装饰行业发展报告》，2016 年建筑装饰行业从业人员约为 1646 万，与 2015 年相比增加 24 万，其增加幅度为 1.48%。将增加情况与 2015 年进行横向比较：2015 年建筑装饰行业从业人员大概是 1620 万，与 2014 年相比增加了 20 万，增幅是 1.25%。综合两年情况，可发现，从业人员不仅数量有所增加，并且增加幅度也在增加[1]（见图 1）。

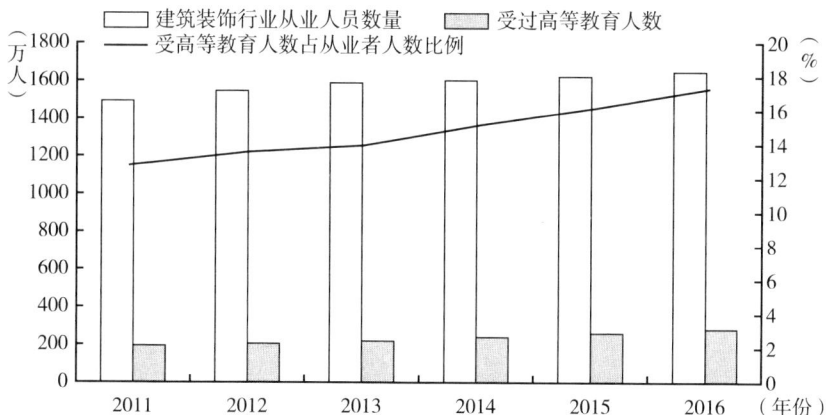

图 1　2011～2016 年建筑装饰行业从业人员数量及接受过高等系统教育的人员比例

资料来源：前瞻产业研究院整理。

2. 质量层面分析

从图 1 来看，2016 年建筑装饰行业受过高等教育人数为 297 万，在 2015

---

[1]　王本明：《2016 年中国建筑装饰行业发展报告》，中装新网，http://www.cbda.cn/。

年基础上增加 35 万，增幅为 13.36%。与数量层面分析相同，将增加情况与 2015 年进行横向比较：2015 年建筑装饰行业受过高等教育人数为 262 万，在 2014 年的基础上增加 19 万，增幅为 7.82%。经过对比可发现，2016 年增加幅度在 2015 年增加幅度上也有所增加。根据受高等教育水平将建筑装饰行业从业人员进行细分，可得到图 2（由于数据的可获得性，这里只统计到 2015 年，但可根据 2011~2015 年的变化情况大致估计 2016 年的情况）。观察图 2 可知，建筑装饰行业从业人员中初中生所占比例最高，但呈现逐年下降的趋势；接受过高中教育的行业从业人员也在逐年下降；从未上过学，接受过小学教育、大学专科教育和大学本科教育的从业人员在所观察年份总体呈现上升局面；从业人员中接受过研究生教育的比例保持不变。容易发现，随着我国对教育支出的逐年增加以及高等教育的普及，建筑装饰行业从业人员受教育水平呈现两极分化趋势，受教育水平较低和较高的人员比例有小幅增加趋势，其中接受过研究生教育的人才依旧几乎没有变化；但是处于中等教育水平的从业人员，如接受过初中教育和高中教育的从业人员在逐年减少。综合这两点反映出建筑装饰行业从业人员总体质量表现出以下典型特征：其一，接受过中专、职高、技校等受过专业技术教育人数比例持续升高，因此在生产、施工等一线技术工人数量比较充足；其二，在大学本科接受过高等教育的从业人员数量也在逐年小幅增加，因此在建筑装饰行业的管理领域人才数量逐渐改善，但速度较慢。综合这两点，建筑装饰行业人才队伍逐年丰富，人才储备较为多样。但是，接受过研究生教育的人才在所观察年份几乎没有变动，随着我国移动互联网的普及推广、工业化加工技术装备的应用、工程设计标准化水平的提高，建筑装饰行业对具备创新能力的优秀设计人才的需求量是十分巨大的，因此综合来说，建筑装饰行业设计人才相当匮乏。

从从业人员年龄构成以及性别比例来看，25~35 岁从业人员主要集中在工厂加工、施工管理等领域，其中主要以男性为主。35~54 岁员工是行业从业人员主力，他们主要在施工现场作业。更值得关注的一点是，54 岁以上的从业人员在逐年增多。中国近几年严重的老龄化现象已体现到建筑装饰行业，因此，从业人员年龄，性别结构亟待优化，加强对年轻设计人才的培训工作也已刻不容缓。

从金螳螂的年度分析报告中可看出：2014～2016 年金螳螂研发人员数量分别为 1770 人、1837 人和 2363 人，与上年相比其增幅分别为 12.90%，14.32% 和 16.74%。综合金螳螂这几年在建筑装饰行业的市场表现，其已经连续 14 年成为中建装饰行业百强第一名，并且是建筑装饰行业第一家上市公司。我们有理由相信，对于研发设计人员的重视与金螳螂优秀的市场表现是分不开的。因此，建筑装饰企业必须加大对设计人员的人力支出，但综观整个行业，存在以下问题亟须解决。

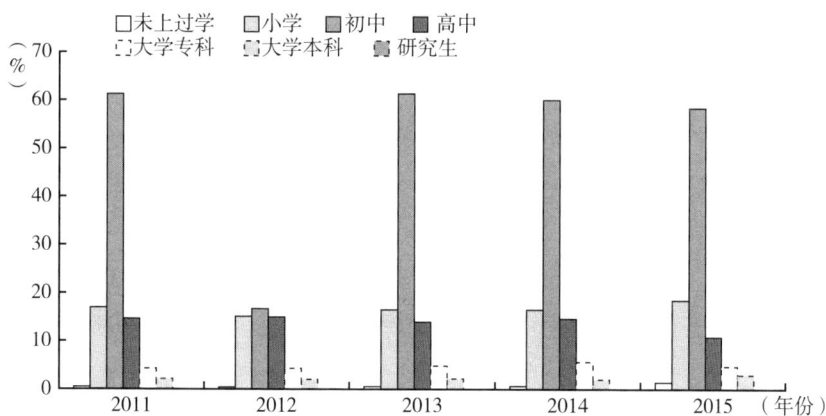

图 2　2011～2015 年建筑装饰行业从业人员受教育水平分配比例

资料来源：前瞻产业研究院整理。

（二）行业设计人才形势严峻性分析

《2017～2022 年中国建筑装饰行业发展前景与投资战略规划分析报告》指出，建筑装饰行业存在很多亟须解决的问题，解决这些问题的根本在于解决"人"的问题①。党的十八大报告中明确指出，要"推动实现更高质量的

① 中商产业研究院：《2017～2022 年中国建筑装饰行业发展前景与投资战略规划分析报告》，http://www.chnci.com/。

就业"。当行业从业人员具备较高的科学文化知识和道德素质时，很多问题便可以从源头上得到解决；当然，在此基础上还要保证员工拥有较为舒心的工作环境，好的工作环境可以使员工身心愉悦，真正投入行业生产的过程中去，有时会产生事半功倍的成效。但综观我国建筑装饰行业设计人才的现状，存在诸多需要改善的地方。

1. 设计人员社会地位不高，进而导致设计成果不尽如人意

现在行业内有时存在这样一种奇怪的现象，人们习惯把室内设计师称为装修商的伙计（而非伙伴），甚至其他五花八门的称谓，其中协会认定的环境艺术师、室内建筑师等的社会地位也都不高，没有获得应有的尊敬。尽管"设计是龙头"这一观念已被大家异口同声地认可，但是仍旧有很多现象表明设计师的话语权是有限的，这种不尊敬使设计师的设计作品中很多艺术性和科学性无法得到展现，进而导致装饰公司设计成果给其创造的价值有限，"设计是龙头"逐渐不得不屈至企业的附属地位。在行业内甚至存在这样一些现象：有甲级设计资质的企业不愿聘请好设计师，毕竟好设计师的工资肯定高于一般设计师；同时，从好设计师的角度来看，他们也不愿意长期受雇于某一家企业。这种不够严密的用人方式在短期似乎使企业的用人成本降低，但从长期来看，直接导致的现象就是拥有设计资质的企业并没有与其资质对等的设计成果①。

2. 高层次设计人才缺乏，设计作品缺乏原创性

长期以来，由于建筑装饰业自身发展的结构性矛盾导致设计人才结构严重失衡，真正懂得现代设计理念和实践的高层次人才并不多。中装协的数据显示，目前我国建筑装饰设计人员大约 160 万，其中高级设计人才却仅有 6 万左右。在家装领域，因为缺乏相适应的职业认证规范，因此家装工程的技术和设计人员素质更是参差不齐；工装领域的一级注册建造师只有 2 万人左右，而二级注册建造师也仅约 7 万人。这种高层次人才的缺乏直接导致现代

---

① 郭笃帅：《建立注册制　提升室内设计师的社会地位——北京清尚建筑设计研究院院长吴晞谈室内设计师的执业资格认证》，http：//www.cbda.cn/html/jyftxzx/20160519/89533.html。

设计作品缺乏原创性，原创设计距离国际化仍有很长一段路要走，国外先进的研发技术我们只能购买甚至抄袭。香港十大顶级设计师之一的梁志天认为："中国设计欠缺原创精神。"中国工业设计协会副理事长兼学术和交流委员会主任柳冠中说："抄袭是中国设计师的通病。"深圳知名设计师陈厚夫甚至说："严格说应该还没有原创设计。"① 缘何会缺乏原创性，其根本还是在于软实力的不足，需要重视对于设计人才的培养和再教育。

3. 设计人才引进力度与经济社会发展步调不一致

建筑装饰行业普遍对于引进高层次人才尤其是国外高层次人才没有足够的重视，公开向国外选拔高层次人才的企业政策更是稀缺，因此行业内极度缺少具备国外知名度的设计师。我们必须清楚地认识到，如果行业内缺乏经济社会发展急需的专业人才，如知识产权人才，直接导致的一个恶果就是难以将部分高层次人才的设计成果转化为企业的知识产权。奇信设计研究院在重视设计人才培养的基础上，也十分注重引进并培养设计师人才，把培养设计师与国际接轨的目标纳入企业发展规划中。具体来说，其为了培养自己的设计人才队伍，一方面加大力度培养国内设计人才，另一方面也积极抓住外部机遇，引进海外人才。在这项措施下，奇信设计研究院的设计水平逐步国际化，甚至在海外也有了一定的竞争能力②。

4. 行业教育和实际脱节

建筑装饰行业设计人才培养上的一个最明显缺陷就是对在职建筑装饰教育的忽视。有些培训机构虽然组织了种种短期培训，但往往缺乏一定的系统性。另外，建筑装饰作为可操作性较强的实践工作，从业人员也需要不断进行后续教育，学习最新的建筑装饰知识和了解最新的建筑装饰行业情况。亚厦股份培训紧紧围绕"岗位胜任力模型与人才发展的需求"，从领导层和员工层两个方面积极开展相关培训。一方面，开展高层领导力、中层管理能

---

① 《亚振"抄袭"事件引纷争　原创设计的土壤在哪里?》，http：//www.cbda.cn/special/special407/。

② 《奇信股份执行董事、总裁余少雄：建筑装饰设计行业的若干思考》，http：//www.cbda.cn/html/ggdt/20161216/102898.html。

力、基层实际操作能力等培训，以及在企业上下开展"一月一训"的固定培训活动。另一方面，按照员工入职时间、入职条件等因素，开展应届生、新员工、骨干、中层、高层等培训班；同时根据企业内部实际工作需求，展开造价师和建造师等系列专业证书训练和考试。通过以上这些与企业发展密切结合的培训，亚厦股份打造了一支拥有强硬技术的内训师队伍，在此基础上自主研发了契合自身发展和岗位需要的课程和教材等。亚厦股份借助于企业发展具有高契合度的系列培训，极大地促进了企业发展①。

5. 设计人才"以人为本"的职业理念不强

在当代中国，大多数设计师的作品往往只是单纯地追求美和专业，却忽视了"人"才是设计中最应该看重的因素，"以人为本"的职业理念应该是每个设计作品的出发点。2015年《梦想改造家》播出的一期《夹缝中的家》引起了人们的广泛关注，相关图文被众多设计师转发至朋友圈，在业内乃至行业外都"火"起来了。这期节目主要介绍的是设计师王仲如何将每层12平方米，共三层，且三世同堂的一家四口所居住的由过道改造而成的屋子改造成一个"三层豪宅"。王仲借助这个案例成为"上海蜗居改造的最牛设计师"有一定的必然性。王仲表示改造这个房子最基本的理念即"以人为本"，明确洞察客户当前所需和挖掘潜在需求，同时也注重成本的精简②。这种"以人为本"的职业理念在住宅改造即将大行其道的将来，必然成为立足行业的根本。

（三）设计人才管理现状分析

不管是雇员较少的小型企业，还是大中型企业，在其生产销售过程中对经济社会必不可少地会产生经济外部性。在对"企业利益相关者负责"的观念下，企业社会责任的理念得以产生，其重要性在各个企业中也得到了普遍承认。但问题在于：企业认可和企业实施之间仍旧存在着难以跨越的鸿

---

① http://www.chinayasha.com/foster.asp#loc.
② 刘娜静：《上海12㎡蜗居被爆改成3层豪宅 设计师王平仲挑战最难房型》，http://www.cbda.cn/html/jd/20150808/66121.html。

沟。毋庸置疑，我国大多数建筑装饰企业的人力资源管理理念仍旧停滞在人事管理阶段，甚至有些企业的人力资源管理理念与企业社会责任背道而驰。综合来说，建筑装饰行业企业管理以下几个问题是亟须解决的。

1. 设计人才存量增加，设计人才管理成本上升

企业若想培训设计人才，相应的成本支出是必需的。企业的人力资源管理若要与其社会责任要求保持高度一致，企业成本必然会在一定程度上有所增加。但这给企业带来的另一个问题就是：在保持生产技术能力不变的条件下，由于对设计人员的大量投资带来的设计成果增加和由此增加的生产价值，与人力资本的大量投入可能仍旧并不对等。这种困境使很多企业在员工培训和不培训之间陷入两难境地，导致很多企业在人力资源管理的推进上不得不减缓进程甚至抛弃原有的管理理念，这种现象导致的恶果一方面表现在设计成果不尽如人意，另一方面也使人才大量流失。那么在人才培训必不可免的情况下，如何有效降低培训成本是令很多企业头疼的问题。亚厦股份在培训中通过送教上门、远程教育、项目观摩、研讨会等不同的培训形式，解决和满足了亚厦股份分布广、集中培训难、路途远、成本高等问题。为确保培训有效，顺利实施，还制定了一系列硬性的相关制度①。

2. 设计人才管理资本投入不足，培训机制不完善

目光不够长远是很多建筑装饰企业在人力资源培训问题中的通病，虽然有绝大多数企业已经认识到"人"对于企业发展的重要作用，但也不排除有小部分企业依旧秉持着"只使用、不培训"的理念。原因有以下几点。第一，出于成本的考虑，这点在上面存在的第一个问题中已经分析过，这里不再赘述。第二，人力资源管理观念落后。企业管理者和所有者将企业利润摆在首位，这必然是对的，但他们并没有看到人员培训能给企业带来的长远利益。确实，在短期内可能并不能看到员工培训给企业带来的潜在收益，但这种培训对企业的长远发展是必不可少的。长期来看，人员培训并不是企业成本增加的因素。第三，人力资源流动频繁。不联系性是建筑装饰企业生产

---

① http://www.chinayasha.com/foster.asp#loc.

的一个显著特点，这一特点使设计人才的频繁流动成为建筑装饰企业内常见的现象。因此很多企业担心进行设计人才培训，转而会成为其他企业的"培训中心"。如何避免这个现象，就是如何"留人"。

3. 企业对于设计人才管理重视度不足

企业创立者的目标是企业利润最大化，其往往忽视人力资源管理，对人力资源管理的具体实施也不清楚。对设计人才的培训固然重要，但"留"住人才对于企业的长足发展也是异常重要的。除了工资，伴随着经济社会的发展，人们在岗位选择时不仅仅关注薪水这一单一因素，工作条件、福利保障以及其他一系列激励制度也是设计人才十分看重的条件。企业若想其人力资源管理始终保持活力，包括用工规范、注重改善员工工作条件等很多"以人为本""人性化管理"的措施必须摆到人力资源管理的范畴中来。

二 建筑装饰设计人才管理成本效益和成本控制分析

（一）建筑装饰设计人才管理成本现状分析

1. 企业盈利下降导致降薪或裁员

全球经济的不景气使国内地产业也未能独善其身，一些小型设计工作室迫于压力不得不宣告破产，大中型建筑设计公司为维持生存，也只能通过裁员或者降薪的方式来降低人力资本投入。2015 年一篇设计院长的自白《明天设计院就要裁人了，我怎能安然入睡？》在网上引起广泛关注，由于设计市场不景气，设计院只能通过裁员减少成本支出维持自身生存。确实，企业资金链条出现困难时通常用来降低人力资本投入的方法无非就是裁员或者降薪，通过这样的方法渡过难关日后再东山再起。在人力资本投入中，设计人才的资本投入无非是最大的，因此在企业经济不景气时，设计人才是首当其冲受到冲击的①。

---

① 《设计院或陷"降薪裁员潮"这是吗?!》，http://www.cbda.cn/special/special439/。

2.不分层次的用工导致"人浮于事"

尽管建筑装饰企业主要以非国有企业为主，但企业一部分人员仍旧不可避免地存在满足现状的意识形态，这也是当代一部分年轻人的通病。这种理念使企业内缺乏竞争意识，设计人员缺乏自身追求，长此以往就磨灭了设计人员的设计潜力和积极性，设计人员最难能可贵的创造性也被磨灭。另外，企业缺乏足够的管理激励机制去激发从业人员（包括非设计人员）的创造积极性。甚至存在这样一种现象，即不分层次地用工，设计人才多了就去当一线员工，一线人员多了就去搞管理；类似地，设计人才若是缺乏，由于急需填补空位的人员，对设计人才的选拔和考核制度的严苛性就大幅缩水。以上这种层次不明晰的用工制度，不仅导致企业设计成果不尽如人意，而且其他劳动生产率效率也大打折扣，"人尽其才"的用人理念完全被忽视，理念上的偏差也极大地阻碍了企业的发展。

（二）建筑装饰设计人才管理成本控制分析

1.尽可能减少无效人力资源成本支出

行业内存在这样一种现象，很多具备施工能力的企业被建筑市场的门槛阻挡在行业外，这种现象是由建筑业企业资质管理制度导致的。那些被阻挡在行业外的实力企业，为了获得进入市场的权力，通过给那些有市场准入权的企业提供1%～5%的管理费，租赁其他公司的资质，但在实际施工过程中，那些被挂靠的建筑公司根本不会对这些租赁其资质的公司实行监管。两家公司在签订资质挂靠合同时会提前注明对工伤事故、工程质量等不担负任何责任。这种"证书靠挂"现象在业内似乎是一个众所周知的"秘密"。各种证书的价格甚至可以在建筑人才网上很容易地被找到：一级建造师挂靠价格如下，建筑工程一年2.3万～2.8万元不等，岩土、土木工程师三年需24万～27万元。可以说，这种白白获得的利益促使很多建筑装饰行业内的人考证挂靠。从前面的分析我们知道，这些被挂靠的专业人才与实际施工工程是分离的，并不对工程负任何责任。也就是说，建筑企业实际设计施工能力并不会因为这些证书提高。2016年住建部下发的《关于征求调整建筑业企业资质标准部分指标意见的函》取消了注册建造师的考核要求，这无疑给建筑装饰业节省了养证的成本。特级、一级和二级资质企业，不再需要建造师等人员费用，这可以给施工总承包一级资质企业节省百万元的人员挂证成本①。

2.对工资以及其他福利采取相应的措施

薪资方面从总体来看，设计能力较强且具备设计经验的设计师年薪约为10万元，甚至一些名气较大的资深设计师能拿到30万元以上乃至百万元的年薪；然而对于一些刚进入行业的设计师来说，却只有2000~3000元的月薪。对于刚入行的年轻设计师来说，工作地点对于工资也有很大影响。在一线城市工作的年轻设计师可能拿到4万元左右年薪，而在二、三线城市工作的年轻设计师却只能拿到3万元左右的年薪。有调查数据表明，只有少部分正规装修设计公司才给设计师提供带薪休假的福利，虽然有正常节假日，但调休对于设计师们异常普遍。对于大多数设计师来说，其工作是异常辛苦的，从与客户洽谈到整个项目的实施，其中每一项步骤几乎都需要设计师的参与，因此加班对于设计师来说几乎是家常便饭。但大多数设计师并没有节假日的加班补贴和加班费，周末加班是很正常的事，甚至会在其他法定节假日也要加班。就算有加班费，也并不能拿到国家法律规定的翻倍的加班费，即前3天300%，后4天200%。总之，设计师的工作强度与他们的工资、假期等福利没有形成应有的正比例关系②。

三 建筑装饰设计人才管理战略

（一）建筑装饰行业对于设计人才管理的目标任务

1.设计人才受教育水平显著提高，提升人才队伍整体素质

我们必须清醒地认识到的一个现象是对金融、计算机等IT行业来说，

---

① 《建造师等人员要求取消后　对建筑业　建造师有何影响？》，http：//www. cbda. cn/special/special547/？pc_ hash = UOwWma。
② 《设计师深陷加班潮　有偿之路在何方？》，http：//www. cbda. cn/special/special383/。

建筑装饰设计行业的年轻人仍旧数量不足，导致建筑装饰业的设计人才主要还是以老一辈的设计人才为主，年轻设计人员的文化水平处于参差不齐的状态。相对于建筑装饰业的蓬勃发展和行业标准的不断提升，设计人才受教育水平已经跟不上行业需要。另外，思想道德素质也是不容忽视的一个方面，浮躁气盛是现代人的典型特征，很多具备专业技能的人并不一定具备很好的职业素质，如果知识技能是行业的敲门砖，那么职业素质就是在行业持久下去的充分必要条件，因此设计人员的整体素质是我们要重视的一个问题。

2. 专业技术设计人才总量增加，使设计人才拥有量在现有水平上有所增加

近几年来，建筑装饰业各项经济工作得到长足发展，按照科学的人才流速，人才总量的流速应当与行业经济总量的流速大体相当，才能保证人才对于行业发展的有力支撑。对于建筑装饰业中的房装领域，现在存在这样一种情况，尽管买房人数众多，其中真正用来自己居住的比例却很少，大多数人是用来投资。另外，经过30多年的改革开放，很多地区的房装领域已基本趋向饱和，这是非常不利于建筑装饰业发展的。从表面上看，建筑装饰业对人才的市场需求似乎已不再那么明显，其实这是一种错误的市场导向，建筑装饰领域尚存在很多可以进一步开发的地方，普通技术工人市场可能确实对人员的需求不再那么强烈，但设计人才缺口仍旧十分巨大，拥有专业技术的设计人才总量仍旧不能满足市场需求。

3. 专业技术设计人才结构趋于合理，发挥各级各类专业技术设计人员在行业建设中的潜能

近几年来，由于建筑装饰业对于人才队伍建设的重视，人才结构确实逐渐得到改善，并形成良好的发展趋势，但其中结构性矛盾仍旧比较突出。年龄结构没有形成正态分布，"年龄瓶颈"问题日益凸显，年龄结构老龄化问题显著。学历层次没有形成合理匹配的金字塔型平衡结构，高层次人才少，科技带头人队伍没有形成规模，高级管理人才数量不足、知识老化。人才结构不合理直接导致企业绩效大大缩水，各级各类专业技术人员没能在合适的位置发挥其应有的贡献。因此人才管理的目标就是要改善这种局面，形成合理的人才结构，最大限度发挥员工的工作能力。

4. 遵循市场规律，建立人才流动机制，促进人才流动，充分合理地使用现有人才资源

我国有比较严苛的户籍制度，这是导致人才难以自由流动的根本原因之一。建筑装饰行业的市场需求最能直接反映这个行业某阶段的供需情况。如果由于第三方原因导致人才市场需求不能自发得到满足，那么这个市场必然处于一种效率低下状态。人才的自由流动能够使市场自发繁荣，同时也可以解决很大一部分人的就业问题。在人才流动机制没有完全建立起来的阶段，我们要充分合理利用现有人才资源。现代企业竞争归根到底是"人才"的竞争，人才同时也是珍贵的，不合理地安排人才不仅是对人才本身的浪费，同时也是对企业成本的浪费。

（二）建筑装饰行业设计人才战略管理的重点

1. 建装行业设计人才战略管理重点分析

设计人才管理重点实际上是具备建筑装饰设计方面各类知识的多样性人才。主要分为以下几个方面：高新技术人才、企业家人才、外向型人才、中青年行业技术骨干和企业带头人。首先，随着高科技产业化的发展，建筑装饰业也将逐渐向高新技术产业发展，这直接增加了高新技术人才对于建筑装饰业未来发展的重要性。同时我国经济和技术的发展导致建筑装饰行业高新技术人才相对比较匮乏，经济全球化现象使我国的高新技术人才逐步流向其他发达国家。因此如何培育和吸引高新技术人才是企业人才管理的重点之一。其次，企业家是创新创业的引领者，因此将企业家人才队伍的建设放在人才管理的重点也是必不可少的。搞好企业经营管理人才队伍建设，加快企业发展，重点和关键在于培养一批职业化、现代化和高素质的企业家。随后，伴随着我国经济的发展，以及各项外向型经济措施的实施，训练有素、同时懂外语和对外贸易的外向型人才尤其不足，这在一定程度上制约了外向型经济的发展，所以抓紧外向型人才的培养，这既是建筑装饰业走外向型发展道路的必然要求，也是我们所面临的当务之急。最后，从前面的分析中可以得知，建筑装饰行业存在"知识老化"现象，如果不及时改变这种现象，当这一批年纪较大的技术骨干退出行业时，建筑装饰业的发展将岌岌可危甚至由此衰落下去，因此在老一辈设计人才仍旧奋斗在工作岗位之际，借助他们的力量培养中青年技术骨干是切实可行的。

2. 建装行业代表性企业设计人才战略管理重点分析

金螳螂公司连续 14 年获得中国建筑装饰百强企业第一名，"以推动实现公司战略目标为最高宗旨，全方位协助中高管理层提升职业价值，打造中国建筑装饰业界的哈佛商学院"一直是金螳螂商学院的目标。自创办以来，金螳螂商学院始终在自我超越，将为公司和行业的长远发展源源不断提供设计人才作为自身存在的意义之一。为更好地履行企业社会责任和促进企业快速发展，金螳螂公司始终将设计人才培育作为企业发展的战略之一。2005 年，金螳螂在苏州创办了智信建设职业培训学校，智信学校始终将"专业、专注、专心"作为学校培训育人的理念。学校每年培训人员多达万人，为建筑装饰行业甚至社会均提供了数量庞大的优秀专业设计人才，受到行业内外的广泛好评。除了进行职业培训之外，学校还开设有一系列建设类的培训项目，如一、二级建造师执业资格考前培训，二级建造师继续教育，小型项目管理师、建筑施工企业管理人员岗位培训及职业技能培训与鉴定，特种作业人员培训。金螳螂并不满足于现状，与时俱进地探索最新的办学模式。2008 年底，为深化高等教育体制改革，金螳螂与苏州大学携手合作，在原苏州大学城市科学学院的基础上，创办了"苏州大学金螳螂建筑与城市环境学院"。学院紧紧围绕建筑装饰设立了 5 个本科专业，如建筑学、建筑学（室内设计）、城市规划、风景园林、园艺等；风景园林学是学院的一级学科硕士点，另外还有两个硕士专业方向，分别是建筑艺术设计和城市建筑设计及理论；设计学专业还招收博士研究生。在金螳螂不断地努力下，金螳螂商学院发展势头逐年强盛，2012 年被评为"首批示范性企业大学"，也由此成为建筑装饰行业多次获得此殊荣的企业大学。2013 年，金螳螂商学院教学大楼的建设在苏州开动，金螳螂给这栋教学楼投入 1.2 亿元，教学楼占地面积 37 亩。此后，建筑装饰行业第一家博士后科研工作站在金螳螂的投资下成立，博士后工作制的实施有效拓宽了金螳螂招揽优秀高层次人才的途径，极大地提升了金螳螂科研设计能力和对整个行业的影响力。当然，除了金螳螂本身，建筑装饰行业内的其他企业也由此获益不少。总体来说，金螳螂设置的产学研结合的经营方式为公司的长远发展输送了坚强的设计创作队伍，公司近几年众多的科技奖项更是离不开金螳螂对设计人才的培育重视[①]。

（三）建筑装饰业设计人才管理的对策和建议

为适应建筑装饰业现代化发展的需要，企业应当借助现代企业管理模式，采取制度创新，建立和完善设计人才管理制度。

1. 树立现代人力资源管理理念，实施"人本管理"

建筑装饰业在人力资源管理方面存在诸多问题，其根本在于对人力资源管理的认识不足和没有充分认识到人才管理对于企业的重要性。企业管理者要牢固树立"人是企业第一资源"的管理理念，随着人均可支配收入的增加，人们不再仅仅将工资作为考察自己是否进入这个岗位的因素之一，越来越多的人开始关注企业文化、未来发展等其他薪酬以外的因素。因此从"人事管理"的理念转向"人本管理"理念的企业才能更大程度地吸引设计人才。广田集团为每位员工提供优秀的发展平台、较大的发展空间，使员工得以充分发挥能力、发掘潜力，创造工作业绩，让每一位员工与企业共同成长。

2. 培养高层次创新人才，继续推动人才的能力提升

根据《国家中长期人才发展规划纲要（2010~2020年）》（以下简称《人才规划》），高层次创新人才是未来经济发展所急需的人才类型。创新来源于探索，人们对建筑装饰方面越来越多样的需求和越来越高的标准更是给创新寄予了更多的希望。由于创新的高难度性，现代企业更加注重团队的协作。每个人的想法是有局限的，但不同的创新灵感碰撞在一起就有可能形成

---

① 《装饰–幕墙–景观–家具–艺术品–智能安装》，http://www.goldmantis.com/jtl2013/cn/cx.asp。

比较大的创新。这种方式也有助于高层次创新人才的培养，因为人们不再局限于自己所认知的有限的世界，而是可以直接了解和认知他人认知的世界，使人们的创新能力在自己原有的基础上继续上一个台阶。

3. 根据企业自身企业文化，选取合适的方式"留人"

"人"是企业长远发展的根本要素，因此如何"留人"是企业在发展中必须考虑的问题。根据企业不同的企业文化，大致可分为四种"留人"方式，即事业留人、环境留人、待遇留人、情感留人。广田集团根据企业自身的发展理念，崇尚"事业留人"：致力于把广田的事业不断做大，搭建更大的舞台，为公司内部的优秀人才提供更多成就自我、实现自身价值的机会，同时也吸引更多的人才加盟。强调环境留人：通过塑造"不断进取，永不满足"的企业文化，在企业内部构建积极向上的人才环境①。

根据前面的分析我们已经了解人才激励机制对于人才管理的重要性，但更重要的一点是人才激励机制不能一成不变，因为经济社会是处在不断变化的阶段当中，因此人们的欲望和需求也处于不断更改的情况。将工资作为吸引员工的唯一因素已不再适应现代社会，在生活基本所需能够得到满足的前提下，人们更加关注自身的精神满足和未来的发展。有很多建筑装饰企业会通过提供旅游、深造等方式来增加员工福利，另外也会定期开展培训来提高员工的知识技能，并给有能力、有才干的员工提供升职机会。这种"人本主义"的激励制度更加适应现代这个知识型经济社会。

建筑装饰行业发展迅猛，诸如室内装饰设计和环境艺术设计等与建筑装饰设计相关的各种名词相应而生。虽然这些称呼不断向世界顶级水平靠拢，但行业设计人员真正的实践和操作能力和国外优秀建筑装饰设计人员的水平还相差甚远。综合来看，由于我国装饰设计发展较晚，因此要想达到国外建筑装饰水平甚至超过国外水平，任重而道远。要想改变这种局面，其根本问题在于设计人才的培养。

与西方发达国家相比，我国的教育普及度远远达不到其同等水平。另外

---

① http://www.szgt.com/job/Talent.aspx.

由于教育模式的原因我国高校培育出来的人才大多偏于理论方面，而在创新实践方面则并不具备优秀能力。因此在建筑装饰行业的现阶段，设计人员总量虽然有增加趋势，但真正能够达到设计人才标准的还比较少。从另一角度来看，我国建筑装饰行业大多为中小型企业，不仅规模较小，而且管理人员素质普遍不高，没有给予人才管理足够的重视，因此从招聘阶段开始，直至后期的培训，员工的薪酬制度，员工入职后的继续学习制度，员工福利制度等方面，企业管理人员都无法做到客观合理，这直接导致了很多设计人才的流失。综上所述，我国建筑装饰行业设计人才现状中存在很多不足，有很多问题亟须解决。

解决上述问题主要要从企业自身角度做工作。首先，企业领导应当认识到设计人才对于企业长久发展的重要性。脱离人的企业繁荣只是短暂现象，现代企业间的竞争归根到底是"人"的竞争，科学的发展战略和发展计划来源于企业人才，人的无限潜力可以给企业发展注入源源不断的活力。企业的生机又依托于企业的创造力，因此设计人才对于企业的重要性不言而喻。不仅如此，如果仅仅拥有优秀设计人才，但没有把人才放在适合他们的工作岗位从而激发其发挥最大的工作潜能，对于企业发展也起不到应有的促进作用，科学合理的设计人才管理战略能够有效利用和企业发展相关的设计人才，最大限度地利用他们的能力，促进企业更好更快地发展。

B.11
装配式装饰及其行业影响

吴陈锐

摘　要：　行业发展进入常态，增长放缓、劳动力成本上升、消费升级
以及政府政策的引导推动建筑装饰行业创新发展，装配式装
饰是建筑装饰行业创新发展的主要方向。装配式装饰在中国
仍处于起步阶段，企业资源整合能力不足、标准缺失、土建
与装饰分离以及标准化和个性化的矛盾都阻碍了装配式装饰
的发展。3D打印和BIM技术作为新型技术，将之与装配式装
饰有效结合是促进装配式装饰发展的技术重点。装配式装饰
将对建筑装饰行业产生深远影响。装配式装饰推动建筑装饰
企业向事业部制组织结构改革，推行项目总承包模式以及建
设一支职业工程队伍，加剧了行业企业规模分化，对行业集
中度有着不确定影响，推动建筑装饰企业向产业链竞争转换
和开展行业标准制定竞争，优化建筑装饰行业的资源配置效
率，促进行业的技术创新。未来，市场环境低迷、部品部件
标准逐步形成及政府政策的引导将推动装配式装饰持续发展。

关键词：　创新发展　装配式装饰　行业影响　持续发展

一　装配式装饰创新的背景

（一）劳动力供给变化

近几年来，随着中国"人口红利"消失和新一代农民工择工观念的改

变，外出农民工数量逐步减少，年龄结构呈现老化趋势。国家统计局发布的《2016 年全国农民工监测调查报告》显示，全国农民工数量虽然有所增长，但进城农民工较 2015 年减少 157 万，下降 1.1%，在东部地区务工农民工较 2015 年减少 48 万，下降 0.3%，而平均年龄结构为 39 岁，较 2015 年提高 0.4 岁，40 岁以下和 50 岁以上农民工所占比重分别为 53.9% 和 19.2%，分别较 2015 年下降 1.3% 和上升 1.3%。

建筑装饰行业作为劳动密集型、粗放式经营的行业，需要大量的劳动力完成施工，外出农民工数量减少和年龄结构的老化给建筑装饰行业带来劳动力短缺和招工成本上升的冲击。据中国建筑装饰行业协会数据，在 2015 年，施工现场作业人员主要由 40 岁以上的中老年人构成，男性比例在 90% 左右。由于年轻技术工人补充严重不足，施工现场劳动力老化现象日益突出，从业者队伍的年龄、性别结构越来越不合理。劳动力短缺、招工成本上升以及劳动力年龄的老化消除了建筑装饰行业的劳动力优势，迫使建筑装饰行业改变施工作业方式，寻求创新型发展。

（二）建筑装饰消费升级

建筑装饰消费升级主要体现在公共建筑装饰专业化以及住宅装饰个性化。由于特定的建筑功能设定，公共建筑装饰更注重装饰的空间规划与建筑功能搭配、鲜明的装饰风格表现，更具有专业化特征。随着多样化、差异化的消费需求不断涌现和行业市场竞争加剧，公共建筑如酒店、医院、商业建筑、办公楼在装饰上既要求基本功能的满足还要求具备特定的与行业相符的要素，专业化特征更加明显。公共建筑装饰专业化使专业承包商在市场中得以生存和发展，如文化装饰领域的深圳中泰孚、商业建筑装饰领域的卓艺。

随着生活水平的提高，人们对于住宅装饰的要求不满足于实现基本居住功能，更要求住宅装饰的个性化。精装修房一次装修到位，节省了房主精力，满足了现代快节奏生活的需求，但精装修房自推出以来并没有完全取代毛坯房的市场。究其原因，精装修房由于趋同的设计风格和相对较高的价格而不得消费者的青睐。

无论是公共建筑装饰专业化还是住宅装饰个性化，建筑装饰消费升级对建筑装饰企业的设计能力、施工质量以及工程综合协调能力都提出了更高的要求，促使建筑装饰企业寻求转型发展。

（三）行业增长放缓

随着近几年经济增长的下滑以及房地产开发建设的放缓，建筑装饰行业市场需求下降，行业发展形势下行。据国家统计局发布的《2015年全国房地产开发投资和销售情况》，在2015年，房地产开发投资增速下降，较2014年名义增长1.0%，远低于2014年的10.5%，而房屋新开工面积较2014年减少14%，住宅、办公楼、商业营业用房新开工面积均较2014年大幅下降。而据《2016年全国房地产开发投资和销售情况》，房地产开发投资有所回升，主要归因于住宅开发投资的回升，住宅新开工面积较2015年增长8.7%，而办公楼和商业营业用房新开工面积分别下降2.3%和0.9%。

市场需求的下降影响了建筑装饰企业的经营业绩。据建筑装饰企业各上市公司2015年及2016年年度报告，如在2015年，大部分的装饰上市公司总收入及净利润均有较大幅度下降，而在2016年，家装及部分公装企业经营业绩有所回升，但同时仍有部分公装企业经营业绩不佳。

过去建筑装饰市场的快速增长使建筑装饰企业少有发展压力和实行粗放式发展，掩盖了企业经营管理中存在的问题。在市场压力的逼迫下，这些问题也随之浮现并使企业革新的重要性和急迫程度上升，推动建筑装饰企业和行业的转型发展。

（四）政府政策引导

建筑装饰行业乃至于建筑行业作为劳动密集型、传统作业方式为主的行业，具有资源消耗较大、效率相对低下、环境污染较高的特点，是构成中国粗放式经济增长模式的典型行业。在经济新常态下，粗放式增长模式不可持续，实现集约式增长、提升生产效率是中国经济增长的可行路径。推广绿色建筑与装配式建筑是建筑行业提升资源利用效率、降低环境污染的方向，在近几年来得到政府重视和相关政策引导，将推动建筑装饰行业的创新发展。

在绿色建筑方面，2014年3月，《国家新型城镇化规划（2014～2020年)》发布，规划中要求城镇绿色建筑占新建建筑的比重须由2012年的2%增加到2020年的50%。此后，新版《绿色建筑评价标准》及《公共建筑节能设计标准》得到批准，并废止原有标准。2015年4月，国务院办公厅发布《关于加强节能标准化工作的意见》，提出要构建和全面执行绿色建筑标准。在装配式建筑方面，2016年2月，中共中央、国务院发布《关于进一步加强城市规划建设管理工作的若干意见》，提出要大力推广装配式建筑，力争用10年左右时间，使装配式建筑占新建建筑的比例达到30%。2016年9月，国务院办公厅发布《国务院办公厅关于大力发展装配式建筑的指导意见》，指出要从标准规范体系、建筑设计、部品部件生产、施工水平等八个重点任务着手，推进装配化建筑的发展。装配式装饰是装配式建筑体系的重要组成部分。早在2011年10月，中国建筑装饰协会在《中国建筑装饰行业"十二五"规划纲要》中提出，到2015年，我国建筑装饰行业工程主导技术力争实现重大突破，标准化、工业化部件和部品的比重要大幅度提高。

二　装配式装饰的发展

（一）装配式装饰是建筑装饰创新的主要形式

装配式装饰是建立在标准化的设计、工厂化的部品生产基础上，通过对装饰的部件在现场进行选择、集成、组合、安装完成建筑装饰的过程，是工业化建筑体系的重要组成部分。即像生产汽车的"零配件到组装成品"的思路，提前在工厂生产线里进行标准部品部件生产，再运到工地，像搭积木似的进行拼装。

装配式装饰具有鲜明的特点。首先，标准化部品部件的工业化生产是装配式装饰的前提基础。工业化生产内在地要求部品部件生产的标准化，通过批量化的生产，发挥规模经济优势，有效地降低了生产成本。其次，装配式施工是装配式装饰的实现形式。在施工环节减少了现场手工作业，分解和简化装饰工序，实行标准化安装工艺，提升了装饰质量。最后，装配式装饰是一个综合系统。要实现装配式装饰，除了标准化的装饰部品及部件外，还需要相应的土建主体标准的合理衔接，这需要设计与施工有效结合。这表明，装配式装饰是涵盖装饰设计、部品部件生产、装饰施工、组织与运营等多环节，涉及房地产开发商、建筑设计院、施工单位、部品部件生产商等多主体的综合系统，是整个工业化建筑体系中的重要组成部分。

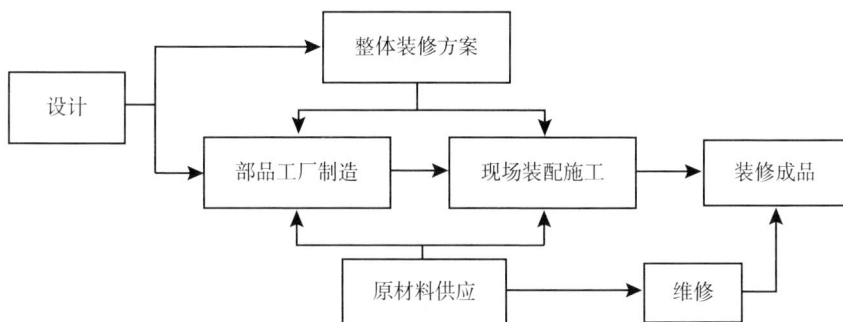

图 1　装配式装饰整体流程

传统式作业的手工装饰方式不仅存在着施工工种多样、作业交叉、作业难度高等施工问题，还有着破坏建筑主体结构、质量较差、建设周期较长等问题。与传统式作业的手工装饰方式相比，装配式装饰部品部件使用、作业方式、施工管理及设计理念上具有优越性，克服了这些问题。装配式装饰的优势主要表现为：第一，标准化部品部件的工业化生产减少了现场作业，有效地提升了劳动生产率，大大缩短了工程周期；第二，批量生产及集成采购有效地降低部品部件的价格，装配式施工减少了原材料的浪费，这些都降低了装饰成本；第三，标准化部品部件质量有所保证，装配式施工的车间式作业消除了工人手艺水平的差异并便于实现全面的质量管理，这些都有助于提升装饰质量；第四，装配式施工现场作业较少并实现装饰的整体化安装，减少了装饰垃圾，实现装饰的节能环保。

在当前建筑装饰行业劳动力短缺且劳动力年龄结构老化的情况下，装配式建筑减少了劳动力的密集使用且提升了劳动生产效率。装配式装饰提升了建筑装饰质量，降低了生产成本，满足了建筑装饰消费升级与行业发展形势下行对建筑装饰企业转型发展的要求。同时，装配式装饰减少了环境污染，且作为装配式建筑的重要组成部分，得到政府重视和政策支持。可以说，装配式装饰是建筑装饰创新的主要形式。

（二）装配式装饰在中国仍处于起步阶段

技术创新带来新产品或对原有产品进行改良，引发生产工艺流程的改良甚至生产方式的根本性改变。技术创新从出现到成熟而广泛普及，以及新知识的传播与学习，都需要经历一段相对漫长的过程。装配式装饰作为建筑装饰行业生产工艺流程的根本性创新，在中国建筑装饰行业相对国外发达国家同行业发展较晚，普及程度相对较低，仍处于起步阶段。

早在20世纪90年代，亚厦即通过引入国外先进技术和设备，实施"工厂化生产、机械化加工、成品化装配"的技术创新尝试。21世纪初，金螳螂、瑞和、港源、上海市建筑装饰工程有限公司等装饰行业的领军企业，开始进行建筑装饰工厂化的探索。对于建筑装饰企业而言，主要有两种方式实现装配式装饰：第一，建筑装饰企业开办部品部件工厂，其业务领域从建造业向制造业延伸；第二，装饰企业通过重组或协作，整合上下游资源，延伸产业链，以分工协作的形式实现部品部件的模块化生产。建筑装饰龙头企业广泛地利用这两种形式来实现装配式装饰。如金螳螂在苏州工业园96亩的生产基地上建立了幕墙厂和家具厂，在新加坡工业园区建立家具制作车间、木制品成品半成品加工中心和幕墙生产加工中心。在上下游资源整合上，金螳螂也开展了大量的行动。金螳螂与石材供应商、建材供应商建立合作关系。如金螳螂与北新建材在国家体育场、国家大剧院等标志性项目开展合作，并于2008年签署战略合作协议，在2008年收购了苏州市格瑞特装饰装配有限公司60%的股权以提升装配化加工能力。

中国建筑装饰协会会长李秉仁在第二届全国建筑装饰行业科技大会介

绍，以成品化技术为支撑的建筑装饰工业化水平在过去的十年得到了大幅度提高。据统计，建筑装饰行业在成品化技术方面已经取得了 1000 多项专利，其中仅异形吊顶成品化技术就获得专利近 40 项；在整体厨房、整体卫生间、集约化吊顶、成品化墙面干挂技术等方面也取得了相应突破；工厂化加工的半成品、成品部件等，在建筑装饰工程中的使用率已经达到 60％，大型骨干企业在大型工程中的成品化部件使用率已经达到 80％。① 虽然部分装饰领先企业已经实施了"工厂化生产、装配式施工"，但装配式装饰的普及仍显不足。公共建筑装饰已经部分采用装配式装饰，而住宅装饰仍采用传统装饰模式。而在研究开发方面，只有个别领先企业如金螳螂、洪涛装饰等有自己的产业研发基地和实验室，研发能力不足。即便是处于建筑装饰产业化前列的金螳螂，其装配化施工项目比重仍然较低，2015 年年报显示，金螳螂 2015 年及 2014 年的部品部件制造的营业收入占总营业收入比分别为 5.95％和 6.19％，相对西方发达国家发展不足。

经过十多年的发展，装配式装饰仍处于起步阶段，有着建筑装饰企业自身发展的问题，也有着行业内外部环境的制约。首先，建筑装饰企业在寻求实现装配式装饰的过程中，单一地寻求自给自足，未能发挥社会分工的作用。单一地寻求自给自足，标准化部品部件的工业化生产即成为建筑装饰企业极为沉重的资金负担，盲目地开办生产工厂并不能带来生产的规模效应。此外，依托社会分工生产实现装配式装饰要求建筑装饰企业拥有良好的组织协调能力和资源整合能力，大部分的装饰企业并不具备这样的能力。仅仅依靠建筑装饰行业的自身力量无法实现装配式装饰的普及，整合上下游资源，延伸产业链和价值链，才是推动装配式装饰发展的关键。其次，低水平的部品部件标准化阻碍了装配式装饰部品体系的发展。由于行业标准的缺失，不同企业所运用的设施、技术和标准不同，无法发挥部品部件生产的规模经济。再次，土建与装饰的分离形成装配式装饰发展的技术障碍。土建与装饰的分离使建筑主体与建筑装饰产生衔接问题，特别是住宅装饰中存在的毛坯

---

① 钱宇：《装饰工业化，托起行业变革梦》，《中华建筑报》2015 年 1 月 23 日。

房，增加后期的装饰工程的工程量，形成装配式装饰发展的技术障碍。最后，标准化与个性化的矛盾成为装配式装饰发展的市场阻力。装配式装饰并不排斥个性化，相反，通过模块化生产的部品部件可以满足装饰个性化的要求。由于研发创新能力与模块化生产规模不足，没有形成个性化多样化的部品部件库，由此形成标准化与个性化的矛盾。如在住宅全装饰中，总体房价高，装饰风格雷同，不能满足个性化需求。

（三）补充性创新技术推动装配式装饰发展

技术创新带来新的生产技术和生产理念，一些新的技术在建筑装饰行业得到应用。3D打印技术与BIM技术是近些年来出现的新型技术，在建筑装饰行业已得到初步的应用。由于其自身特点及优越性，3D打印技术与BIM技术有望形成装配式装饰的补充性创新技术，推动装配式装饰的发展。

3D打印技术具有综合成本低、生产速度快、节能环保、便于制造异形部件的优点，适用于建筑装饰部品部件的生产。通过免除机械加工及模具，直接从计算机图形数据中生成零件，在提升产品精度的同时极大地缩短了装饰部品部件的研制周期，降低了生产成本，提高了生产效率。装配式施工的前提基础在于标准化部品部件的工厂化生产，将3D打印技术应用于标准化部品部件的生产，不仅可以实现生产成本的下降，还可以极大地增加部品部件的种类，实现部品部件的多样化和个性化，为装配式装饰的发展提供动力。

BIM作为一种新型的信息技术，通过对建筑模型进行全建设周期的虚拟模拟，契合装配式装饰的综合管理和资源整合要求，也可为装配式装饰的发展提供技术支持。由于设计、工厂制造与现场安装的分离，生产信息容易在不同环节的传递中产生偏差甚至丢失，影响装配式施工的开展。BIM模型可将设计方案、制造需求和安装构造集成于统一的模型与平台，实现工程数据与信息的综合管理，可避免信息的偏差或丢失，提高信息的共享及重复使用效率。同时，由于大量信息的统一管理，项目施工方可通过虚拟演练，优化设计方案，保证各项施工技术在施工过程中的可行性和可靠性，实现高效的项目管理。另外，大量信息的存储和管理，有助于项目后期维护工作的开展。

3D 打印技术与 BIM 技术在建筑装饰行业已经得到重视，并有所应用。亚厦股份在 2014 年 9 月即以股权和增资的方式收购主营业务为建筑相关部品部件 3D 打印的建筑科技公司盈创科技，寻求 3D 打印技术在建筑装饰工程上的应用。BIM 技术已在建筑装饰龙头企业得到应用，如金螳螂、亚厦股份、广田集团及洪涛装饰，被应用于南京青奥中心、中国尊等建筑经典装饰工程。目前，国内 3D 打印技术存在原材料成本较高、技术开发相对滞后、产业链建设不足等问题，而 BIM 技术则存在人才短缺、标准缺失及实际应用错误等问题，这些问题都将影响 3D 打印技术及 BIM 技术在建筑装饰行业的应用。

三　建筑装饰装配化的行业影响

（一）企业组织结构与管理模式的变革

作为装饰工程技术创新，装配式装饰的实现引导企业组织结构与管理模式的变革。标准化装饰部品部件的工厂化生产构成了装配式装饰的发展基础，建筑装饰企业业务领域向装饰部品部件工厂化生产的延伸将扩大企业的组织规模，对企业组织管理能力提出更高的要求。而以社会分工协作形式实现标准化部品部件的供应也要求建筑装饰企业形成高效的综合采购管理系统。而在装饰施工方面，装配式装饰要求建筑装饰全建造过程的紧密协作乃至于与土建工程的合理协调，需要合理的项目承包模式及施工项目管理模式。在人力资源方面，装配式装饰标准化生产模式要求建筑装饰企业拥有成熟的产业化工人和工程管理者队伍。

在企业组织结构方面，传统企业的直线型组织结构已不能适应建筑装饰行业和装配式装饰的发展。直线型组织结构作为集权组织结构，有着管理严格、分工细致和权责明确的优点，但随着企业规模的扩大和组织结构的膨胀，存在信息传递效率低、管理成本高、对市场反应慢等劣势。建筑装饰行业的"大行业、小公司"特征表明建筑装饰企业面临激烈多变的市场竞争，直线型组织结构并不能使建筑装饰企业很好地适应市场环境。而装配式装饰使建筑装饰企业进入装饰部品部件工厂化生产，带来其组织规模的膨胀，同样否定了直线型组织结构的适用性。"集中决策、分权管理"的事业部制组织结构是当前建筑装饰企业实现装配式装饰的可行组织结构。通过分产品、分区域的事业部制，建筑装饰企业可实现部品部件工厂化生产、装配式施工、市场营销等业务环节的高效运营和管理，更好地适应市场环境的变化。与制造业企业不同，建筑装饰企业的业务范围较广，工程项目差异性较大且分布较为分散，盲目地追求以信息化带动企业组织结构扁平化并不是合理的选择。当前大部分建筑装饰企业规模较小，仍实行直线型组织结构，其规模的扩大和装配式装饰的实行将推动其组织结构向事业部制组织结构演变，建筑装饰行业将面临企业组织结构的变革。

在施工管理模式方面，项目总承包模式将逐渐得到大量应用。装配式装饰是一个综合系统，涵盖装饰设计、部品部件生产、装饰施工、组织与运营等多环节，涉及房地产开发商、建筑设计院、施工单位、部品部件生产商等多主体，需要项目主导方有较强的分工协调和资源整合能力。传统的分阶段分专业工程平行分包模式分割了建筑工程各阶段的联系，显然不适用于装配式装饰。在总承包模式中，设计、施工、管理的责任分工明确，可以有效保证工程实施的连续性、整体性，奠定土建与装饰设计一体化、施工一体化和管理一体化的组织基础。建筑装饰企业是业主方、设计方、土建方及原材料供应商的联系中枢，天然地具有成为总承包商的优势。项目总承包模式将成为装配式装饰企业的主要发包模式，装配式装饰企业的发展方向是建筑装饰综合服务商。

在人力资源方面，装配式装饰的实现需要一支成熟的技术工人和工程管理者队伍。当前建筑装饰业面临招工难、劳动力流动大且年龄结构不合理的问题，建立起一支技术工人队伍成为实现装配式装饰的重要任务。这要求建筑装饰企业加大对大中专、职业教育劳动力的招聘，并在扩大机械化作业及建立起系统装配式施工工法体系的基础上加大对技术工人的培训。而工程管理者队伍建设在装配式装饰中也起着重要作用。建筑装饰企业要加强对已有工程管理者的职业培训，针对装配式装饰，增强其综合管理能力，培养具有总承包项目管理能力的人才，实现工程管理队伍的专业化、职业化。

（二）行业市场结构的改变

装配式装饰将扩大建筑装饰企业的规模分化。装配式装饰使建筑装饰企业向装饰部品部件工厂化生产领域延伸，要求建筑装饰企业具有较强的资本投入能力、科技研发能力及综合管理能力。相对于中小型建筑装饰企业，大型建筑装饰企业资金相对雄厚，有着相对完善的组织管理体系、成熟的营销网络和市场声誉，其分工协调能力和资源整合能力更强，更容易开展装配式装饰。这将使建筑装饰行业存在大型建筑装饰企业实行装配式装饰，中小型建筑装饰企业实行传统型装饰模式并受到大型建筑装饰企业挤压的局面，这将扩大建筑装饰企业的规模分化。

装配式装饰对建筑装饰行业的市场集中度有两方面的影响。一方面，大型建筑装饰企业更容易实现装配式装饰，扩大了其领先优势，加速了行业的市场集中度。另一方面，装配式装饰要求标准化部品部件的工厂化生产，降低建筑装饰施工资质和能力的相对重要性，为制造业企业进入建筑装饰行业提供了动力。此外，标准化部品部件的工厂化生产还提升了企业的资产专用性，增加了建筑装饰企业的市场退出难度。这些都将降低建筑装饰行业的市场集中度。海尔家居就是制造业企业进入建筑装饰企业的案例之一。海尔集团于 2002 年进入建筑装饰市场，海尔家居先后取得装饰装修设计甲级、施工一级资质，依托于其制造优势，大力推广装配式装饰，并取得了建设部康居产品证 "001 号"，先后参与或承包了奥运酒店、香格里拉、大连前城国际等工程项目。

从细分市场来看，装配式装饰在公共建筑装饰市场与住宅装饰市场有着不同的发展步伐，其对两个市场的企业规模和市场集中度有着不同程度的影响。由于公共建筑项目体量较大，装饰标准化程度相对较高，其对设计的要求也高，装配式装饰更容易得到推广。公共建筑装饰龙头企业更具有市场优势，行业的企业规模分化将扩大，行业集中度提升。而在住宅装饰市场，业主多样化的住宅居住需求带来对装饰部品部件模块化生产的要求。当前的装饰部品部件的工业化生产标准不一，社会分工生产程度不足，未能达到模块化生产的要求，而当前大量存在的土建与装饰分离现象也阻碍了装配式装饰在住宅装饰市场的发展，住宅装饰市场的市场结构改变也由此滞后。

（三）行业竞争模式的转变

装配式装饰促使建筑装饰行业进行业务领域扩张和整合，实现产业链的纵向一体化，导致建筑装饰行业竞争模式的转变。传统的建筑装饰企业专注于装饰施工环节，依靠良好的施工质量以及高效的组织管理能力来获取市场订单。实现装配式装饰要求建筑装饰企业有稳定而丰富的装饰部品部件供应，无论是开办部品部件生产工厂还是依靠企业间模块化网络生产，建筑装饰企业都必须整合产业链上下游资源。装配式装饰的全建造环节及多主体参与性质也要求建筑装饰企业强化其对产业链和价值链的纵向分工协作及资源整合能力。装配式装饰使建筑装饰行业的竞争由单个企业自身能力的竞争向整个产业链及价值链的竞争转变。可以预见，建筑装饰企业的"设计带动施工"、大客户战略、纵向战略联盟等战略模式将得到更多的应用。

当前装配式装饰已经成为建筑装饰行业未来的发展方向，但行业标准仍然未得到确定，形成装配式装饰发展的阻力。行业标准的缺失固然阻碍了装配式装饰的发展，但同时也成为建筑装饰企业获得市场优势的契机。通过制定装配式装饰的相关行业标准，建筑装饰企业占据行业制高点，将引领装配式装饰发展大潮，快速地占领市场份额。装配式装饰行业标准的制定竞争在未来将成为建筑装饰行业重要的竞争手段。

（四）行业市场运行绩效的提升

装配式装饰将提升建筑装饰行业的结构规模效率，优化建筑装饰行业的资源配置。装配式装饰扩大了大型建筑装饰企业的市场实力，同时也提升了行业的资源配置效率。批量生产或集成采购降低了装饰部品部件的市场价格，装配式施工降低了建造过程中的资源浪费，这些都降低了建筑装饰的成本，激发了市场需求并优化资源配置。另外，装配式装饰使建筑装饰企业的竞争由单个企业自身能力的竞争向产业链和价值链的竞争演变，建筑装饰企业作为建筑装饰工程总承包商，需要提升其自身分工协调及资源整合能力以应对激烈的市场竞争，这将提升建筑装饰企业的资源配置能力，从而优化建筑装饰行业的资源配置。

装配式装饰将激发建筑装饰企业的创新，推动建筑装饰行业的技术进步。建筑装饰企业进入装饰部品部件的工业化生产，在实现部品部件的批量生产的同时还要实现部品部件的多样化生产，这给建筑装饰企业的技术创新能力提出要求。通过加大科技研发投入，推动新型生产技术的应用，实现部品部件生产多样化，提升了建筑装饰企业技术创新水平，推动了行业的技术进步。此外，装配式装饰还要求创新的标准化施工工法体系和建筑装饰全建造周期的分工协调，这使建筑装饰企业探索和开发专用性施工设备，加快工程管理的信息化建设及相关新型技术的应用，极大地提升了企业的技术水平，推动了行业的技术进步。

四　总结与展望

在行业发展形势下行、劳动力成本上升、消费升级以及政府政策引导的背景下，建筑装饰行业推行装配式装饰，追求创新式发展，实现行业转型升级是未来行业发展的方向。相较于传统装饰作业方式，装配式装饰具有成本相对较低、建造周期较短、环境污染较低以及劳动效率较高的优势，是建筑装饰行业创新发展的主要方向。装配式装饰在中国仍处于起步阶段，仅有少数行业领先企业有条件实现，资源整合能力不足、标准化缺失、土建与装饰分离以及标准化和个性化的矛盾都阻碍了装配式装饰的发展。3D 打印和BIM 技术作为新型技术，与装配式装饰有着良好的契合度，有效地结合 3D 打印、BIM 技术与装配式装饰是促进装配式装饰发展的技术重点。装配式装饰将对建筑装饰行业产生深远影响。在企业管理方面，装配式装饰要求建筑装饰企业推行"集中决策、分权管理"的事业部制组织结构以及以项目总承包模式为主的施工管理模式，建设一支成熟的技术工人和工程管理者队伍。在行业市场结构方面，装配式装饰加剧了行业企业规模分化，一方面通过领先企业开展装配式装饰挤压中小型企业，提升行业集中度，另一方面引导产业链相关企业进入市场，降低行业集中度。在行业竞争方面，装配式建筑推动建筑装饰企业产业链延伸和生产网络的形成，改变了企业竞争模式，同时，由于标准的缺失，行业标准的制定竞争也成为企业竞争的重要形式。在市场运行绩效方面，装配式装饰将优化建筑装饰行业的资源配置，促进行业的技术创新。

未来装配式装饰的发展将依托建筑装饰行业及其产业链上下游行业的自身发展与市场环境，有赖于政府支持和政策引导。房地产行业作为中国经济支柱产业的地位在短期内不会改变，但对房地产行业的调控仍将持续，去库存、调结构仍是房地产市场调控的重点，未来建筑装饰行业市场需求仍将表现低迷。房地产行业的中小企业将退出市场，兼并整合浪潮将持续。大型房地产企业往往青睐实力较强、品牌信誉度较好的建筑装饰业务伙伴，对大型房地产企业装饰业务的竞争将趋激烈化。与此同时，政府监管更加严格，反腐形势深化，建筑装饰行业运营及竞争趋于透明和规范化，也加剧行业市场竞争。市场需求低迷伴随着竞争的加剧，建筑装饰行业在未来推行装配式装饰的动力仍将持续。

装配式装饰部品部件标准化设计和工业化生产仍然是装配式装饰发展的重点。近年来，随着宏观经济形势下行，行业外资本大量进入以及市场竞争加剧，中国建材家居行业大量中小企业被淘汰，行业兼并整合的步伐加速，集中度不断上升。与此同时，众多的标准化家居产品供应商积极组成战略合作伙伴，共同研发和发展新型应用产品，延伸产业链，寻求由原材料供应商向整体家居解决方案提供商转变。这些都将推动装配式装饰部品部件的标准化设计和工业化生产，进而推动装配式装饰的发展。

装配式装饰已成为建筑装饰行业不可阻挡的发展趋势，但装配式装饰仍处于起步阶段。

  装配式装饰要取代传统装饰作业方式，不仅需要外部环境的激励，更要求装配式装饰建立起相对传统装饰作业方式的成本及质量优势。当前，装配式装饰尚未形成部品部件的标准化，施工工艺仍须探讨和改进，工程总承包模式推行仍显不足，这些都削弱了装配式装饰相对于传统装饰作业方式所具有的成本及质量优势。应对这些问题，推动装配式装饰形成良性、内生式发展，需要强有力的政策支持。《关于进一步加强城市规划建设管理工作的若干意见》已经提出了装配式建筑的发展目标，而《国务院办公厅关于大力发展装配式建筑的指导意见》也指出了装配式建筑未来发展的重点任务。可以预期，未来有关装配式建筑的具体政策法规将密集出台，各地区也将推出更细致的政策法规。装配式装饰作为装配式建筑的重要组成部分，未来将得到政府政策的大力支持。

B.12
建筑装饰行业发展的技术创新路线

胡 伟 陈晓东

摘 要： 近年来，建筑装饰行业竞争加剧，越来越多的企业由规模扩张转向创新与规模并举的发展战略，并将技术创新与变革作为企业持续发展的基本经营理念，同时不断加强技术标准的制定与推广，持续强化技术标准对企业发展的引领保障作用，积极制定与推广企业内部标准、广泛参与建筑装饰产业现代化标准建设，从多领域、多层次的视角积极构建技术创新与技术标准制定的快速转化机制与认证机制。目前，大部分建筑装饰行业企业已经初步构建了现代装饰企业的技术创新体系，并正在不断加速创新体系本身的现代化发展进程。本文通过对近30个典型建筑装饰行业的技术创新路线进行研究，认为建筑装饰行业的企业技术创新呈现为三种不同的创新路线：①创新路线——模仿创新—自主创新—科技创新；②研发路线——独立研发—合作研发—行业标准；③产品与施工路线——绿色节能—智能化—集成化。同时也表现为三个明显的创新趋向：①技术创新越来越向严密的组织化过程发展，大型建筑装饰行业企业纷纷设立研发、创新部门，组建设计研究院等，以形成较为严密的技术创新体系；②技术创新越来越以企业总体发展目标和企业经营发展战略为主导，切实为企业长远发展目标服务；③技术创新正逐步突破单一工艺创新的传统模式，从单一的工艺创新向企业技术结构体系创新转变的趋势渐趋明显，且创新层次得到不断丰富和深化。

关键词： 技术创新 创新路线 建筑装饰行业

一 建筑装饰行业技术创新概述

技术创新是指企业综合运用新知识、新技术和新工艺，以创新的生产方式和经营管理模式为途径，以开发新产品、提升产品质量、提供新服务为主要方式，从而占据更大的市场份额，并最终实现更大市场价值的创新发展过程。[①] 一般来说，技术创新是一个新设想到市场应用的完整过程，这一过程包括新设想的产生、新产品与新工艺的研究、新产品的开发以商业化生产，并进行新产品或新工艺的市场扩散等一系列活动，就其本质来说，是一个科技和经济逐步一体化的过程，也是由于技术进步与应用创新的共同作用所催生的经济活动实践过程，具体可分为技术开发和技术应用两大环节。[②]

如今，随着建筑装饰行业体量的快速扩张，以及企业数量的急剧增长，市场竞争渐趋激烈，建筑装饰产业传统的业务与利润模式已进入相对稳定和日益透明的阶段，新材料与新技术的应用成为企业在竞争市场中获取稳定利润的主要渠道，因此建筑装饰行业企业要获得更高的工程利润就必须要加大对技术创新的投入。[③] 近年来，建筑装饰行业竞争加剧，越来越多的企业由规模扩张转向创新与规模并举的发展战略，并将技术创新与变革作为企业持续发展的基本经营理念。就建筑装饰行业的市场发展来看，技术革新对工程品质的提升和综合费用的降低均有显著的促进作用，施工工期缩短、劳工工作强度降低、生产效率提升等都是企业快速发展、获取高于同行企业利润的必经之路。[④] 当然，技术创新过程还存在特别的风险，往往要求创新方对特定的项目采取有针对性的探索研究和验证，并努力使开展技术创新的最终目的控制在科学、可靠、方便的范围内，因而需要创新方进行多方面的研究、

---

① 《技术创新的定义》，《工程机械与维修》2000 年第 1 期。

② 《中共中央国务院关于加强技术创新发展高科技实现产业化的决定》，《新法规月刊》2000年第 2 期。

③ 《〈"十三五"国家科技创新规划〉发布 科技创新引领装饰企业提质增效》，http://www.cbda.cn/html/top100news/20160816/97195.html。

④ 《开展技术革新 提高工程质量 降低工程造价》，《广东水电科技》1995 年第 2 期。

实验、摸排与革新，有时可能需要反复多次，或经历多次失败，最后才有可能达到预期的实施效果。一般而言，建筑装饰行业的技术创新不仅要以新材料、新设备为基础，还要最大限度地兼顾施工工艺、施工安排、施工步骤等多个方面的因素，因此其创新可以是一个简单的工艺改进，也可以是一系列复杂的发明与应用创新。

"十二五"以来，迫于市场竞争与现代科技进步的压力，建筑装饰行业企业普遍加大了在技术和科研方面的投入，在生产实践过程中积极采用新技术和先进技术，不断围绕承包项目开展有针对性的关键技术研究，从而达到提高企业创新能力、收获创新成果等目标。建筑装饰行业企业不断加强技术标准的制定与推广，持续强化技术标准对企业发展的引领保障作用，积极制定与推广企业内部标准、广泛参与建筑装饰产业现代化标准建设，从多领域、多层次的视角积极构建技术创新与技术标准制定的快速转化机制与认证机制。各类涉及建筑装饰产业发展与研究的社会组织和企业纷纷加入标准编制与制定的行列中来，不仅建立了较为完善的工程建设标准体系，还不断推动完善模数协调、建筑部品协调等技术标准。① 与此同时，建筑装饰行业还广泛建立了以行业标准为依据的认证机制，对工程、产品和服务进行严格的标准把控。

在关键技术研发与支撑方面，行业内机构和企业都不断强化对关键技术研发的支持力度。政产学研用协同创新机制逐步完善，新技术研发和应用环境持续得到优化，建筑装饰行业典型企业争先恐后地针对不同种类建筑产品，总结推广其在企业生产实践过程中所形成的先进技术体系，不断建立与完善本企业技术创新体系，争先开展适用技术应用的试点示范。近年来，建筑装饰行业企业加快推进 BIM 技术（建筑信息模型）的集成应用，且对具有自主知识产权的国产 BIM 软件给予了前所未有的支持力度。

近年来，建筑装饰行业企业普遍加大技术创新的投入，不仅规范了技术研发、推广与应用的实际操作，还显著提高了企业进行技术创新的能力。特

---

① 《建筑业发展"十三五"规划全文》，http://www.cbda.cn/html/yj/20170505/109066.html。

别是在科技创新成果在建筑装修装饰工程中应用退税的国家财政政策的支持下，企业推广应用新技术的积极性有较大幅度的提高，工程创新技术应用合同的推广使用、技术创新成果工程应用认证等程序性工作已经被越来越多的建筑装修装饰企业掌握，在科技创新上为行业开启了一个新的资金支持渠道。[①]

随着建筑装饰行业企业对技术创新的重视程度不断提升，越来越多的建筑装饰行业企业在发展的过程中走上了自主创新的道路，在企业内部积极构建能最大限度促进自主创新的工作机制和激励制度，促使在企业内部形成良好的创新氛围，创建技术研发中心的形式也广受行内企业追捧，建筑装饰行业企业不断加大科技研究等方面的专项投入，根据企业发展战略的需要，重点开发能够促进企业发展的具有自主知识产权的核心技术及产品等，行业内科研开发和技术运用体系日益完善。[②] 此外，行业内企业进行技术创新的平台不断拓展，持续深化与企业、高校和科研院所的战略合作，不断扩大产学研用等联合攻关的模式与领域，许多影响行业发展的关键性技术难题得到重点解决。伴随着行业内企业在科技创新等方面的投入力度持续加大，建筑装饰行业的科技成果转化与应用持续深化，行业和大部分企业的技术创新水平得到显著提升。

二 创新路线：模仿创新—自主创新—科技创新

（一）模仿创新

模仿创新是指通过模仿已有产品或服务而在此基础上进行的创新性生产实践活动，可以概述为完全模仿创新和模仿后再创新两种模式。模仿创新的优势在于创新门槛较低，投入成本较少且见效快，可为企业节约大量研发及

---

① 《2016 年度中国建筑装饰行业发展报告》，http：//www. cbda. cn/html/yj/20170504/108995. html。

② 《住房城乡建设部印发关于进一步促进工程勘察设计行业改革与发展若干意见的通知》，http：//www. zswcn. com/2013/hangye_ 0325/576_ 3. html。

市场培育方面的费用，不仅有利于大幅降低投资风险，也有利于企业回避经营风险，降低企业进行市场开发与市场开拓的风险。[①] 一般而言，初创的建筑装饰行业企业，在不具备成熟技术的情况下，往往采取模仿创新的发展路线，待发展成熟后逐渐转向自主创新和科技创新。

对于建筑装饰行业来说，以模仿为基础的技术创新，可为企业发展提供赶超先进企业的"后发优势"。首先，模仿创新可以避免大量的资源投入。技术的创新、发明以及产业的形成，是需要建立在多年人力、财力和物力投入的基础之上，对于初创的建筑装饰行业企业来说，以最小的经济投入取得最大的经济回报，从而保持企业正常运转并实现稳定的发展是成立初期的最优选择，难以有足够的投入来支持和保障自主创新，因而"拿来主义"的模仿创新使追赶中的建筑装饰行业企业可以避开构建技术创新体系的巨大耗费。其次是避免风险。自主技术创新不仅需要大量的投入，对企业发展也具有较大的风险，尤其是处于赶超发展的建筑装饰行业企业，通过模仿创新的方式利用新技术，能够以最小的成本实现改造性的创新工作，从而能够做到在创新发展过程中更有的放矢，并确保企业有更大的成功概率。

在模仿创新阶段的建筑装饰行业企业，大多还处于以引进、吸收、消化为主要方式的外来技术的接受阶段，如果这一过程存在创新的话，其"创新"的主要方式就是不断将外面已经成熟的技术引进到企业生产实践中，这一阶段的基本特征主要是"接受"，在逐步消化外来技术的过程中，结合在企业生产实践中遇到的各类问题开始涌现模仿创新。因此，对建筑装饰行业的大部分企业来说，最初的创新并不具有较高的技术含量，主要着眼于克服项目施工过程中的技术难题，且缺乏前瞻性，这一时期的创新大多数公司并没有成立技术创新的组织机构。

（二）自主创新

随着行业的逐步发展、成熟，企业的发展规模逐步扩大，在项目承包与

---

① 林洋帆：《浅谈中小企业模仿创新》，《发展研究》2009 年第 3 期。

施工过程中对技术创新的需求日益提升，处于稳步发展阶段的建筑装饰行业企业会逐步在公司内部成立技术部或技术研发部，由技术部统一组织技术创新工作，由此大部分处于模仿创新阶段的企业转向自主创新，由于在行业内拥有了一定的市场份额，或者在细分市场已得到部分客户的广泛认可，这时自主创新成为建筑装饰行业企业持续发展、保持或提升行业地位的内在需求。

对于建筑装饰行业企业来说，这一阶段的技术创新工作主要以改进生产实践过程中的施工工艺为核心，大部分企业的创新状态为"总结经验，不断调优，逐步建立和完善本企业的工艺标准；查找问题，针对生产实践中的各种问题组织有针对性的技术创新活动"。自主创新阶段的技术创新与模仿型的技术创新具有明显不同，这一阶段的技术创新是建筑装饰行业企业做大做强的内在需求，且这一阶段的企业已具备一定的发展能力，有条件、有能力去开展一些具有鲜明组织性、前瞻性、计划性的且以本企业为创新主体的技术创新工作。

进入自主创新阶段的建筑装饰行业企业一般已在业内积累了丰富的发展经验，并对领域内的各项业务体系均有较为深刻的领悟，因而这类企业具有明确的技术创新方向，如施工工艺改进、施工工艺创新、产品与服务创新等，由企业内的相关技术部门根据企业发展需要和所面临的技术难题确定创新的主攻领域与方向，从而从企业层面做到有组织、有针对性地开展技术创新研究与实践，为建筑装饰行业整体施工质量的提高奠定了基础。

这一阶段创新活动整体上还处于"始于技术、止于技术"的状态，不过较好地衔接了企业技术创新的根本目的。以上海建工为例，处于自主创新阶段的上海建工在很多细分的施工领域取得了显著进步，如防止石膏板开裂、石材系列安装技术、超重超大巨型门连接安装技术等。处于这一阶段的上海建工，其企业内部的常规技术已经相当成熟，追赶国际先进技术水平成为企业发展的主要目标。因此，上海建工在技术创新方面有所作为不仅体现在强化统一组织，还体现在更多地追求创新内容直接与企业经营战略挂钩，从而做到技术创新切实服务于企业的长远战略。上海建工在公司层面开展技术创新的重心已从"以工艺创新为核心"转移到"以企业技术结构创新为核心",逐渐形成了在项目层面重工艺、在公司层面重技术结构的立体化创新体系。[①]

德才装饰的自主创新主要针对各细分领域进行完善与改进,在对传统工艺与技术进行继承和发展的基础上,德才装饰不仅努力吸收、融合国际先进技术工艺和理念,还积极组织与古建筑相关的技术标准研发与编制,同时投入大量人力、物力进行古建筑材料、工艺工法等相关课题的研发与申报,并积极将技术创新成果应用到项目实践中。以德才装饰所承担的重庆北碚区白云观修缮项目为例,德才装饰积极组织专业团队人员攻克难关,在白云观修缮工程中,成功完成了对古建筑大架整体提升修复的技术论证与施工修缮工作,整体修缮工程取得良好成效,在行业内得到了极高评价。[②]

除此之外,德才装饰还积极推动科技园与技术实验室建设,在胶州建立了一个占地300余亩的高科工业园,从国外引进多条国际顶尖水平的生产流水线,专业从事节能环保新型材料、幕墙及高档门窗的研发和生产,不断推动德才装饰的科技创新能力与水平迈上新台阶。[③]

(三)自主创新+科技创新

随着建筑装饰行业内越来越多的企业成立技术研发部或研究院等,行业内企业越来越意识到将科技创新融入技术创新体系的重要性,不断加大科研部门的投入、建立日臻完善的科研体系,部分发展良好的企业甚至成立了行业内领先的创新发展基地。

金螳螂是国家"高新技术企业",并于2012年10月荣获"国家火炬计划重点高新技术企业"认定,另外还获得"江苏省民营科技企业""江苏省创新型企业""苏州市创新先锋企业"等认定;2012年11月"江苏省建筑

[①] 《关于建立装饰企业技术创新体系的若干问题》,http://news.ccd.com.cn/Htmls/2004/1/13/200411310443457258-1.html。

[②] 《科技创新引领装饰企业提质增效》,《中华建筑报》2016年8月16日。

[③] 《科技创新引领装饰企业提质增效》,《中华建筑报》2016年8月16日。

绿色装饰装修工程技术研究中心"获得认定;为持续推动科技创新与技术创新的融合,金螳螂在国内创新性地成为装饰行业中首家获批建立"博士后科研工作站"的单位。①

一直以来,金龙腾研发中心坚持自主创新之路,通过完善科研体系建设、加快科技人才队伍建设、建立开发实验室和研究基地、与国内科研院和知名高校建立产学研关系,搭建科研资源共享平台等一系列重大举措,为推动企业全产业链装修模式提供强劲的驱动力。② 目前其科技智能业务包括3D打印建筑技术,智能家居系统,VR、AR虚拟和增强现实交互模式技术,MR混合现实技术,智能可穿戴设备,无人机航拍勘测建筑项目,智能建筑机器人等;同时借助国际领先的BIM建筑工程软件、云计算+大数据平台等对建筑装饰创新进一步深入研发论证。③

亚厦股份作为中国建筑装饰行业领跑者,充分发挥企业标杆作用,推动产业化进程,引领技术创新,致力于打造"一体化"大装饰蓝海战略,是行业首家"国家高新技术企业"、拥有建筑装饰行业唯一一家国家住宅产业化基地和CNAS实验室。亚厦股份自成立以来将"技术改变生活,服务创造和美"作为企业发展的愿景,严格落实"以营销为龙头、以生产为命脉、以设计研发为核心"的战略方针,致力于成为以技术研发为核心、工业制造为平台、产业服务为导向的建筑装饰行业领跑者。④

亚厦股份坚定不移地走自主研发、科技创新之路。在技术研发领域取得重大突破,首次承担"十三五"国家重点研发计划项目,并且在建筑装饰工业化项目建设与研究方面取得了突破性进展,成为行业内首家拥有住宅精装修工业化核心技术体系的高新企业。在BIM技术应用和推广方面,亚厦股份在项目应用上取得了可喜成果,项目类型更加丰富,涵盖了医院、剧

---

① http://www.goldmantis.com/jtl2013/cn/cx-03.asp.

② http://www.jlttop.com/about/research/.

③ 《科技创新引领装饰企业提质增效》,《中华建筑报》2016年8月16日。

④ 《亚厦股份:2016年年度报告》,http://gsgg.qushi.com.cn/20170428d11021n143601165.html。

院、酒店、办公、商业综合体等；在 3D 打印建筑上，亚厦股份参股公司盈创科技积极全球布局、建立 3D 打印梦工厂和 3D 打印建筑产业园，伴随着盈创科技与中国 50 强房地产企业佳源集团达成合作，亚厦股份的 3D 打印建筑技术迈出了"产业化"发展的重要一步，进一步拓展了 3D 打印建筑技术在市政工程、产业园区、房地产项目、文化旅游、医疗养老产业的应用。在技术创新方面，蘑菇加在行业率先应用虚拟现实技术（VR），高效设计渲染技术（mBIM）和 360 炫动立体展示系统，真正实现"未来家"与人的对话，与未来生活方式更加契合，创造丰富而舒适的智能"家"体验。[①]

三　研发路线：独立研发—合作研发—行业标准

建筑装饰行业的技术创新是通过新技术应用来提高技术创新能力，并且以培育行业内新的业务增长点为目标，推动行业企业的创新机制建设，为提高工程施工质量和企业经济效益提供技术保障。近年来，建筑装饰行业企业纷纷围绕提质量、降成本等投入大量资源进行技术创新，在企业层面不断加大新技术、新材料、新工艺、新设备等的推广与应用，逐步形成了自己的优势技术领域。[②] 如今，工厂化生产与装配式施工不仅能从根本上保证产品的品质，还能较好地实现提质量、降成本、缩工期，已成为当今装饰企业做大、做强的必由之路，持续推动着装修和住宅建设的标准化和规范化。

（一）独立研发

在由模仿创新迈向自主创新的技术创新发展阶段，建筑装饰行业企业的创新动力主要来自外部市场需求和企业内在发展需求，由于这一阶段技术创新的主要任务是突破施工过程中的工艺问题或在项目施工中遇到的各类问

---

① 《亚厦股份：2016 年年度报告》，http：//gsgg. qushi. com. cn/20170428d11021n143601165. html。
② 毛萍：《市场需求对幕墙技术发展的影响》，http：//news. ccd. com. cn/Htmls/2004/12/30/200412309253561508 – 1. html。

题，因而其技术创新工作主要由企业内部工作人员来完成，或部分求助于外部力量，总体还是以独立、自主研发为主体，适当寻求外部帮助。此时的合作开发理念尚不成熟，尤其是同行业竞争对手之间的合作研发更是少见，在这一阶段，大部分建筑装饰行业企业的技术创新体系主要由企业内设的设计（或创新）部门、研究院或研发中心等来完成，主要着眼于企业的内在发展需求和行业发展趋势，并逐渐转向开始钻研一些具有战略前瞻性的技术创新，尤其着重关注某一细分领域的创新发展，从而通过技术创新来推动企业在业内获得一定的细分领域市场份额，并在该领域内做精、做细。

在技术创新领域，广田集团在建筑装饰行业内发起成立了第一家科学研究院，也是业内唯一一家，研究院致力于利用新技术促进传统装饰行业的转型升级与科技成果转化。截至目前，广田集团拥有国家专利达229项，国家级创新成果和国家级科技示范工程多达300余项，参编国家、行业标准80余项，技术研发能力处于行业领先水平。[①]

一直以来，金螳螂高度重视技术创新工作，不仅在企业内部坚持践行技术创新的新理念，还持续探索以技术创新改变建筑装饰行业传统作业模式的路径与方式，致力于以技术创新推动科技创新，着眼于将技术创新作为企业的长远发展之策。

近年来，亚厦股份坚持打造以技术研发为核心的创新型企业，致力于成为"以信息化和智能化建筑装饰设计与安装为产业服务导向，以建筑装饰的工业化设计与安装为平台"的高技术服务企业。此外，亚厦股份还在企业内部积极推动创新驱动发展新模式，在设计与研发投入方面肯投入、敢投入，着重提高工程和产品质量和效益，以及施工进度效益等竞争优势。2009年，亚厦股份正式设立浙江亚厦建筑装饰技术研发中心，以新创意、新技术、新工艺、新材料等为科研创新目标，着力提高行业科技含量，在确保工程质量和安全等效益的同时，努力降低资源能源消耗、减少对环境的污染。2010年，亚厦股份成为行业内第一家被国家认可的高新技术企业；2013年，

① http：//www. szgt. com/about/about. aspx？ m = 114001.

亚厦股份旗下的亚厦建筑装饰技术研发中心被认定为浙江省省级高新技术企业研究开发中心。[①]

建艺集团设计研究院是从事建筑设计规划、室内设计、装饰工程配套设计的专业化设计机构。该院拥有资深室内设计名师、专业领域的设计专家，以及汇聚精英的设计团队和富有施工、设计经验的管理队伍，长期致力于大型建筑及建筑外观，专业服务于建筑外观改造，优化外观设计，大型工装工程包括星级酒店工程，前沿的、国际化的办公空间设计，时尚、现代的商业空间设计等。所做工程多次荣获国家、部、省、市级奖项，其工程配套产品设计更具有全球化视野和独特的创意，部分产品更是获得国家专利。设计研究院主要配合集团公司对装饰工程的方案施工设计与配合，针对其项目进行从设计到成本控制、施工工艺改良、优化材料与效果的多赢目标，完成过机场、酒店、商场、娱乐城及大型写字楼等项目。自成立以来，设计院在设计中一直坚持"品牌提升价值，专业成就所托"的宗旨，"追求艺术与技术的完美结合"质量方针及"完美品质，至上诚信"之原则。[②]

作为"国家高新技术企业"和"深圳市高新技术企业"，在技术创新队伍建设方面，瑞和股份于2013年成立"中国建筑装饰行业综合类科学研究院"，在科研实践中锻炼和培养一批骨干，积极组建研发团队，建立研发队伍架构；进行了系统的科研办公、实验、测试场所建设，设备筹备建设；建立、完善科研管理体制、科研评价和激励机制。在专利研发工作方面，瑞和股份围绕国家节能减排政策支持的绿色建筑创新技术要求开展工作，完成专利设计申报总数80项，截至2015年10月底，已获得实用新型专利证书累计60项、外观专利证书4项，获得专利证书累计57项，发明专利申报16项，受理之中的23项。在工法研究方面，瑞和股份完成工法研发累计10项。[③]

---

① 《科技创新引领装饰企业提质增效》，《中华建筑报》2016年8月16日。
② http://www.jyzs.com.cn/contactus.html.
③ http://www.sz-ruihe.com/cn/Innovate/index.

（二）合作研发

随着行业内技术创新不断推陈出新，建筑装饰行业的创新难度和复杂度日益加剧，合作创新的模式应运而生。建筑装饰行业合作创新，是指行业内企业间或企业与科研机构，以及高等院校之间以联合、协作等方式开展的创新做法。在全球技术创新步伐持续加快和技术竞争日益激烈的宏观背景下，行业内企业在生产实践过程中遇到的技术问题的复杂性、综合性和系统性日益突出，越来越多的行业性技术问题依靠单个企业的力量越来越困难，亟待多方力量合作来获得创新性的突破。[①] 由此，在凭一己之力难以得到有效解决方案的情况下，利用外部资源和创新力量，在创新过程中最大限度实现与外部团队的优势互补与成果共享，已成为业内大型企业持续推进技术创新合作的新趋势。总体而言，合作创新不仅有利于优化创新资源的组合效率，还可大量缩短创新周期，从而实现企业间的创新成本分摊和创新风险分散与规避。[②]

金螳螂长期注重加强产学研一体化探索和实践，在企业发展过程中不断探索校企合作新模式，并持续取得新突破，金螳螂本着合作共赢与共同发展的原则，先后与苏州大学、西安建筑科技大学等高等院校和科研院所，建立了战略性的产学研合作关系。金螳螂还与苏州大学联合创办了苏州大学金螳螂建筑与城市环境学院，该学院的创办不仅为公司探索先进技术和先进标准夯实了人才基础，还进一步提高了公司的科技创新能力与创新水平。此外，金螳螂在企业内部成立了金螳螂商学院，并联合相关科研机构和高校成立了金螳螂博士后科研工作站，为公司科研创新工作提供了强有力的创新环境支持、人才支撑和智力支持。[③]

德才装饰注重国际一流创意资源的整合，以强强联合的方式将国内外资源高效结合，以推动企业和行业的科技创新。2012 年，德才装饰在英国伦敦成立 DC－HD 设计院，该设计院联合了 150 多位国际一流的设计师团队，

---

① 戴强：《强化技术创新，提升企业核心竞争力》，《财贸研究》2003 年第 2 期。

② 戴强：《强化技术创新，提升企业核心竞争力》，《财贸研究》2003 年第 2 期。

③ http://www.goldmantis.com/jtl2013/cn/cx.asp.

也正是基于该设计院的国内外资源整合，德才装饰成功将业务拓展到欧洲、亚洲、中东、加勒比海等国际市场，承接了当地很多地标性建筑。①

（三）合作研发 + 行业标准

中国建筑装饰协会鼓励和引导行业内企业将科技创新成果纳入技术标准，并组织动员全行业的力量，立足于企业标准，在做好企业标准的基础上，完善行业标准体系，并加快推进行业标准和国家标准的编制进程。行业技术标准、规范体系的建设力度持续加码，形成了良好的指导并推进企业提质增效、行业转型升级的法制环境。

近年来，建筑装饰行业大型骨干企业在行业标准推进过程中的作用得到了进一步发挥，行业社团标准的步伐加快，涵盖行业发展关键节点的技术标准、规范体系正逐步形成。行业技术标准的作用显著提升，标准规范的贯彻执行已成为行业转型升级的重要抓手，成为行业内配置资源的重要依据、企业技术发展的主要指南、工程质量评价的基本准绳，推动行业整体素质的全面提升。

金螳螂早在 2011 年主持编写了江苏省《装饰装修木制品应用技术标准》，对江苏省装饰装修木制品的技术接口参数、质量参数作了统一规定；参与了 GB50210《建筑装饰装修工程质量验收规范》等多项国家或行业标准规范编制工作。② 截至 2013 年 1 月底，公司拥有 49 项专利，7 项软件著作权，100 多项科技创新技术获得行业推广应用。得益于持续的科技创新，金螳螂作为建筑装饰行业的龙头企业，连续十三年被评为中国建筑装饰行业百强企业第一名。③

亚厦股份积极参与行业的标准编制工作，促进 BIM 在浙江乃至全国的健康发展，作为主要编委单位参与了建筑装饰行业 BIM 标准、建筑幕墙

---

① 《〈"十三五"国家科技创新规划〉发布　科技创新引领装饰企业提质增效》，http://www.cbda.cn/html/top100news/20160816/97195.html。
② 《金螳螂负责编写的江苏省〈装饰装修木制品应用技术标准〉成功发布》，http://www.cbda.cn/html/qyxw/20130517/24359.html。
③ 《〈"十三五"国家科技创新规划〉发布　科技创新引领装饰企业提质增效》，http://www.cbda.cn/html/top100news/20160816/97195.html。

BIM 实施标准、浙江省 BIM 标准的编制工作，其中建筑装饰行业 BIM 标准已经在 2016 年 12 月正式发布。[①]

瑞和股份非常重视标准化工作，配置了标准化专职岗位和专业人才，推进标准化工作进程。在国家（行业）标准规范的编制、施工工艺标准化、设计管理标准化、ERP 施工管理标准化、质量控制管理等标准化方面做了大量工作。积极参与国家和行业标准（规范）的编制。

四 产品与施工路线：绿色节能—智能化—集成化

在产品方面，建筑装饰行业典型企业从最初的追求外观到绿色节能，并进一步走向智能化、集成化的技术创新路线。

（一）绿色节能

随着人们生活品质的提高及对绿色健康生活的向往，对环保的要求和关注也越来越高。绿色、环保、节能型装饰装修将成为行业未来发展的主要趋势，业主在进行住宅装饰时，往往不再只满足于使用功能、美观等传统需求，对节能与环保等方面的重视程度日益提升；此外，政府部门对建筑装饰的节能和环保要求也不断提升，近年来相继出台了一系列新措施，持续推动着健康家居、节能与环保成为住宅装饰行业的主要议题。[②]

建筑装饰的节能和环保性能，主要从装饰材料、设计、施工等环节得以体现：高品质、新型环保材料的使用；简洁、实用的设计原则，最大限度减少材料浪费的同时，兼顾品位与空间的合理搭配；设计、施工合理，科学用材，减少现场材料加工量，尽量降低对施工现场的环境影响等。[③]

---

① 《亚厦股份 2016 年年度报告》，http：//gsgg. qushi. com. cn/20170428d11021n143601165. html。

② 苗会敏、王少党：《绿色环保建材综述》，《河南科技》2012 年第 4 期。

③ 《深圳广田集团股份有限公司 2016 年年度报告摘要》，http：//pg. jrj. com. cn/acc/CN_ DISC/STOCK_ TIME/2017/04/08/002482_ nb_ 1203262892. PDF。

毋庸置疑，绿色施工已成为绿色建筑装饰推广与发展的关键环节。长期以来，建筑装饰行业企业以装饰行业的工业化发展为目标进行技术创新，注重通过优化施工方案来促进研发和引进并创新发展现代先进智能化技术，经过长时期的引进、消化、吸收与创新，行业内企业积极研制具有自主知识产权专用技术与设备，为发展绿色建筑创造了良好的技术条件。①

金茂装饰在绿色节能创新方面迈出了坚定的步伐，坚持绿色战略、绿色实践，并取得了较大进展。在绿色战略方面，金茂装饰坚持以"因地制宜、被动优先、高效健康"为设计理念，着眼于构建"绿色规划设计、绿色部品部件、绿色施工运营"三位一体的完整产业链，不断开创企业绿色综合经营管理的技术与理念创新，以引领全行业绿色低碳转型为己任，将企业效益、环境保护与社会价值完美地融入企业和社会的可持续发展进程。在绿色实践方面，金茂装饰坚持"精工优质、绿色健康、智慧科技"的产品定位，致力于打造出深受市场欢迎、深受居民追捧的绿色科技住宅。正是由于在绿色节能创新方面坚持不懈的努力，金茂装饰获得了一系列绿色认证及荣誉。②

2016年，中国建筑装饰协会组织业内大型骨干企业编制的《绿色建筑室内装饰装修评价标准》行业社团标准已经通过了审核，即将颁布实施，为行业的绿色发展提供了技术发展的方向和评价的数据资料。为了进一步推动行业的绿色发展，2016年中国建筑装饰协会组织了业内的绿色建筑装修装饰工程项目星级评定的公益性活动，进一步提高建筑装修装饰企业节能减排、安全环保的积极性和自觉性，也为推动行业绿色发展提供了新的动力。③

长期以来，嘉寓股份以践行建筑节能事业为己任，将绿色发展理念贯穿

---

① 《中国建筑装饰协会会长李秉仁在第二届全国建筑装饰行业科技大会主题报告》，http：//www. chinazssg. com/b1/dhdt - show. aspx？pkid = 10102。

② http：//www. jinmaozs. com/Advantage. aspx？id = 42.

③ 《关于发布建筑装饰行业工程建设中国建筑装饰协会 CBDA 标准〈绿色建筑室内装饰装修评价标准〉的通知》，http：//www. cbda. cn/html/tzgg/20160912/98444. html。

于企业发展的方方面面，以坚定的步伐向"使人类的生存空间更加和谐"的品牌目标迈进，并矢志不渝地坚持为全球市场提供高品质的节能门窗和幕墙工程整体解决方案。作为行业内龙头企业，嘉寓股份顺应国家政策要求与行业发展趋势，聚焦研发节能门窗技术和产品，成功研发了具有自主知识产权的嘉寓节能门窗系统，前后积计获得 120 项国家授权专利，同时还主持和参编了 30 余项国家和地方行业标准。①

此外，嘉寓股份还积极研发智能家居类产品，自主研发了太阳能光热窗、智能呼吸窗等。为更好地提升用户家居的舒适度，嘉寓股份在门窗产品中创新性地加入了智能控制技术，利用 WiFi 接入不仅实现远程识别门窗及其组件的开启状态，还能实时监测室内空气质量和识别安全隐患。②

（二）智能化

建筑装饰智能化是现代物联网技术发展之后，开始逐渐发展的技术。也就是运用物联网技术，把家里的所有电器、门窗、水、燃气等都依托我们的信息化技术连接在一起，通过计算机智能系统的控制，实现的建筑装饰智能化。③ 与传统装饰相比，智能化装饰最显著的特征就是紧扣家居科技发展的时代脉搏，充分运用各类智能系统等高科技产品，以智能化提升家居生活品质，为业主的生活带来便利、安全感和舒适感。

如今，智能装饰将成为行业发展的新潮流，智能装饰的主要特征在于其在装饰装修过程中融入了现代高科技元素，借助于先进的计算机、网络通信等技术，以智能化的方式将居住、办公及其环境中的各种有关子系统联系起来，促进工作、生活中的便利化程度。④

瑞和股份大力推进"互联网+"，注重对公司各业务链的完善与重构。

---

① http：//www. jiayu. com. cn/comcontent_ detail/i = 5&comContentId = 5. html.
② 《嘉寓股份：加强产品研发 提升综合实力》，http：//stock. jrj. com. cn/2015/06/18113019376203. shtml。
③ 何宝明：《建筑装饰设计智能化研究》，《城市建筑》2014 年第 18 期。
④ 刘晓一、葛道顺：《中国建筑装饰行业发展报告（2016）》，社会科学文献出版社，2016。

秉承"科技筑家"的理念,瑞和家"个性化定制家装全交付"第三种交付模式直面市场,直击地产精装时代痛点问题,将家装行业推向工业4.0阶段,拓出了一片崭新天地。2016年,公司加大了集中采购力度,强化总经销商战略合作,实现了集采供应量的飞跃;同时全面推进ERP上线、大力开展BIM运用,企业核心能力进一步增加,初步构建起新的产业竞争优势。[①]

亚厦股份以技术创新推进转型升级,走"建筑工业+建筑信息化+互联网"的特色之路,全面提高工程项目的科技含量,加速推进装饰工业化进程;公司抓住家装行业快速发展契机,加快互联网家装的推进力度,并积极完善互联网家装服务平台及供应链物流的建设与完善。公司聚焦装饰主业,深耕区域市场,积极拓展PPP、EPC、BOT等项目。[②]

在提高管理精细化水平方面,建筑装修装饰企业也进行了大量的创新。以互联网思维,利用移动互联网、物联网、远程控制、个体识别等先进技术,创新企业对各种资源与生产要素的控制模式,成为企业加强内部管理,提高效能和效率的重要手段。特别是对资金、劳动力管理精细化,企业进行了管理思维和技术手段上的创新,弥补了管理链条上的短板,提高了全过程精准管理水平,有效地提高企业及工程项目的抗风险能力。

(三)智能化+集成化

随着建筑装饰行业大型骨干企业在技术创新方面的投入加大,技术创新不仅只着眼于解决企业在工程施工领域中遇到的问题,同时也在一定程度上担当着引领行业新技术突破的重任。

建筑装饰行业集成化是用装配化施工、社会化生产、系列化供应的模式进行规模化建设的一种建设模式。[③] 一般来说,建筑装饰集成化有几个必须

---

① 《深圳瑞和建筑装饰股份有限公司2016年度报告摘要》,http://stock.jrj.com.cn/share,disc,2017-04-26,002620,0000000000000hy17w.shtml? to=pc。

② 《浙江亚厦装饰股份有限公司2016年年度报告全文》,http://quotes.money.163.com/f10/ggmx_002375_3348406.html。

③ 开彦:《集成化是住宅产业现代化的重要特征》,《住宅产业》2004年第7期。

遵循的基本原则：首先体现在专业社会化，要求各项分工专业；其次是加工机械化，即以机械化生产为主要生产方式；再次是生产批量化，以批量生产来降低成本、提升效率；最后是出厂标准化，即要求每一个产品都是标准化，从而有利于提高劳动生产率和产品质量。[①] 在生产实践中，建筑装饰集成化除建筑物结构部件的集成之外，装饰部件在装饰工程施工中的集成也受到了日益广泛的重视。尤其在更加注重建筑环保与施工环保的今天，以高科技含量推动产品质量与经济效益提升，以节能环保推动资源消耗降低、环境污染减少的产业发展道路，已成为大部分建筑装饰行业内大型骨干企业所努力追求的目标。[②]

深化集成化技术创新，不仅能有效推动集成化施工的实现，还能推动建筑装饰行业进行产品生产与项目施工的工业化进程：首先表现在集成化可大幅提升质量与精度，不断满足日益多元化的市场需求；其次可以显著提升施工效率，缩工期、提质量、延寿命；最后表现为可极大地减少施工现场污染，促进建筑装饰行业的技术创新。[③]

亚厦股份自成立以来就着眼于提高建筑装饰行业的集成创新能力，从而整体提升建筑装饰业现代化发展水平，并致力于形成以技术为主导的企业发展模式，注重自主知识产权和核心竞争优势的持续提升。为实现集成化技术创新的突破，亚厦股份注重加强技术发展规划，首先确定企业发展方向，组织多个项目部进行技术创新攻关，及时总结情况发现新情况、解决新问题，提出许多新的施工设计节点和施工方法，解决了很多在装饰装修施工过程中遇到的关键技术问题，也产生了一批在业内备受瞩目的成果；在项目技术管理方面，亚厦股份将对工人的管理转向对施工设计、成套供应商和工厂生产配套生产转变；在技术人员培训方面，亚厦股份结合工程施工的特点，加大对施工人员的培训，严格施工作业流程与标准，加快实现现场技术人员基本技能转变，有针对性地把计算机应用技术和管理技术相结合。在技术创新成

---

① 余晓轩：《浅析建筑装饰工程集成化发展趋势》，《科技风》2010 年第 11 期。

② 开彦：《集成化是住宅产业现代化的重要特征》，《住宅产业》2004 年第 7 期。

③ 秦岭、张爱民：《建筑装饰施工的工业集成化方向》，《中华民居》2011 年第 5 期。

果推广应用方面，亚厦股份注重结合施工执行过程中发现的问题与缺陷，有针对性地设计解决方案，从而有助于提出建设性的改进意见和建议，使工艺技术在企业发展过程中处在持续改进的创新状态，从而保证技术创新成果在工程中切实有效地发挥作用。① 在异型装饰构件方面，亚厦股份创新性地对异型装饰构件进行分部位深度设计，使构件的每一部分都成为能工厂化生产的小构件，从而以精确的深化设计来推动工厂集成化生产。

金螳螂不断加强技术创新，坚持通过对企业科技发展的分析研究，及时总结新情况，发现新问题，从而精准找出施工过程中在管理和技术上的薄弱点，并广泛借鉴现代管理理论，组织多领域、多层次的技术攻关，以技术创新来获取优势技术，从而极大地带动企业管理模式的创新，并逐步形成注重发展自主知识产权的良好创新氛围。此外，金螳螂一直努力探索工业化与现场装配化的施工新模式、新思路、新方法，紧跟世界装饰市场的最新发展潮流，以深入推动工业化生产、现场装配化施工作为装饰企业未来发展的必由之路。金螳螂在这一方面做出了不懈的努力，目前在工业园区投资2000多万元，为施工现场做配套的加工中心二期建设已经全面展开，与此相配套，公司已经着手从设计环节解决现场装配化的问题，在青岛香格里拉、中山香格里拉大酒店工程中，金螳螂在装配化施工中已取得了不少经验，其工期、质量、环保等方面都受到了业主的高度评价。公司计划在部分工地推行现场装配化施工试点的基础上，在技术逐步成熟以后在公司内部全面推广。②

金螳螂家将线上产品信息展示与线下产品体验相结合，线上入驻大型电商平台（如天猫、京东等），还坚持自建微信平台和APP等线上具有互联网时代特征的营销渠道；与此同时，对线下门店的服务管理及施工质量进行高标准、严要求的把控。金螳螂还深入实施技术创新和推广，以市场为导向征

---

① 周东珊：《建筑装饰工程集成化施工的探索与实践》，http：//www. docin. com/p - 4976339. html&endPro = true。

② 《用体制、管理、技术创新推动企业可持续发展》，https：//home. focus. cn/article/ 2c7efeb9ca6caff0033595c76fc78d83. html。

集项目部的技术需求，开展项目技术服务，提供试验检测服务，配合项目技术方案策划。注重 BIM 技术在建筑装饰行业的运用和研发，积极引入 BIM 技术及软件开发并加速推广落地，研发匹配装饰行业 BIM 系统，并已为舟山观音圣坛项目等 20 余个项目提供 BIM 技术服务，有效地提高了项目管理效率和质量，增强了服务水平。健全技术转移机制，推动科技成果落地转化与产业化。推广三新工艺文件、技术专项方案、应知应会工艺及节支降本视频等工艺资料 40 余项。公司不断拓展思维，广泛利用物联网技术、VR 技术、现代云技术、三维扫描技术、BIM 技术等，实现服务效益最大化。①

五　小结

产业与技术创新的深度结合是推动建筑装饰行业进步的核心源动力，未来的建筑装饰行业，可视化、信息化、场景化、数据化都将是每个项目精细化管理的必要条件。② 而在可以预见的未来，原有产业加上新技术应用形成的新产业或将重新定义下一个巨头。

建筑装饰行业企业不仅要在认识上重视技术创新，也要在行动上鼓励和践行技术创新，将技术创新与企业发展、市场竞争等紧密结合起来，在新的竞争和挑战下，坚持以市场为导向，以企业为技术创新主体，着重强化在新材料、新工艺、新设备等方面的创新，着力推动行业内的技术创新、组织创新，以创新推动整个建筑装饰行业的蓬勃发展。③

与此同时，积极构建适应建筑装饰行业竞争需要的各类技术创新平台，推动企业间的协作创新是建筑装饰行业一项新的创新内容。优势技术资源重组互补、重点技术共同协作，将成为建筑装饰行业技术创新的主要发展方

---

① 《苏州金螳螂建筑装饰股份有限公司 2016 年度董事会工作报告》，http：//pdf. dfcfw. com/pdf/H2_ AN201704260533619907_ 1. pdf.

② 《建筑装饰产业变革在即，新技术的创新成为不可或缺的源动力》，http：//www. o2oteam. com/37796. html.

③ 李宝坤：《浅谈建筑装饰工程施工创新技术》，《城市建设理论研究（电子版）》2014 年第35 期。

向，同时，技术创新的市场化导向也将更加明显。

综观建筑装饰行业企业技术创新三个发展阶段，可以清晰地发现贯穿其中的三条发展脉络：①技术创新越来越向严密的组织化过程发展，大型建筑装饰行业企业纷纷设立研发、创新部门，组建设计研究院等，以形成较为严密的技术创新体系；②技术创新越来越以企业总体发展目标和企业经营发展战略为主导，切实为企业长远发展目标服务；③技术创新正逐步突破单一工艺创新的传统模式，从单一的工艺创新向企业技术结构体系创新转变的趋势渐趋明显，且创新层次得到不断丰富和深化。

目前，大部分建筑装饰行业企业已经初步构建了现代装饰企业的技术创新体系，并正在不断加速创新体系本身的现代化发展进程。在建筑装饰行业企业的发展进程中，紧跟市场与时代的需求，同步构建技术创新体系日益重要。然而，加速技术创新体系的现代化进程也成为建筑装饰行业推进技术创新的重中之重。只有广泛运用现代化技术，推动建筑装饰行业向智能化方向加速发展，使技术创新体系更具现代创新内涵，才能确保建筑装饰行业内企业具有不断增强的创新活力与动力，才能确保行业内企业能更好地适应市场经济发展的需要，从而推动中国建筑装饰行业加速向现代化、国际化发展。[1]

---

[1] 谢建伟：《关于建立装饰企业技术创新体系的若干问题》，《全国建筑装饰行业科技大会优秀科技论文集》（内部资料），2003。

B.13
建筑装饰行业发展的体制创新路线

孙承平

摘　要：　中国建筑装饰行业属于国有经济退出的行业，是以民营经济
为主体的行业，体制上具有多样性、灵活性的特点，多以作
坊式、"家族式"的经营为主，经营规模普遍不大。市场机
制对企业运营起着决定性的作用，激烈的市场竞争环境，迫
使许多小企业不断退出，大企业的数量相对较少，行业的集
中度较低。大多数企业还没有建立现代企业制度，需要在五
个方面进行体制创新探索。

关键词：　体制改革　现代企业制度　集成装配式装修

中国建筑装饰行业属于国有经济退出的行业，是以民营经济为主体的行
业，体制上具有多样性、灵活性的特点，多以作坊式、"家族式"的经营为
主，经营规模普遍不大。市场机制对企业运营起着决定性的作用，激烈的市
场竞争环境，迫使许多小企业不断退出，大企业的数量相对较少，行业的集
中度较低。大多数企业还没有建立现代企业制度，需要在制度上实现机制上
的创新。

同时，这一行业本身涉及许多专业内容，对人员素质要求高。在室内设
计过程中，设计人员不仅要掌握施工相关内容，还需充分考虑业主装饰设计
需求。这就要求装修人员与设计人员在建筑装饰过程中，对建筑的结构有详
细了解，在实际装修中避免破坏建筑结构，以防止装修过程中出现频繁返工
等现象。在用人机制上要实行创新，要能育人、纳人、用人。近年来，科技

创新机制得到进一步完善，以企业为核心的科技创新成建筑装饰行业的主要创新方式，科技创新成果应用得到全面加强。如新涌现出的 BIM 技术和 3D 打印技术，从不同生产环节渗入装饰行业，新技术的出现成为推动行业发展的第一动力。在我国经济发展方式转变的关键时期，科技创新推动着行业发展方式实现重大转变，由劳动密集型向知识密集型、技术密集型转变，由价值链的低端向价值链的高端转变。云计算、互联网、物联网作为新涌现的信息技术手段，将会大大改变建筑装饰行业的生产方式和业务模式，使建筑装饰行业从纯粹的加工制造行业向服务型制造业转变，这些新的信息技术手段的融入，将会推动这一行业发生重大改革。在此背景下，企业应全面了解生产的各个环节，通过熟悉生产环节，了解行业发展趋势，在设计、加工、施工各环节上不断引入新的信息技术，不断提高创新能力和服务水平，在专业工程模数化、标准化、工业化技术与产品的研发等方面实现重大创新。

一 中国建筑装饰行业的体制特点与创新探索

作为一个历史悠久的行业，建筑装饰行业的每一步发展都伴随着体制改革与创新。改革开放以后，随着我国房地产业的迅速发展，建筑装饰行业也得到充分发展，先后经历了起步发展、徘徊发展、稳步发展、高速发展和至今的中低速企稳发展。建筑装饰行业最初大多处于无序、散乱的发展状态，政府监管也一直处于缺位、不到位的状态。直到 1989 年，才将建筑装饰从建筑行业分离单独监管，以《施工企业资质等级标准》文件的颁布为标志，国家建设部制定并实施的这一标准，将建筑装饰行业作为一独立行业，这一行业从附属行业成长为一独立行业，也终于得到国家相关部门的认可；随后国家分别于 1996 年和 1997 年制定并实施了《建筑幕墙工程施工企业资质等级标准》和《家庭居室装饰装修管理试行办法》两份标志性文件，对建筑装饰行业两大领域建筑幕墙和住宅装饰进行专门管理和规范。国家建设部于 2001 年全面对建筑装饰工程设计企业进行清理和规范，《建筑装饰工程设计企业资质等级标准》得以修订并出台，这一新的标准颁布，引导着企业在发展过程中找目标、对差距。同年，国家对家庭装饰工程的质量要求、结构安全和验收规则有了明确要求，建设部会同有关部门发布《室内装饰工程质量规范》。在加强安全生产的监督管理方面，以《建筑施工企业安全生产许可证管理规定》颁布为标志，建设部严格规范建筑施工企业的安全生产条件。2007年建设部为了加强对建筑活动的监督管理，促进建筑业的健康发展，颁布了《建筑业企业资质管理规定》，这一文件的颁布不仅能保证建设工程质量安全，而且大大有利于维护公共利益和规范建筑市场秩序。2015年，随着一批行业管理标准出台实施，新的建筑装修装饰专项工程设计资质标准及新资质标准实施细则与2014年11月6日公布的建筑装修装饰专业工程承包资质标准一起，标志着行业新的资质标准体系构建，对行业内的所有企业来说，都需要按照新资质标准进行管理和就位，推动企业从自发发展向常态化管理转变，是行业深化体制改革的重要举措。由于新的资质标准在考核指标体系上进行了重大的调整，企业在人才结构等方面进行重大调整必须按照新资质标准进行。

（一）提升行业集中度成为体制改革顺利推行的基础

建筑装饰行业成长性较好，但是进入门槛相对较低，市场竞争激烈。相关数据显示，2016年，我国建筑装饰企业总数达到13.2万家，企业总数较多，但企业单体规模普遍偏小，呈现一种"大行业，小企业"的行业格局。但随着建筑装饰行业发展层次的提升以及市场成熟度的提高，行业的集中度随之得到提高，大企业、龙头企业配置资源的能力进一步强化。2016年我国建筑装饰企业数量继续减少，比2014年减少了约0.3万家。[①] 退出市场的企业从区域分布来看主要集中在三、四线城市，且大部分没有资质资格；从企业规模来看，主要以小型及微小型企业为主，大多承接住宅散户的装修装

---

① 王本明：《2016年度中国建筑装饰行业发展报告》，http://www.cbda.cn/html/yj/20170504/108995.html。

饰。总体来看，企业退出门槛的标准是，有资质的企业退出市场的极少，资质将逐渐成为这一行业发展的标尺。行业内高知名度的企业、品牌企业，在速度、规模及发展前景上，远高于行业的平均水平。作为行业集中度提高的一种表现形式，企业品牌资源所起的作用越来越大。企业总数减少、企业规模壮大、行业集中度提高，将会全面影响到行业、企业、管理及发展品质，将对行业的体制创新产生根本性的影响。

（二）体制创新要充分考虑市场经济环境

目前，建筑装饰行业企业结构是以中小民营企业为主，这种企业结构大多是在市场经济环境中培育的，从而决定了企业内部运营机制大多能根据市场变化而快速调整经营策略，具有灵活的市场特性和较强的生命力，能够在激烈的市场竞争中发挥"船小好掉头"的优势。近些年来，不少企业根据市场对其产品的需求变换的更新，大幅度调整企业的产品方向，甚至企业的经营方向也发生重大改变。有的建筑装饰企业采取战略合作的模式，加大与施工企业、开发企业合作力度，努力改变经营单一性，开创合作共赢的新局面。2015年市场经营环境发生重大改变，住房和城乡建设部开展建设工程质量两年治理活动，建设行政主管部门转变监管方式，由事后监管转向事中监管，在巡查、排查、抽查力度上进一步加强，市场环境得到净化。在治理活动中不断暴露出现的各种问题、矛盾及潜规则，将是行业未来深化改革的重点和方向。只有通过体制及机制的调整与完善，才能使市场环境更为科学、公正、规范，才会从本质上规范市场秩序和工程运作方式。

（三）产权制度改革趋向多元化

产权制度仍然是制约建筑装饰行业体制创新的重要原因。近年来，建筑装饰企业产权制度改革已有较大推进，趋向多元化，改变了企业股权过于分散的现状，有的企业引入外部力量进行股份制改造，通过内外部力量结合，体现体制创新的优势。但总体来看，产权制度多元化程度仍然不够，改革仍然相对滞后，许多企业决策主要还是大股东说了算，股份制改造停留在表面上。相当多的企业股份制改造的时候，主要依靠自有力量，较少借助外部力量，企业旧的、原有的力量仍占支配地位，引进性、输入性的力量很弱，从而使体制创新对企业发展的推动力减弱。实质意义上的产权制度多元化仍然有很长的路要走。

（四）以龙头企业为核心的分工、合作机制的逐步确立

围绕龙头企业，建立以中小企业的合作、分工配套机制是我国建筑装饰企业健康发展的根本。以往民营企业之间的分工、合作程度比较低，专业化发展缓慢，许多中小民营企业"小而全"，全面铺开，依靠自身的力量、自有的资源缓慢成长，不愿意承担合作的风险，分工的风险，从而抑制了企业专业性、特色性。另外，许多大企业本来可以通过产业链内分工的方式，把一些部件分给专业化的中小企业来做，但有相当部分大企业也通过扩充产业环节，全部纳入自有生产体系中。通过龙头企业的品牌、技术、质量、研发等的带动能力，整合市场中小企业的资源，形成有效的分工、合作机制，是推动行业有序发展的关键。由于许多中小民营企业的诚信度不足，难以在市场竞争中生存，利用与龙头企业配套的机会，提高自身技术能力，达到共同进步的目标。

（五）管理体制创新的多领域多层次展开

体制创新成为建筑装饰企业改革与发展的动力。现代管理成为企业体制改革中必须学习的一课，现代管理也成为企业提升发展水平的一种方式。近年来，越来越多的企业结合自身发展需要、实际特点及战略规划，创新企业管理体制。股权体制创新是管理创新的重点，如运用经营者控股，股票期权、技术持股、职工持股，股权转让给风险投资公司或外资，引入公司法人治理结构等方式，实现所有权与经营权的分离，采取职业经理经纪人制度，设立规范的有限责任公司，等等，使建筑装饰企业的管理体制多种多样。

二 中国建筑装饰行业发展的体制创新的阻力

（一）政策法规滞后，多部门管理严重

建筑装饰行业中存在着一系列的法规、标准、政策，但往往存在一定的滞后性，不符合行业发展的实际要求，指导性较弱，可操作性较差，执法依据不充分。虽然建筑装饰行业快速发展，但行业的规范性还较差，法律法规、技术规范和技术标准虽然陆续制定并出台实施，但以技术标准和市场标准为主要内容的法律法规体系还处于刚起步阶段，还处于完善提升的过程中。存在多头监管的现象，综合执法联动性较差。比如工商部门、建设部门、质监部门和环保部门等多个部门具有监管装饰市场的权力，既存在多部门介入的情况，又存在多部门互相推诿的情况。有时存在多部门监督同一个环节的情况，比如建筑装饰中的质量监督，则存在着重复监管的问题，人力物力极为浪费，工作效率也变得低下，而问题出现时，在处理问题、解决问题时又会出现无人管、无人问的局面。

（二）市场规范性差，有效管理存在缺失

建筑装饰行业稳定健康发展需要有效的市场规范和机制作为保障。近几年，我国建筑装饰市场环境才发生改变，慢慢变得规范与有序。从人员配置来看，专业人员较为缺乏，无证上岗人员还是有相当比例的存在。从区域一体化建设来看，区域保护严重，各地市场分割，无法监管到不正规企业，一体化建设任务还较为繁重。从市场秩序来看，监管手段缺乏及不到位的时候，容易造成市场秩序混乱。特别是肢解工程、违法分包等现象依然存在，建设方不按法定程序，存在着总承包方私自转包，在转包过程中，容易造成责任主体混乱，出现问题时，则相互推卸责任，无法及时处理问题。此外，监理企业的责任意识也不强。在建筑装饰市场上，也一定程度上存在"劣币驱良币"的现象，如合同欺诈、质量粗劣、保修无门等，给依规操作的

企业带来很大的困扰。同时，从法律标准来看，企业资质管理、招标与中标等管理方法，还缺乏相应的法规与法律标准，使许多不正规企业找到了生存的漏洞。因此，市场有效管理的缺失是我国建筑装饰行业体制机制改革要解决的重点问题。

（三）行业规模化生产水平低

"大行业、小企业"是我国建筑装饰行业的主要特征，从而决定了企业的规模相对较小，无法取得规模效应。从经营模式来看，大部分小企业在经营管理方面仍局限在传统经营模式上，以家族管理为主，没有及时创新经营模式。同时品牌意识较差，无法通过品牌整合企业资源，抗击市场风险能力较差。整个行业集中度较低，分散化生产无法实现规模化效应，使企业的资源配置达不到最优。目前来看，装饰市场急需高水平的专业技术人员和管理人员，这部分人员的缺乏极大阻碍了行业规模的扩张。从统计数据来看，大部分的从业人员没有得到系统的专业学习与培训，部分人员对装修流程是略懂皮毛，而且这些人员从基数看上比较庞大。

（四）行业内恶性竞争未有效扭转

建筑装饰行业近年虽发展迅猛，但产业化发展水平还较低，存在着产业链建设的滞后状况。从市场环境来看，严重的恶性竞争阻碍了产业化水平的提升。具体表现为许多企业为承揽更多业务，通过违规行为，采取不正当手段来破坏市场环境。为达到中标目标，以低价低质方式扰乱市场行为。为保证能够获取更多利润，装修市场的不规范行为也相当多，如偷工减料、降低装修质量等问题屡禁不止。建筑装饰业一直是投诉量较多的行业，充分说明质量问题较为严重。施工管理不规范、不严格，将直接导致工程存在质量安全隐患。恶性竞争的直接后果将会导致市场机制的扭曲，导致价格传导机制失灵，无法在市场上体现质量与价格的相关性。装饰工程领域通常所采用招投标制度，虽然总体运行较好，但也存在一些缺陷。比如在获得订单方面，一些企业往往不惜低价中标，成本难以维持，便通过偷工减料来减少成本，从而获取企业的平均利润，或者用随意变更原合同内容的方法完成工程项目。通过种种不正当手段完成的工程项目，大多造成装饰质量不高，甚至是"豆腐渣"工程，低水平、低质量的建筑施工也妨碍了建筑装饰行业的发展，新技术、新材料、新工艺无法有效得到应用。

因此可以从以下几个方面着手推进。

第一，构建公开的诚信体系，夯实行业发展基础。首先引导装饰装修企业公开报价、合理报价，通过价格传导机制，推动行业依法经营环境的建立，最终形成和谐的装饰装修消费环境；从需求层面，要对消费市场进行合理引导，引导消费者合法、合理消费，通过确定设计收费标准，公开承包方式与报价，建立和完善装饰市场价格体系即装饰指导价。

第二，装饰装修市场价格体系的建立与公开。调动各方力量，建立公开、透明的市场价格体系。依托多方面力量，如行业协会、企业及相应的主管部门，从费用管理切入，重点管好各类费用，优化好费用结构，以有效监管来推动市场价格体系的建立。

第三，强化装饰装修行业培训及再培训，全面提升从业人员水平与素质。对业务培训要分类进行，对装饰装修企业专业技术人员要强化业务知识的培训，而对管理人员的管理知识要加大培训。加快培养出一大批产业工人。大力提高施工人员专业技能水平，以尽快适应当前装饰装修行业在体制改革过程中对技术过硬的一线施工人员的需求。在人员的培训和储备上，在发展阶段转变的过程中，人员配备上要满足集成化、工厂化生产的需要，产业化的竞争、品牌的竞争已成为各装饰行业的主要竞争，人员的竞争要满足人员水平与行业发展水平协同性的要求。

第四，加大对装饰装修市场的事中、事后监督。把综合治理和社会监督相结合、专项检查和日常监管相结合，整顿和规范装饰装修市场秩序，找准切入点，加大对工程建设程序化的监督与管理，对违法违规行为要加大查处力度，如装修中破坏结构安全的现象、使用不合格的装饰材料、无资质施工现象、非法挂靠等。

三 中国体制创新路线的重点

2016 年国家在宏观经济政策上加大了改革的力度，旨在进一步激发市场、企业的活力，使宏观经济政策环境有了较大的改善。为减少企业社会管理的成本，国家对建筑业企业资质申报、考核制度实行改革；为减轻企业工程运作的资金压力，实行了关于工程保证金制度的改革；在国家营业税改增值税的税制改革的背景下，企业的税务负担得到一定程度的减轻；在政府简政放权、发挥税收中性作用、不断完善市场机制的背景下，建筑装修装饰市场的政策环境向有利于企业发展的方向转换。体制创新是行业转变经济增长方式的基础。要结合建筑装饰行业发展现状，立足国情和产业发展阶段，顺应国家发展战略要求，以点带面创新体制路线。

（一）塑造品牌优势，筑就企业核心竞争力

随着市场环境与政策环境的转变，企业自身需要不断调整经营管理理念，采取品牌经营方式，来推动企业的体制改革。依据企业发展阶段，调整企业战略，引进其他行业先进的管理方式。规范的竞争手段和正确的竞争理念是推动市场有序竞争的重要基础。差异化发展是品牌塑造的重要一环，通过差异化将自身优势展现出来，以此进一步提高市场占有份额。品牌建设对装饰企业竞争力至关重要，从多个方面影响着企业的发展。品牌不仅综合了企业的形象和实力，而且品牌的价值越来越重要。面对激烈竞争，建筑装饰企业应该全面调整战略计划，制定相应的市场价格，树立个性鲜明、辨识度高的企业专属品牌，积极加强品牌的建设和经营。品牌营造第一步可以通过多种形式的广告投放，从而达到宣传、认知的目的，品牌后期运营更多通过创新设计、提升工程质量和完善售后服务体系等来实现品牌的一体化管理，筑就企业自身的核心能力。

品牌建设的重要依托是产品的质量，要想在竞争中立于不败之地，要加强建筑装饰工程的质量管理，努力提高装饰工程自身质量。为有效提高质

量，建筑装饰企业可采取实施全面质量管理，或按 ISO9000 系列标准来管理质量。争取每一个设计、每一项工程、每一处细节成为精品，以质量意识和精品意识来打造企业的品牌形象，收获创造精品的品牌荣誉。

（二）发挥行业组织的作用，促进组织管理创新

中国建筑装饰行业协会是政府与企业之间的纽带和桥梁，要起到指导、引导的作用，指导行业内企业不断提高全面适应社会、市场发展变化能力，推动行业健康、可持续发展。行业协会要站在行业发展的制高点，研究制定行业发展的规划、规则、规范，提升自身的领导力、凝聚力和权威性，增强对业内企业的服务能力。要通过制定行业中长期发展规划、行业标准与规范，开展行业内评价活动，搭建行业与相关行业、社会的交流合作平台等，指导业内企业在社会、市场变革和供给侧结构性改革中科学决策、准确定位、合法经营、稳健发展。

（三）推进社会化协作大生产，实现企业组织、管理结构创新

通过市场机制的作用，推动行业内部的企业结构调整，以重组、整合和兼并等方式，推动企业结构的优化，实现企业组织方式创新。采取合作、联盟、合资等多种形式，促进社会化协作，大力推动建筑装饰行业走产业化发展的道路。社会化协作的大生产主要是以工厂化为依托、设计为龙头、材料为基础、配送为纽带的一种链条形式，推动企业以资本、市场、技术为纽带的联合、重组、兼并，形成能够抵御市场风险，有核心竞争力的优势企业。在市场的需求和自身的条件发生变化时，企业应及时调整经营结构，利用自身的优势融入社会化大协作中去。企业的赢利能力和水平与企业发展道路的选择密切相关，一般而言，专业化发展或集团化发展的道路会大大提升企业的赢利水平。各级行业协会、社会组织、行政管理机构要继续贯彻"扶大、扶优、扶强"的方针，推动企业做大做强做优，推动企业结构优化，形成有利于行业产业化发展的企业单元。

建筑装饰施工组织管理的创新，主要是在传统管理工作基础上，融入更

多现代化元素，对管理方式进行创新，优化人力资源管理、现场管理和物质资源管理，促使组织管理得到有效的创新。人力资源管理主要以施工队伍管理为核心，根据实际情况合理制订施工组织计划，配备施工队伍的人员数量和结构，从而满足工程建设要求，保障施工质量，产生更大的经济效益；施工现场管理主要以施工现场为核心，推行安全文明施工活动，落实临时用电、用水以及基础设施施工活动；物质资源管理则是强调辅助材料的管理、施工机械设备管理和施工工具管理等。

（四）大力推进集成装配式装修，构建集成化建筑装饰施工体系

大力推进集成装配化理念，从而改变传统装饰施工的弊端，激活体制。将新的理念应用到建筑装饰施工过程中，提高施工质量和效率，降低装饰成本，构建集成化建筑装饰施工体系。中国建筑装饰行业逐步摆脱传统劳动密集型的生产方式和传统的建筑装饰施工技术，正在向知识集约、资金集约型转变，以满足当今社会快速发展的需要。

通过整合主要生产工艺，并对相应成品进行组合加工，发展成集成式装饰施工方法，这种"集成装配式"的施工方法逐渐成为行业变革的代表。建筑装饰行业是一种综合性强的多元化复合行业，随着工业化不断推进，尽管不断提高其设计质量和工艺水平，但装饰工程施工中的诸多弊端仍然无法解决。具体表现为：一是工程施工工序繁杂，工期冗长，施工管理难度较大等问题；二是大多企业仍以小机具手工操作为主，工艺水平不稳定，效率低下，施工质量难以保证；三是小规模单体施工的操作方式，以往传统分散式的各工种独立操作，拉长了生产环节，投入成本增加，集约化程度较低，导致单个装饰工程项目的造价颇高；四是施工过程中产生空气污染、粉尘污染和噪声污染，并伴随着施工现场产生的大量垃圾，整体来看，环境污染还是较为严重。为了从根本上改变传统装饰施工技术的各种弊端，以及构建新型建筑装饰施工体制，必须大力推进集成装配。一是主要构件的重组，依据相关系列进行重组主要构件，包括将主要构件的加工、制作与安装。二是构件主体的工厂标准化加工和装配。构件主体以构件单元的形式出厂，随后在装

饰施工现场进行集成、组合、安装，从而改变了传统的装饰现场主要依据手工制作的生产方式。[①] 这种新型的施工机制，实行整体化装配，最后装饰施工达到模块化。这种方式改变了传统的装饰工程机制，逐渐形成新型的操作模式，其主要标志为设计标准化、制造工厂化、施工成品化。室内装饰工程的重大转变主要从手工化直接提升到模块化，在各个施工环节达到了一体化与整体化，模块流程目前已逐渐应用于室内设计、模块生产、模块装配、模块化切割设计、功能完善等，特别是对各种大型的建造工程已成为建造领域的风向标。集成化设计主要推动装饰构件标准化和通用化，从以往单批量小规模生产向大批量的生产进行转变，将极大地理顺我国建筑装饰行业的发展机制。但在推行集成装配化时应注意几个要点：一是施工场地标准化；二是施工进度流程化；三是安装操作专业化；四是施工技术规范化。

（五）积极推进个性化装修，切合未来置业的发展需求

精装楼盘作为装修行为推出的新概念，具有节能、环保、个性、实用、省时、省力等特点，能够不断满足日益挑剔的市场需求。当前，我国各主要城市都已经推出满足现代节奏的精装楼盘，精装楼盘成为很多人购房的主要选择，并且这种推广面越来越大，精装比例不断提高，精装住宅俨然已成未来置业发展的新趋势。

精装楼盘从发展上也是分几个阶段推进的。从简单式拼凑、品牌化运作到精装修大众化，成为精装发展的主要路线。最初阶段的精装修房以简单式拼凑为主，只局限于样板房，装修的内容简单，也较粗糙，主要让消费者了解房子的格局，增加感性认识，仅停留在表面。第二阶段则重点关注品牌化运作。从2001年至2006年，装饰行业因为商品房的活跃而迎来了发展的商机，精装修开始真正走入人们的生活。这个阶段的精装修房考虑到实际居住的问题，装修质量有了明显的提高，选购知名品牌的装修产品，装修品位得

---

① 王睿：《建筑装饰施工技术"集成装配化"的应用探讨》，《现代装饰理论》2015年第10期。

以提高。2007 年以来，主要是精装修大众化。这一时期由于楼价的大涨，开发商采取多种方式吸引消费者买房，精装修成为主要的推广方式，通过捆绑式销售，在购买高价楼房时，消费者得到较为实在的优惠。至此，精装住宅开始进入大众化时代。①

作为市场新宠，建筑装饰行业的改革方向，精装房之所以受到推崇，有多方面的因素。第一，减少流程，省时省力。精装修模式下，建筑行业与建筑装饰行业密切结合，一些必要的装修已融入建筑环节中，消费者面对装修的细节、环节及效果，将产生直观感受，避免了各种纠纷的产生，实现装修过程规范化。第二，精装修成本更低、减少投入。由建楼到装修实行一体化，成为即为可用的终端产品，消费者处理的中间环节很少，投入就会节省很多。此外，装修材料从零销购入方式转为统一采购，批量进货，价格上具有优势，能够以同样的价格选择更好的材料，即"同质价低、同价质高"，会节省相当一部分成本。第三，整体设计、统一风格。精装修房能够为业主提供高质量的居住环境。将住宅设计与装修设计有机地结合，住宅的品位得到进一步提升，由于住宅装修规模较大，开发商在设计单位和设计师选择上，着重考虑有实力、有信誉的，进行各种住宅套型的精装修设计。第四，绿色环保、低碳健康。在精装修模式中，大部分的装修在交房前完成，留足时间来挥发有害物质。而传统装修一方面存在对室内环境的污染，装修房屋内残留了大量有害的挥发物质，对健康很不利，另一方面是对周边环境的污染。装修过程中对周围居住者制造了严重的噪声污染。

未来精装房发展走向将分为三种：简约化精装修房、标准化精装修房和个性化精装修房②。而在当前，个性化的尝试将满足市场的各种需求。比如，"全菜单"式的装修服务方案。要最大限度满足购房者对于装修的个性化需求，必须从供给与需求两方面来着手。虽然精装住宅存在不少缺陷和问题，存在着精装房质量不"精"等焦点问题，但在发展中会逐步解决这一

①　《精装住宅将是未来置业发展的新趋势》，中青湖北网，2015 年 3 月 31 日。
②　王海霞：《精装住宅将是未来置业发展趋势　个性化装修是发展方向》，《中华建筑报》2015 年 3 月 27 日。

问题。总体来看，发展精装虽然存在一定问题，但所带来的好处也很明显，这些问题可以通过市场竞争来逐步规范，逐步从不同层面不同角度满足消费者个性需求。从国际上发达国家住宅建设实践以及住宅自身的发展规律来看，精装修是市场进步的表现，也是开发商为大众提供的便利，是住宅建设发展成熟的必经阶段。

（六）大力推进技术体制创新，促进科技进步

行业技术进步最大的依赖在于形成技术创新的体制和环境。进一步确立以企业创新为主体的技术创新体制，形成以市场为导向的产学研资相结合的创新环境。行业协会在创新环境中主要起到服务作用，搭建企业同高等院校、科研机构的联系和合作的桥梁，推动创新要素的流动。政府在科技创新中发挥引导作用，制定技术创新规划和政策，引导企业的创新方向，鼓励企业加大技术创新投入，通过建立各种创新基金，引导社会资源进入，特别是节能、环保技术项目，要加大支持力度，提高企业自主创新的能力。完善创新环境建设，重点完善我国知识产权保护的法规体系，实现技术创新的价值，使知识产权的产权人得到法律保护，实现其经济收益。

为行业技术发展和企业的技术创新提供更大的支持，要在各类科技基金申报、立项、审批、执行中进行管理制度创新，尽快形成支持建筑装饰行业增长方式的新技术体系。通过强制性标准、规范、严格执法来约束企业，要在科技成果的推广、应用、普及上加大力度，要给予物质与精神双重奖励。在科技创新中要对重大节能、节水技术给予重点支持，避免眉毛胡子一把抓的现象，实施项目筛选机制。要通过常规材料的模数化、标准化，推动施工技术的规范化，形成统一的操作规程和工艺纪律。统一的、标准的工法的推广，是工程的质量水平和效率水平的重要保证。推动行业技术升级换代，要以规范、标准、导则、指南等技术法规为基础。对已经成熟的整合、集成实用技术，要形成规范的使用框架；对正在研发、试用的实用技术，尽量结合国际前沿和产业发展方向，提供技术发展方向的指导。对影响行业技术发展方向的关键技术，要尽快编制指南或指导意见。要通过技术立法、普法和执

法，带动企业技术结构的变化和主要技术的更新换代。要通过企业设计、施工技术的发展，推动行业整体由劳动密集型行业向技术、艺术密集型行业转化，实现行业的产业化技术升级，从而为转变行业经济增长方式提供全新的技术支持①。

（七）培养专业施工技术管理人才，创新人才管理机制

建筑装饰以及其他任何领域，在发展中都要依托高素质人才，人才管理创新将对行业发展有根本性的促进作用。建筑装饰业对人员素质要求比较高，人员素质的高低将会直接影响到整体的装修质量，设计人员或装修人员如果出现失误，将会直接导致装饰工程的不合格。在人员素质方面，设立资质标准进行考核，从而筛选出符合要求的设计师及装修人员，严厉禁止不合格人员上岗。行业标准的不断提高与变化，与之相应地要对从业人员开展继续教育和培训，使装修人员整体能力与建筑装饰业发展适应起来。通过培养专业的人才来提高技术管理水平，从各个层面合理配置人才，使人才结构得到优化。实践表明，装饰施工企业市场竞争力的主要来源在于高素质的人才。要重视人才定期培训、定期学习，重视内部的人才培养，制定适当的培养对策，发掘人才的潜力。复合型人才是当前建筑装饰企业最为急需的，这种既要有技术又要懂管理的人才对企业的发展往往起到关键性作用。

产业工人队伍建设是行业专业化的基础条件。在2014年颁布实施的新建筑业企业资质标准中，把施工现场管理人员和专业技术工人列入建筑业企业取得资质的基本考核条件，将专业工人队伍建设纳入资质考核的基础条件，是一次重大的制度创新，对推动行业专业化发展具有深远的现实和历史影响力。结合我国"中国制造2025"中人才队伍建设战略和国家中、高等技术教育的现状，企业、行业的人才结构将产生重大调整，预计"十三五"期间将是我国建筑装饰行业工人队伍建设的快速发展期，也是施工人员专业技术水平的快速提高期，对推动整个行业专业化将产生重要的原动力。

---

① 小佳：《实现建筑装饰行业的经济再增长》，《混凝土世界》2017年第1期。

B.14
后　记

　　2016 年 7 月，"建筑装饰蓝皮书"创始本出版发行。中国建筑装饰协会联合中国社会科学院相关院所学者、行业专家和高校学者成立的课题组，第一次较为全面地从经济学、社会学、装潢设计学、管理学、文化学等角度系统梳理了建筑装饰行业近 30 年的发展状况、存在问题和发展前景，为行业转型升级以及精准管理提供了决策参考。蓝皮书以企业调查数据库为依托，力求给行业发展提供第三方独立评估视角。2017 年是课题调研和蓝皮书编写工作展开的第二个年度，主题聚焦于中国建筑装饰行业的创新发展。

　　蓝皮书的年度主题和写作提纲由编委会讨论决定，委托主编组织相关专家学者展开调研并撰写，全篇研究报告由编委会审定后编辑出版。执笔人主要是中国社会科学院社会发展战略研究院、工业经济研究所、研究生院，以及其他高校及相关机构专业研究人员，具体如下：B1 由葛道顺（中国社会科学院社会发展战略研究院研究员）、卢娟（中央文化管理干部学院副研究员）执笔，B2 由吴陈锐（中国社会科学院研究生院数量与技术经济系博士研究生）执笔，B3 由刘芳（中国社会科学院研究生院政府政策与公共管理系博士研究生）执笔，B4 由张旖旎（中国社会科学院研究生院社会发展系博士研究生）执笔，B5 由陈晓东（中国社会科学院工业经济研究所研究员）执笔，B6 由任羽菲（中国社会科学院研究生院数量与技术经济系博士研究生）执笔，B7 由林锦权（《照明周刊》新闻副主编）执笔，B8 由胡伟（中国社会科学院工业经济研究所博士后）执笔，B9 由胡婕婷（中国社会科学院研究生院社会发展系博士研究生）执笔，B10 由戴翔（中国社会科学院工业经济研究所博士后、南京审计学院教授）执笔，B11 由吴陈锐（中国社会科学院研究生院数量与技术经济系博士研究生）执笔，B12 由胡伟（中国社会科学院工业经济研究所博士后）、陈晓东（中国社会科学院工业经济研究所研究员）执笔，B13 由孙承平（中国社会科学院工业经济研究所助理研究员）执笔。

　　蓝皮书是独立第三方的评估利器，所以原则上要求编写组由独立的专家学者组成，以不影响总报告和专题报告客观公正地反映和讨论行业发展问题。蓝皮书编委会是开放的，可以覆盖全行业和各相关部门和机构，期待广大企业、政府管理部门、研究和教学机构都能为建筑装饰行业发展出谋划策。一个多元的编委会更能有效指导编写组的具体调研和写作，做到既注重实践经验，也突出专业知识和行业发展规律，同时尊重政府出台的各项政策和规定，从而更好地保证行业研究和蓝皮书研发的科学性和连续性。但是，相对于行业发展的复杂性，课题组和执笔人在有限理性和信息不对称的环境下开展工作，加上经验、能力和知识的缺乏，各项报告的偏差和谬误难以避免，恳请广大同行和读者给予批评指正。

编委会

2017 年 8 月 26 日

B.15
致　谢

　　"建筑装饰蓝皮书"的策划调研、撰写出版得到了深圳市建艺装饰集团股份有限公司、深圳瑞和建筑装饰股份有限公司、深圳市特艺达装饰设计工程有限公司、江苏南通三建装饰装潢有限公司、上海新丽装饰工程有限公司、德才装饰股份有限公司、雷士照明控股有限公司的公益性资助，在此，编委会深表谢意。同时，本报告是中国建筑装饰协会委托第三方课题组完成的正规出版物，对外发布的行业相关信息仅供行业及上下游参阅，企业及有关方面应谨慎采用。

Abstract

The outline of the national innovation-driven development strategy, issued in May 2016, points out that innovation has become the first driving force to lead development. As the urgent need to use technology to achieve transformation and upgrading of the building decoration industry, both the cultivation of innovation-driven mechanism and capacity development of enterprise is the key move. Based on the industry survey, with the theme of innovative development, the Blue Book of Building Decoration research group prepared this *Annual Report on the Development of Chinese Building Decoration Industry* (*2017*).

Based on the national implementation of innovation-driven development strategy, the report develops its discussion on the present situation and problems of innovative development in China's building decoration industry. The General Report analyzes the progress and characteristics of the innovative development of the industry by using enterprise survey data, and specifically explores the overall innovation based on BIM system, parallelly discusses the other kinds of innovation involved, such as the chain innovation, the integrated innovation and the system integration innovation resulting from the involvement of technological application. The report also analyzes the driving mechanism of technological and mechanism innovation on the enterprise level through cases analysis, and puts forward the pain point theory with industry characteristics.

The Market Reports include three parts, respectively elaborating the development of China's public building decoration market in 2016, the development and innovation of the housing decoration market, and the development and innovation of the soft decoration market. The Reports on Design and Material include three topics, which are discussed respectively on the market development of building decoration design industry, market development of building decoration materials, and the innovative development of China lighting market. The Enterprise Reports discuss the status of enterprise culture innovation in the industry and the path of innovation of CSR. The Development Reports are composed of four reports, which respectively discuss the current development situation of the industry design talent, fabricated decoration effect on the industry development, and the development paths both of technological innovation and system innovation of the industry.

Generally speaking, the innovative development of China build decoration industry is just unfolding. The backbone enterprises have preliminarily formed the core technology with independent intellectual property rights, while the leaders are already transforming into innovative enterprises, taking the initiative in innovative decision-making, R&D input, scientific research organization and application of results, and fostering institutional mechanism for promoting total innovation. It looks forward to that the building decoration industry in our country can make a curve overtaking during the fifth generation innovation focuses on network system integrated technology, thus promote a rapid and efficient transformation and upgrading of industry, and improve the competitiveness of the industry in the world as a whole.

Keywords: Building Decoration Industry; Creative Innovation; Technical Innovation; Institutional Innovation; BIM Overall Innovation; Pain Point Theory

Contents

I   General Report

Abstract: Under the background of implementation of national innovation-driven development strategy, the report analyzes the progress and characteristics of the innovative development of building decoration industry by using the enterprise survey data. Based on the case study, this report discusses the developing status and trends of the innovation of business model and management mode in the industry, as well as the mechanism and the effect of the technical innovation; The report specifically explores the overall innovation based on BIM system, and the other kind of innovation involved, such as the chain innovation, the integrated innovation and the system integration innovation resulting from the involvement of technological application. The report also analyzes the driving mechanism of technological and mechanism innovation on the enterprise level based on case analysis, and puts forward the pain point theory with industry characteristics.

Keywords: Building Decoration Industry; Innovative Development; The fifth Generation Model of Innovation; BIM Technology; Pain Point Theory

Ⅱ   Market Reports

B. 2   Public Building Decoration Market Development Report   / 050

Abstract: In 2016, public building decoration industry develop steadily for the better, the output value amounts to 1 trillion and 840 billion yuan, with an increase of 5.7% . Although the macroeconomic situation is severe and complicated, the new building decoration project has decreased, relying on the stock of architectural decoration, public architectural decoration industry still maintained a steady and rapid growth. Among them, the differentiation of listed companies development is very serious, and excellent enterprises cluster is mainly concentrated in the more developed provinces in the east. Industry concentration is still low, the number of small and medium-sized enterprises is huge, and the output value of leading enterprises accounts for a lower proportion of total output value. In 2016, The Belt and Road initiative further promote public enterprises, significantly enhance the enthusiasm of enterprises, and constantly improve the level of information technology. With the steady progress of The Belt and Road initiative, in-depth implementation of the supply side structural reform, development of tourism, public building decoration industry will usher in a new development momentum. Facing the complex and severe economic situation, as well as the bottleneck of the development of the real estate industry and its own industry, we must actively promote the transformation and upgrading of the industry. Actively promoting the green environmental protection decoration, advocating "Internet +" business model, developing intelligent decoration, strengthening the construction of talent team, improving the level of innovation and the level of information, with the capital strength to promote the steady and healthy development of the industry.

Keywords: Public Building Decoration; Transformation and Upgrading of the Industry; The Belt and Road Initiative; Supply Side Structural Reform

B. 3　The Analysis of the Apartment Decoration's Present Development

/ 074

Abstract: The vigorous development of China's real estate stimulated the rapid development of apartment decoration market, and accelerated urbanization and increased consumption strength promoted the market to improve product and service quality. Meanwhile, the structural reform of supply-side has made higher demands on operation and management over apartment decoration. The apartment decoration market has been in the trend of sustained and stable growth, and in the multi-demand, the market is seeking the new development in order to meet new challenges. The new development focused on the use of the internet technology in order to promote the realization of " home Internet plus ", such as building apartment decoration platform, and cooperating with mature internet platform. At the same time, large companies have been trying assembly line production, modular design, BIM design system, WEB customer tracking management system, in order to improve operational efficiency and enhance competitive strength.

Keywords: China's Apartment Decoration; Internet Plus; Operation and Management System

B. 4　The Development and Innovation of Soft Decoration Market

/ 096

Abstract: Recent years, soft decoration has attracted more and more attention from all walks of life. In the research report of 2016, we teased the basic situation of soft decoration market in China. In response to the report of 2016, this chapter will discuss the new topic of soft decoration study—the development and innovation of soft decoration market. This chapter will discuss from three aspects: the operating result of soft decoration market, the transformation and breakthrough of the market operation mechanism of soft decoration, and the exploration of the innovation of soft decoration market. The first section introduces the operating results of soft decoration market, analyzes the product structure and market tendency of soft decoration, and describes the development scale of soft decoration market. The second section describes the transformation and breakthrough of the market operation mechanism of soft decoration in China. Through several classic cases, this section divides the market operation mechanism of China soft decoration enterprises into two types: entrepreneurial enterprise and strategic enterprise. Among them, entrepreneurial enterprises include: Back to Nature, Union of Chinese and Western and "Internet +"; while, strategic enterprises include: Opening and Win-Win and platform transformation enterprises. The third section provides an outlook of the future of the soft decoration market of China: Internet of Things and Community Economy, and gives constructive suggestions for soft decoration enterprises. We also make suggestions for soft decoration enterprises on the background of the political idea of rent and sale with the same rights. This chapter argues that under the background of the new macroeconomic and policy influence, the traditional competitive strategies, such as "price war", will gradually lose their advantages. Therefore, the new opportunity for soft decoration enterprises to occupy the market in the future will be technical capital infusion and personalized product service innovation.

Keywords: Soft Decoration Market; Innovation; Transformation; Technology; Service

Ⅲ   Reports on Design and Material

Abstract: Since entering the modern society, human lifestyle, forms of living and urban development have undergone profound changes. In order to effectively prevent environmental pollution and ecological damage, human beings must study and design and apply building decoration to the whole environment so as to realize the harmony between man and nature. With the improvement of the income level and quality of life, people's demands for living environment are higher and higher, and the building decoration is constantly being paid attention to. The housing of urban residents in China has gone out of the times of shortage, and the demand for housing is changing from the essential type to the comfortable one. Building decoration design market development is just right.

Keywords: Building Decoration Design; Integrated Environment; Market Development

B. 6 An Analysis of Development and Innovations of Decorative Building Materials / 134

Abstract: This chapter sums up the problems and future trends of decorative building materials in China, based on the analysis of the overall situation of decorative building materials`market, combined with the new political orientation, including two aspects of raw materials and assembling module materials. The existence and innovation of Chinese building decoration material problems and future trends are summarized. In addition to the general analysis of decorative building material, this chapter also did an analysis of sub-sectors including the markets of building curtain wall, wood flooring, coating materials, architectural ceramics, glass, plastics, stone, kitchen& bath and lighting appliances. Wherein the analysis for curtain wall includes classification and development, the distribution of businesses, the industry chain, the environment of industry`s development, Porter's five force model analysis, case studies and other industry leaders. Analysis of the current situation of other materials includes wood flooring production overall situation and the industry competitive landscape, the current situation analysis of coating materials, architectural ceramics, glass and plastics, size and growth prospects of the stone market and industry risk. Through the above analysis of the overall situation of decorative building materials market, this chapter gives an rough depiction and the corresponding market forecast, which aims to provide a reference to understand the decorative building materials market.

Keywords: Decorative Building Materials; Curtain Wall; Stone; Kitchen & Bath

B. 7 Report on China Lighting Market Development / 155

Abstract: With the strategic shift in the global lighting industry and the increase of city population, demand for lighting products will be greatly increased, thus ushered in the good opportunities for development of China's lighting industry, and in recent years has maintained a rapid development momentum, and the development of related technologies, policy support has become an important force in the world of the lighting industry. This report analyzes the current situation of the development of technological innovation in China's lighting industry and system integration capability, service capability and competitiveness of enterprises, through the interpretation of the LED data of the whole industry chain, contribute to the lighting business insight into industry developments, timely adjust their positioning and strategy. At the end of the report, we mainly analyzed the development trend and opportunity of our lighting market, and further promoted the transformation and upgrading of the lighting industry.

Keywords: The 13th Five-Year Plan; Semiconductor Lighting; Industrial Upgrading; Innovation; Intelligent

IV Enterprise Reports

B. 8 Enterprise Culture Innovation Path of Architectural Decoration Industry in China / 175

Abstract: In the face of increasingly deepening and fierce competition environment in the domestic and international market, in order to meet the needs of the development of the times better, and to build a brand with the characteristics of the times and the competitiveness of the industry, the modern decoration enterprises constantly promote the development of enterprise culture innovation and promote the development strategy. It is of great significance to analysis the innovative route of enterprise culture in architectural decoration industry deeply, and to enhance the feasibility and practicality of architectural decoration industry corporate culture construction and innovation. This paper studies the development and innovation of corporate culture in nearly 30 typical architectural decoration industries. It reveals that the corporate culture innovation of the architectural decoration industry has experienced three different development paths: 1) from the inside to the outside-the interaction between cultural innovation and enterprise spirit; 2) from the point and surface-single goal transfers to the multi-value goal; 3) from short term goals to long-term strategies - the integration of multiple value and business strategy.

Keywords: Corporate Culture; Cultural Innovation; Innovation Path; Architectural Decoration Industry

B. 9 The New Trend of Social Responsibility Development in Chinese Building Decoration Industry / 200

Abstract: The report consists of four parts, respectively the practice and management of Corporate Social Responsibility; introduced the basic circumstances of social responsibility report preparation and inspection; analyzed the social responsibility management existence problem and put forward the corresponding countermeasure proposals; analyzes and forecast the development tendency. The first part mainly cover the practice and administrate status of corporate social responsibility; The second part makes the detailed introduction to the social responsibility report; The third part presents the characteristics problems an countermeasures of enterprise social responsibility performance in building decoration industry. Finally, emphatically analyzed the three key points of government regulation and policy promotion, industry transformation and technological innovation, global governance and the construction of "The Belt and Road".

Keywords: Building Decoration Industry; Practices and management of CSR; Trend of CSR development

V Development Reports

Abstract: This chapter is divided into three sections. The first section analyzes the current situation of human resource from the talented designers overall trend and serious situations of the building decoration industry in our country and the problems concern the talented designers management existing in the present situation. The second section analyzes the present situation concern the talented designers management cost firstly, and then provide the methods of controlling the management cost from the multiple perspective. The third section expounds the goals and tasks of managing the talented designers, points the four keys in the process of managing the talented designers, put forward the measures and suggestions about the talented designers management in our country.

Keywords: Talented Designers Present Situation; Talented Designers Management Cost; Talented Designers Management Strategy

Abstract: The downward trend in the development of the industry, rising labor costs, consumption upgrade and government policies promote innovative development of building decoration industry, and assembly decoration is the main direction of innovative development of building decoration industry. Assembly decoration in China is still in its infancy. Limited enterprise capacity, lack of standards, separation between civil and decoration engineering and contradiction between standardization and personalization have hindered the development of assembly decoration. As new technologies, 3D printing and BIM technology are supplements of assembly decoration. Assembly decoration would make profound impact on the building decoration industry. For enterprises, multidivisional organization structure and EPC mode should be widely adopted, vocational engineering team need to be formed; for market structure, scale differentiation of the industry would be more significant, industry concentration ratio would be uncertain; for market behavior, competition between different industry alliance would occur, so would standard formulation competition; for market performance, the efficiency of resource allocation and innovative capacity would be promoted. In the future, stagnant market environment, gradual formation of standards and government policy guidance would promote the further development of assembly decoration.

Keywords: Innovative Development; Assembly Decoration; Industry Impact; Sustainable Development

B. 12 Technological Innovation Path of Architectural Decoration Industry in China / 258

Abstract: Fierce competition in the market, making more and more architectural decoration enterprises to take technological innovation and revolution as a basic business philosophy, they continue to strengthen the leading role of technical standards, and promote build a key mechanism, which helps to accelerate the development of technical innovation and technical standards. At present, lots of the architectural decoration enterprises have initially built a modern decoration enterprise technology innovation system, and are accelerating the modernization process of the innovation system itself. This paper studies the technological innovation in nearly 30 typical architectural decoration industries. It reveals that the technological innovation of the architectural decoration industry has experienced three different development paths: 1) Innovation path-imitation innovation-independent innovation-scientific and technological innovation; 2) R & D path-independent R&D-cooperative R & D-industry standards; 3) product and construction path-green and energy conservation-intelligent-integrated. Meanwhile, it also reveals three distinct trends of technological innovation: 1) technological innovation is increasingly inclined to be a rigorous organization process, large architectural decoration enterprises set up new departments of R&D and innovation, even to establish Designing and Research Institute, which aims to form a more rigorous technological innovation system; 2) technological innovation is increasingly inclined to take the overall development of enterprises and enterprise management strategy as a leading role, and is more closely integrated with the overall objectives of enterprise development; 3) single process innovation evolves to technological structure innovation, the content of innovation is constantly enriched, and the innovation system tends to be perfected and deepened.

Keywords: Technological Innovation; Innovation Path; Architectural Decoration Industry

B. 13   China's Architectural Decoration Industry Development of Institutional Innovation Line   / 279

Abstract: China's architectural decoration industry belongs to the state-owned economy exit industry, is the private economy as the main industry, the system has a diversity, flexibility characteristics, more to workshop, "family" business-oriented, business scale Not big. Market mechanism plays a decisive role in the operation of enterprises, the market competition is extremely fierce, many small enterprises are facing the market environment changes continue to exit, the number of large enterprises is relatively small, the industry concentration is low. Most enterprises have not yet established a modern enterprise system, need to achieve institutional innovation in many aspects. In the face of the problem, the focus of future institutional innovation mainly focused on shaping the brand advantage, building the core competence of the enterprise; playing the role of industry organization, promoting the organization and management innovation; promoting the socialized collaboration to realize the enterprise organization, the management structure innovation; To promote the integration of structural decoration, to build an integrated building decoration construction system; actively promote the individual decoration, to meet the future development needs of home buyers; strengthen the technical system innovation, the formation of scientific and technological progress to promote the system; training professional construction technology management personnel, innovative talent management mechanism.

Keywords: System reform; Modern Enterprise System; Integrated Assembly Decoration

❖ 皮书起源 ❖

"皮书"起源于十七、十八世纪的英国，主要指官方或社会组织正式发表的重要文件或报告，多以"白皮书"命名。在中国，"皮书"这一概念被社会广泛接受，并被成功运作、发展成为一种全新的出版形态，则源于中国社会科学院社会科学文献出版社。

❖ 皮书定义 ❖

皮书是对中国与世界发展状况和热点问题进行年度监测，以专业的角度、专家的视野和实证研究方法，针对某一领域或区域现状与发展态势展开分析和预测，具备原创性、实证性、专业性、连续性、前沿性、时效性等特点的公开出版物，由一系列权威研究报告组成。

❖ 皮书作者 ❖

皮书系列的作者以中国社会科学院、著名高校、地方社会科学院的研究人员为主，多为国内一流研究机构的权威专家学者，他们的看法和观点代表了学界对中国与世界的现实和未来最高水平的解读与分析。

❖ 皮书荣誉 ❖

皮书系列已成为社会科学文献出版社的著名图书品牌和中国社会科学院的知名学术品牌。2016 年，皮书系列正式列入"十三五"国家重点出版规划项目；2012~2016 年，重点皮书列入中国社会科学院承担的国家哲学社会科学创新工程项目；2017 年，55 种院外皮书使用"中国社会科学院创新工程学术出版项目"标识。

中国皮书网

发布皮书研创资讯，传播皮书精彩内容
引领皮书出版潮流，打造皮书服务平台

栏目设置

关于皮书：何谓皮书、皮书分类、皮书大事记、皮书荣誉、
　　　　　皮书出版第一人、皮书编辑部

最新资讯：通知公告、新闻动态、媒体聚焦、网站专题、视频直播、下载专区

皮书研创：皮书规范、皮书选题、皮书出版、皮书研究、研创团队

皮书评奖评价：指标体系、皮书评价、皮书评奖

互动专区：皮书说、皮书智库、皮书微博、数据库微博

所获荣誉

2008 年、2011 年，中国皮书网均在全国新闻出版业网站荣誉评选中获得"最具商业价值网站"称号；

2012 年，获得"出版业网站百强"称号。

网库合一

2014 年，中国皮书网与皮书数据库端口合一，实现资源共享。更多详情请登录 www.pishu.cn。

S子库介绍
ub-Database Introduction

中国经济发展数据库

涵盖宏观经济、农业经济、工业经济、产业经济、财政金融、交通旅游、商业贸易、劳动经济、企业经济、房地产经济、城市经济、区域经济等领域，为用户实时了解经济运行态势、把握经济发展规律、洞察经济形势、做出经济决策提供参考和依据。

中国社会发展数据库

全面整合国内外有关中国社会发展的统计数据、深度分析报告、专家解读和热点资讯构建而成的专业学术数据库。涉及宗教、社会、人口、政治、外交、法律、文化、教育、体育、文学艺术、医药卫生、资源环境等多个领域。

中国行业发展数据库

以中国国民经济行业分类为依据，跟踪分析国民经济各行业市场运行状况和政策导向，提供行业发展最前沿的资讯，为用户投资、从业及各种经济决策提供理论基础和实践指导。内容涵盖农业，能源与矿产业，交通运输业，制造业，金融业，房地产业，租赁和商务服务业，科学研究，环境和公共设施管理，居民服务业，教育，卫生和社会保障，文化、体育和娱乐业等100余个行业。

中国区域发展数据库

对特定区域内的经济、社会、文化、法治、资源环境等领域的现状与发展情况进行分析和预测。涵盖中部、西部、东北、西北等地区，长三角、珠三角、黄三角、京津冀、环渤海、合肥经济圈、长株潭城市群、关中—天水经济区、海峡经济区等区域经济体和城市圈，北京、上海、浙江、河南、陕西等34个省份及中国台湾地区。

中国文化传媒数据库

包括文化事业、文化产业、宗教、群众文化、图书馆事业、博物馆事业、档案事业、语言文字、文学、历史地理、新闻传播、广播电视、出版事业、艺术、电影、娱乐等多个子库。

世界经济与国际关系数据库

以皮书系列中涉及世界经济与国际关系的研究成果为基础，全面整合国内外有关世界经济与国际关系的统计数据、深度分析报告、专家解读和热点资讯构建而成的专业学术数据库。包括世界经济、国际政治、世界文化与科技、全球性问题、国际组织与国际法、区域研究等多个子库。

法律声明

　　"皮书系列"（含蓝皮书、绿皮书、黄皮书）之品牌由社会科学文献出版社最早使用并持续至今，现已被中国图书市场所熟知。"皮书系列"的LOGO（　）与"经济蓝皮书""社会蓝皮书"均已在中华人民共和国国家工商行政管理总局商标局登记注册。"皮书系列"图书的注册商标专用权及封面设计、版式设计的著作权均为社会科学文献出版社所有。未经社会科学文献出版社书面授权许可，任何使用与"皮书系列"图书注册商标、封面设计、版式设计相同或者近似的文字、图形或其组合的行为均系侵权行为。

　　经作者授权，本书的专有出版权及信息网络传播权为社会科学文献出版社享有。未经社会科学文献出版社书面授权许可，任何就本书内容的复制、发行或以数字形式进行网络传播的行为均系侵权行为。

　　社会科学文献出版社将通过法律途径追究上述侵权行为的法律责任，维护自身合法权益。

　　欢迎社会各界人士对侵犯社会科学文献出版社上述权利的侵权行为进行举报。电话：010-59367121，电子邮箱：fawubu@ssap.cn。

社会科学文献出版社